Altvater/Brunnengräber/Haake/Walk (Hrsg.)
Vernetzt und Verstrickt

Elmar Altvater, Prof.Dr.oec.publ., geb. 1938, Professor für Politikwissenschaft an der FU-Berlin und Redaktionsmitglied der PROKLA, zahlreiche Veröffentlichungen: zuletzt mit Birgit Mahnkopf *Grenzen der Globalisierung*, Münster 1996. *Achim Brunnengräber* und *Heike Walk* sind PolitologInnen und arbeiten in einem Forschungsprojekt zu den Themen Global Governance und NGO-Vernetzung. *Markus Haake* ist Philosoph und arbeitet bei Greenpeace.

Elmar Altvater/Achim Brunnengräber/
Markus Haake/Heike Walk (Hrsg.)

Vernetzt und Verstrickt

Nicht-Regierungs-Organisationen als gesellschaftliche Produktivkraft

WESTFÄLISCHES DAMPFBOOT

Die Deutsche Bibliothek – CIP-Einheitsaufnahme

Vernetzt und Verstrickt : Nicht-Regierungs-Organisationen als gesellschaftliche Produktivkraft / Elmar Altvater ... (Hrsg.). – 1. Aufl. – Münster : Westfälisches Dampfboot, 1997

ISBN 3-89691-405-7

NE: Altvater, Elmar [Hrsg.]

1. Auflage Münster 1997

Umschlag: Lütke · Fahle · Seifert, Münster
Druck: DUO Druck und Verlag GmbH, Leipzig
Gedruckt auf säurefreiem Papier.
ISBN 3-89691-405-7

Inhalt

Vorwort

„Urlaubsparadies Malediven im Meer versunken! ... Schwere Sturmflut in den Niederlanden! Halten die Deiche? ... Hurrikan verwüstet die Ostseeküste! ..." – So oder ähnlich könnten Meldungen von morgen über den Ticker kommen. Ereignisse dieser Art müssen nicht eintreffen, aber sie können. Heute wird kaum noch ernsthaft bestritten, daß sie, falls sie eintreffen, von Menschen verursacht sind. Der klimapolitische Sachverständigenrat der UNO, das International Panel on Climate Change (IPCC), die Klima-Enquête-Kommission des deutschen Bundestages und viele einzelne Wissenschaftler haben zu dieser Einsicht beigetragen. Übereinstimmend wird daher die Notwendigkeit unterstrichen, daß die CO_2-Emmissionen reduziert werden müssen. Die Bundesregierung hat in Rio de Janeiro 1992 eine Senkung der CO_2-Emissionen um 25% bis zum Jahre 2005 angekündigt. Die Einsicht in die Notwendigkeit, daß eine umweltpolitische Wende ansteht, ist also gegeben. Aber von einem der Problematik gerecht werdenden Handeln – fast keine Spur.

Auch Nicht-Regierungs-Organisationen haben auf diesen Zusammenhang aufmerksam gemacht. Das öffentliche Interesse, das sie genießen, beschränkt sich allerdings nicht auf die wissenschaftliche Expertise. Von Nicht Regierungs-Organisationen wird der praktische Beitrag zur Lösung der Probleme eher erwartet als von nationalen Regierungen und/oder internationalen Institutionen. Das war auch auf dem Berliner Klimagipfel 1995 so. Die rege Mitwirkung vor allem von umwelt- und klimapolitisch aktiven Nicht-Regierungs-Organisationen kam nicht von ungefähr. Sie praktizierten dabei neue Kooperationsformen, die inzwischen als „Vernetzung" bezeichnet werden. Das politisch-administrative System – also Regierung, Legislative, Parteien, Verwaltungen –, aber auch die Medien und nicht zuletzt die Nicht-Regierungs-Organisationen selbst forcierten diesen Trend zur Vernetzung, der spätestens seit der UNCED-Konferenz in Rio de Janeiro 1992 ausprobiert wird. Dabei handelt es sich um auf Dauer gestellte oder auch nur temporäre, lockere und daher höchst flexible Formen der Kooperation zwischen nichtstaatlichen Organisationen und Akteuren aus Politik und Wirtschaft. Für die 'Berlin-Forschung', ein Förderprogramm des Berliner Senats für NachwuchswissenschaftlerInnen, war dieser neue Trend politischer Artikulation

Anlaß, ein Forschungsprojekt über die Vernetzungen dieser Organisationen zu unterstützen.

Heike Walk und Achim Brunnengräber, die dieses Vorhaben (unter Betreuung von Elmar Altvater) durchführten, standen dabei vor zweierlei Schwierigkeiten: Zum einen fehlt ein umfassender Analyserahmen, um den politischen Aufstieg von Nicht-Regierungs-Organisationen theoretisch aufzuarbeiten und Vernetzung mit eindeutigen Kategorien zu erfassen; zum anderen mangelt es an einer reflexiven Zusammenführung von konkreten Berichten aus der Praxis von Nicht-Regierungs-Organisationen. Das Forschungsprojekt bemühte sich, dieses Defizit zu beheben. Darüber hinaus wurde im Februar 1996 eine internationale Fachtagung in Berlin durchgeführt. Der Titel lautete: „Networking – Nicht-Regierungs-Organisationen als gesellschaftspolitische Produktivkraft?" Zum überwiegend Teil waren die Referentinnen und Referenten Politik- bzw. Gesellschaftswissenschaftler, zum Teil kamen sie aber auch direkt aus der „NGO-Praxis".

Ziel der Veranstaltung war es, eine Brücke zwischen theoretischer Verortung und Praxiserfahrung zu schlagen. Dabei stand die internationale Umweltpolitik im Zentrum: Welche Rolle spielen Nicht-Regierungs-Organisationen bzw. deren Netzwerke bei der Definition von umweltpolitischen Zielvorgaben? Wie können sie also aus den Gesellschaften politische Ziele in jene Foren (internationale Umweltkonferenzen) tragen, wo sie verbindlich beschlossen werden? Und umgekehrt: Wie gestaltet sich die konkrete politische Umsetzung der auf internationalen Konferenzen festgelegten Ziele auf der nationalen, vor allem aber auf der lokalen Ebene? Diese Fragen, die auch in der Agenda 21 von Rio de Janeiro aufgeworfen worden sind, bestimmten die Diskussion der Tagung.

Das Ergebnis und die Fortführung dieses Diskussionsprozesses – eine kritische Durchleuchtung des politischen Gestaltungspotentials von Nicht-Regierungs-Organisationen – liegt nun als Buch vor. Es werden empirische und theoretische Ansätze vorgestellt und auf dem Hintergrund von Erfahrungen mit der „Vernetzung" von Nicht-Regierungs-Organisationen diskutiert. Das Urteil über die gesellschaftspolitische Relevanz von Nicht-Regierungs-Organisationen fällt in manchen Beiträgen eher ernüchternd aus. Die Möglichkeiten nicht-staatlicher Politik, die Aktivierung der „Zivilgesellschaft" durch umweltpolitische Bewegungen erweisen sich trotz des unbezweifelbaren Aufschwungs der NGOs überall in der Welt als immer noch begrenzt.

Ohne die 'Berlin Forschung' der Freien Universität wäre der vorliegende Sammelband nicht entstanden. Namentlich gilt Frau Schumacher unser Dank, die die Forschungsarbeit über alle administrativen Schwierigkeiten hinweg unterstützt hat. Danken möchten wir auch der Deutschen Gesellschaft für Technische Zusammenarbeit (GTZ), deren Projekt Informations- und Beratungsservice für Angepaßte Technologie (ISAT) das Buchprojekt finanzierte. Ebenso trug die Deutsche Forschungsgemeinschaft (DFG) zum Gelingen des Buchprojektes bei, indem sie die erwähnte Fachtagung finanziell förderte. Mit großer Sorgfalt haben Nele Boehme und Michael Haddad die vorliegenden Aufsätze Korrektur gelesen. Den vielen anderen Beteiligten, die mit Anregungen und Kritik bei der Konzeption des Sammelbandes und der Durchsicht der Manuskripte halfen, kann hier nur pauschal gedankt werden. Besonders verpflichtet sind wir schließlich den vielen NGO-Akteuren, ohne deren Offenheit und Interesse an der Fragestellung dieses Projekt nicht hätte realisiert werden können.

Markus Haake,
Berlin im Januar 1997

Einleitung

Am Medienhimmel ist ein neuer Stern aufgegangen. Sein Name ist „En-Ji-Oh“. So spricht man auch hierzulande „Nicht-Regierungs-Organisation“ (NRO), engl. „Non-Governmental Organization“ (NGO), aus. *Der Spiegel* schreibt ihnen die „Macht der Mutigen“ (Spiegel Special 11/1995) im Zusammenhang von Greenpeace-Aktionen zu; *Die Zeit* entdeckt in ihnen eine „neue Internationale“ (25.8.95) von über die nationalstaatlichen Grenzen hinweg vernetzten Organisationen. Auch in der Wissenschaft wird von NGOs ähnlich viel erwartet. Ulrich Beck hält sie für Protagonisten der im Zuge der postmodernen Modernisierung entstehenden „Subpolitik“ (1995). Mohssen Massarat plädiert für „Dritte Kammern“ (1995), um die parlamentarische Repräsentanz der neuen sozialen Akteure zu gewährleisten. Wolfgang Hein (1995) weist den NGOs bei der Entwicklung einer globalen Zivilgesellschaft eine zentrale Rolle zu. In der Politik sind die NGOs in Zeiten von Politik- und Parteienverdrossenheit Hoffnungsträger, in denen es sich für BürgerInnen lohnt, Engagement zu zeigen. Zivilgesellschaftliche Netzwerke melden sich zu Wort. Sie überlassen das Geschehen nicht mehr allein den anonymen Marktkräften oder der hierarchischen Steuerung durch bürokratische und häufig autoritär operierende Staatsapparate. NGOs übernehmen Verantwortung, üben Einfluß aus, erzeugen mit ihren vernetzten Aktivitäten eine neue Dynamik, erweisen sich als eine „gesellschaftliche Produktivkraft“. „En-Ji-Oh“ ist also ein guter Stern. Oder doch nicht?

Im Marathon durchs globale Dorf

Der Beginn der jüngsten Konjunktur der Supernova am Firmament globaler Politik läßt sich eindeutig zurückverfolgen. Es war der mehrjährige internationale Tagungsmarathon seit der Konferenz für Umwelt und Entwicklung (UNCED) 1992 in Rio de Janeiro mit einem Vorlauf von Vorbereitungstreffen und „PrepCom“-Tagungen (Preparatory Committee), in dem sich die NGOs als wichtige Akteure erwiesen. Die Konferenz löste eine regelrechte Aufbruchstimmung in der lokalen, nationalen und internationalen Politikarena aus. Diese wurde in den nachfolgenden UN-Konferenzen noch verstärkt: auf der Wiener Konferenz über die Menschenrechte 1993, auf der Weltbevölkerungskonferenz in Kairo 1994, auf dem Weltsozialgipfel in Kopenhagen 1995, auf der Weltfrauenkonferenz in Beijing 1995, auf der Konferenz zum menschlichen Habitat in Istanbul 1996 oder auf dem Welternährungsgipfel 1996 in Rom. Hier erhielten die NGOs ihre „diplomatischen" Weihen.

Der Marathon globaler Konferenzen wird mit einer Sondergeneralversammlung (SGV) der Vereinten Nationen im Juni 1997 bis auf weiteres beendet sein. Die SGV bietet nicht nur eine gute Gelegenheit für die Überprüfung der Konferenzbeschlüsse sowie der Fortschritte und Defizite bei der Umsetzung der vereinbarten Programme und Maßnahmen. Sie kann auch der Anlaß sein, die NGOs und ihre gesellschaftspolitische Relevanz aus einer sozialwissenschaftlichen Perspektive heraus kritisch zu betrachten. Die Frage muß ja beantwortet werden, ob die Supernova am Firmament bleibt oder mit der vorerst letzten der großen Konferenzen hinter dem Horizont der Politik verschwindet. Sind die NGOs Vorboten einer internationalen Zivilgesellschaft, wie Wolfgang Hein meint, oder ist das Urteil von Peter Wahl berechtigt, die NGOs seien der am meisten überschätzte Akteur auf der politischen Bühne der 90er Jahre?

Der hier vorgelegte Sammelband versucht eine Antwort auf diese Fragen zu geben. Verschiedene theoretische Ansätze der Analyse von NGOs im Prozeß der (lokalen, nationalen und internationalen) Politik werden herangezogen (Kapitel I) und unterschiedliche Fallbeispiele geliefert, um zu gehaltvollen theoretischen wie politischen Aussagen über NGOs zu gelangen (Kapitel II). Welche Perspektiven die NGOs in Zukunft haben dürften, ist Gegenstand der Debatte im letzten Teil des Bandes (Kapitel III). Nicht zufällig haben die Aufsätze zumeist einen umweltpolitischen Bezug. Denn die Vernetzung von NGOs auf lokaler Ebene wie im internationalen System oder im Umfeld der globalen Gipfel der vergangenen Jahre hat nirgendwo eine solche Intensität wie in der Umweltpolitik erreicht. Für Deutschland trifft dies insbesondere auf die Klimapolitik zu. Die Vertragsstaatenkonferenz zur Klimarahmenkonvention im Frühjahr 1995 in Berlin war hier der entscheidende Auslöser für 'vernetzte' Anstrengungen der nicht-staatlichen Akteure.

Die Vernetzung von NGOs vor, während und nach dieser Klimakonferenz war auch Gegenstand eines (berlindienlichen) Forschungsprojektes, das die Herausgeber durchgeführt haben. Uns erschien es für die Konzeption des Sammelbandes sinnvoll, sich dem NGO-Phänomen in einem Politikfeld zu nähern, um dann mittels verschiedener sozialwissenschaftlicher Ansätze weitreichende Erkenntnisse über die Binnen- und Außenwirkung von NGOs und deren Handlungslogik in verschiedenen „Umwelten" zu gewinnen. Deshalb orientieren sich die Aufsätze des Sammelbandes nicht an den weitgefaßten Themenfeldern der UN-Konferenzen der letzten fünf Jahre. Statt dessen wurde ein thematisch begrenzter, aber sozialwissenschaftlich breiter Zugang gewählt, um den Facettenreichtum der NGO-Welt erfassen zu können.

Für diese Herangehensweise spricht auch die allgemeine Enttäuschung, die sich bei einer Rückschau auf die globalen Konferenzen eingestellt hat. Die „Gipfelmüdigkeit" resultiert aus dem Mißverhältnis von Aufwand und Ertrag, aus dem Abstand zwischen Konferenzrhetorik, dramatischen Deklarationen sowie radikalen Aktionsprogrammen und dennoch der Dramatik und Radikalität überhaupt nicht Rechnung tragenden zögerlichen Taten. Diese Umsetzungsdefizite, so erklärt Hans Gsänger vom Deutschen Institut für Entwicklungspolitik in seiner Konferenzevaluation, seien allerdings „weitgehend systemischer Natur". Die verhandlungsstrategischen Defizite und die wenig leistungsfähigen Strukturen des UN-Systems werden von ihm als Hindernisse bei der Umsetzung angeführt. Auch der bewußtseinsbildende Effekt, der den Konferenzen so gerne nachgesagt wird, ist nicht von Dauer, wenn nur in unzulänglichem Maße konkrete Projekte folgen. Eine hohe „Produktivität" der Konferenzen, d.h. ein günstiges Verhältnis von „output" zu „input", ist also kaum zu erkennen. Umso größer sind daher spiegelbildlich die Erwartungen an die NGOs, an jenen guten Stern, von dem zu Anfang die Rede war.

In der Agenda 21, dem 1992 in Rio verabschiedeten Aktionsprogramm für das 21. Jahrhundert, wurde zwar dazu aufgerufen, bis 1996 lokale Agenden zu initiieren. Doch ein erster Überblick liefert ein mageres Ergebnis: nur rund 200 von 1700 deutschen Kommunen sind diesem Aufruf gefolgt. Zwischen dem hohen normativen Anspruch, der in der Agenda 21 formuliert wird, und der praktisch-politischen Wirkung, die bisher erzielt wurde, klafft eine frustrierend breite Lücke. Dennoch haben die politischen Prozesse im Zusammenhang mit der Umsetzung der Agenda 21 in den 200 Kommunen in manchen Fällen eine erstaunliche Dynamik *lokalen* gesellschaftspolitischen Engagements entfacht, die ursprünglich von der *internationalen* Arena ausging. Es scheint aber noch verfrüht, ein abschließendes Urteil über die Wirkungsketten der internationalen Konferenzen auf die lokale Ebene und in umgekehrter Richtung (via Vernetzung der NGOs) zu fällen. Allerdings hat sich gezeigt, daß vorwiegend nicht-staatliche Akteure die Aktionsprogramme und Deklarationen aufgreifen und erst in der Folge Kommunalverwaltungen tätig werden. Das politisch-administrative System ist also für Beschlüsse gut, die Umsetzung aber gelingt scheinbar nicht ohne den Einbezug bzw. die politische Intervention von NGOs.

Auch haben in der internationalen Politik die Themen Ökologie, Soziales oder Menschenrechte in der „neuen Weltordnung" nach 1989 einen höheren Stellenwert erlangt und schon deshalb ist die politische Bedeutung von NGOs, die sich traditionell gerade dieser Themenfelder annehmen, gestiegen. Jedoch agieren im Unterschied zu diesen „weichen" Politikfeldern („soft issues") die Organisationen und Institutionen der „harten" Politik in der Ökonomie oder in Sicherheitsfragen – Welthandelsorganisation (WTO), Internationaler Währungsfonds (IWF), Weltbank (WB) oder NATO – wie gehabt. NGOs dürfen in „Sandkästen" spielen, wie Jens Martens (WEED) meint. Ihre Expertise ist allenfalls im Rahmen der Institutionen der „global governance" gefragt, um umwelt- und sozialpolitisch Porzellan zu kleben, das die Finanz- und Wirtschaftspolitiker zerschlagen. Die Frage wird tatsächlich nur hier 'zugelassen', ob ein demokratisches Design internationaler Politik möglich ist, an dem NGOs bereits im Vorfeld mitstricken können und das eine breite gesellschaftliche und demokratisch verfaßte Repräsentanz gewährleistet.

NGO – noch immer ein unbekanntes Wesen?

Die UN fassen unter dem Negativbegriff „Non-Governmental..." zwar schon lange alle Verbände zusammen, die nicht staatlich sind – letztlich also auch die Lobbyverbände der Industrie, des Handwerks sowie die Gewerkschaften. Von NGOs, so demgegenüber Peter Wahl in diesem Band, sollte man aber nur sprechen, wenn die folgenden sechs Kriterien erfüllt sind: es muß sich *erstens* um freiwillige Zusammenschlüsse handeln, die *zweitens* parteipolitisch unabhängig und *drittens* nicht an wirtschaftlichem Gewinn oder *viertens* an den Eigeninteressen der Mitglieder oder der Zielgruppe im Sinne von berufsständischen oder 'special interests' orientiert sind. Sie dürfen *fünftens* nicht exklusiv (ethnisch, national, religiös, etc.) sein und sollten *sechstens* einen inhaltlichen Bezug zu Problemen haben, die von alten und neuen sozialen Bewegungen thematisiert werden. Daniel Janett bezeichnet NGOs als freiwillige, gemeinnützige Mitgliederverbände, Vereine, Bürgerkomittees oder Serviceeinrichtungen, die sich als Organisationen des „Dritten Sektors" zwischen die Sphären von staatlicher Gewalt und wirtschaftlicher Macht schieben würden. NGOs sind damit die „Dritte Kraft zwischen Markt und Staat" (*Die Zeit* vom 25.8.95), die gewissermaßen das Fahrgestell einer sozialen Bewegung bilden. Ansgar Klein sieht NGOs als Teil der Zivilgesellschaft und nennt sie, sofern sie den nationalstaatlichen Handlungsraum verlassen, Multinationale Bewegungsorganisationen (MBOs).

Die Sozialwissenschaftlerinnen und -wissenschaftler sind sich auch uneins hinsichtlich einer realistischen Einschätzung der Aufstiegsfaktoren und der Erfolgsbedingungen der politischen 'Newcomer'. Sogar der Begriff ist umstritten. Die einen lehnen ihn als unbrauchbar ab, obgleich er sich ins öffentliche Bewußtsein eingraviert hat und im internationalen gesellschaftswissenschaftlichen Diskurs breiten Raum einnimmt. Für einige sind NGOs lediglich Teil der neuen sozialen Bewegungen und daher mit den erprobten Kategorien zu erfassen. Andere sehen in den NGOs die „logische" historische Fortentwicklung der neuen sozialen Bewegungen und wieder andere subsumieren inzwischen die neuen sozialen Bewegungen unter den Begriff der NGOs, der darüber hinaus noch intermediäre Organisationen und international operierende Verbände umfaßt.

Nach der Arbeiter-, der Frauen- oder der Studenten- und Jugendbewegung der 60er Jahre und nach dem Aufschwung der neuen sozialen Bewegungen in den 70er Jahren bildete sich Ende der 80er, Anfang der 90er Jahre auch eine *neue Generation* von bewegten Akteuren heraus. Diese unterscheidet sich von ihren „Vorgängern" u.a. dadurch, daß sie sich auf der Höhe des Globalisierungsprozesses bewegt. Die Kleinräumigkeit, die soziale Überschaubarkeit, das subkulturelle Milieu und die lebensweltnahen Problemlagen werden von vielen AktivistInnen verlassen oder sie verflüchtigen sich im „virtuellen" Raum der modernen Medien. Zugleich werden verstärkt die „globalen Erfahrungen und Wirkungszusammenhänge" in das eigene Handeln integriert.

Mit dem Modekürzel NGOs (die Verwendung findet meist im Plural statt) wird also ein theoretisch unspezifisches 'Sammelbecken' mit einem Namen versehen, in dem verschiedene Organisationsformen zusammengeworfen werden. Der Klarheit und des einfacheren wissenschaftlichen Zugangs wegen sollten die Begriffe aber geschieden werden. Da sind zunächst die *Mitgliederorganisationen* wie Misereor, Brot für die Welt, DNR, BUND, WWF, terre des hommes oder amnesty international zu nennen, die auch international agieren. Das gleiche gilt für *unternehmerisch geführte Organisationen* wie Greenpeace oder *Lobbygruppen* wie Germanwatch. Auch *Netzwerke* wie das Climate Action Network oder das Forum Umwelt und Entwicklung gelten nicht selten als NGOs. Diesen Status haben auch manche hochspezialisierten *Forschungsinstitute* oder *Bildungseinrichtungen*. Da ist es weniger die Organisationsform als der Gegenstand der Arbeit, der sie in der NGO-Szene plaziert. Schließlich sind *neue soziale Bewegungen* zu erwähnen: Bür-

gerinitiativen, Stadtteilinitiativen oder die unzähligen basisbewegten Gruppen und Grüppchen, die „im Kleinen“, meist unbeachtet, ihre politische Arbeit leisten. Sie zeichnen sich dadurch aus, daß ihr Zweck örtlich oder regional gebunden ist, daß er in der Regel singulär ist („single issue“) und daß die Initiativen sich temporär zusammenschließen. Zur NGO werden diese neuen sozialen Bewegungen dann, wenn sie den singulären, temporären und lokalen Charakter überwinden (oder verlieren).
Die *alten* und *neuen* sozialen Bewegungen sind demnach weder in Deutschland noch in anderen Ländern von der Bildfläche verschwunden, um „den“ NGOs Platz zu machen. Wenn sie alle sich der neuen Typologisierung unterzuordnen hatten, dann schlicht aus politisch pragmatischen Gründen. Nur so konnte von den Segnungen des NGO-Booms in Form von Spenden und Staatsgeldern, medialer, öffentlicher und auch *wissenschaftlicher* Aufmerksamkeit oder internationaler Anerkennung und Reputation profitiert werden. Mittlerweile ist fast keine wissenschaftliche oder parteipolitische Konferenz, kein Arbeitspapier und keine Pressemitteilung, die sich mit dem nicht-staatlichen Sektor beschäftigt, ohne die Nennung dieses verheißungsvollen Kürzels denkbar. Dennoch: der Nebel des Normativen, von dem die ‘NGO-Community’ umhüllt wird, läßt sich nicht einfach zersteuben.

Festgezurrte Netze oder ‘organisierte Anarchie’?

Auch der Begriff der Vernetzung trifft den Zeitgeist. Netzwerke von NGOs können zunächst als Instrumente betrachtet werden, um einen Informationsfluß mit geringem Reibungswiderstand zu gewährleisten. Sie erzeugen aber darüber hinaus eine neue gesellschaftliche Realität, sind also mehr als Methoden von Kommunikation und Verständigung, die auch durch andere ersetzt werden könnten. Vor allem im Prozeß der intensiven Kooperation der NGOs über die Ländergrenzen hinweg wird dann auch das *Politische* neu bestimmt. In den Prozessen der Meinungsbildung und Abstimmung, der Festlegung von Strategien und der Evaluierung praktischer Erfahrungen in Netzwerken verändern sich Handlungsweisen, -strategien und Meinungen von Akteuren.
Netzwerke sind, weil die meisten Prozesse wenig formalisiert sind und informell ablaufen, eher diffus und lassen sich daher nur schwer bestimmen. Daniel Janett versteht unter einem Netzwerk ganz allgemein eine Struktur von miteinander verbundenen, aber nicht fest gekoppelten privaten oder öffentlichen Akteuren. NGO-Netzwerke können auch die Form eines dauerhaften

und fest institutionalisierten Kooperationszusammenhangs annehmen, wie es etwa bei Climate Action Network (CAN) oder bei Friends of the Earth International (FOEI) der Fall ist. Häufig jedoch haben NGO-Netzwerke – etwa im Rahmen einer internationalen Kampagne – die flüchtigere Form eines situativen Allianzsystems, dessen einzelne Gruppen vielleicht sehr verschiedene inhaltliche Anliegen verfolgen und sich nur ad hoc und punktuell zusammenfinden. Das Netzwerk ist dann weniger beständig als es die einzelnen Mitglieder sind. Allerdings ist auch der umgekehrte Fall denkbar.
Diese Netzwerk-Charakteristika werden von Christian Lahusen vor dem Hintergrund zweier Fallbeispiele (Protest gegen französische Atombombentests und Verhinderung der Versenkung von Brent Spar) hervorgehoben. Die vor allem von Greenpeace organisierten Kampagnen sind ein Produkt der internationalen Kooperation. Jede Aktion, die ein gemeinsames Ziel verfolgt (die Verhinderung der Atombombentests oder der Versenkung der Brent Spar), wird als Knoten eines Netzes gesehen. Vernetzungsprozesse folgen demnach dem Schneeballprinzip, d.h. der reaktiven Aneinanderreihung von Aktionen, die so ein Netz konstituieren. Auf diesem Weg werden neue Ideen, Allianzen und Protestformen entwickelt, obgleich das Netz kein inhaltlich eindeutiges Programm verfolgt und nicht zielgerichtet funktioniert. Statt dessen sind vehemente Konflikte prägende Merkmale in solchen Netzen. Der aus der Organisationsforschung bekannte Begriff der „organisierten Anarchie“ erscheint hier plausibel. Die Wirkungsweise der hochkomplexen Akteursbeziehungen wird dann aus dieser Perspektive analysiert.
Leichter ist die Wirkungsweise eines Netzwerks einzuschätzen, wenn eine begrenzte und bekannte Anzahl von Akteuren das Netzwerk bildet. Es ist dann verhältnismäßig leistungsfähig, so Peter Wahl, wenn eine enge thematische Spezialisierung und eindeutige Absprachen ein hohes Maß an Homogenität erzeugen, wenn also Netze organisationsähnlich, bspw. in Form von Dachverbänden, werden. Der konzentrierte Ressourceneinsatz sowie konzertierte Aktionen werden erleichtert. Die breite Themenstellung mit einem Zielhorizont, der sogar den Stop einer Atommacht einschließt, verhindert jedoch diese organisationsähnliche Homogenität und läßt eindeutig abgesprochene Vorgehensweisen kaum zu. Das Netzwerk funktioniert dann, anders als die einzelnen Mitgliedsorganisationen, eher anarchisch.

Dem Phänomen auf die Schliche kommen

Die wissenschaftlichen Turbulenzen bei der Analyse von Netzwerken von NGOs sind also beträchtlich, der Ansätze gibt es demzufolge entsprechend viele. Wie Dirk Messner und Achim Brunnengräber/Heike Walk ausführen knüpft die moderne Netzwerkanalyse an der Korporativismustheorie an, mit der keynesianische Politikmuster („keynesianischer Klassenkompromiß") des 'iron triangle' aus Staat, Unternehmen und Gewerkschaften analysiert worden sind. Die durchaus gehaltvollen Beiträge von Leo Panitch, Göran Therborn oder die später entwickelten Beiträge der „Regulationsteorie" zum „fordistischen Gleichgewicht" können einerseits als Vorläufer der modernen Netzwerkanalyse betrachtet werden. Doch wird in der Analyse von 'issue networks' und 'policy-networks', in die auch die Wissenschaft, Bürgerinitiativen, Interessenverbände oder Medienvertreter integriert sein können, andererseits auch der qualititativ neuen Dimension Rechnung getragen, daß Akteure der „Zivilgesellschaft", und zwar nicht nur Gewerkschaften sondern gerade die „neuen sozialen Bewegungen" und/oder Nicht-Regierungs-Organisationen, daran mitstricken und sich in ihnen und vermittelt über sie in Politik einmischen. Der „eiserne Triangolismus" zwischen Organisationen von Kapital und Arbeit und dem staatlichen Institutionensystemen wird also vielfältiger, vieleckiger und daher auch weniger „eisern". Moderne Netzwerke zeichnen sich durch informelle, dezentrale und horizontale Selbststeuerungsmechanismen und die zunehmende Zahl von am Politikprozeß beteiligten Akteuren aus. Netzwerkanalysen, so vor allem Dirk Messer, ermöglichen ein präzises Verständnis von den Formveränderungen in den Grundstrukturen der Gesellschaft, indem sie dieser Akteursausweitung Rechnung tragen.

Allerdings darf die Machtfrage in den Netzwerkkonzepten gerade auch unter Berücksichtigung der NGOs nicht vernachlässigt werden. Die Überlagerung von Marktmechanismen, hierarchischer staatlicher Steuerung und horizontaler Selbstkoordination in Netzwerken ist schließlich interessengebunden, so daß die gesellschaftliche Entwicklungsdynamik in einem Kräfteparallelogramm zu sehen ist, das, wie Messner betont, Partizipation, Effizienz, Konsens und Kontrolle (bzw. Konflikt) im Gleichgewicht halten muß. Brunnengräber/Walk diskutieren, mit welchen Instrumenten NGOs ihre Ziele im Schatten von staatlicher Hierarchie und marktwirtschaftlicher Allokation erreichen könnten. Vor dem Hintergrund von internationalen Regulierungsmechanismen wird ein analytischer Rahmen skizziert, der dazu beitragen soll, die Kooperation staatlicher, privater und anderer gesellschaftlicher Akteure zu untersuchen. Damit ist aber erst der Möglichkeitsraum bestimmt, in dem NGOs handeln.

Die vernetzten Handlungsstrategien ungleicher Partner analysiert auch Jörg Mayer. Es werden die Erkenntnisse der Regimeanalyse genutzt, um das Klima-Bündnis zwischen indigenen Völkern Amazoniens und europäischen Kommunen analytisch zu erfassen. Er kommt zu dem Ergebnis, daß diese Kooperationsform entsprechend den bekannten Kriterien von Regimen (Normen, Prinzipien, Operationalisierung der Normen, Verfahrensregeln und Dauerhaftigkeit) durchaus als transnationales Regime aufgefaßt werden kann. Allerdings müsse die Regimeanalyse selbst, so seine Schlußfolgerung, erweitert werden. Regime können nicht mehr nur als „unabhängige" Systeme der internationalen *Staatenwelt* begriffen werden, die Theorie müsse die internationale *Gesellschaftswelt* in ihre Analysen integrieren.

Welche anderen Zugänge zur Analyse der NGO-Aktivitäten stehen noch zur Verfügung? Aus zwei unterschiedlichen Perspektiven versuchen Heike Walk und Daniel Janett im Kontext des Berliner Klimagipfels '95 eine Antwort. Daniel Janett beschreibt das NGO-Engagement unter Bezugnahme auf die Organisationstheorie und den Begriff der „politischen Gelegenheitsstruktur", wie er aus der Bewegungsforschung bekannt ist. Unter Gelegenheitsstruktur werden situative Parameter sozialer und politischer Akteure verstanden, die ihre Aktionen entweder ermutigen oder entmutigen. Gemeint ist z.B. die Offenheit staatlicher Regimestrukturen für die politische Partizipation nichtstaatlicher Akteure, die Existenz einflußreicher externer Verbündeter, Einigkeit bzw. Gespaltenheit politischer Eliten oder die Muster der politischen Kultur, die Bewegungshandeln determinieren. NGOs würden sich, so seine Einschätzung, in spannungsvollen sozialen Umwelten bewegen: dem Mikrokosmos ihrer Unterstützungsbasis und dem Makrokosmos ihrer institutionellen Umwelt, in welchen sie Organisationen neben anderen sind. Die Akteure in NGO-Netzwerken sind demnach immer gefährdet, die Lage schizophren zu deuten und so auch zu handeln. Dafür ist der nicht sehr schöne Begriff des „multiplen-self-Akteurs" entwickelt worden.

Heike Walk hingegen orientiert sich nicht am „output" der NGO-Aktivitäten, sondern unterzieht die Vernetzungsprozesse der NGOs, also deren Binnenwirkung, und ihre Interaktion mit dem politisch-administrativen System einer genaueren Analyse. Auf der Grundlage einer Datenmatrix wird die Struktur der Beziehungen zwischen den Netzwerkmitgliedern beschrieben. Die Formen und Strategien der Zusammenarbeit von NGO-Netzwerken mit den staatlichen Akteuren erklären sich zum Teil aus dieser Beziehungsstruktur, so die von ihr vertretene These.

Christian Lahusen hingegen versteht Kampagnen als eine geplante Reihe von Aktionen und Kommunikationen, um institutionelle Strukturen, öffentliche

Meinungen und Verhaltensweisen zu verändern. In der Analyse konkreter Fallbeispiele kommt er zu dem Schluß, daß Kampagnen unter erheblichem Effizienz-, sprich Produktivitätsdruck stehen. Dieser ist infolge der Professionalisierungs- und Institutionalisierungstendenzen sozialer Bewegungen quasi sachzwanghaft etabliert. Während die Technik des Lobbying in diesem Prozeß verbessert wird, tritt die Protestartikulierung in den Hintergrund, weshalb Lahusen auch die Tendenz zu „Elitekampagnen" ausmacht.
Ansgar Klein nutzt ebenfalls die Bewegungsforschung für die Analyse des NGO-Phänomens. Manche NGOs, so seine Schlußfolgerung, wären eher als „Multinationale Bewegungsorganisationen" (MBOs) zu bezeichnen. Der Bedeutungsgewinn der MBOs sei Folge eines Formwandels der Bewegungspolitik. Ihr neues Charakteristikum sei die zunehmende Kommunikation und Interdependenz der einzelnen Bewegungen. Zur weiteren Bestimmung von MBOs greift Ansgar Klein die Diskussion des Konzepts einer 'civil society' auf. Die Ausbildung von multinationalen Organisationen als Teil der Zivilgesellschaft und die verstärkte transnationale Koordination seien eine Reaktion auf die Herausforderungen der Globalisierung und als Suche nach Möglichkeiten einer Demokratisierung des Weltsystems zu interpretieren. Noch aber sei das Konzept einer internationalen oder gar globalen 'civil society' zu vage. Die Diskurse über die Weltgesellschaft und die Globalisierung sollten mittels empirischer Analysen überprüft werden. Andernfalls, so Klein, bliebe die 'civil society' ein emphatisches Etikett ohne großen analytischen Stellenwert.

NGOs als 'spin off' der Globalisierung?

Der nationalstaatliche Raum, der lange Zeit das handlungsbestimmende Umfeld markierte, scheint aufgrund vielfältiger Globalisierungsprozesse an seinen Rändern durchlässiger zu werden. Ein neuer, erweiterter Referenzrahmen entsteht. Es kann mit guten theoretischen Gründen unterstellt werden, daß er sich sich verschiedenen Arenen zusammensetzt: auf lokaler, nationaler und internationaler Ebene. Der Begriff der „Arena" soll den Handlungshorizont umschreiben, in dem sich die sozialen Akteure bewegen. Transnationale NGO-Netzwerke signalisieren zumindest, daß gesellschaftspolitische Prozesse über den Horizont der Kirchturmspitze und auch des Nationalstaates hinauszielen. NGOs haben sich in diesem Prozeß nicht auf die Staffage der globalen Konferenzen begrenzen lassen. Ihnen ist die Verknüpfung verschiedener Handlungsebenen auch in Form von internationalen Kampagnen gelungen. Dies ist ohne Zweifel ein neuer (und aufregender)

Aspekt der Netzwerke von NGOs. Erst in der Zukunft wird es sich herausstellen, von welcher Tragweite er wirklich ist. Daß der internationale Aufstieg von NGOs nicht nur ein Ergebnis einer sich scheinbar herausbildenden Konsensgesellschaft, sondern auch ein Resultat (ein „spin-off") der Globalisierung ist, stellt auch Peter Wahl heraus. Der NGO-Boom vollzog sich innerhalb eines viel weitreichenderen Projektes der ökonomischen und technologischen Globalisierung, in deren Fahrwasser sich die weitreichenden politischen Globalisierungsprozesse bewegen. Welchen Umfang die Verlagerung von politischen Entscheidungsprozessen aus den Nationalstaaten auf die Ebene der internationalen „Staatengemeinschaft" angenommen haben, wird von Achim Brunnengräber am Beispiel der internationalen Klimapolitik beschrieben. Gleichzeitig wird von ihm die Unzulänglichkeit bestehender institutioneller Strukturen und Verfahren vor allem unter dem Gesichtspunkt gesellschaftlicher Partizipationsbedingungen aufgezeigt.
Nicola Zeuner nähert sich dieser Thematik anhand von zwei binationalen Umwelt-Behörden, die im Kontext des nordamerikanischen Freihandelsabkommens zwischen den USA, Kanada und Mexiko (NAFTA) eingerichtet worden sind. Das Partizipationsmodell dieser Behörden, das den NGOs weitreichende Mitsprachemöglichkeiten eröffnet, und die Vernetzung von NGOs aus den USA und Mexiko geben allerdings keinen Anlaß zur ungetrübten Freude über ein funktionierendes staatlich-nicht-staatliches Netzwerk. Denn die Zusammenarbeit ist in der Regel sehr konflikthaft und die politischen Einflußmöglichkeiten sind höchst begrenzt. Dies begründet Zeuner damit, daß einerseits eine demokratische BürgerInnenbeteiligung in den Institutionen nicht festgeschrieben werden konnte. Je weiter die institutionelle Verfestigung der Umweltbehörden voranschreitet, um so geringer werden die außerinstitutionellen Einflußchancen durch aktive BürgerInnen. Andererseits werden auch NGO-interne Schwierigkeiten für die geringe politische Stoßkraft benannt. Obgleich die Umweltprobleme die Menschen in der Grenzregion der USA und Mexikos gleichermaßen betreffen, kommt es zu einer stark divergierenden Arbeitsweise der NGOs aus den beiden Ländern. Das fängt schon bei der Probleminterpretation und den Risikoeinschätzungen an und findet bei Lösungsvorschlägen erst recht kein Ende.
An die Stelle der *direkten* Aktion in Form von Massendemonstrationen oder zivilem Ungehorsam treten – bedingt durch den Prozeß der ökonomischen und politischen Globalisierung – *indirekte* Formen wie Lobbying, Monitoring, Networking, internationale Medienkampagnen oder weltweite Internetforen, kurz: diskursive Verfahren, von denen die politischen Prozesse durchdrungen werden. Dabei ist hohe Kompetenz gefragt, oftmals auch eine ar-

beitsteilige Spezialisierung, die nur dann nicht zum Nachteil wird, wenn sie innerhalb eines globalen Netzwerks von Organisationen erfolgt. Insofern verbirgt sich hinter dem Begriff NGOs nicht nur allseits Bekanntes, sondern er signalisiert neue Aktionsformen und Handlungsfelder. NGOs werden im Vergleich mit den neuen sozialen Bewegungen der 70er Jahre von den Akteuren des Marktes (Unternehmen und Managements) und des Staates (Regierungen, Behörden) auch deshalb wesentlich ernster genommen, und zwar nicht nur als Gegner, sondern als konfliktiver Kooperationspartner.
Durch gemeinsame Anstrengungen, so die Idee, können Lösungen gemeinsamer Probleme effektiver gefunden werden. Daß die Tendenz der „Vernetzung" gerade am Beispiel von Umwelt- und Klimapolitik diskutiert und analysiert worden ist und wird, hat auch damit zu tun, daß die Umweltkrise, anders als Lohn- oder Arbeitszeitfragen zum Beispiel, tatsächlich ein „gemeinsames", die Klassen übergreifendes, ein menschheitliches Problem darstellt, selbst wenn die Verursachung und Betroffenheit in der Welt klassenspezifisch höchst ungleich sind. Die Betonung des Gemeinsamen ist also möglicherweise eine zu freundliche Perspektive auf die „Netzwerkgesellschaft" (Dirk Messner). Wenn sich die Grenzen und Handlungslogiken von Wirtschaft, Staat und Gesellschaft auflösen bzw. verändern und sich die Themenfelder Soziales, Ökologie und Ökonomie zunehmend überlappen, können sich NGOs immer stärker mit wirtschaftlichen und politischen Mächten verstrikken und dabei im Hinblick auf die eigenen Zukunftsperspektiven verheddern. Ansatzweise kommt dies bereits in Gegensätzen zum Ausdruck, die etwa im Zusammenhang mit der UNCED-Konferenz von Rio de Janeiro zwischen reichen und mächtigen NGOs aus dem „Norden" und armen und kleinen NGOs aus dem Süden festgestellt worden sind. Auch die Tatsache, daß die Expertise von NGOs in Umwelt- und sozialen Fragen in internationalen Organisationen durchaus gefragt ist, aber in den „harten Politikfeldern" von Wirtschaft und Währung oder in Sicherheitsfragen keinerlei Beachtung findet, ist ein Indiz für die Gefahr der subalternen Verstrickung von NGOs in ein globales Machtgefüge, das selbst nicht in Frage gestellt wird. Die Weltbank kooperiert in Umweltfragen mit NGOs, nicht aber, wenn es um die Konditionalität von Krediten geht. In der Welthandelsorganisation oder in der NATO haben NGOs sozusagen Hausverbot. Auf den inzwischen ritualisierten G7-Treffen sind NGOs nur auf „Gegengipfeln" präsent, von den Medien in der Regel wenig beachtet.
Wie die *neuen* Konflikte im Bereich Soziales und Ökologie durch *alte* Konflikte überlagert werden, arbeitet Andreas Missbach in seinem Aufsatz heraus. Er bettet die gegenwärtige internationale Klimapolitik in den Nord-Süd-

Konflikt der 70er und 80er Jahre ein und zeigt auf, daß der Begriff der „Nachhaltigen Entwicklung" (Sustainable Development) als neue Leitidee der UN auch auf die Schwäche des Südens hinsichtlich seiner Forderung aus den frühen 70er Jahren nach einer Neuen Weltwirtschaftsordnung (NWWO) zurückzuführen ist. Der Begriff der Nachhaltigkeit hat, so Andreas Missbach, den „Charme eines Poesie-Albums" – und folglich auch nur dessen politische Verbindlichkeit. Die sozialen Dimensionen des Nord-Süd-Gefälles verlieren durch die Definitionsmacht der scheinbar herrschaftsfreien Ökologiethemen (Rettung der 'global commons') erheblich an öffentlichem Interesse, obgleich sie, wie jeder UNDP-Bericht über die menschliche Entwicklung zeigt, immer offensichtlicher und brutaler zutage treten.

Darüber hinaus spiegelt die weltweite Verteilung der Zugangsmöglichkeiten zu den technischen Kommunikationsmitteln in gewisser Weise den Nord-Süd-Konflikt wider: 70 Prozent der über 40 Millionen Internet-Anschlüsse befinden sich in den USA, Vietnam verfügt über gerade ein Dutzend Anschlüsse und in vielen afrikanischen Staaten existiert überhaupt kein Zugang zum Netz. Mehr als die Hälfte der Menschheit ist sogar von jeder Kommunikation via Telefon ausgeschlossen. Dieser Strukturvorgabe muß auch bei der Einschätzung der Möglichkeiten durch die NGO-Vernetzung mittels Internet- oder Fax-Verbindungen Rechnung getragen werden. Ein Beispiel für diese Probleme der Nord-Süd-Vernetzung ist das „Klima-Bündnis", das von Jörg Mayer besprochen wird. Dieser Zusammenschluß ungleicher Partner hat sich dem Schutz des Klimas verschrieben und hat aufgrund der Zielsetzung eines nicht-kolonialen Verhältnisses zwischen Nord und Süd eine besondere Attraktivität. Aber die Schwierigkeiten sind ebenso offensichtlich: Die Zugangsmöglichkeiten von Repräsentanten der indigenen Völker Amazoniens zu den medialen und monetären Ressourcen sind weit begrenzter als für die „nördlichen Partner".

Die andere Seite der Medaille

Die Kehrseite der Globalisierung ist die Fragmentierung in der gegenwärtigen Welt, zwischen Norden und Süden, Armen und Reichen, Rohstoffländern und Industrieländern, zwischen Mächtigen und Machtlosen. Auch die Deckungsgleichheit von sozialen und politischen Räumen löst sich im Zuge von Globalisierung und Fragmentierung auf. Könnten Netzwerke von NGOs die neuen Divergenzen wenn schon nicht aufheben, so doch zumindest reduzieren und neue globale „Ligaturen" erzeugen? Die Frage rührt an demokratietheoretische Probleme. Und der Souveränitätsverlust nationalstaatlicher Politik gibt wenig Anlaß zu der Annahme, daß das Dilemma der Nicht-Kongruenz von Transnationalisierung politischer, sozialer und vor allem ökonomischer Prozesse und der institutionellen Reichweite demokratischer Verfahren von staatlicher Seite produktiv bearbeitet werden könnte. Eher ist davon auszugehen, daß der Nationalstaat dem ökonomischen Globalisierungspfad (als „nationaler Wettbewerbsstaat“) folgt, ohne Alternativen zu entwickeln. Die Reichweite des Nationalstaates ist gegenüber der Weltökonomie und den supranationalen Institutionen jedenfalls begrenzt. Diese Inkongruenzen werden von Elmar Altvater diskutiert.

In den Industriegesellschaften geht die Individualisierung der Lebensformen und die Ausdifferenzierung der sozialen Lagen auch mit einer Schwächung ehemals klar umrissener gesellschaftlicher Großorganisationen wie den Gewerkschaften, Kirchen, Parteien einher. Durch die Herauslösung territorial verfaßter Gemeinschaften und deren 'Eingliederung' in die globale Gesellschaftssphäre wird dieser Trend noch verstärkt. Als Reaktion auf den innergesellschaftlichen Struktur- und Themenwandel, der mit einer politischen Schwäche vieler Organisationen einhergeht, erfahren internationale Kooperationen oder Netzwerke größeres Gewicht und daher steigendes Interesse. In gewissem Maße besteht dadurch auch die Möglichkeit, sich von dem Schicksal der nationalen Stimmungslage oder von den Mobilisierungszyklen zu lösen, wie Christian Lahusen ausführt, und langfristige, eigenständige Perspektiven zu entwickeln.

Der innergesellschaftliche Strukturwandel und die Tendenzen der Globalisierung tragen daher zur Krise staatlicher Steuerungsfähigkeit bei. Dirk Messner zeigt, daß und wie dem Staat die Definitionsmacht über Problemfelder und adäquate Problemlösungen zumindest teilweise abhanden gekommen ist. Dies sei Ergebnis der sozialen, politischen und ökonomischen Ausdifferenzierungs-, Spezialisierungs- und Interdependenzphänomene moderner Gesellschaften. Das darauf basierende Netzwerkphänomen wird von Dirk Messner einer eingehenden Analyse unterzogen, um schließlich „Elemente einer Definition“ dieses Phänomens entwickeln zu können. Die Defizite hierarchischer Steuerung eröffnen den NGOs und ihren Netzwerken – über das traditionelle Protestrepertoire hinaus – neue Beteiligungsmöglichkeiten. Auch Walk/ Brunnengräber diskutieren die sich tendenziell öffnenden Subsysteme von Gesellschaften und greifen die von Dirk Messner herausgearbeitete These auf, daß eine steigende Organisiertheit und zunehmende Partizipationsansprüche gesellschaftlicher Akteursgruppen zu erkennen seien.

Vor allem in sozialen und ökologischen Themengebieten und nicht in Fragen der 'high politics' tragen die NGOs zur Problemerkennung und zum Aufzeigen von Lösungsmöglichkeiten bei. Auf die Standortdebatte und die globale Konkurrenz müssen NGOs dabei nicht unbedingt Rücksicht nehmen. Sie können alternative Konzepte und Wege verfolgen, die ansonsten hinter den „Sachzwängen" der Weltmarktlogik verborgen bleiben. So wird es ihnen möglich, spezifische Steuerungsleistungen zu erbringen. NGOs und ihre Netzwerke können dann, wie Peter Wahl es ausführt, in der Tat ein Korrektiv in einem sich hegemonial formierenden Typ globaler Regulierung sein. Damit sind sie aber nicht nur global vernetzt, sondern in der festen Takelage von geo-ökonomischen Mächten – der Finanzmärkte und der Multis, der G7 und des IWF oder der Weltbank – verstrickt.

Vernetzung global – Chance oder Fallstrick

Können Netzwerke neue Möglichkeiten der Partizipation und Emanzipation eröffnen, weil das engmaschige und reißfeste Tauwerk der Nationalstaatlichkeit auf diese Weise gelockert bzw. überwunden wird? Entwickeln sich Netzwerke zu einem neuen Einflußinstrument oder signalisieren sie lediglich die Ohnmacht der Gesellschaften gegenüber „unverfassten" (W.D. Narr) ökonomischen und politischen Mächten? Nach dem Scheitern des realen Sozialismus und der damit einhergehenden Utopie- und Theorielosigkeit rücken diese Fragen zunehmend in den Vordergrund. Ein langfristiges Projekt, das handlungsleitend sein könnte, ist derzeit nicht vorhanden. Damit verschwindet auch die radikale Polarisierung der gesellschaftlichen Kräfte, obgleich zumindest die ökonomische Polarisierung in der Welt am Ende des 20ten Jahrhunderts geradezu groteske Ausmaße annimmt. So spricht der UNDP-Report von 1996 davon, daß 358 Milliardäre in der Welt über so viel Einkommen und Vermögen verfügen wie die Hälfte der Menschheit: 358 gegen drei Milliarden.

Das Zusammenwirken unterschiedlicher gesellschaftlicher Kräfte findet in der 'global governance'-Debatte, wie sie von Achim Brunnengräber und von Elmar Altvater vorgestellt wird, ihren Niederschlag. NGOs, so die These Achim Brunnengräbers, werden nur dann einen Demokratisierungsdruck auf die internationalen Beziehungen ausüben können, wenn von ihnen gleichzeitig ein *nach innen* orientierter Prozeß der Konsensfindung, der Transparenz und der Handlungslegitimation eingeleitet wird. Damit könnte die globalisierte Ökonomie und Politik in die Gesellschaft zurückgeholt werden. 'Global governance' wäre in diesem Sinne als Marktplatz zu verstehen, auf dem sich die Gesellschaft wieder versammelt. Die „Ortlosigkeit" von Gesellschaften und von Politik unter dem ökonomischen Druck der Globalisierung könnte so revoziert werden.

Peter Wahl hingegen meint, daß die NGOs mit ihrem Beitrag zu größerer Transparenz und Demokratisierung in den internationalen Beziehungen, ihren Alternativvorschlägen und ihrer Gegenexpertise, ihrem Know-how bei der Durchsetzung von konkreten, politischen Schritten zu Partnern in einer Allianz all jener Kräfte werden könnten, die in einer emanzipatorischen Reformperspektive eine demokratische, sozial gerechte und ökologisch zukunftsfähige Umgestaltung der nationalen Gesellschaft anstreben. NGOs könnten also gar nicht darauf verzichten, sich zu politisieren. Nicht zuletzt angesichts des von Kapital- und Machtinteressen dominierten Prozesses der Globalisierung sei eine solche Allianz unabdingbar. Ein intelligentes 'networking' von Lobby- und Mobilisierungsarbeit hält auch Ansgar Klein für lohnenswert. So könnte die NGO-Szene einem konstruktiven 'internen' Veränderungsdruck ausgesetzt werden.

Die „Zeit der Unschuld" (*Die Zeit* vom 6.9.96) ist jedenfalls für die NGOs vorbei. Die Entwicklung eigenständiger Initiativen einer autonomen, regierungsunabhängigen Vernetzung scheint unabdingbar für eine langfristige Perspektive. Andernfalls würden NGOs eine gesellschaftliche Produktivkraft in der „Netzwerkgesellschaft" sein (oder werden) und allenfalls einen Beitrag zur Symptombehandlung der typischen Schäden von Industriegesellschaften in der Umwelt oder im sozialen Bereich leisten. Ihr Status würde zu dem von zivilgesellschaftlichen Akzeptanzbeschaffern für das Entwicklungsmodell degenerieren, das zu ersetzen oder zu korrigieren NGOs (und neue soziale Bewegungen) ursprünglich angetreten sind. Die sozialen, ökologischen und ökonomischen Herausforderungen an der Schwelle zum 21. Jahrhundert erfordern weitreichende Veränderungen, die auf den internationalen Konferenzen angesprochen, aber in der Normalität des Alltagslebens verdrängt werden. Gegen diese Verdrängungssprozesse Strategien zu entwikkeln, ist auch eine Aufgabe von NGOs, die genauso wichtig ist wie die Präsenz in den internationalen, nationalen und lokalen Arenen der umweltpolitischen Debatten und Beschlüsse.

Heike Walk, Achim Brunnengräber, Elmar Altvater

Kapitel I:
Theoretische und klimapolitische Befunde vernetzter Politikprozesse

Dirk Messner

Netzwerktheorien: Die Suche nach Ursachen und Auswegen aus der Krise staatlicher Steuerungsfähigkeit

Gesellschaftliche Organisations- und Steuerungsmuster im Umbruch

Die klassische Staatstheorie, die von der doppelten Souveränität des Staates nach innen und nach außen ausging und den Staat als Spitze der Gesellschaft und politisches Gestaltungszentrum verstand, stellte lange einen der Eckpfeiler der Sozialwissenschaften dar. Die Pluralismus- und Neokorporatismustheorien, neokonservative Staatstheorien, die Verwaltungswissenschaften und die Theorien des Wohlfahrtsstaates basieren gleichermaßen auf der Vorstellung vom steuerungsmächtigen Staat und von der klaren Trennung von Staat und Gesellschaft. Die Einheit des Staates und seine Autonomie gegenüber den gesellschaftlichen Akteuren sind die Grundlage dafür, ihn als zentrale Steuerungsinstanz der Gesellschaft anzuerkennen.

Die Trennung zwischen Staat und Gesellschaft in den neuzeitlichen, europäischen Staatstheorien geht auf Hegel zurück, der die Bürgerliche Gesellschaft als „die Differenz, welche zwischen die Familie und den Staat tritt" (Hegel 1970, 339) entdeckte. Hegel brach – mit Verweis auf die Folgen der einsetzenden Industrialisierung sowie damit einhergehender gesellschaftlicher Arbeitsteilung und Ausdifferenzierung – radikal mit der bis dahin in der abendländischen Welt dominanten platonisch-aristotelischen Vorstellung von der Einheit der polis als „societas civilis sive politica". Die „Bürgerliche Gesellschaft" definiert er als das System der partikularen Bedürfnisse und Interessen, als Sphäre des universellen Egoismus. Den Staat idealisiert Hegel als Souverän gegenüber der Gesellschaft, Sphäre des universellen Altruismus und einheitsstiftende Instanz.

Hermann Heller konzipierte den Staat in der Spätphase der Weimarer Republik als „wirklich einheitliches Aktzentrum innerhalb der Vielfalt wirklicher und selbständiger, sei es einzelmenschlicher oder kollektiver Aktzentren"

(Heller 1983, 260), und Max Weber sprach vom „staatlichen Monopol legitimer Machtausübung" (Weber 1956, 210). Die Souveränität des Staates wurde verstanden als die Spitze einer Pyramide und als das Nervenzentrum eines Organismus, von dem aus mit den Mitteln von Verwaltung und Macht die öffentlichen Angelegenheiten gestaltet wurden.

In der Phase des „sozialdemokratischen Konsenses" (Dahrendorf 1979, 147f.) der bis Mitte der 70er Jahre selbst in westeuropäischen Ländern dominant war, in denen sozialdemokratische Parteien nur selten oder gar nicht an der Regierung waren, schien es, als ob der von Weber beschriebene abendländische Rationalisierungsprozeß von Staat und Gesellschaft konsequent vorangetrieben werden könnte. Politische Planung, „Rationalisierung der Politik" (Ellwein 1968) im Sinne eines „systematische(n) Entwurf(es) einer rationalen Ordnung auf der Grundlage allen verfügbaren Wissens" (Kaiser 1965, 7), waren Kernbegriffe dieser Diskussion, die durch nahezu „hermetischen Optimismus und grenzenloses Vertrauen" (Simonis 1992, 19) in die Möglichkeiten der Gestaltbarkeit der Gesellschaft durch den demokratischen Staat gekennzeichnet war (Koch-Senghaas 1970, Lau 1975).

Seit Anfang der 80er Jahre beginnt die deutsche Sozial- und Verwaltungswissenschaft sukzessiv Abschied zu nehmen von der Vorstellung des hierarchisch agierenden, vollständig souveränen Staates (Ellwein 1987). Im Vergleich zu den 60er und 70er Jahren läßt sich als Ergebnis der steuerungstheoretischen Diskussion bis Mitte der 80er Jahre *erstens* allgemein eine deutlich skeptischere Einschätzung der Möglichkeiten von modernen Gesellschaften, durch rationale staatliche Planung und Intervention auf sich selbst einzuwirken, feststellen. In der Rückschau erscheinen die pluralismustheoretischen Vorstellungen eines sich stets selbst stabilisierenden politischen Gleichgewichtszustandes (political invisible hand) auf der Grundlage recht simpler Interaktionsmuster zwischen Staat und gesellschaftlichen Akteuren als stark vereinfachend. Das gleiche gilt für den Steuerungsoptimismus und die Hoffnungen auf einen rationalistischen und demokratisch gezügelten Etatismus der Wohlfahrtsstaats- und Planungstheorien sowie die neokorporatistische Vision der Steuerung der Gesellschaft durch die Trias aus Staat und den Spitzenorganisationen von Arbeit und Kapital.

Zweitens erwies sich eine Vielzahl von Einwänden steuerungsskeptischer Autoren gegen die Vorstellung von der Allmacht des Staates als bedenkenswert. Aus den steuerungskritischen Arbeiten lassen sich grundsätzlich zwei Stoßrichtungen herausdestillieren. Auf der einen Seite wird – insbesondere von neoliberalen Autoren wie z.B. Olson (1982) – die Überregulierung der Gesellschaft und Wirtschaft durch den Staat sowie eine sich ausbreitende institutionelle Sklerose kritisiert. Thema ist in diesem Kontext also ein zu starker oder zumindest allseits präsenter Staat. Auf der anderen Seite wird aus unterschiedlichster Perspektive die Überforderung des Staates konstatiert. Eine Handlungsunfähigkeit des Staates sowie die Schwäche, auf gesellschaftliche Herausforderungen adäquat reagieren zu können, werden als Probleme benannt. Versucht man, aus diesen Diskussionen die wesentlichen Problemdimensionen herauszufiltern, so ergibt sich folgendes Bild (Messner 1995, 120 ff.):

Der Staat ist konfrontiert mit

- steigenden Steuerungsanforderungen (Globalisierung von Problemlagen, Umweltthematik, Arbeitslosigkeit und vieles mehr) bei gleichzeitig sinkenden Steuerungskapazitäten und -möglichkeiten,
- vielfältigen Steuerungsproblemen (Motivations-, Implementations-, Informations- und Komplexitätsproblemen), die sich aus der zunehmenden Komplexität und Eigendynamik der zu beeinflussenden gesellschaftlichen Sektoren ergeben,
- der Herausforderung, die gesellschaftliche Integration gegen Globalisierungstrends und interne Fragmentierungstendenzen zu bewahren.

Diese Anforderungen können den Staat überfordern. Konstatiert werden Phänomene wie

- die Kolonisierung des Staates durch gut organisierte, mächtige Partikularinteressen,
- die Verlangsamung oder gar Blockierung von politischen Entscheidungsfindungsprozessen durch die steigende Organisiertheit und zunehmende Partizipationsansprüche gesellschaftlicher Akteursgruppen,
- in der Gesellschaft wirkende Zentrifugalkräfte, die gesellschaftliche Desintegrationstendenzen auslösen und vom Staat kaum kontrolliert werden können,
- Verlust von gemeinsamen Wertorientierungen der gesellschaftlichen Akteure und – daraus folgend – Schwierigkeiten, in Abstimmungsprozessen zwischen Staat und organisierten Interessengruppen Gemeinwohlorientierung auf der Grundlage von Konsens- und Kompromißfindung anzusteuern.

Hinter diesen Anforderungen an den Staat und den beobachteten Problemen verbergen sich *drittens* Veränderungsprozesse in der Gesellschaft, die die traditionellen Formen staatlicher Steuerung überfordern; die „Reichweite des Staates" ist begrenzt. Die Ausdifferenzierung der Gesellschaft, Globalisierungstrends, damit einhergehende zunehmende Komplexität gesellschaftlicher Prozesse, die durch schwer versteh- und steuerbare Eigendynamiken in den gesellschaftlichen Sektoren gekennzeichnet sind, sind einerseits Ausdruck gesellschaftlicher Modernisierung, tragen zu Effizienzsteigerung in den gesellschaftlichen Subsystemen bei und steigern deren Selbststeuerungspotentiale, implizieren jedoch andererseits steigenden Koordinierungsbedarf, die Gefahr gesellschaftlicher Desintegration und kaum steuerbare gesellschaftliche Dynamiken mit ungewissem Ausgang.

Vor allem empirische Arbeiten tragen dazu bei, die „verwirrende Vielfalt" (Schuppert 1989, 55) von Organisations- und Steuerungsformen und die Diversität staatlicher Steuerungshilfen und gesellschaftlicher Selbststeuerungspotentiale jenseits des vollständig autonomen Planungs- und Interventionsstaates zu „entdecken", auf denen die Steuerungs- und Gestaltungsleistungen moderner Gesellschaften beruhen, als da wären (Beyme 1991, 28 f.):

- die Schaffung parastaatlicher Einrichtungen,
- die Delegation von Staatsaufgaben an gesellschaftliche Gruppen,
- staatliches Handeln nach dem Subsidiaritätsprinzip, so daß Handeln nur bei Versagen der Selbststeuerung in gesellschaftlichen Teilbereichen einsetzt,
- aktive Steuerung durch liberalen Korporatismus,
- lose Konzertierung und anderes mehr.

Es kann festgestellt werden, daß sich in der policy-orientierten deutschen staats- und verwaltungswissenschaftlichen Diskussion seit Mitte der 80er Jahre ein deutlich „verändertes Staatsverständnis" (Hartwich 1987, 14) herausgebildet hat, das das herkömmliche Definitionselement des juristischen Staatsbegriffs, nämlich die Verfügung über einseitig-hoheitliche Machtmittel des Staates gegenüber den Wirtschaftssubjekten und anderen gesellschaftlichen Akteursgruppen ergänzt und z.T. durch das „Prinzip der Zweiseitigkeit oder der Zusammenarbeit" (Ritter 1979, 104) ablöst. Aufgrund der konstatierten Anforderungen an Gesellschaftsgestaltung wird nun in Abgrenzung zu den auf der eindeutigen Trennung von Staat und Gesellschaft sowie der Idee des „political market" basierenden Pluralismustheorien sowie eindimensional etatistischen Planungsansätzen von „kooperativem Pluralismus" (Hartwich 1987) gesprochen. Übereinstimmung besteht darin, daß dem Staat in vielen Politikfeldern und insbesondere in der Wirtschaftspolitik die Definitionsmacht über das Problemfeld und relevante bzw. adäquate Problemlösungen zumindest teilweise entzogen sind. Entgegen dem pluralismustheoretischen Weltbild beteiligen sich nicht-staatliche intermediäre Institutionen wie z.B. Verbände und wissenschaftliche Beratungseinrichtungen in der Realität nicht mehr nur an der politischen Willensbildung, sondern partizipieren vielfach im Prozeß der Erkennung von Problemfeldern, der Politikformulierung

und -umsetzung. Damit erschöpft sich das Bild von der „Hierarchie als (einzigem) Ordnungsprinzip in der Gesellschaft“ (Willke 1987, 293).
In modernen Gesellschaften scheinen zentrifugale Kräfte zu wirken, die die Umkehr oder zumindest eine Relativierung einer Entwicklungstendenz bewirken, die über Jahrhunderte hinweg als eherndes Gesetz im Prozeß der Zivilisation halt: Der Trend zur territorialen Zentralisierung und der Durchsetzung des staatlichen Gewaltmonopols gegen andere weltliche und kirchliche Mächte (Elias 1974). Eine Dispersion von Kompetenzen und gesellschaftlichen Steuerungspotentialen ist in den Industrieländern (ebenso wie in sich modernisierenden Entwicklungsländern) unübersehbar, weshalb einige Autoren „Refeudalisierungstendenzen“ ausmachen (Held 1991, Marks 1991), die durch die Herausbildung von unkontrollierten und unkontrollierbaren „private governments“ (Ronge 1980, Streeck/ Schmitter 1985) charakterisiert seien.

Die „Entzauberung der Staates“ in der polyzentrischen Gesellschaft

Vor diesem Hintergrund stellt sich die Frage nach der politischen Steuerungsfähigkeit nicht mehr nur mit Blick auf die Leistungsfähigkeit des Staates. Steuerungsfähigkeit muß im Kontext von Organisations-, Kommunikations- und Interaktionsmustern zwischen dem Staat und anderen gesellschaftlichen Akteuren thematisiert werden. Damit verliert der Staat die klaren Konturen, die ihm von den klassischen Staatstheorien über die liberalen Pluralismustheorien bis zu den neokonservativen Staatstheorien zugeschrieben werden. Der gesellschaftliche Raum zwischen „Staat und Markt“ gewinnt an Bedeutung. Zugleich werden die Grenzen zwischen staatlichen und nicht-staatlichen Aufgaben und Organisationen in „polyzentrischen Gesellschaften“ (Rosewitz/ Schimank 1988, 304) fließender.
Über diese Dimension zwischen Markt und Staat gibt es eine Fülle überwiegend empirisch ausgerichteter Literatur, die hier nicht dargestellt werden soll (Fürst 1987, Ronge 1988). Wichtig ist, daß sich in diesem gesellschaftlichen Raum eine Vielzahl außerordentlich unterschiedlicher Organisationen, Institutionen und Akteursgruppen bewegen, die in unterschiedlicher Weise Steuerungsfunktionen in jeweiligen Politikfeldern und gesellschaftlichen Teilbereichen übernehmen. Neben

- staatlichen Institutionen, deren unmittelbare Funktion es ist, allgemeinverbindliche Entscheidungen zu treffen (Legislative) und diese umzusetzen (Exekutive), agieren

- Interessenorganisationen/Verbände, die die Interessen ihrer Mitglieder repräsentieren, jedoch zugleich in vielen Bereichen für die staatlichen Institutionen zu wichtigen Partnern geworden sind, um Probleme frühzeitig zu erkennen, adäquate Politiken zu entwickeln und diese umzusetzen, und
- Selbsthilfegruppen, Bürgerinitiativen oder andere freiwillige, meist auf ein oder wenige Ziele orientierte und über begrenzte Zeiträume bestehende Zusammenschlüsse der Zivilgesellschaft sowie
- Organisationen, die sich zunächst einmal von den anderen Gruppen dadurch unterscheiden, daß sie weder allgemeinverbindliche Entscheidungen treffen noch partikulare Gruppen- bzw. Mitgliederinteressen repräsentieren. Gemeint sind private, halbstaatliche oder auch öffentliche funktionale Institutionen. Diese übernehmen in jeweiligen gesellschaftlichen Sektoren steuerungsrelevante Aufgaben wie Informationsbeschaffung und -aufbereitung, wissenschaftliche Beratung von staatlichen Institutionen und Verbänden sowie weitere Dienstleistungsfunktionen, die zur Steigerung der Leistungsfähigkeit der Akteure in den Sektoren (z.B. durch Fortbildung von Entscheidungsträgern) oder der Vermittlung zwischen den Akteuren (z.B. durch Vorbereitung und Moderation von Regional- oder Sektorkonferenzen, die den Austausch zwischen den Akteuren erleichtern oder auch erzwingen) beitragen. In diese Gruppe gehören z.B. wissenschaftliche Einrichtungen (Forschungs-, Fortbildungs- und Beratungsagenturen, Technologieinstitutionen usw.) oder auch Beiräte.

Die Standortpolitik ist ein Beispiel für „nicht-etatische" Steuerung und Problemlösung und neuen Formen von „public private partnership". Die neuen standortpolitischen Strategien unterscheiden sich fundamental von den etatistischen top-down-Ansätzen traditioneller Industriepolitik, -planung oder Investitionslenkung, in denen der Staat als zentrale Steuerungsinstanz agierte. Letztere sind heute untauglich, da im Bereich der Standortpolitik und der Entwicklung von Industrie-, Technologie- und Ausbildungspolitiken die Handlungspotentiale, das notwendige Know-how zur Formulierung langfristig orientierter Politiken und die Implementationskapazitäten auf eine Vielzahl von staatlichen, privaten und intermediären Trägerschaften verteilt sind (Unternehmen, Verbände, Wissenschaft, staatliche und private intermediäre Institutionen, Gewerkschaften). Ließen sich in der Phase des Fordismus und hochstandardisierter Produktionsmuster noch vertikal integrierte Großunternehmen auf der Grundlage zentralistischer, staatlicher Industrieplanung (in der UdSSR, Indien oder auch Brasilien) erfolgreich aufbauen, so werden heute eindimensionale, zentralistische Regulationsmuster scheitern, wenn es um die Entwicklung und Unterstützung komplexer Unternehmensnetzwerke und spezialisierter Institutionenlandschaften geht.

„Weiche Steuerungsmedien“ wie Informationsfluß, Interessensintegration, prozedurale Festlegung gewinnen aufgrund dieser veränderten Strukturbedingungen an Bedeutung. Sie haben zwei Funktionen: Einerseits ist staatliche Struktur- und Standortpolitik auf die Know-how-Ressourcen von Unternehmen, Wissenschaft und anderen strategischen Akteuren angewiesen. Andererseits korrespondieren diese neuen Steuerungsmedien mit dem interaktiven Charakter von Innovation und dem systemischen Charakter von Wettbewerbsfähigkeit, da gesellschaftliche Organisationsmuster, raschen Informationsfluß, offene Informationskanäle, vernetzte Strukturen und Kommunikation erleichtern, selbst zu Wettbewerbsfaktoren werden. Deutlich werden der spezifische, prozedurale Charakter der Wirtschaftspolitiken und daß die Standortpolitiken nicht nur durch public policies vorangetrieben werden, sondern auch Unternehmen, intermediäre Institutionen und Verbände (als Einzelorganisationen oder im Verbund) Beiträge zur Ausgestaltung des Standortes leisten können und müssen (z.B. durch Ausbildungsangebote, Aufbau von Informationssystemen, Beschleunigung des Informationsflusses).

Ähnliche Formveränderungen politischer Steuerung lassen sich auch in einer Vielzahl anderer Politikfelder (wie der Umwelt-, Sozial-, Gesundheitspolitik) aufzeigen (Marin/ Mayntz 1991). Die Entgrenzung des Staates durch die Herausbildung von „Mitsouveränitäten“ (Eschenburg 1989) gesellschaftlicher Akteure und die spiegelbildliche Teilung der Souveränität des Staates sind Phänomene, die seit Beginn der 80er Jahre von unterschiedlichen Netzwerktheorien aufgegriffen werden. Die Beschaftigung mit policy-Netzwerken ist zu einem Synonym für die Auseinandersetzung mit gesellschaftlichen Organisationsmustern und politischen Steuerungsformen geworden, die mit den traditionellen staatstheoretischen Ansätzen, basierend auf den Prämissen der klaren Trennung von Staat und Gesellschaft und der inneren und äußeren Souveränität des Staates, nicht thematisiert werden können. Von den Netzwerktheoretikern werden gesellschaftliche Transformationsprozesse festgestellt, hinter denen sich ein „major shift ... in societal governance from hierarchical control to horizontal coordination“ (Kenis/Schneider 1991, 36) verbirgt.

Im Zentrum steht die Beobachtung, daß moderne Gesellschaften in vielen Bereichen durch netzwerkartige Organisationsformen gekennzeichnet sind und Problemlösungen zunehmend auf „horizontal policy coordination“ in „joint decision systems“ oder „pluralistischen policy-Netzwerken“ basieren (Powell 1990, Marin/Mayntz 1991, Héretier 1993). Der Begriff „Netzwerk“ betont die Selbstorganisation bzw. -koordination zwischen de facto autonomen Akteuren zur Erreichung eines gemeinsamen Resultates. Kenis/Schneider sehen in den Netzwerkansätzen sogar ein neues Paradigma zum Verständnis der „architecture of complexity" (Kenis/Schneider 1991), das von seiner Bedeutung her vergleichbar sein könnte mit dem zuvor dominanten Konzept der Hierarchie als Instrument der Komplexitätsreduktion in sich stets weiter differenzierenden Gesellschaften (Simon 1973).

Unterminierung staatlicher Steuerungsfähigkeit durch Ausdifferenzierungs-, Spezialisierungs- und Interdependenzphänomene

Die netzwerkartigen Organisationsformen und darauf basierende Steuerung werden interpretiert als Reaktionen auf soziale, politische und ökonomische Ausdifferenzierungs-, Spezialisierungs- und Interdependenzphänomene, die zur sukzessiven Unterminierung der hierarchischen Steuerung der Gesellschaft durch den Staat geführt haben. Dieser Transformationsprozeß wird durch die Überlagerung folgender Phänomene vorangetrieben:

1. Ein Trend in Richtung organisierte Gesellschaft ist unübersehbar. Die Zahl kollektiver Akteure (wie Parteien, Verbände, Interessenorganisationen, Vereine) und deren Bedeutung für die gesellschaftliche Entwicklung nimmt zu. Kollektive Akteure verfügen über Einfluß, finanzielle Ressourcen, Knowhow sowie Organisationsfähigkeit und sind damit in der Lage, politische Entscheidungsfindungsprozesse zu beeinflussen und gesellschaftsgestaltend zu wirken (Perrow 1989, Etzioni 1968, 1988).

2. Eine zunehmende Sektoralisierung in Wirtschaft und Gesellschaft ist unübersehbar (Kitschelt 1985, Katzenstein 1984). Gesellschaftliche Komplexitätssteigerung, zunehmende Interdependenzen zwischen einer Vielzahl von Akteuren, also Prozesse funktionaler Differenzierung – um Luhmann zu bemühen – führen zu einer wachsenden Bedeutung gesellschaftlicher Subsysteme in der Gesamtgesellschaft. Ob in der Wissenschaft, der Politik, der Ökonomie, auf der Ebene intermediärer Institutionen oder der publizistischen Öffentlichkeit, überall gewinnt Spezialistentum und Sektoralisierung an Bedeutung. In diesem Prozeß wird die Binnendifferenzierung in den gesellschaftlichen Teilsystemen vorangetrieben. Das Bild Luhmanns von der völligen Selbstreferentialität gesellschaftlicher Teilbereiche ist sicher überzogen, der Trend zur Herausbildung von separierten policy- oder auch Wissenschaftsarenen (Genpolitik, Technologiepolitik, Entwicklungspolitik) ist jedoch unabweisbar.

3. Sektoralisierung und die zunehmende Organisiertheit gesellschaftlicher Interessen führen zur Partizipation einer zunehmenden Zahl privater und staatlicher Akteursgruppen am Prozeß der Politikgestaltung und können das politische Interventionsniveau in unterschiedlichsten gesellschaftlichen Bereichen beträchtlich erhöhen. Jordan und Richardson haben für diesen Entwicklungstrend den Begriff „overcrowded policy-making" (Jordan/Richardson 1983) geprägt.
4. Die Organisations- und Politikfähigkeit gesellschaftlicher Akteure sowie die sich aus der Differenzierung der Gesellschaft ergebenden neuen Steuerungsanforderungen (z.B. Umweltpolitik, Risikopotential neuer Technologien, schwer überschaubare Interdependenzbeziehungen zwischen Politikfeldern) führten, noch verstärkt durch den Planungsoptimismus der 60er bis Mitte der 70er Jahre, zu einem „policy growth"-Prozeß (Heclo 1978). Das steigende Maß an Staatsintervention wird jedoch zunächst kaum von innovativen neuen Steuerungsformen (z.B. Delegierung von Steuerungsaufgaben auf intermediäre Institutionen) begleitet. Vielmehr sind vielfältige Versuche zu beobachten, die Ausdifferenzierung der Gesellschaft durch eine parallele Ausdifferenzierung und Ausdehnung des Staatsapparates zu begleiten. Diese Versuche führen zu einer Überforderung des Staates, die mit Begriffen wie „political overload" und „governance and pressure" (Brodkin 1982) beschrieben werden.
5. Der policy growth-Prozeß übersetzt sich in einen Prozeß der Dezentralisierung und Fragmentierung des Staates. Während es lange üblich war, den Staat als ein monolithisches Gebilde zu verstehen, wird nun der Eigendynamik der Teilbereiche des Staates und dessen je nach Politikfeldern, Industriesektor und Politikebene (lokal, regional, national, multilateral) durchaus unterschiedlichen Interventionsformen und Gestaltungsanstrengungen größere Beachtung geschenkt (Evans et al. 1985, Scharpf 1993). In diesem Kontext ist es wichtig, darauf zu verweisen, daß der Staat nicht erst seit zwei Dekaden ein heterogenes Geflecht darstellt – auch wenn sich der Ausdifferenzierungstrend sicher stark beschleunigt hat. Die Staatstheorien blieben lange dem klassischen Staatsverständnis verhaftet, das von der „Einheit" des Staates ausging, sie konnten mit ihrem Analyseraster die Heterogenisierung von Staat und Gesellschaft nicht adäquat wahrnehmen und entfernten sich so von der Realität gesellschaftlichen Wandels.
6. Die Dezentralisierung des Staates und unterschiedlichste Kooperationsformen zwischen dem Staat und privaten Akteursgruppen führen dazu, daß die Trennung zwischen „öffentlich" und „privat" vielfach unscharf wird. Weiche Steuerungsformen werden „entdeckt", „informal administrative

action" oder Formen von „state-sponsored self-regulation" (Hanf 1982, Hucke 1982) ausgemacht.

7. Eine Vielzahl von Untersuchungen (aus der Neokorporatismusforschung, den Verwaltungswissenschaften und Studien zur Industriepolitik) belegen, daß der Staat in vielen Politikfeldern Steuerungs- und Gestaltungsfunktionen ohne den Rückgriff auf das Know-how oder auch die Implementierungskapazitäten nicht-staatlicher Akteure kaum mehr wahrnehmen kann. Der Autonomieverlust des Staates impliziert jedoch nicht automatisch einen Autonomiegewinn für andere gesellschaftliche Akteure (Czada 1992), da deren Leistungsfähigkeit ebenfalls von Interaktion und Kooperation mit anderen abhängig ist.

8. Der „kooperative Staat" (Ritter 1979) bzw. der „verhandelnde Staat" (Scharpf 1993c) lernt Aufgaben zu delegieren und unterstützt die Entwicklung von gesellschaftlichen Selbstorganisationskapazitäten (z.B. durch die Förderung von Verbänden oder die Gründung von Foren, in denen gesellschaftliche Konflikte ausgetragen werden und – mit oder ohne Moderatorenfunktion durch staatliche Institutionen – nach Lösungsmustern gesucht werden kann). Offe diskutiert solche Strategien unter dem Terminus „staatliche Politik der Staatsentlastung" (Offe 1987).

9. Im Zusammenspiel dieser Trends entsteht eine „aktive Gesellschaft" (Etzioni 1968). Innerhalb der sich herausbildenden Politikarenen (Gesundheitspolitik, Hochschulpolitik, Industriesektorpolitik) nimmt als Reaktion auf sich vertiefende Interdependenzbeziehungen die Bedeutung „systemischer Interaktion" (Etzioni) zwischen den relevanten Akteursgruppen zu. In den jeweiligen Sektoren entwickeln sich vielfältige Koordinations- und Austauschbeziehungen jenseits reiner Marktallokation und hierarchischer Kontrolle durch den Staat. Zugleich steigen die Anforderungen an die intersystemische Kommunikations- und Koordinationsfähigkeit, um externe Effekte von Entscheidungen in jeweiligen Sektoren für die Gesamtgesellschaft oder beggar my neighbour policies zu vermeiden. Etzioni beschreibt diese Strukturprinzipien und kommt zum Ergebnis, daß kollektives Wissen und somit die Leistungsfähigkeit aller gesellschaftlichen Akteure sowie deren Fähigkeit und Bereitschaft zum Informationsaustausch (Zugang zu Informationen) zu einer genauso wesentlichen Steuerungsressource werden wie Macht und Geld (Deutsch 1977). Diese Entwicklung fördert eine „scientification of politics" (Smith 1987).

10. Schließlich impliziert die Globalisierung der Ökonomie und die Einbindung der Nationalstaaten in supranationale Institutionen einen Autonomieverlust für die Nationalstaaten. Die Steuerungsfähigkeit der Nationalstaaten hängt demnach nicht nur von der Leistungsfähigkeit neuer Organisations-

und Koordinationsformen „im Inneren“ ab, sondern wird zudem durch die Delegation von Handlungspotentialen auf die internationale Ebene (z.B. im Rahmen der EU oder auch des MERCOSUR) oder gar den Verlust von Handlungsspielräumen durch die globalisierte Ökonomie (z.B. Zinspolitik) modifiziert (Altvater 1991, 1994).
Diese sich überlagernden Transformationsprozesse bewirken, daß Regierungen in vielen Bereichen nicht mehr allein, autonom über die zur Politikgestaltung notwendigen Steuerungsressourcen verfügen. Sie werden daher abhängig von der Kooperation und Handlungskoordination mit Akteursgruppen, die nicht ihrer unmittelbaren Kontrolle unterstehen. Falsch wäre es, diesen Prozeß im Sinne eines einseitigen Autonomieverlustes des Staates bzw. der Regierung zu interpretieren. Auch gesellschaftliche Akteursgruppen sind in vielen Bereichen auf die Kooperation mit öffentlichen Institutionen, intermediären Organisationen und anderen privaten Gruppen oder Verbänden angewiesen. Die Verbände wiederum sind abhängig vom Zugang zu öffentlichen Informationen; die Wirtschaft von einer leistungsfähigen Infrastruktur, moderne Bildungssysteme von stabilen Rahmenbedingungen usw.
Dieser wechselseitige Autonomieverlust und die sich daraus ergebenden Interdependenzbeziehungen führen dazu, daß Politik – wie am Beispiel der Standortpolitik veranschaulicht – zunehmend in „informal political infrastructures outside conventional channels such as legislative, executive and administrative organizations“ (Kenis/Schneider 1991) vorbereitet wird.

Begrenzte Beiträge deskriptiver Netzwerkansätze – Was sind Netzwerke?

Eine wichtige Forschungsrichtung versteht die Netzwerkanalyse primär als Methode zur Bestimmung von Beziehungen von Einheiten oder Akteuren in einem vernetzten System (Pappi 1987; Laumann/Knoke 1987). Ziel ist es, Strukturbeschreibungen von Netzwerken zu erstellen. Diese Arbeiten leisten durch die Beschreibung von Interaktionsbeziehungen zwischen Akteuren und/oder Organisationen durchaus einen Beitrag dazu, differenzierte Beziehungsmuster zu erkennen und Vereinfachungen zu vermeiden („der Staat“, „das Unternehmen“ als Handlungsakteure). Sie verharren jedoch auf dieser deskriptiven Ebene.
Auch in neokorporatistischen Arbeiten taucht der Begriff Netzwerk auf, in der Regel, um Beziehungen zwischen dem öffentlichen und dem privaten

Sektor im Prozeß der Politikimplementierung zu erfassen. Katzenstein (Katzenstein 1978) oder auch Rhodes (Rhodes 1990) benutzen den Netzwerkbegriff insbesondere auf der Mesoebene, um Interaktionen zwischen öffentlichen Institutionen und Unternehmen in einem Wirtschaftssektor abzubilden. Lehmbruch (Lehmbruch 1984) spricht zuweilen ebenfalls von Netzwerken, thematisiert damit jedoch die Kooperationsformen zwischen den nationalen Spitzenorganisationen von Unternehmen, Gewerkschaften und Staat, bewegt sich also eher auf der Makroebene. Auch in diesen Arbeiten hat der Netzwerkbegriff im wesentlichen deskriptiven Charakter.

Einen Schritt weiter geht Heclo (Heclo 1978). Er prägt den Begriff des „issue network" und charakterisiert damit spezifische Beziehungen zwischen dem öffentlichen und dem privaten Sektor. Heclo beobachtet, daß in unterschiedlichsten Politikfeldern eine Vielzahl von Akteuren (z.B. Wissenschaftler, Bürgerinitiativen, Interessenverbände, Fachjournalisten) am Politikprozeß beteiligt sind. Auf der Basis dieser Beobachtungen kritisiert Heclo die Neokorporatisten, die ihre Analysen auf der „iron triangle" (Staat, Unternehmen, Gewerkschaften) verengen und somit nur einen Teil der Realität aufzunehmen in der Lage sind. Im Gegensatz zu den geschlossenen und auf formalisierten Beziehungen basierenden „iron triangles" sind die „issue networks" durch informelle, offene, instabile Beziehungsgeflechte zwischen einer Vielzahl von Akteuren charakterisiert, die in einem Politikfeld zusammenwirken und durch ihre Interaktion permanente Lern-, Such- und Veränderungsprozesse in dem policy-Feld bestimmen. Heclo verweist darauf, daß die „issue networks" auf einen neuen Typus von politischer Steuerung hinweisen, der durch die Abwesenheit einer klaren hierarchischen Struktur gekennzeichnet ist. Er spricht den „issue networks" eine qualitativ neue Dimension zu: Im Gegensatz zu den bis Mitte der 70er Jahre dominierenden Theorien, die von einer zunehmenden Zentralisierung der Gesellschaft und hierarchischen Steuerungsmustern ausgingen, verweist er auf horizontale Selbststeuerungsmechanismen und die zunehmende Zahl von am Politikprozeß beteiligten Akteuren.

Laumann und Knoke verweisen ebenfalls auf die von Heclo beschriebene Tendenz der steigenden Zahl von am Politikprozeß beteiligten Akteuren. Sie argumentieren, daß damit die traditionelle Unterscheidung zwischen dem Staat (als autonomen Steuerungsakteur) und der Gesellschaft verschwimmt und schlußfolgern, daß letztlich die Unterscheidung zwischen Staat und Gesellschaft vollständig hinfällig geworden sei. Der Staat stellt sich ihnen dar als „a complex system of government and nongovernmental organizations that struggle for power and legitimacy in the making of public policies ... the appropriate unit of analysis for studies of policy formation is not the state understood in the institutional sense, but the state as a collection of policy arenas incorporating both governmental and private actors" (Laumann/Knoke 1987, 9). Diese Form der Komplexitätserfassung durch radikale Komplexitätsreduktion (die Verschmelzung komplizierter Netzwerkstrukturen aus privaten und öffentlichen Akteuren zum „Staat") verstellt den Blick auf die unterschiedlichen Funktionen von privaten, staatlichen und halbstaatlichen Akteuren in netzwerkartigen Verhandlungssystemen, die spezifischen Formen des Zusammenwirkens und die wichtige Frage nach der neuen Rolle des Staates in polyzentrischen Gesellschaften. Die artifizielle Subsumierung aller Aktivitäten von privaten wie öffentlichen Akteuren, die zur Herausbildung von public policy beitragen, unter den Begriff des Staates lenkt davon ab, daß in hochgradig arbeitsteiligen Gesellschaften nicht mehr nur öffentliche Institutionen (der Staat), sondern auch private Akteure – auf spezifische Art und Weise – an der Erstellung von public policy beteiligt sind. Die semantische Aufhebung des in (vielen) Politiknetzwerken dominanten Spannungsverhältnisses zwischen öffentlichen und privaten Akteuren, Staat und Gesellschaft in der Kategorie „des Staates" stellt daher eine unzulässige Vereinfachung dar.

In einer Reihe von Arbeiten werden Netzwerkphänomene nach unterschiedlichen Kriterien typologisiert. Atkinson und Coleman untersuchen auf sektoraler Ebene die Beziehungen zwischen Staat und Industrie und unterscheiden diverse Netzwerktypen, je nach dem Grad der Handlungsautonomie der beteiligten staatlichen wie privaten Organisationen, der breit gestreuten oder zentralisierten Handlungskompetenzen staatlicher oder privater Organisationen sowie der Mobilisierungsfähigkeit der Unternehmerverbände. Sie gehen damit über den engen Netzwerkbegriff der Neokorporatisten hinaus und argumentieren differenzierter als Laumann und Knoke. Ihre Typologie verweist auf die Existenz unterschiedlicher Organisationsmuster, die jedoch zu schlicht auf wenige strukturelle Faktoren zurückgeführt werden (Atkinson/Coleman 1989). Waarden versteht unter Netzwerken eine „intermediate form" zwischen Markt und formaler Organisation und definiert Parameter (Anzahl der Akteure, Funktion des Netzwerkes, Organisationsstruktur, Institutionalisierungsgrad, Regeln innerhalb des Netzwerkes, Machtstrukturen, Strategien der Akteure), mit denen Netzwerke beschrieben werden können (Waarden 1992). Ähnlich wie Atkinson und Coleman verbleibt er jedoch auf der Ebene der Bestandsaufnahme und der Typologisierung.

Diese Fülle von Netzwerkansätzen bietet zunächst interessantes empirisches Material. Die Studien weisen über die klassischen staatstheoretischen Vorstellungen hinaus und zeigen, daß politische Steuerungsfähigkeit nicht nur eine Frage des starken, leistungsfähigen und aktiven Staates ist, sondern abhängt von der Leistungsfähigkeit einer Vielzahl gesellschaftlicher Akteure. Doch was ist gewonnen, wenn man Netzwerke als komplexe soziale Gebilde oder als „complex arrays of relationships" (Johanson/Mattson 1989) von sozialen Akteuren beschreibt? Es macht wenig Sinn, Netzwerke als „hybride Erscheinungsformen" (Kenis/Schneider 1991) auf einer gleitenden Skala zwischen Markt und Hierarchie, Vertrag und Organisation („something between market and organization" (Thorelli 1986) zu positionieren (Williamson 1990). Unbefriedigend bleibt, daß es in den vielen empirisch orientierten Arbeiten nicht gelingt, den Stellenwert der beschriebenen neuen Organisationsformen für die Entwicklungsdynamik moderner Gesellschaften zu erfassen. Formveränderungen im Politikprozeß werden dokumentiert und die neue Komplexität wird mit einem neuen Begriff – „Netzwerkstruktur" – gekennzeichnet. Die hinter diesen Oberflächenphänomenen liegende gesellschaftliche Dynamik bleibt in den deskriptiven Netzwerkansätzen unberücksichtigt.

Stärkung gesellschaftlicher Steuerungspotentiale durch die Herausbildung von Netzwerkstrukturen – Netzwerke als Organisationsmuster zur Bewältigung wechselseitiger Dependenz

Trotz ihrer Unterschiedlichkeit kreisen die Netzwerkarbeiten alle um einen zentralen Punkt: Politische Entscheidungsstrukturen sind zunehmend gekennzeichnet durch die Dominanz informeller, dezentraler und horizontaler interorganisatorischer Beziehungen. In den analytisch orientierten Netzwerkansätzen setzt sich eine neue Sichtweise auf politische Steuerung durch, die von Kenis und Schneider (Kenis/Schneider 1991, 26f.) wie folgt charakterisiert wird: „... the network perspective implies a new perception of causal relations in social processes ... The core of this perspective is a decentralized concept of social organization and governance: society is no longer exclusively controlled by a central intelligence (e.g. the State); rather, controlling devices are dispersed and intelligence is distributed among a multiplicity of action (or processing) units. The coordination of these action units is no longer the result of 'central steering' or some kind of 'prestabilized harmony' but emerges through the purposeful interactions of individual actors (gemeint sind kollektive Akteure, Organisationen, D.M.), who themselves are enabled for parallel action by exchanging information and other relevant resources."

Aus dieser Perspektive sind die Netzwerkphänomene mehr als bloß eine unterschiedliche Betrachtungsweise auf eine im wesentlichen unveränderte soziale Realität. Renate Mayntz schließt vielmehr aus den vorliegenden empirischen Studien, daß die „Vorstellung von der klaren Trennung von Staat und Gesellschaft und der Vorstellung des Staates als dem höchsten gesellschaftlichen Kontrollzentrum“ nicht aufrechterhalten werden könne. Sie konstatiert weitreichende Veränderungen in den politischen Entscheidungsstrukturen, die auf Veränderungen in den Grundstrukturen der Gesellschaft hinweisen: „Anstatt von einer zentralen Autorität hervorgebracht zu werden, sei dies die Regierung oder die gesetzgebende Gewalt, entsteht Politik heute oft in einem Prozeß, in dem eine Vielzahl von sowohl öffentlichen als auch privaten Akteuren eingebunden ist“ (Mayntz 1987, 40).
Im Politikprozeß gewinnt „tacit knowledge“ zunehmend an Bedeutung. Kenneth Arrow verweist sehr eindringlich auf dieses Phänomen: „It seems to me that there is in fact no knowledge that can be fully codified and transferred at the level of consciousness. Even a formal thing like doing mathematics depends to some extend on tact, feel and intuitive understanding, on things you cannot put down. Ways of doing this types of things are transferred by teachers to students by doing things together and by working through examples. There is a certain element of tacit knowledge in every knowledge“ (Arrow 1994, 16). Die Bedeutung von nicht-kodifiziertem Wissen verändert die Form von Lernprozessen. Nicht-kodifiziertes Wissen kann nicht auf Märkten gekauft und gehandelt werden; die Reichweite imitativen Lernens ist begrenzt, weil dabei nicht-kodifiziertes Wissen nicht erfaßt werden kann; isolierte staatliche Anstrengungen, z.B. Technologie-Know-how aufzubauen, um eine wirkungsvolle Technologiepolitik zu entwickeln, relativieren sich angesichts der Relevanz von tacit knowledge.
Zur Erkennung von Problemfeldern, der Erarbeitung von tragfähigen und angepaßten Lösungen und der Implementierung von Politiken sind staatliche Institutionen daher auf das oft nicht kodifizierte und schwer transferierbare Wissen der Akteure in dem jeweiligen Politikfeld angewiesen. Dies gilt, wie die empirischen Netzwerkstudien zeigen, in der Gesundheitspolitik ebenso wie in der Umwelt- oder auch der Industriepolitik (Marin/Mayntz 1991). Netzwerke sind Organisationsmuster, die durch die Bündelung des Wissens unterschiedlicher Akteure und deren gemeinsame Lernprozesse eher in der Lage sind, auch „tacit knowledge“ zu transportieren, als Marktmechanismen und hierarchische Entscheidungsfindungssysteme. Arrow schreibt: „Learning by doing is one way of reproducing tacit knowledge. It produces it not

by spending resources in any explicit way, but as a by-product or joint product of ... working together“ (Arrow 1994, 16f.).

Kenis und Schneider haben diese entscheidende Dimension von Netzwerken am klarsten herausgearbeitet: „Policy networks are mechanisms of political resource mobilization in situations where the capacity for decision making, program formulation and implementation is widely distributed or dispersed among private and public actors ... In situations where policy resources are dispersed and context (or actor) dependent, a network is the only mechanism to mobilize and pool resources“ (Kenis/Schneider 1991, 41).

Das Zusammenwirken von Akteuren und Organisationen in Netzwerken kann also damit erklärt werden, daß die Einzelakteure zur Realisierung des angestrebten Outputs nicht über alle notwendigen Ressourcen verfügen, diese vielmehr auf unterschiedliche Akteure verteilt sind. In der Resource Dependence-Theorie wird gerade dieser Sachverhalt als „Interdependenz“ definiert (Aldrich 1997, Benson 1975, Mandell 1988). Die interorganisatorische Struktur des Netzwerkes zielt darauf ab, die unterschiedlichen, für den kollektiven Output wichtigen Ressourcen zusammenzuführen, um ein gemeinsames Ergebnis zu erzielen, das individuell nicht erreicht werden kann. Netzwerke sind demnach Organisationsformen, die sich angesichts der Grenzen hierarchischer Koordination und zentraler politischer Steuerung herausgebildet haben, um die oben skizzierten Interdependenzphänomene mit ihrer Steuerungslogik zu bewältigen.

Netzwerke, in denen formal autonome Organisationen zusammenarbeiten, tragen einerseits dem Trend zur Differenzierung, zur Independenz und der relativen Eigenständigkeit von Subsystemen und Organisationen Rechnung, geben also den Anspruch auf, hochgradig differenzierte Systeme zentral („von oben“) steuern zu wollen. Andererseits basieren sie auf der Fähigkeit zur intersystemischen Kommunikation und Koordination zwischen den beteiligten Organisationen, bearbeiten also die realen Interdependenzbeziehungen, die entstehen, weil die Akteure bei der Verfolgung ihrer Aufgaben immer öfter mit Problemen konfrontiert werden, „that tend to cut across the boundaries of the several jurisdictions and specializations“ (Hanf/O'Toole 1992, 166).

Netzwerke sind demnach ein Organisations- und Steuerungstyp, der die insbesondere von Niklas Luhmann betonten Phänomene steigender Independenz zwischen gesellschaftlichen Teilsystemen („Selbstreferentialität“) und der gleichzeitig zunehmenden Interdependenz von Problemlagen zu artikulieren vermag. Die interorganisatorische Netzwerkstruktur wirkt der von Luhmann für unausweichlich gehaltenen Selbstreferentialität der jeweiligen

Subsysteme (Organisationen) entgegen. Ein qualitativ neuer Steuerungsmodus entsteht.

Netzwerkansätze erlauben ein theoretisch präziseres Verständnis von Formveränderungen in den Grundstrukturen der Gesellschaft, die im Rahmen der traditionellen Staatstheorien nicht verstanden werden konnten. Die Diskussion um den „vergesellschafteten Staat“ und die „durchstaatlichte Gesellschaft“ (Glagow 1984, Glasmeier 1984) verdeutlicht die Sackgasse, in die die traditionelle Steuerungstheorie spätestens Mitte der 80er Jahre geraten war. Aus etatistischer Perspektive drohte die Handlungsautonomie des Staates durch die Omnipräsenz gesellschaftlicher Organisationen verloren zu gehen (der „vergesellschaftete Staat“). Aus staatskritischer Sicht wurde der gleiche Sachverhalt genau andersherum wahrgenommen: Der Begriff der „durchstaatlichten Gesellschaft“ verwies auf den Umstand, daß in modernen Gesellschaften kaum ein gesellschaftlicher Bereich „staatsfrei“ bleibt. Beide Begriffsbildungen zeigen, daß sich die steuerungstheoretische Diskussion nur schwer von ihrer etatistischen Tradition lösen konnte.

Die Netzwerkarbeiten zeigen demgegenüber, daß in einer Vielzahl von Politikfeldern die wechselseitige Abhängigkeit der öffentlichen und privaten Akteure zugenommen hat. Die von Luhmann herausgearbeitete Tendenz zu gleichzeitig steigender Independenz und Interdependenz von gesellschaftlichen Subsystemen und Organisationen unterminiert die Handlungsautonomie aller gesellschaftlichen Akteure (wenn auch nicht in gleichem Maße); sie ist die Quelle der sich ausbreitenden wechselseitigen Abhängigkeiten. Diese Dynamik stellt die klassische Vorstellung in Frage, daß es entweder private Angelegenheiten gibt, für die die Individuen, jeweiligen Organisationen oder Unternehmen selbstverantwortlich zuständig sind, oder öffentliche Angelegenheiten, die der Staat (als Rechtsstaat legitimiert durch die Wähler) regelt. Es scheint, als wenn neben den Bereichen, in denen ausschließlich private Akteure ihre privaten Angelegenheiten bearbeiten und den Feldern, in denen der Staat autonom öffentliche Probleme bewältigt, eine größer werdende Schnittmenge entsteht, in der kollektiver Steuerungsbedarf besteht, der weder von privaten noch von staatlichen Akteuren im Alleingang zu bewältigen ist.

Staatliche Politikgestaltung (die Regelung öffentlicher Angelegenheiten) ist oft nur noch im engen Verbund von staatlichen und privaten Akteuren – also als „vergesellschaftete Politik“ – möglich. Dies ist der Grund für das Phänomen des „vergesellschafteten Staates“. Zugleich sind die privaten Akteure (z.B. Unternehmen) zur Regelung ihrer privaten Angelegenheiten auf stabile Rahmenbedingungen, langfristige Handlungsorientierungen und leistungsfähige öffentliche Institutionen angewiesen. Dies ist die Grundlage für das Phänomen der „durchstaatlichten Gesellschaft". Während jedoch die beiden Begriffspaare die Okkupation des Staates durch die Gesellschaft und vice versa als pathologisches Menetekel beschreiben, zeigen die analytischen Netzwerktheorien die Notwendigkeit der engen Interaktion zwischen privaten und öffentlichen Akteuren zur Aufrechterhaltung von politischer Steuerungsfähigkeit und Gesellschaftsgestaltung. Politiknetzwerke sind in Politikfeldern notwendig, in denen komplexe politische, ökonomische oder technische Aufgaben zu bewältigen sind und die Steuerungsressourcen (insbesondere das zur Steuerung notwendige Know-how) auf eine größere Zahl von Akteuren verteilt ist. In einer solchen Situation ist der traditionelle Interventionsstaat handlungsunfähig. Im Kontext der klassischen Staatstheorien konnte die „soziale Innovation" des Netzwerkes zunächst nicht (oder, wie die Diskussion um den „vergesellschafteten Staat" und die „verstaatlichte Gesellschaft" verdeutlicht, nur als dekadente Verfallserscheinung) wahrgenommen werden, weil sie den bestehenden Denkgewohnheiten widersprach. Offensichtlich ist auch sozialwissenschaftliches Denken hochgradig pfadabhängig.

Netzwerke: Emergente Organisations- und Steuerungsmuster jenseits von Märkten und Hierarchien oder Hybridformen?

In der theoretischen Diskussion ist die Frage umstritten, ob Netzwerkstrukturen als neuer sozialer Handlungstyp oder nur als Hybridformen zwischen Markt und Hierarchie, Vertrag und Organisation verstanden werden müssen. Hier soll die These vertreten werden, daß Netzwerkstrukturen als qualitativ neue (im Sinne von „unterscheidbare") Organisations- und Steuerungsmuster „beyond markets and policy hierarchies" (Powell 1994) in polyzentrischen Gesellschaften zu begreifen sind (Marin/Mayntz 1991[1]). Netzwerkstrukturen können als emergente Phänomene verstanden werden, in dem Sinne, daß sie als Ganzes mehr sind als die Summe ihrer Teile.

Die Unterscheidung unterschiedlicher sozialer Handlungstypen, die durch je spezifische Koordinationsformen und Steuerungsmechanismen charakterisiert sind, ist bedeutend, um die Komplexität gesellschaftlicher Steuerung überhaupt angemessen thematisieren und verstehen zu können. So erweist sich z.B. die von Laumann und Knoke präsentierte Auflösung gesellschaftlicher Koordinations- und Steuerungsmechanismen in vielfältige, unüberschaubare Interaktionsbeziehungen zwischen öffentlichen und privaten Akteuren, die dann auch noch in ihrer Gesamtheit als „Staat" definiert werden, als wenig hilfreich und unterkomplex. Ähnlich unbefriedigend ist die von der Transaktionskostenökonomie präsentierte Sichtweise (Williamson 1990). Aus dieser Perspektive bewerten Akteure institutionelle Arrangements nach Kosten-Nutzen-Gesichtspunkten, mit dem Ziel der Minimierung der Transaktionskosten. Die Höhe der jeweils kalkulierten Transaktionskosten entscheidet darüber, ob Akteure einen Vertrag schließen oder Mitglied einer Organisation (eines Unternehmens) werden. Zwischen Vertrag und Organisation besteht kein prinzipieller Unterschied; Organisationen werden als Summe von Vertragsarrangements interpretiert. Aus radikal neoklassischer Sicht stellen z.B. Alchian und Demsetz gar fest, daß sich Organisationen nicht „in the slightest degree from ordinary market contracting between any two people" unterscheiden (Alchian/Demetz 1972, 777). In den Arbeiten von Williamson wird zumindest graduell nach der Intensität der Kopplung zwischen den Akteuren differenziert. Märkte sind dadurch gekennzeichnet, daß zwischen den beteiligten Akteuren keine strukturellen Kopplungen existieren, Hierarchien demgegenüber durch feste Kopplung; Netzwerke, per definitionem durch die lose Kopplung der Akteure charakterisiert, liegen dementsprechend dazwischen (Williamson 1990).

Eine solche Analyse, die unterschiedliche soziale Phänomene in hypothetische Verträge auflöst, verkennt jedoch die Eigenständigkeit und die fundamentale Unterschiedlichkeit der jeweiligen sozialen Handlungstypen und der ihnen zugrundeliegenden Organisationsstrukturen. So sind Organisationen gegenüber einfachen Interaktionen zwischen Akteuren durch Mitgliedschaft, für Organisationsmitglieder geltende Normen und Regeln innerhalb der Organisation und die „Vereinheitlichung" der Summe individuellen Handelns in Formen der Entscheidung und Handlung der Organisation als Ganzes geprägt (Simon 1973). Bei Verträgen geht es also im Kern um Austauschbeziehungen, in Organisationen hingegen um Kooperationsbeziehungen: „Organisationen sind Formalisierung von sozialen Kooperationsbeziehungen – Verträge sind Formalisierung von sozialen Tauschgeschäften." (Teubner 1992)

Netzwerke befinden sich nicht in einer Grauzone zwischen Markt und Staat bzw. Vertrag und Organisation, sondern weisen eine eigene Handlungslogik auf. Sie sind Phänomene, deren Ausgangspunkt die Grenzen von Staat und Markt, also Formen des Staats- und Organisationsversagens sind. Grabher (Grabher 1994) oder auch Teubner (Teubner 1992) diskutieren Netzwerke mit Rückgriff auf das stets prekäre Verhältnis von Redundanz und Varietät. Rein marktvermittelte Vertragsbeziehungen weisen ein hohes Maß an Varietät und niedrige Redundanz auf. Marktbeziehungen sind flexibel, rasch veränderbar, innovativ – aber sie weisen wenig Langfristorientierung, Kohärenz und akkumulierte Erfahrung auf. Organisationen können diese Probleme fehlender Redundanz lösen, aber auf Kosten der Varietät. Rigidität, Bürokratisierung, Motivationsprobleme, Innovationsmangel, hohe Informationskosten tauchen als Probleme von Organisationen (und zwar nicht nur öffentlichen Institutionen, sondern z.B. auch in großen Privatunternehmen) auf. Die Funktionsweise von Netzwerken ist demgegenüber als eine Kombination dieser beiden Logiken gekennzeichnet. Die japanischen Ökonomen Imai und Itami beschreiben diesen Zusammenhang am Beispiel von Unternehmensnetzwerken wie folgt: „Market principles penetrate into the firms's resource allocation and organization principles creep into the market allocation. Interpenetration occurs to remedy the failure of pure principles either in the market or in the organization." (Imai/Itami 1984)

In Netzwerken wird also das Problem von Varietät und Redundanz durch die Verknüpfung der sozialen Tauschlogik (von Verträgen) mit der Logik sozialer Kooperationsbeziehungen (die üblicherweise den Beziehungen in Organisationen zugeordnet war) neu strukturiert. Diese Verkopplung von Logiken, die bisher divergierenden sozialen Handlungstypen zugeordnet waren, ist in Unternehmens- wie Politiknetzwerken gleichermaßen lokalisierbar. Zwischen Mutterunternehmen und ihren strategischen Zulieferern existieren Vertragsbeziehungen (Tauschorientierung; hohe Redundanz), um die Organisationsnachteile integrierter Organisationen (zu geringe Redundanz; zu hohe Komplexität) zu vermeiden. Über die marktvermittelten Beziehungen hinaus entwickeln sich zugleich (wie zum Beispiel in den italienischen Industriedistrikte) vielfältige soziale, reziproke Kooperationsbeziehungen (Austausch von Ingenieuren, kontinuierlicher Informationsfluß, Herausbildung gemeinsamer Unternehmensleitbilder, stabile Lieferbeziehungen). Der entstehende Typus von Unternehmensnetzwerken unterscheidet sich aufgrund dieser Doppellogiken (Redundanz und Varietät; Wettbewerb und reziproke Beziehungen) sowohl von ausschließlich über den Markt agierenden Unternehmen als auch von integrierten Großunternehmen. Übertragen auf Politiknetzwerke ergibt sich ein ähnliches Bild. Im „wettbewerbsorientierten" Pluralismusmodell vertreten Organisationen (als Lobbys) ihre Eigeninteressen. Anderen Organisationen stehen sie entweder indifferent oder als Konkurrenten gegenüber. In Politiknetzwerken sind die unterschiedlichen Akteure darauf angewiesen, ihre eigenen Interessen zu vertreten (Tauschlogik) und zugleich in Kooperation mit anderen Beteiligten gemeinsame Resultate anzusteuern. Auch hier überlagern sich Tausch- und Kooperationsorientierungen. Netzwerke sind also keine Zwischenformen, im Sinne von „nicht mehr Markt, aber auch noch nicht integrierte Organisation", sondern ein sozialer

Handlungstyp besonderer Art, ein emergentes Phänomen, weil sie gleichzeitig den Vertrags- und den Organisationsbezug herstellen, sich also nicht auf einem Kontinuum zwischen Markt bzw. Vertrag sowie Hierarchie bzw. Organisation unterbringen lassen.

Gesellschaftliche Modernisierung als Motor der Herausbildung und Verallgemeinerung von Netzwerkstrukturen

Renate Mayntz zeigt, daß Netzwerke nicht nur isolierte Phänomene darstellen, sondern als ein zentraler Ausdruck gesellschaftlicher Modernisierung interpretiert werden können (Mayntz 1991, 1993). Politiknetzwerke entstehen als Folge der gewachsenen Bedeutung von formalen Organisationen in fast allen gesellschaftlichen Sektoren, der damit einhergehenden Fragmentierung von Macht, aufgrund der Verteilung von wichtigen Steuerungsressourcen auf eine Vielzahl von Akteuren und letztlich des Verlustes an Handlungsautonomie des Staates in vielen Politikbereichen. Netzwerke sind insofern von theoretischer Relevanz für das Verständnis der Grundstrukturen moderner und sich modernisierender Gesellschaften.

Üblicherweise wird Modernisierung und der Entwicklungsgrad einer Gesellschaft durch ein Bündel aggregierter gesellschaftlicher Merkmale wie Alphabetisierungsgrad, Anzahl von Ärzten und Lehrern pro Kopf der Bevölkerung, Energieverbrauch, Pro-Kopf-Einkommen, zuweilen auch eher qualitative Indikatoren wie die politische Partizipation der Bevölkerung „gemessen“. Diese Modernisierungsindikatoren vernachlässigen jedoch wesentliche Strukturmerkmale von Gesellschaften. Das allgemeine Charakteristikum sich modernisierender Gesellschaften ist in struktureller Hinsicht die funktionale Differenzierung im Sinne der Herausbildung gesellschaftlicher Subsysteme, wie insbesondere die Arbeiten von Niklas Luhmann verdeutlicht haben, auch wenn nicht unterschlagen werden soll, daß bereits Weber – und nach ihm Parsons – den Prozeß der institutionellen Differenzierung (in Religion, Politik, Recht und Wirtschaft) als Wesensmerkmal moderner Gesellschaften beschrieben haben.

Mayntz führt vor, daß die funktionale Differenzierung in Gesellschaften mit Millionen von Mitgliedern nur über einen Prozeß der Herausbildung von Organisationen, also kollektiven Akteuren, denkbar ist. Erst die Existenz von Organisationen, die die Handlung vieler Einzelpersonen koordinieren und bündeln, führt zu kollektiver Handlungsfähigkeit und der Herausbildung gesellschaftlicher Subsysteme. Perrow beschreibt sich modernisierende Gesellschaften in diesem Sinne treffend als „Gesellschaften von Organisationen“ (Perrow 1989).

Funktionale Subsysteme verfügen, nimmt man den Systembegriff ernst, über eine Grenze zu anderen Subsystemen und ein Mindestmaß an Identität und Subsystemautonomie. Die Entstehung „formaler Organisationen ist somit nicht bloß eines von vielen strukturellen Merkmalen moderner (und sich modernisierender, D.M.) Gesellschaften; ohne formale Organisationen hätten die gesellschaftlichen Subsysteme nicht jenen Grad an relativer Autonomie, über den funktionale Subsysteme wie der Staat, das Wirtschafts-, das Gesundheits- und das Wissenschaftssystem ... charakteristischerweise verfügen“ (Mayntz 1993, 42).

Aus dem Zusammenbruch der real-sozialistischen Länder läßt sich zudem lernen, daß die schiere Existenz von Organisationen nur eine notwendige, aber keine hinreichende Bedingung im Modernisierungsprozeß darstellt. Erst wenn die Zunahme an Organisationen einhergeht mit einem Mindestmaß an Handlungsautonomie und Selbständigkeit der Organisationen sowie der (relativen) Autonomie der Subsysteme (Befreiung von politischer oder religiöser Kontrolle), kann eine funktionale Differenzierung der Gesellschaft stattfinden. Die sozialistischen Länder waren durchaus durch einen ähnlich hohen (oder höheren) Organisationsgrad gekennzeichnet als die westlichen Marktwirtschaften. Der grundlegende Unterschied bestand im wesentlich niedrigeren Grad an funktionaler Differenzierung infolge der fehlenden Handlungsautonomie der Teilsysteme. Die absolute Vormachtstellung der Staatsparteien über alle gesellschaftlichen Bereiche und die vollständige Subsumtion existierender Organisationen unter das Diktat der Staatspartei mündeten in totaler Zentralisierung und letztlich absoluter Handlungsunfähigkeit des Staates.

Die Vormachtstellung der Partei ist oft, zum Beispiel im Rahmen der Totalitarismustheorien, ausschließlich im Sinne politischer Repression interpretiert worden. Konvergenztheoretiker schlossen von der Existenz von „institutionally rich societies“ (Streeck 1991) im Osten wie im Westen auf eine Annäherung der Systeme. In der Retrospektive wird deutlich, daß die Einparteienherrschaft die funktionale Differenzierung der Gesellschaft trotz der formalen Existenz einer Vielzahl von Organisationen blockierte und diese Struktur sich als Modernisierungsdefizit auswirkte. Die Erosion der sozialistischen Staaten kann daher eher als Resultat verhinderter Innovation, mangelnder Flexibilität und Reaktionsfähigkeit des gesellschaftlichen Systems – also unterbliebene oder zumindest blockierte Modernisierung – interpretiert werden, denn als Ergebnis einer zielgerichteten Revolte gegen politische Repression (Pollak 1990, Wiesenthal 1992).

Netzwerke sind soziale Innovationen, institutionelle Erfindungen zur Lösung von komplexen Problemen, angesichts derer sich sowohl marktförmige Allokation (wegen der Produktion negativer Externalitäten, fehlender Langfristorientierung, unzureichender Redundanzbeziehungen) als auch hierarchische Entscheidungsformen (wegen Rigidität, mangelnder Flexibilität, unvollkommener Information, fehlender Varietät) als dysfunktional erweisen. Die Funktionslogik von Netzwerken ist durch die Kombination von Elementen der beiden grundlegenden Ordnungsmuster (Markt und Hierarchie) charakterisiert und stellt in diesem Sinne einen qualitativ anderen Handlungstyp dar. Netzwerke sind gekennzeichnet durch

- die Existenz und Handlungslogik von autonomen, dezentral organisierten Akteuren, die für Marktsteuerung typisch sind sowie
- eine Handlungsstrategie, die darauf ausgerichtet ist, mittel- und langfristige Ziele sowie zur Erreichung dieser Ziele adäquate Mittel zu definieren und durch zielgerichtetes Handeln im Netzwerk zur Strukturgestaltung in einem gesellschaftlichen Subsystem beizutragen; diese kollektive zielgerichtete Handlungsstrategie ist typisch für hierarchische Steuerungskonzepte (Mayntz 1991, 12).

Die während der 80er Jahre dominante Diskussion „Markt versus Staat" übersah diese innovativen Formen der gesellschaftlichen Strukturgestaltung durch die Überlagerung von Marktmechanismen, hierarchischer staatlicher Steuerung und horizontaler Selbstkoordinierung durch Netzwerke. Die Netzwerklogik kann sich, wie auch die Überlegungen zur Erosion der sozialistischen Länder belegen, nur vor dem Hintergrund spezifischer gesellschaftlicher Organisationsmuster und damit verknüpfter Handlungsrationalitäten von Akteuren bzw. Organisationen entfalten.

Die „Kunst der Trennung" und die „Kunst des Verbindens" – Überlegungen zum grundlegenden Organisationsmuster in „Netzwerkgesellschaften"

Akteure, die in interorganisatorische Netzwerke (also z.B. neokorporatistische Systeme, sektorale Verbundstrukturen, in denen Unternehmen, Forschungseinrichtungen und Gewerkschaften zusammenwirken) eingebunden sind, müssen zunächst über ein Mindestmaß an Handlungsautonomie verfügen. Die Fähigkeit, ohne Zwang den eigenen Verantwortungsbereich (das Unternehmen, die Abteilung, die Gewerkschaft, die Forschungseinrichtung) gestalten zu können, ermöglicht, erleichtert und erzwingt eigenständige Lernprozesse, die Mobilisierung von tacit knowledge, die zielgerichtete Akkumulation von Wissen und – darauf aufbauend – die Formulierung von Organisationsstrategien. Erst ein Mindestmaß an Handlungsautonomie fördert verantwortungsbewußtes Verhalten im Sinne der jeweiligen Organisation. Dies sind Lernprozesse, die sich in strikt hierarchisch gesteuerten Strukturen, in denen dezentrale Entscheidungskompetenzen in Organisationen und gesellschaftlichen Teilsystemen durch zentrale Entscheidungen substituiert werden, nicht entwickeln können. Die Handlungsautonomie von Organisationen ist also eine wesentliche Bedingung für deren Fähigkeit zur Leistungsoptimierung.

Problemlösungsstrategien in Netzwerken zeichnen sich durch kollektive Entscheidungsfindung aus. Dies verlangt von den Akteuren zweierlei: Sie müssen erstens in der Lage sein, ihre Eigeninteressen genau zu bestimmen und zu vertreten sowie aus ihrer Perspektive zur Erarbeitung einer möglichst vollständigen Problemanalyse und den darauf aufbauenden Problemlösungen beizutragen. Gerade das pooling des verstreuten Know-how über ein Problemfeld stellt einen institutionellen Vorteil gegenüber hierarchischen Entscheidungsinstanzen dar, deren Wissen notwendigerweise defizitär ist. Die Akteure müssen zweitens zu strategischer Interaktion und zu Kompromissen fähig sein.

Akteure oder Organisationen, die in Netzwerken zusammenwirken, agieren entlang dreier komplementärer Logiken. Erstens optimieren sie eigenverantwortlich ihre Organisationen (Binnenorientierung). Zweitens definieren sie ihre Interessen und vertreten diese gegenüber dem Staat und anderen gesellschaftlichen Akteuren (Interessenvertretung). Drittens gestalten sie ihr jeweiliges Umfeld durch Kooperation und Vernetzung mit staatlichen und privaten Organisationen (cooperative competition). Die Steigerung der gesellschaftlichen Selbstorganisationsfähigkeit und die Bündelung und Kanalisierung gesellschaftlicher Kreativitätspotentiale können sich also ergänzen.

Die Artikulation dieser drei Logiken im Netzwerk hält Niklas Luhmann für schlicht unmöglich. Im Netzwerk werden jedoch – entgegen seiner Selbstreferentialitätsannahme – Logiken, Codes aus unterschiedlichen Subsystemen miteinander verknüpft. Organisationen, Unternehmen, das politische System sind offenbar zur gezielten Interaktion in der Lage. In den gängigen Gesellschaftstheorien wurden bisher als handlungsfähige Akteure Individuen, Organisationen (als kollektive Akteure, in denen gleichgerichtete Interessen zusammengefaßt werden) sowie der Staat unterschieden. Mit dem Netzwerk ist ein kollektiver Akteur, besser: eine Akteurskonstellation entstanden, die kein vereinheitlichtes Interesse (des Individuums, der Organisation, des Staates) artikuliert, sondern entlang der drei genannten Logiken agiert. Es ist diese Artikulationsfähigkeit von eigenen, divergierenden und gemeinsamen Interessen der Netzwerkakteure, die aus Netzwerken einen neuen Typus sozialer Ordnung macht, in dem ein neuer Typus „kollektiver Verantwortlichkeit“ entsteht. In den klassischen Theorien trägt der Staat kollektive Verantwortlichkeit, im Sinne einer vereinheitlichenden Gesamtverantwortung. Organisationen tragen kollektive Verantwortung, aber für Akteure mit gleichgerichteten Zielen. Netzwerke entwickeln Handlungsorientierungen entlang individualistischen, konfliktiven und gemeinsamen Interessen der Beteiligten. Netzwerke reflektieren und bearbeiten mit dieser Artikulation unterschiedlicher Logiken die zunehmenden Interdependenzen und Independenzen in differenzierten Gesellschaften.

Die Herausbildung der Handlungsorientierungen von Akteuren in Netzwerken setzt ein grundlegendes gesellschaftliches Organisationsmuster voraus, das Michael Walzer im Spannungsfeld der Begriffe „Kunst der Trennung“ und „Kunst des Verbindens“ skizziert (Walzer 1992, 46, 78). Zunächst geht es um die Sicherung der Eigenständigkeit von Organisationen und gesellschaftlichen Teilbereichen vor staatlicher Einflußnahme. Nur die „Unversehrtheit der Institutionen“ (Walzer 1992, 57) ermöglicht funktionale Differenzierung, die Entstehung von Eigenverantwortlichkeit und die Freisetzung gesellschaftlicher Kreativitätspotentiale („Kunst der Trennung“). An diesem Punkt haben liberale Autoren Recht, die vor der Verschmelzung politischer, gesellschaftlicher und wirtschaftlicher Macht unter der Ägide von Partei und Staat warnen – doch hier, und darin besteht das Problem, endet nicht selten ihre Analyse.

Der Erfolg dieser Trennung, die Zügelung des Staates, setzt jedoch zugleich weitere Bedrohungen für die Handlungsfähigkeit und Autonomie gesellschaftlicher Organisationen und damit der Leistungsfähigkeit von Gesellschaften frei. Die Eigenständigkeit von Organisationen ist nicht nur durch den Staat bedroht (Extremfall: die ehemaligen sozialistischen Länder), sondern auch durch die Eigendynamik des Marktes (die z.B. zu nur schwer kontrollierbarer Machtzusammenballung führen kann) sowie die Herausbildung mächtiger, privater, privilegierter Organisationen („private governments“; Streeck/Schmitter 1985).

Es ist die Aufgabe des Staates, Vermachtungstendenzen, die die Demokratie und die Handlungsfähigkeit gesellschaftlicher Organisationen und Subsysteme bedrohen, durch die Schaffung entsprechender Regulierungen und Rahmenbedingungen zu kontrollieren. Das heißt, „wie ehedem die Einrichtungen der bürgerlichen Gesellschaft vor der Macht des Staates geschützt werden (mußten), so (muß) jetzt auch der Staat (hinzuzufügen wäre: und die Gesellschaft, D.M.) vor der neuen, innerhalb der bürgerlichen Gesellschaft erst entstehenden Macht geschützt werden." (Walzer 1992, 44) Nur so sind die „Trennungen" in der Gesellschaft (also die funktionalen Differenzierungen) aufrechtzuerhalten. Damit der Staat diese Funktionen erfüllen kann, muß er nicht nur nach außen vor „überschießender" Machtzusammenballung geschützt werden, sondern auch vor einer „Machtergreifung im Inneren". Der Staat wird handlungsunfähig, „wenn er durch wenige Familien, Kleriker, Amtsinhaber oder reiche Bürger" kontrolliert wird (Walzer 1992, 49). Diese schwierige und fragile Balance zwischen der Eigendynamik gesellschaftlicher Subsysteme, dem Schutz dieser Eigenständigkeit sowie der notwendigen Kontrolle darüber, daß die ungezügelte Eigendynamik einer Organisation und/oder eines Subsystems nicht die Handlungsautonomie anderer Organisationen unterminiert oder gar blockiert, umschreibt Walzer mit dem Begriff der „Kunst der Trennung".

Erst auf der Grundlage klarer institutioneller Trennungen zwischen Staat, Wirtschaft und gesellschaftlichen Akteuren können sich funktionsfähige Netzwerkstrukturen, also inter-organisatorische Organisationsmuster herausbilden, die die Stärken dezentraler Organisation und Entscheidungsfindung mit den Vorzügen der an gemeinsamer Problemlösung (z.B. in einem Politikfeld) orientierten Steuerung verknüpfen. Die „Kunst des Verbindens" basiert auf der „Kunst der Trennung". Sie setzt diese voraus, zielt also gerade nicht auf vollständige Integration von in einem Subsystem engagierten Akteuren ab, was die erneute Herausbildung hierarchischer Organisationen implizierte (Walzer 1992, 12). Vielmehr geht es um die Artikulation, die Anschlußfähigkeit zwischen weiterhin eigenständigen Akteursgruppen, die eher durch lose als durch zu starke Kopplung gezeichnet ist. Granovetter, einer der „Väter" der Netzwerktheorie, begründet die Vorteile der „weak ties" wie folgt: „Those to whom we are weakly tied are more likely to move in circles different from our ones and will thus have access to information different from that which we receive. ... this means that whatever is to be diffused can reach a larger number of people, and traverse greater social distances ..., when passed through weak ties rather than strong" (Granovetter 1973, 1371, 1366). Die Herausbildung dieser Organisationsmuster ist Ergebnis des Entwicklungsprozesses marktwirtschaftlich-demokratischer Gesellschaften, dessen Dynamik sich – sowohl auf der Ebene der Gesellschaft, der Unternehmen als auch des Staates – wie folgt komprimiert darstellen läßt (Mayntz 1993, 44): Das Aufkommen formaler Organisationen zerstört zunächst unstrukturierte gesellschaftliche „Quasi-Gruppen" und substituiert diese durch formale Hierarchien. Letztlich unterminieren die zunehmende Anzahl und die wachsende

Größe von Organisationen die Handlungs- und Leistungsfähigkeit der Hierarchien und lösen erneut Dezentralisierungstendenzen aus. Diese Dezentralisierung stellt jedoch nicht etwa den ursprünglich „unstrukturierten gesellschaftlichen Zustand" wieder her, vielmehr entstehen Netzwerke, die Elemente der Ordnungsmodelle Hierarchie und Markt kombinieren.

In der Ökonomie lassen sich parallele Entwicklungen beobachten. Die Herausbildung von international operierenden Großunternehmen und die Entstehung oligopolistischer Strukturen führen zum Verschwinden vieler kleiner und mittlerer Unternehmen und einer Transformation der ehemals atomistischen Märkte. Die „fordistische Produktionsweise" ist durch die Dominanz von Großunternehmen charakterisiert. Die zunehmende Größe der Unternehmen sowie die steigende Komplexität der Produktion lösen auf den Märkten erneute Dezentralisierungstendenzen sowie unterschiedliche Formen der Arbeitsteilung zwischen Unternehmen aus, ohne jedoch die klassische Form völlig atomistischer Märkte wiederherzustellen. Statt der während des Fordismus angesteuerten in house-Produktion senken die Großunternehmen radikal ihre Fertigungstiefe und bauen komplexe Zuliefererstrukturen auf: Unternehmensnetzwerke bzw. clusters entstehen (Eßer et al. 1996, Porter 1990). Zugleich beginnen die Unternehmen, sich nach innen zu dezentralisieren und traditionelle Hierarchien aufzulösen, um der unternehmensinternen Komplexität Herr zu werden (Altmann/Sauer 1989). Statt der Fortsetzung der fordistisch-tayloristischen Arbeitsorganisation, die einerseits Demotivation mit sich bringt und andererseits ein immer höheres und aufwendigeres Maß an Kontrolle über ein sich stets ausdifferenzierendes „Unternehmenssystem" durch die Entscheidungszentrale impliziert, also Bürokratisierung und Inflexibilitäten verstärkt, werden Verantwortlichkeiten nach unten rückverlagert (zur Lösung des Motivationsproblems und der Mobilisierung des auf der Werkstattebene und in unterschiedlichen Unternehmensbereichen vorhandenen Know-hows).

Die Interaktionen zwischen Unternehmensbereichen (z.B. Produktion, Forschung und Entwicklung sowie Vermarktung) wurden im fordistischen Modell durch die Unternehmenszentrale gesteuert. Aufgrund der begrenzten Informationen und fehlenden Sachverstandes der Zentrale über die Eigendynamik in den Teilbereichen wuchs die Handlungsautonomie letzterer. Die Teilbereiche tendierten dazu, ihre Eigeninteressen zu verfolgen, ohne die Schnittstellen zu anderen Abteilungen systematisch zu berücksichtigen (Luhmann würde Tendenzen zur Selbstreferentialität feststellen), da diese Vernetzungsfunktionen zum Aufgabenbereich der Zentrale gehörten. In zunehmend größeren Unternehmen war dieser hierarchische Organisationstypus schließlich nicht mehr in der Lage, die Potentiale der Vielzahl der Abteilungen zu mobilisieren und auf ein gemeinsames Unternehmensziel hin auszurichten. Das hierarchische Organisationsmuster wird durch Formen horizontaler Kommunikation und netzwerkförmiger Koordination zwischen den Abteilungen ergänzt (Womack et al. 1990, Meyer-Stamer 1990). Die Zentrale steuert nicht mehr den Gesamtprozeß der Interaktion zwischen Abteilungen, sondern übernimmt monitoring-Aufgaben.

Auch eine Analyse des Staates belegt diese Entwicklungslogik: Die Entwicklung des modernen Staates ist zunächst durch die Herausbildung des Gewaltmonopols und die Zentralisierung politischer Macht beim Staat gekennzeichnet (Elias 1969). Dieser beginnt sich mit zunehmender Expansion intern zu differenzieren und wird zu einem komplexen System, das aus vielen korporativen Akteuren besteht, die nicht länger eine einzige, integrierte Hierarchie bilden. Nach außen formieren sich sukzessive auf jeweilige Politikbereiche spezialisierte policy-Netzwerke, in denen staatliche und private Akteure zusammenwirken.

Die hier herausgearbeitete Sicht auf die Existenz von Netzwerken verdeutlicht, daß diese als ein wesentlicher Indikator gesellschaftlicher Modernisierung verstanden werden können (Mayntz 1993, 43; Perrow 1989). Gesellschaftliche Modernisierung und Strukturbildung war zunächst geprägt durch Zentralisierungstendenzen, die Herausbildung von Hierarchien sowie organisierten Interessen als Mechanismen zur Bewältigung gesellschaftlicher Komplexität, die in atomisierten Gesellschaften nicht möglich war. Diese Mechanismen beschleunigten die Differenzierung und Fragmentierung der Gesellschaft und unterminierten sukzessiv die Handlungsfähigkeit hierarchischer Entscheidungsfindungsstrukturen. Dezentralisierungstendenzen wurden ausgelöst, die jedoch nicht zur atomistischen Gesellschaft zurückführen. Mit den netzwerkförmigen Strukturen entwickeln sich qualitativ neue Steuerungs- und Integrationsformen, die durch eine hohe Kommunikationsdichte zwischen formal autonomen Organisationen und Subsystemen sowie horizontale Koordination gekennzeichnet sind.

In Netzwerkstrukturen sind demnach Problemlösungspotentiale angelegt, welche die Grenzen von Markt und Hierarchie ausgleichen oder zumindest reduzieren können. Netzwerke bieten von ihrer Form und Organisationsstruktur her Koordinations- und Steuerungsmöglichkeiten, die insbesondere dem Komplexitätsproblem angemessener sind als einseitig hierarchische Entscheidungsfindungsstrukturen. Mit all dem ist jedoch, im Gegensatz zum Optimismus vieler Netzwerktheoretiker, noch nicht gesagt, daß policy-Netzwerke auch tatsächlich leistungsfähig funktionieren. Die Existenz von strategisch handlungsfähigen formalen Organisationen ist noch keine Garantie dafür, daß diese in Netzwerken in der Lage sind, systemrationale, innovative und tragfähige Lösungen zu erarbeiten. Organisationen können innerhalb von Netzwerken genauso opportunistisch und kurzsichtig handeln wie Individuen und der Staat. In diesem Kontext stellt sich die wichtige Frage nach der spezifischen Handlungslogik, den „decision styles" (Scharpf 1991) und den Handlungsorientierungen der Netzwerkakteure auf deren Grundlage Netzwerke funktionsfähig werden. Diese Problematik kann hier nicht weiter vertieft werden (Messner 1995, 260 ff.).

Elemente einer Definition des Netzwerkphänomens

Vor dem Hintergrund der bisherigen Diskussion können folgende Merkmale von Netzwerken festgehalten werden:

1. Die Struktur von Netzwerken ist durch drei wesentliche Elemente charakterisiert: a) die Beziehungslinien zwischen Akteuren in einem Politikfeld sind eher horizontaler als hierarchischer Natur; b) dementsprechend handelt es sich um „interorganisatorische" Beziehungsgeflechte, während in der traditionellen policy-Forschung einzelne Organisationen im Zentrum standen; c) die Interaktionen zwischen Akteuren in Netzwerken sind durch eher lose Beziehungen gekennzeichnet.
2. Netzwerke sind Phänomene in polyzentrischen Gesellschaften, in denen in vielen gesellschaftlichen Bereichen gilt, daß „there is and can no longer be any a priori assumption of a crucial, central, hegemonic actor, which is ultimately determinant or only significant or even simple present in all kinds of networks." (Marin/Mayntz 1991, 156) Die klassische Staatstheorie basierte demgegenüber auf dem Idealmodell der zentripetalen, monistischen Gesellschaft, in der der Staat die eindeutige Spitze des Gemeinwesens darstellte.
3. Die Existenz von Netzwerken, die durch interorganisatorische Beziehungsstrukturen und die abnehmende Bedeutung von a priori zentralen Akteuren gekennzeichnet sind, reflektiert die wechselseitigen Abhängigkeitsbeziehungen zwischen den beteiligten Akteuren. Diese können zur Bewältigung ihrer Aufgaben nicht alle Ressourcen „aus sich selbst" schöpfen und wirken daher mit anderen Akteuren, die über unterschiedliche, für den kollektiven Output bedeutende Ressourcen verfügen, in einem Netzwerk zusammen.
4. Policy-Netzwerke sind durch ihre Funktion, Politiken zu formulieren und zu implementieren, charakterisiert. Diese Funktionsbeschreibung ist ein Kriterium zur Festlegung der Grenzen der jeweiligen Netzwerke (boundary

specification). Akteure, die nicht auf irgendeine Weise am kollektiven Entscheidungsfindungsprozeß zur Erarbeitung von Politiken beteiligt sind, befinden sich außerhalb des Netzwerkes.

5. Politiknetzwerke bestehen aus eigenständigen (autonomen) Akteuren mit unterschiedlichen, aber wechselseitig abhängigen Interessen. Das Thema der Interaktion ist die Erreichung eines gemeinsamen Zieles.

6. Die Netzwerkstruktur kann zur Erreichung gemeinsamer Ziele und Problemlösungen in Fällen, in denen die Steuerungsressourcen auf mehrere Akteure verteilt sind, durch folgende Funktionen beitragen:

- das pooling von entscheidungswichtigem Know-how,
- den kontinuierlichen Erfahrungsaustausch, wodurch die gezielte Korrektur, Komplementierung und Erweiterung von Wissen möglich und rasche Lernprozesse der beteiligten Akteure erleichtert werden,
- die Herausbildung von Konsens- und Kompromißstrukturen durch die Herstellung von Transparenz über gemeinsame und divergierende Interessen,
- die Herausbildung einer gemeinsamen Problemlösungsorientierung durch Interessenausgleich und die Entstehung von Vertrauen in stabile Netzwerkstrukturen.

7. Die Beziehungen in Netzwerken sind in der Regel nicht gleichgewichtig; es existieren also Machtstrukturen. Der Einfluß und die Zentralität eines Akteurs steigt mit der Bedeutung der von ihm kontrollierten Ressourcen (z.B. Informationen, finanzielle Mittel, Rechtsmittel) für die anderen Akteure. Über die Machtpositionen entscheiden nicht unbedingt die „Größe der Organisation“ oder die „Finanzkraft“. Auch kleinere, finanzschwächere Organisationen bzw. Akteure, die über strategische Ressourcen verfügen (z.B. Wissenschaftler mit spezifischem Know-how oder Gruppen mit „Blockade- oder Vetomacht“), können in Netzwerken eine wichtige Rolle spielen.

8. Das Zusammenwirken von Akteuren im Netzwerk („decision styles“) ist nicht gleichzusetzen mit harmonischer oder symbiotischer Kooperation. Da die Akteure jeweils eigene, zuweilen auch divergente sowie gemeinsame Interessen verfolgen, spielen Wettbewerb und Kooperation gleichermaßen eine Rolle. Einige Autoren sprechen von „cooperative competition“ (Eßer et al. 1993), andere von „antagonistic cooperation“ (Marin 1990); empirisch lassen sich diverse „policy styles“ unterscheiden.

9. Unterschiedliche Netzwerktypen lassen sich je nach Zahl der Akteure, der Binnenstruktur der beteiligten Organisationen (strategie-, handlungs- und mobilisierungsfähig versus leistungsschwach), dem Grad der Stabilität des Netzwerkes, dem Charakter der interorganisatorischen Beziehungen (zu „messen“ auf dem Kontinuum „weak – strong ties“), dem jeweiligen Politik-

feld und den „policy styles“ bzw. dominanten Handlungsorientierungen oder auch Regeln, an denen sich die Akteure orientieren, unterscheiden.

10. Die „soziale Innovation“ des Netzwerkes, seine Interaktionslogik, besteht in der Kombination von Elementen der grundlegenden Ordnungsmuster „Markt“ und „Hierarchie“: Einerseits der für Märkte charakteristischen Existenz einer Vielzahl autonomer Akteure, andererseits der für Hierarchien typischen Fähigkeit (oder zumindest Funktion), gewählte Ziele durch koordiniertes Handeln anzusteuern. Damit scheint das Netzwerk eine Organisationsform zu sein, die in der Lage ist, das „Luhmann-Paradoxon“ (funktionale Ausdifferenzierung – steigende Interdependenz der Teilsysteme und Problemkonstellationen; zugleich: zunehmende Abschottung der Subsysteme voneinander – Independenz – Selbstreferentialität) zu entschärfen. Independenz (Existenz unabhängiger Akteure und Organisationen) und Interdependenz (interorganisatorische Zusammenarbeit) werden selbst zu Charakteristiken der Netzwerksteuerung. Funktionstüchtige Netzwerkstrukturen belegen, daß entgegen den Annahmen von Luhmann funktional ausdifferenzierte Subsysteme zwar tatsächlich immer schwieriger durch traditionelle Hierarchien zu steuern sind, jedoch die horizontale Selbstorganisation zwischen den Subsystemen (z.B. zwischen Produktion, Forschung und Entwicklung, Vertrieb in einem Großunternehmen) Steuerungspotentiale erschließen kann. Entgegen der Annahme des unaufhaltsamen Trends zur Selbstreferentialität der Teilsysteme erweisen sich Kommunikation, Koordination und Problemlösungsanstrengungen zwischen Funktionsbereichen als durchaus möglich. In Netzwerken wird das von Luhmann betonte Phänomen gleichzeitig steigender Independenz und Interdependenz zwischen Subsystemen „bearbeitet“.

11. Netzwerke sind ein Phänomen moderner Gesellschaften, die durch ein spezifisches Organisationsmuster geprägt sind. Netzwerke setzen die institutionelle Trennung zwischen Staat, Wirtschaft und gesellschaftlichen Akteuren und damit die Eigenständigkeit gesellschaftlicher Organisationen voraus. Dazu bedarf es zugleich des Schutzes der Gesellschaft vor „imperialistischen“ Tendenzen des Staates sowie des Schutzes von Gesellschaft und Staat vor mächtigen „private governments“ (Walzers „Kunst der Trennung“). Nur auf dieser Grundlage der funktionalen Ausdifferenzierung können die Akteure produktiv in Netzwerken zusammenwirken (Walzers „Kunst des Verbindens“).

12. Die Funktionsfähigkeit von Netzwerken setzt die Selbstorganisations-, Leistungs- und Handlungsfähigkeit der beteiligten Akteure und Organisationen voraus. Netzwerke substituieren also nicht etwa das Agieren von einzelnen Organisationen. Aus der Kooperation schwacher Einzelorganisationen werden nur selten leistungsfähige Netzwerke entstehen.

Auf der Suche nach den neuen Grundstrukturen der post-etatistischen Gesellschaft

Die Netzwerktheorien eignen sich, die Herausbildung neuer Grundstrukturen in unseren Gesellschaften genauer zu thematisieren als die weitgehend wirklichkeitsfremden Steuerungstheorien, die noch immer auf der klassischen Staatstheorie basieren.

Die Krise des „Planungsstaates“ der 70er und 80er Jahre (in West- und Nordeuropa sowie anderen Weltregionen wie z.B. Lateinamerika) bestand darin, mit den traditionellen Interventionsmechanismen den neuen Anforderungen der ausdifferenzierten Gesellschaft nicht mehr gerecht werden zu können. Dort, wo Staaten den Verlust ihrer absoluten Steuerungsautonomie nicht akzeptierten und versuchten, die Verringerung von Handlungsspielräumen durch den Aufbau weiterer staatlicher Institutionen und den Einsatz zusätzlicher, im Rahmen des alten Steuerungskonzeptes verbleibender Steuerungsinstrumente zu kompensieren, entwickelten sich (wie z.B. in vielen lateinamerikanischen Ländern) omnipräsente und zugleich schwache Staaten. Die Antwort auf die Krise des Planungsstaates waren die Deregulierungskonzepte neoliberaler Provenienz, die durchaus in vielen Bereichen zur Überwindung staatlicher Entwicklungsblockaden beitragen konnten – freilich um den Preis, gesellschaftliche Fragmentierungs- und Desintegrationstrends zu beschleunigen. Beide Steuerungskonzepte konnten den veränderten Grundstrukturen in komplexen Gesellschaften nicht gerecht werden.

In der Netzwerkgesellschaft entsteht ein Organisationsmuster, in dem (modifizierte) staatliche Steuerungsmechanismen mit horizontaler Selbstkoordinierung interagieren. Dieses Organisationsmuster kann dazu beitragen, dem Phänomen der „geteilten Autonomien“ und der wechselseitigen Abhängigkeit der gesellschaftlichen Akteure von den Steuerungsressourcen anderer Rechnung zu tragen. Zweifellos verliert in komplexen Gesellschaften hierarchische Koordinierung im Sinne der autonomen Problemlösung und zentralen politischen Steuerung an Bedeutung. Dennoch bleibt in vielen Fällen die horizontale Selbstkoordination in Netzwerken in hierarchische Strukturen eingebettet. Scharpf spricht daher treffend von „self-coordination in the shadow of hierarchy“ (Scharpf 1993b). Er unterscheidet zwischen „hierarchischer Koordinierung“ und „hierarchischen Organisationsformen“ und kommt zu der auch hier geteilten Schlußfolgerung: „... this suggests a conceptual distinction between hierarchical forms of organization on the one hand, and hierarchical coordination on the other hand. While the latter may not often be employed in practice, hierarchical organization is still ubiquitious in the real world, and it continues to serve important functions in facilitating agreement and in controlling opportunism even when it is not used to achieve hierarchical coordination." (Scharpf 1993b, 145ff.)

Das entstehende Strukturbild unterscheidet sich fundamental von den Modellvorstellungen der liberalen Pluralismustheoretiker, von denen Verhandlungen und das Zusammenwirken von Staat und gesellschaftlichen Gruppen als eigentlicher „Sündenfall" begriffen wird. Es erinnert eher an die Vorstellungen Etzionis von der „aktiven Gesellschaft", die dieser bereits Ende der 60er Jahre vorgelegt hat (Etzioni 1968). Etzioni beschreibt die „aktive Gesellschaft" (die er als „mögliche Utopie" bezeichnet) als ein System, in dem Effizienz, Partizipation, Konsens und Kontrolle einander bedingen und miteinander wachsen. Er betont bereits hier die Bedeutung der Leistungsfähigkeit gesellschaftlicher Subsysteme und Netzwerke (in seiner Terminologie „Untereinheiten" des Gesamtsystems) für die Entwicklungsdynamik der Gesellschaft. Die aktiven gesellschaftlichen Subsysteme (Partizipation am Steuerungsprozeß) tragen zur Steigerung der Informationsverarbeitungs- und Problemlösungskapazitäten der Gesamtgesellschaft bei (Effizienz). Die Dynamik in den gesellschaftlichen Teilbereichen wirft das Problem des Konsenses zwischen den gesellschaftlichen Gruppen auf, um Fragmentierungstendenzen entgegenzuwirken. Dabei versteht Etzioni Konsens nicht als unveränderlichen Tatbestand oder in Gesellschaften „gegebene" Ressource. Vielmehr entsteht Konsens, also die Fähigkeit der Abstimmung zwischen den „aktiven Untereinheiten" der Gesellschaft in einem Aushandlungsprozeß, in den gegebene Präferenzen und gesteuerte Änderungsversuche eingebracht werden. Die „aktive Gesellschaft" ist zu ihrer Reproduktion auf die Herstellung von Konsens angewiesen. Zugleich bedarf es in der „aktiven Gesellschaft" Kontrollmechanismen, die Etzioni insbesondere dem Staat zuschreibt, um mächtige Interessengruppen einzubinden. Zwar verweist Etzioni auch auf Formen gesellschaftlicher Kontrolle (durch Medien, die Öffentlichkeit, demokratische Institutionen, unabhängige Gerichte), im Zentrum steht aber die Überlegung, daß in der ausdifferenzierten Gesellschaft der demokratisch legitimierte Rechtsstaat die Kontrolle über partikularistische Interessengruppen und „gesellschaftliche Untereinheiten" behalten muß. Gesellschaftliche Integration findet also im Spannungsfeld von Kontrolle und Konsens statt.

Gesellschaftliche Entwicklungsdynamik entsteht im Kräfteparallelogramm aus Partizipation, Effizienz, Konsens und Kontrolle. Die zwei tragenden und sich ergänzenden Säulen der Steuerungsfähigkeit der Gesellschaft sind Partizipation (der gesellschaftlichen Subsysteme) und Kontrolle. Wo die Kon-

trolle dominiert und übermächtig wird, entwickeln sich „übersteuerte Gesellschaften“; wo die Kontrolle niedrig, also die Steuerungsfähigkeit des Staates schwach ist, aber die Organisationsfähigkeit der Subsysteme hoch und deren Partizipation am gesellschaftlichen Steuerungsprozeß groß, entstehen ungesteuerte oder untersteuerte Gesellschaften: Die Kolonialisierung des Staates und der Gesellschaft durch „pressure groups“ droht.
Die von Etzioni betonte Gefahr der Unter- oder Übersteuerung, also die Unfähigkeit, das Gleichgewicht zwischen Partizipation, Effizienz, Kontrolle und Konsens zu finden, ist insbesondere in Gesellschaften groß, die sich am klassischen Konzept liberaler Gesellschaften orientieren. In liberalen Steuerungskonzepten wird die reale Notwendigkeit der Existenz des „verhandelnden Staates“ und des Zusammenwirkens von hierarchischer Steuerung und Koordinierung in Politiknetzwerken zur Bearbeitung der komplexen Aufgaben, mit denen sich ausdifferenzierte Gesellschaften konfrontiert sehen, nicht verstanden. Die Fiktion der klaren Trennung zwischen Staat und Gesellschaft wird aufrechterhalten, die irreversible Organisationsfähigkeit und -vielfalt in modernen Gesellschaften ignoriert. Die Konsequenz:

- Entweder werden (wie in den neoliberalen Konzepten) im Namen der Leistungsfähigkeit der „invisible hand“ des Marktes staatliche Interventionspotentiale abgebaut, mit dem Ergebnis, daß die gut organisierten, mächtigen gesellschaftlichen Subsysteme und Netzwerke ihre Dominanz verstärken, während schwach organisierte gesellschaftliche Gruppen bzw. Interessen (z.B. Arbeitslose, Umweltschutz) kaum Berücksichtigung finden. Die Gesellschaften werden also (in der Begrifflichkeit von Etzioni) „untersteuert“. Diese Entwicklung läßt sich z.B. in vielen Entwicklungsländern beobachten, in denen Strukturanpassungsprogramme der Weltbank umgesetzt wurden.
- Oder es werden, wie pointiert durch Olson (1982) vorgetragen, Konzepte präsentiert, in denen möglichst „freie“ Märkte mit der Vorstellung von einem autoritärem Staat, der die gesellschaftlichen Interessengruppen zurückdrängt, verknüpft werden. Auf der Grundlage solcher Strategien können die Problemlösungspotentiale der Gesellschaft nicht ausgeschöpft werden, der Staat verliert in vielen Bereichen an autonomer Steuerungsfähigkeit, da er allein zur Problemlösung nicht im Stande ist. Eine „Untersteuerung“ der Gesellschaft wäre trotz der Existenz eines „starken Staates“ denkbar. Möglich wäre auch eine „Übersteuerung“ der Gesellschaft, wenn der Staat mit Rückgriff auf seine politische Macht trotz objektiv begrenzter Steuerungspotentiale vielfältig, aber inkompetent in die Gesellschaft eingreift.

Die Argumentation läßt sich wie folgt zusammenfassen: Die Leistungs- und Steuerungsfähigkeit in Gesellschaften basiert auf der Steuerungskompetenz des Staates, mit seinem veränderten Aufgabenprofil als „Schnittstellen- und Interdependenzmanager“ sowie auf aktiven und zur wechselseitigen Abstimmung fähigen und bereiten gesellschaftlichen Netzwerken, die ihre Problemlösungskapazitäten in den gesamtgesellschaftlichen Steuerungsprozeß einbringen. „Strong state“ und „strong society“ können sich demnach ergänzen. Daß diese Ergänzung von staatlicher Steuerungskompetenz und gesellschaftlicher Problemlösungsfähigkeit nicht automatisch im Entwicklungsprozeß entsteht, sondern an komplexe normative Voraussetzungen, institutionelle Bedingungen und die Einübung des Einsatzes einer breiten Palette von Steuerungsinstrumenten gebunden ist und es zudem neben Staats- und Markt- auch Netzwerkversagen gibt, kann hier nur angemerkt, aber nicht ausgeführt werden (Messner 1995). Die Steuerungsfähigkeit in Netzwerkgesellschaften muß kontinuierlich wiederhergestellt und stabilisiert werden – sie bleibt stets gefährdet.

Anmerkungen

1 Marin/Mayntz (1991, 17) sprechen gar von „centerless societies“, einem Begriff der ausdrücken soll, daß moderne Gesellschaften nicht mehr über *ein* Zentrum verfügen, jedoch fälschlicherweise suggeriert, daß es nunmehr *kein* Zentrum mehr gebe. Hier wird deshalb der Terminus „polyzentrisch“ gewählt, um auszudrücken, daß differenzierte Gesellschaften über viele Zentren verfügen, die jeweils über mehr oder weniger Macht verfügen können.

Literatur

Alchian, A.A./H. Demetz (1972): Production, Information Costs and Economic Organization, in: American Economic Review, Nr. 62

Aldrich, H. (1975): Resource Dependence and Interorganizational Relations, Berlin

Altmann, N./D. Sauer (1989): Systemische Rationalisierung und Zuliefererindustrie, Frankfurt/New York

Altvater, E. (1991): Die Zukunft des Marktes, Münster

– (1994): Die Ordnung rationaler Weltbeherrschung oder: Ein Wettbewerb von Zauberlehrlingen, in: PROKLA-Zeitschrift für kritische Sozialwissenschaft, Nr. 95

Arrow, K. (1994): The Production and Distribution of Knowledge, in: G. Silverberg/L. Soete (Hrsg.), The Economics of Growth and Technical Change, Aldershot

Atkinson, M.M./W.D. Coleman (1989): Strong States and Weak States. Sectoral Policy Networks in Advanced Capitalist Economies, in: British Journal of Political Science, Bd. 19, H. 1

Benson, J.K. (1975): The Interorganizational Network or a Political Economy, in: Administrative Science Quarterly, Nr. 20

Beyme, C. v. (1991): Theorie der Politik im 20. Jahrhundert, Frankfurt

Brodkin, E.Z. (1982): Towards a Structural Theory of Action, New York

Czada, R. (1992): Der Staat als wirtschaftender Akteur, in: H. Abromeit/U. Jürgens (Hrsg.) Die politische Logik wirtschaftlichen Handelns, Berlin

Dahrendorf, R. (1979): Lebenschancen. Anläufe zur sozialen und politischen Theorie, Frankfurt

Deutsch, K. (1977): Zur Handlungs- und Lernkapazität politischer Systeme, in: H. Lenk (Hrsg.), Handlungstheorien interdisziplinär, München

Elias, N. (1969): Über den Prozeß der Zivilisation, 2 Bde., Frankfurt

Ellwein, T. (1968): Politik und Planung, Stuttgart

– (Hrsg.) (1987): Jahrbuch zur Staats- und Verwaltungswissenschaft, Baden-Baden

Eßer, K./W. Hillebrand/D. Messner/J. Meyer-Stamer (1993): International Competitiveness in Latin America and East Asia, London

Dies. (1996), Systemic Competitiveness – New Governance Patterns for Industrial Development, London

Etzioni, A. (1961): A Comparative Analysis of Complex Organizations, New York

– (1968): The Active Society, New York

– (1988): The Moral Dimension. Towards a New Economic, New York

Evans, P., et al. (1985): Bringing the State Back in, Cambridge

Fürst, D. (1987): Die Neubelebung der Staatsdiskussion. Veränderte Anforderungen an Regierung und Verwaltung in westlichen Industriegesellschaften, in: T. Ellwein et al. (Hrsg.), Jahrbuch zur Staats- und Verwaltungswissenschaft, Baden-Baden

Glagow, M. (Hrsg.) (1984): Gesellschaftssteuerung zwischen Korporatismus und Subsidiarität, Bielefeld

Glasmeier, H.J. (1984): Durchstaatlichung und Selbstorganisation der Gesellschaft, München

Grabher, G. (1994): Lob der Verschwendung, Berlin

Granovetter, M. (1973): The Strength of Weak Ties, in: American Journal of Sociology, Nr. 6

Hanf, K. (1982): The Implementation of Regulatory Policy. Enforcement as Bargaining, in: European Journal of Political Research, Nr. 10

–/O'Toole, L. (1992): Networks, Implementation Structures and the Management of Inter-Organizational Relations, in: European Journal of Political Research, Nr. 21

Hartwich, H.H. (1987): Die Suche nach einer wirklichkeitsnahen Lehre vom Staat, in: Aus Politik und Zeitgeschichte, Nr. 46/47

Heclo, H. (1978): Issue Networks and the Executive Establishment, in: A. King (Hrsg.), The New American Political System, Washington

Hegel, G.W.F. (1970): Grundlinien der Philosophie des Rechts, Theorie Werkausgabe, Frankfurt

Heller, H. (1983): Die Staatslehre, Tübingen

Héritier, A. (Hrsg.) (1993): Policy-Analyse, Opladen

Hucke, J. (1982): Implementing Environmental Regulations in the Federal Republic of Germany, in: Policy Studies Journal, H. 1

Johanson, J./L.G. Mattson (1989): Interorganizational Relations in Industrial Systems, in: International Journal of Management and Organization, H. 1

Jordan, A.G./J. Richardson (1983): Overcrowded Policy-making. Some British and European Reflections, in: Journal of Theoretical Politics, H. 2

Kaiser, J.H. (1965): Planung I, Baden-Baden

Katzenstein, P.J. (1978): Between Power and Plenty. Foreign Economic Policies of Advanced Industrial States, Madison

– (1984): Corporation and Change, London

Kenis, P./V. Schneider (1991): Policy Networks and Policy Analysis, in: B. Marin/ R. Mayntz (Hrsg.), Policy Networks, Frankfurt

Kitschelt, H. (1985): Materiale Politisierung der Produktion, in: Zeitschrift für Soziologie, Bd. 14, H.3

Koch, C./D. Senghaas (Hrsg.) (1970): Texte zur Technokratiediskussion, Frankfurt

Lau, C. (1975): Theorien gesellschaftlicher Planung, Stuttgart

Laumann, E.O./D. Knoke (1987): The Organizational State, Madison

Lehmbruch, G. (1977): Liberal Corporatism and Party Government, in: Comparative Political Studies, Bd. 10, H. 1

– (1984): Concertation and the Structure of Corporatist Networks, in: J.H. Goldthorpe (Hrsg.), Order and Conflict in Contemporary Capitalism, Oxford

Luhmann, N. (1984): Soziale Systeme. Grundriß einer allgemeinen Theorie, Frankfurt

– (1992): Beobachtungen der Moderne, Opladen

Mandell, M.P. (1988): Intergovernmental Management in Interorganizational Networks, in: International Journal of Public Administration, Nr. 11

Marin, B. (Hrsg.) (1990): Generalized Political Exchange, Frankfurt

–/R. Mayntz (Hrsg.) (1991): Policy Networks, Frankfurt

Mayntz, R. (1987): Politische Steuerung und gesellschaftliche Steuerungsprobleme. Anmerkungen zu einem theoretischen Paradigma, in: Th. Ellwein/J.J. Hesse et al. (Hrsg.), Jahrbuch zur Staats- und Verwaltungswissenschaft, Baden-Baden

– (1991): Modernization and the Logic of Interorganizational Networks, Max-Planck-Institut für Gesellschaftsforschung, Diskussionspapier 91/8, Köln

– (1993): Policy-Netzwerke und die Logik von Verhandlungssystemen, in: A. Héritier (Hrsg.), Policy-Analyse, Opladen

Messner, D. (1995): Die Netzwerkgesellschaft – Wirtschaftliche Entwicklung und internationale Wettbewerbsfähigkeit als Probleme gesellschaftlicher Steuerung, Köln 1995

Offe, C. (1987): Die Staatstheorie auf der Suche nach ihrem Gegenstand. Beobachtungen zur aktuellen Diskussion, in: Th. Ellwein et al. (Hrsg.), Jahrbuch zur Staats- und Verwaltungswissenschaft, Baden-Baden

Olson, M. (1982): The Rise and Decline of Nationa, New Haven

Pappi, F.U. (Hrsg.) (1987): Methoden der Netzwerkanalyse, München

Perrow, Ch. (1989): Eine Gesellschaft von Organisationen, in: Journal für Sozialforschung, Bd. 28, H. 1

Pollak, D. (1990): Das Ende einer Organisationsgesellschaft, in: Zeitschrift für Soziologie, Nr. 19

Porter, M. (1990): The Competitive Advantage of Nations, New York

Powell, W.W. (1990): Neither Market nor Hierarchy. Network Forms of Organization, in: Research in Organizational Behavior, Nr. 12

Rhodes, R.A.W. (1990): Policy Networks. A British Perspective, in: Journal of Theoretical Politics, H. 2

Ritter, E.H. (1979): Der kooperative Staat, in: Archiv des öffentlichen Rechts, Nr. 104

Ronge, V. (1988): Der Dritte Sektor zwischen Markt und Staat, in: H.H. Hartwich (Hrsg.), Macht und Ohnmacht politischer Institutionen, Opladen

Scharpf, F.W. (1991): Games Real Actors Could Play. The Challenge of Complexity, in: Journal of Theoretical Politics, H. 3

– (1993a): Positive und negative Koordination in Verhandlungssystemen, in: A. Héritier (Hrsg.), Policy-Analyse, Opladen

– (1993b): Coordination in Hierarchies and Networks, in: F.W. Scharpf (Hrsg.) Games in Hierarchies and Networks, Frankfurt

– (1993c): Versuch über Demokratie im verhandelnden Staat, in: R. Czada/M.G. Schmidt (Hrsg.), Verhandlungsdemokratie, Interessenvermittlung und Regierbarkeit, Opladen

Schuppert, G.F. (1989): Markt, Staat, Dritter Sektor – oder noch mehr? Sektorspezifische Steuerungsprobleme ausdifferenzierter Staatlichkeit, in: Th. Ellwein et al. (Hrsg.), Jahrbuch zur Staats- und Verwaltungswissenschaft, Baden-Baden

Simon, H.A. (1973): The Organization of Complex Systems, in: H.H. Pattee (Hrsg.), Hierarchy Theory. The Challenge of Complex Systems, New York

Simonis, G. (1992): Forschungsstrategische Überlegungen zur politischen Techniksteuerung, in: K. Grimmeret al. (Hrsg.), Politische Techniksteuerung, Opladen

Smith, C.S. (1987): Networks of Influence, in: M. Bulmer (Hrsg.), Social Science Research and Government, Cambridge

Streeck, W. (1991): Interest Heterogenity and Organizing Capacity – Two Class Logics of Collective Action?, in: R. Czada/A. Windhoff-Héritier (Hrsg.), Political Choice. Institutions, Rules and Limits of Rationality, Frankfurt

–/P.C. Schmitter (1985): Gemeinschaft, Markt und Staat – und die Verbände?, in: Journal für Sozialforschung, H. 1

Teubner, G. (1992): Die Vielköpfige Hydra. Netzwerke als kollektive Akteure höherer Ordnung, in: W. Krohn/G. Küppers (Hrsg.), Emergenz. Die Entstehung von Ordnung, Organisation und Bedeutung, Frankfurt

Waarden, F.v. (1992): Dimensions and Types of Policy Networks, in: European Journal of Political Research, Nr. 21

Weber, M. (1956): Wirtschaft und Gesellschaft, Tübingen

Wiesenthal, H. (1992): Sturz in die Moderne. Der Sonderstatus der DDR in den Transformationsprozessen in Osteuropa, in: M. Brie/JD. Klein (Hrsg.), Zwischen den Zeiten, Hamburg

Williamson, O.E. (1990): Die ökonomischen Institutionen des Kapitalismus, Tübingen

Willke, H. (1987): Entzauberung des Staates. Grundlinien einer systemtheoretischen Argumentation, in: The. Ellwein et al. (Hrsg.), Jahrbuch zur Staats- und Verwaltungswissenschaft, Baden-Baden

Achim Brunnengräber, Heike Walk

Die Erweiterung der Netzwerktheorien: Nicht-Regierungs-Organisationen verquickt mit Markt und Staat

Einleitung

Netzwerktheorien konzentrierten sich bisher vor allem auf staatliche und private (marktorientierte) Akteure, die durch spezifische Interaktionsformen in einzelnen Politikfeldern gemeinsame Problemdefinitionen, Programmformulierungen und Implementationsstrategien entwickelten. Gesellschaftliche Akteure wie Nicht-Regierungs-Organisationen (engl. Non-Governmental Organizations; NGOs) blieben in diesen Analysen außen vor. Das kann auf das geringe Einfluß- und Gestaltungspotential zurückgeführt werden, das den gesellschaftlichen Akteuren aus der Perspektive des Staates oder des Marktes zugesprochen wurde. Aber auch die Vorstellung, das der hierarchisch agierende souveräne Staat sowic machtvolle Spitzenorganisationen von Arbeit oder Kapital alleinige Entscheidungskompetenzen besitzen, trug sicherlich zu dicser selektiven Wahrnehmung bei. Diese Nichtbeachtung der gesellschaftlichen Akteure bei der Politikformulierung läßt sich aber nicht mehr ohne weiteres aufrechterhalten. Denn seit einigen Jahren erfreuen sich NGOs großer öffentlicher Aufmerksamkeit und gewinnen folglich nicht nur als Kooperationspartner für staatliche Instanzen oder private Akteure an Attraktivität, sondern stoßen allmählich auch bei NetzwerktheoretikerInnen auf gesteigertes Interesse.
Ziel des Aufsatzes ist es, einen Analyserahmen zu skizzieren, durch den die 'erweiterten' Netzwerkbeziehungen aus NGOs, dem politisch-administrativen System (PAS) und den privaten Akteuren theoretisch gehaltvoll erfaßt werden können. Dazu sollen bisherige Erkenntnisse aus der Netzwerkanalyse für diese 'neue' Akteurskonstellation vor allem hinsichtlich der internationalen Handlungsarenen nutzbar gemacht werden. Dieser Bezugsrahmen trägt dem Sachverhalt Rechnung, daß in der internationalen Arena 'high politics', d.h. sicherheitspolitische und ökonomische Probleme, zunehmend durch die Bearbeitung und Verregelung von sozialen und ökologischen Themenberei-

chen ergänzt werden und sich gerade in diesen letztgenannten Themenfeldern die Beteiligung gesellschaftlicher Akteure bereits erheblich ausgeweitet hat. Damit sind auch die NetzwerktheoretikerInnen mit neuen Herausforderungen konfrontiert.

Hierarchie versus Vernetzung

Bei den Netzwerkanalysen handelt es sich um eine Weiterentwicklung und gleichzeitig um eine Neuorientierung der Policy-Analyse, die Ende der 80er Jahre zunehmend an Erklärungskraft für die Entstehung, Durchführung und Wirkung staatlicher Maßnahmen verlor. Die Kritik, die durch die Netzwerkanalyse formuliert wurde, zielte vor allen auf die Mängel des Prozeßmodells der Policy-Analyse: Problemdefinition – Politikformulierung – Implementation – Evaluation – Reformulierung. Der Annahme eines solchen Verlaufsprozesses wurde Realitätsferne vorgeworfen. Ebenso wurden Mängel in der praktisch-beratenden Policy-Analyse beklagt, die sich vielmehr als technokratisches Herrschaftsinstrument erweisen würde (Heritier 1993:9). Indem sich außerdem die Erklärungsansätze für die Politikgestaltung an den drei Standardformen gesellschaftlicher Koordination, dem einseitig hierarchisch-majoritären Politikstil, den hierarchisch übergeordneten Instanzen und dem Preismechanismus orientierten (Messner 1995:564), waren NGOs bereits vom methodischen Ansatz her ausgeklammert.

Die Interdependenzen zwischen den Politikfeldern (‘policies’), die gegenseitige Beeinflussung verschiedener Politikformen (‘politics’), das Verhältnis zwischen zentralen und dezentralen nationalstaatlichen Entscheidungsebenen sowie die zunehmende Verflechtung der lokalen, nationalen und internationalen Politikarenen blieben ebenso unberücksichtigt. Damit wurden die gesamtsystemischen Wirkungsmechanismen politischer Prozesse vernachlässigt. Demgegenüber impliziert nun der Netzwerkbegriff, daß unterschiedliche Akteure (‘polity’) in unterschiedlichen Problemfeldern und durch unterschiedliche Politikformen, die keinem linearen Prozeßmodell folgen, auf die Politikgestaltung Einfluß nehmen. Auf diesem Weg – so die Annahme – seien effektivere Entscheidungs- und Steuerungsprozesse möglich, als dies bei hierarchischen oder am Marktmechanismus orientierten Politikprozessen der Fall wäre. Diese Annahme soll insbesondere aufgrund der ‘erweiterten’ Akteurskonstellation kritisch beleuchtet werden.

Denn in dem Akteurs-Setting aus staatlichen und privaten Akteuren auf der einen und gesellschaftlichen Akteuren auf der anderen Seite sind die Ressourcen wie Macht, Geld oder öffentliche Aufmerksamkeit sehr unterschiedlich verteilt, so daß zwangsläufig verschiedene Handlungs- und Aktionsformen angewandt werden, um die Verhandlungsverläufe den eigenen Interessen entsprechend beeinflussen zu können. Dieser spezifische Einfluß (‘input’) der einzelnen Akteure auf die Entscheidungsprozesse in komplexen Verhandlungssystemen läßt sich aber nur schwer messen, sofern nicht offensichtliche Veto- oder Blockadestrategien verfolgt werden. Demnach muß sich die Netzwerkanalyse nicht nur mit den Handlungsformen, sondern auch mit den Einflußpotentialen der Akteure oder Akteurskonstellationen beschäftigen.

Vor allem die ‘erweiterten’ Netzwerkbeziehungen lassen sich durch einen hohen Grad an Selbstkoordination charakterisieren. Diese Selbstkoordination kann zwar als Reaktion auf die sozialen, politischen, ökologischen und ökonomischen Ausdifferenzierungs-, Spezialisierungs- und Interdependenzphänomene der Gesellschaft interpretiert werden. Die Potentiale der Problemlösung (‘output’) in netzwerkförmigen ‘governance’-Strukturen sind damit aber ebenfalls noch nicht bestimmt. Die Netzwerkanalyse soll dessen ungeachtet zu einem besseren Verständnis von komplexen Verhandlungssystemen (‘throughput’), Themenbereichen und Handlungsfeldern beitragen.

Die Strukturbeschreibung der Beziehungen zwischen den Akteuren (siehe Walk in diesem Band) kann einen ersten Eindruck der Interaktions- und Kommunikationsformen und -kanäle der Netzwerkmitglieder vermitteln. Gleichermaßen müssen mittels der Netzwerkanalyse die „spezifischen Phänomene der politischen Steuerung“ (Pappi 1993) herausgearbeitet werden. Damit wird hier von der gängigen Gabelung der Netzwerkanalyse abgewichen und das methodische Handwerkszeug zur empirischen Erfassung der Netzwerkstrukturen mit dem analytischen Erklärungsansatz verknüpft. Denn gerade aufgrund der Verknüpfung von strukturellen Ausprägungen von Netzwerken mit interessengeleiteten, wertorientierten oder normativen Handlungs- und Verhandlungslogiken stellen Netzwerke eine neue Form der politischen Steuerung dar.

Für die Analyse eines Netzwerkgebildes bieten sich zunächst zwei verschiedene Ansatzpunkte: Einerseits können die verschiedenen Knotenpunkte und andererseits die Linien zwischen den Knotenpunkten untersucht werden. Diese beiden Ansätze deuten auf den Unterschied zwischen der Netzwerkanalyse und der Organisationsforschung hin. Nicht die Knotenpunkte, d.h. die einzelne Organisation als bestimmende Analyseeinheit für theoretische Generalisierungen, sondern die Gesamtheit der miteinander verknüpften Linien, d.h. die Interaktionsformen zwischen den Teilen und das so entstandene dynamische System, stehen hier im Vordergrund. Dieses System von

Wechselwirkungen und Wirkungsgefügen, das mehr ist als nur die Summe seiner Teile, trägt sozusagen das Programm zu seiner eigenen Veränderung in sich (Vester 1993:19f.). Es kann sich dadurch als lernfähig oder innovativ erweisen. Aber auch Netzwerke sind vor einer strukturkonservativen oder blockierenden Handlungslogik nicht gefeit. Die unterschiedlichen positiven wie negativen Netzwerkprozesse können generell in den vier K's der Interaktion, d.h. den Kommunikations-, den Koordinations-, den Konflikt- und den Kooptationsprozessen verortet werden.

Die internationale Politikarena

Netzwerkförmige Kommunikationsprozesse entstehen aufgrund von turbulenten Interdependenzen 'globaler' Probleme, die sich als 'issue-linkages' erweisen. Der Bedeutungszuwachs von sozialen und ökologischen Themenbereichen, der durch die Konferenz für Umwelt und Entwicklung (UNCED) 1992 in Rio de Janeiro und später durch die Weltbevölkerungs-, Weltfrauen- oder Weltsozialkonferenz zum Ausdruck kam, 'wertet' nicht nur die internationale Handlungsarena auf, sondern führt auch zu den vielfältigsten und neuartigsten interorganisatorischen und intersektoralen Interaktionsprozessen, die sich als 'network-like forms of governance' charakterisieren lassen (siehe Brunnengräber in diesem Band). Aus den globalen Interdependenzen ergeben sich aber nicht nur Kommunikations-, sondern – sofern konkrete Problemdefinitionen vorgenommen und Handlungsschritte erarbeitet werden sollen – auch Koordinations- und Kooperationsprozesse. Aufgrund der Problemlage erscheinen gemeinsame Lösungsanstrengungen zunächst einer Notwendigkeit zu entsprechen: „Die intentionale Koordination divergierender Erwartungen und kontingenter Pläne ist ... überlebenswichtig wie nie zuvor in der menschlichen Geschichte“ (Scharpf 1993:57).
In dem erweiterten Akteursspektrum sind die nicht-staatlichen Akteure zwar 'nur' ergänzend zu den Nationalstaaten, den internationalen Institutionen, den transnationalen Konzernen und den politischen Führungseliten aktiv. Dennoch werden neue Fragen aufgeworfen. Wie sind die NGOs in die internationale Politikarena eingewoben? Beruhen die internationalen Verhandlungen nur in geringerem Maße auf hierarchischer Koordination oder vielmehr auf konsensualen Abstimmungsprozessen, die auch den NGOs Mitsprache- und Mitgestaltungsmöglichkeiten eröffnen? Führt die Partizipation von NGOs zwar zur Legitimation internationaler Verhandlungsprozesse, ihr Einflußpotential aber bleibt gering?

Diesen Fragen, die auch auf mögliche Kooptationsstrategien verweisen, muß vor allem aufgrund der deutlich divergierenden Interessen der unterschiedlichen Akteure nachgegangen werden. Dabei wird die Auffassung vertreten, daß die auf Macht gestützte Interessendurchsetzung egoistisch-rationaler Akteure ('bargaining') in den internationalen Verhandlungen durch das Auftreten von NGOs zunehmend um weitere Koordinationsformen ergänzt werden, die auf diskursiven Verfahren und weichen Steuerungsprozessen ('arguing') beruhen. „Vom Bargaining werden realistische Ergebnisse auf Basis einer bestehenden Interessenkonstellation erwartet, vom Arguing dagegen gemeinschaftsorientierte Resultate, die auf die Überzeugung der Teilnehmer gestützt sind und deshalb Legitimität besitzen" (Gehring 1996:207).

Zunächst kann konstatiert werden, daß NGOs in bestimmte internationale Verhandlungsprozesse strukturell und inhaltlich eingebettet sind, wobei zu beachten ist, daß sie bislang vom 'good will' der Nationalstaaten abhängig sind, die sie je nach Bedarf 'ein- bzw. entbetten' können. Die Einbettung ('embededness') eröffnet den NGOs und ihren Zusammenschlüssen neue Handlungsmöglichkeiten und -spielräume. Allerdings sind sie gleichzeitig mit neuen Handlungsrestriktionen konfrontiert, die durch die Anpassungsleistungen an die Struktur- und Inhaltsvorgaben durch das UN-System bzw. die Nationalstaaten entstehen. Das beginnt mit der Notwendigkeit, erhebliche finanzielle Mittel akquirieren zu müssen, um an der internationalen Politik teilnehmen zu können. Aber auch die personellen Kapazitäten müssen vorhanden sein, damit die komplexen Verhandlungsprozesse kontinuierlich begleitet und kommentiert werden können.

Die Teilnahme am internationalen Verhandlungsprozeß kann aber nur erfolgreich sein, wenn die NGOs verschiedene Strategien verfolgen. Sie müssen sich einerseits auf das Verhandlungssystem der UN einlassen, um die notwendigen Informationen, Kontakte und Einwirkungsmöglichkeiten zu erhalten ('Lobbying'). Andererseits müssen NGOs einen engen Kontakt mit den Medien pflegen, um die gesammelten Informationen und Kritikpunkte an die Öffentlichkeit tragen zu können. Die Medienöffentlichkeit stellt insbesondere in der internationalen Politik nicht nur eine wesentliche legitimatorische Stütze der NGOs dar. Auch der Einfluß auf Verhandlungsprozesse wird auf diesem Weg zu erreichen versucht, weshalb die professionelle Medienarbeit für NGOs einen sehr hohen Stellenwert besitzt: die Spielregeln der internationalen Medienwelt müssen schließlich beherrscht werden, um Aufmerksamkeit und Gehör zu finden. Während aber im Zuge der Internationalisierung des NGO-Handelns die Protestartikulation noch über den medialen

Umweg möglich ist, verliert die Basisanbindung und Protestmobilisierung als Ressource zur Einflußnahme an Bedeutung.
Dieses politische Gewicht der Medienarbeit ist der internationalen Arena und der Themenstellung geschuldet. Denn es handelt sich zunächst nicht um konkrete Verhandlungen sozio-ökonomischer oder ökologischer Mißstände vor Ort, sondern um Verhandlungssysteme, die zu einer aufeinander abgestimmten, internationalen Vorgehensweise führen sollen. Wichtige internationale Politikereignisse werden dennoch von NGOs genutzt, um nationale Mißstände anzuprangern oder vernachlässigte Themen im nationalen Raum zu plazieren. Auch die Überwachung der Einhaltung internationaler Absprachen und Vereinbarungen läßt sich in nationalstaaliche Politik übersetzen. In dieser Übersetzerfunktion zwischen der internationalen und nationalen Handlungsebene zeigen NGOs durchaus ihre Qualitäten. Die Basis- oder Mitgliederbindung ist dafür aber nicht mehr eine unabdingbare Voraussetzung.

Die Verräumlichung der Politik

An dem Prozeßmodell der Policy-Analyse wurde zu recht die legalistische Sicht „von oben nach unten" kritisiert (Sabatier 1986, Hull/Hjern 1987). Denn die Steuerungsprozesse, in denen die NGOs als Akteure auftreten, sind auch in einer Sichtweise von „unten nach oben" analytisch zu fassen. NGOs gelten demnach als Repräsentanten gesellschaftlicher Interessenlagen, die sich auf der lokalen oder nationalstaatlichen Ebene artikulieren. Auf diesen Handlungsebenen hat auch die Problemlösung zu erfolgen. D.h. die Implementation international vereinbarter Maßnahmen in den sozialen und ökologischen Themenbereichen bedarf der *Verräumlichung* der Politik. Dies erfolgt dadurch, daß die internationalen Vereinbarungen, „um überhaupt Wirkung zu entfalten, in den örtlichen bzw. regionalen Kontext eingewoben werden" müssen (Knoepfel/Kissling-Näf 1993:269). Diese 'rückwirkende' Anpassung an die regionalen Kontextbedingungen alleine reicht aber nicht aus. Die aktive Mitwirkung der Zielgruppen und Betroffenen vor Ort ist bereits bei der Programmformulierung erforderlich.
Hier könnte die These des „backward mapping" auf die internationale Ebene bezogen werden. Demnach sind bei der Gestaltung internationaler Maßnahmen Instrumente zu verwenden, „die am 'Ende' des Prozesses ansetzen, um unter Berücksichtigung der sozialen und politischen Kräfteverhältnisse auf der untersten politisch-administrativen Handlungsebene zu bestimmen, was überhaupt machbar ist. ... Es wird davon ausgegangen, daß wenn die Wün-

sche und objektiven Gegebenheiten auf den unteren Ebenen von vornherein in die Politikgestaltung integriert werden, die Policy eine größere Chance hat, erfolgreich in die Praxis umgesetzt zu werden und ihre deklarierten Ziele zu erreichen" (Peters 1993:299). Die NGOs erhalten in diesem Kontext eine spezifische Mediationsfunktion zwischen der lokalen und der internationalen politischen Handlungsebene, in dem sie die Interessen der eigentlichen Zielgruppen in der internationalen Arena repräsentieren und zur Übersetzung der Lösungsstrategien von der internationalen auf die lokale Ebene beitragen. Die UN müßte, um diese potentiellen NGO-Qualitäten ausnutzen zu können, entsprechend prozedurale Mechanismen entwickeln, die ihnen eine breite und effektive Partizipation ermöglichen würde.

Nationalstaatlicher Souveränitätsverlust

Die dominierende Stellung des Staates als höchstem (monolithischen) Steuerungszentrum wird durch die Netzwerkansätze dementsprechend in Frage gestellt. Mayntz faßt dies folgendermaßen zusammen: „Das Aufkommen von Policy-Netzwerken hat ... zwei wichtige Implikationen: es ist ein Zeichen für einen 'schwachen' Staat, aber es signalisiert gleichzeitig Sensibilität für die erhöhte Komplexität politischer Herrschaft und für zunehmende Konsensbedürfnisse in modernen demokratischen Gesellschaften" (Mayntz 1993:41). Der Staat oder das internationale System verbessert deshalb die partielle Zusammenarbeit einerseits mit den NGOs, um die Akzeptanz und die Legitimität politischer Entscheidungen zu erhöhen, und andererseits speziell mit den NGO-Netzwerken, um Lokalität und Globalität zu verknüpfen und Demokratiedefizite 'nach innen' sowie im internationalen System auszugleichen Die Krise staatlicher Steuerungsfähigkeit muß daher kritisch beleuchtet werden. Mayntz selbst relativiert ihre These vom 'schwachen Staat', indem sie feststellt, daß staatliche Instanzen „den gezielten Aufbau besser strukturierter Policy-Netzwerke aus öffentlichen und privaten Organisationen oft geradezu als Steuerungsstrategie einsetzten" (Mayntz 1987, zitiert nach Knoepfel/Kissling-Näf 1993:274). Dennoch weist die Etablierung von Verfahrensregeln in internationalen Institutionen – die den NGOs die (partielle) Beteiligung am Verhandlungsprozeß ermöglichen sowie die Teilnahme von NGOs an nationalen Verhandlungsdelegationen – auf veränderte gesellschaftliche Einfluß- und Machtbedingungen hin. Diese Beteiligung deutet mehr oder weniger die Forderungen von den neuen bzw. relevanten gesellschaftlichen Akteuren nach angemessenen Ausdrucks- und Vermittlungsmöglichkeiten für ihre Belange an.

Dies negiert allerdings nicht die Tatsache, daß die NGOs über Handlungsformen und -spielräume verfügen, die mit denen des Staates bzw. des politischen Systems nicht übereinstimmen (sollen). Die Mobilisierung von Protestpotential ist hier als nur ein Beispiel zu nennen. Die Annahme, daß die Steuerungsform der 'loosely coupled interaction' zwischen den unterschiedlichen Akteuren die Problemlösung in einem Policy-Feld erhöht, ist dann auch nicht zwangsläufig. Insgesamt wird das Verhältnis zwischen Staat/ Markt und intermediären Organisationen, zu denen auch die NGOs gezählt werden, in der Netzwerkanalyse zu positiv eingeschätzt, wie Eßer u.a. beispielhaft verdeutlichen: „Die Stärke der intermediären Organisationen können im demokratischen Zusammenspiel und weil sie die gleiche Bewegungsrichtung verfolgen, zu kooperativen Partnern für Staat und Wirtschaft werden und zugleich Korrektivfunktion wahrnehmen, also eine konstruktive Gegenmacht darstellen (Eßer u.a. 1995:557). Gleichermaßen kann der Staat nicht per se als „Impulsgeber, Moderator und Kommunikator zwischen Unternehmen, Verbänden, der Forschung und intermediären Organisationen“ (ebd.:541) angesehen werden. Statt dessen wirken auch politische und ökonomische Eigeninteressen, daraus abgeleitete Blockadestrategien einzelner Nationalstaaten und Asymmetrien zwischen den staatlichen, privaten und nicht-staatlichen Akteuren, sprich Hegemonieansprüche und Machtverhältnisse auf netzwerkförmige Steuerungsprozesse ein.

Macht und Einfluß in Netzwerken

In der Netzwerkanalyse blieb die Frage nach den *Machtverhältnissen* zwischen den einzelnen Akteuren und Akteursgruppen und die möglichen Vereinnahmungsversuche (Kooptation) der 'schwächeren' durch die 'stärkeren' Akteure oftmals ausgeblendet. Dies war wohl der bisherigen Orientierung an staatlichen und marktorientierten Akteuren geschuldet, zwischen denen die Machtasymmetrien entweder gering eingeschätzt oder mißachtet wurden. Mittlerweile muß dieser bedeutsame Netzwerkaspekt aber nicht nur aufgrund der Standort- und Globalisierungsdebatte berücksichtigt werden. Gerade auch das Auftauchen der NGOs auf der internationalen Bühne der Politik machte dies erforderlich. Bei solch ungleichen 'Kontrahenten' oder 'Partnern' erhalten die unterschiedlichen Einfluß- und Machtpotentiale im 'Umfeld' internationaler Verhandlungen einen anderen Stellenwert.
Sachs bspw. gesteht den NGOs durchaus Einfluß zu, eine Machtbasis hätten sie allerdings nicht (Sachs 1995). Ihr Einflußpotential gewinnen NGOs über

ihre Beratungs- und Kontrollfunktion bei internationalen Verhandlungen, ihre Öffentlichkeits- und Medienarbeit oder über ihre Fähigkeit zur Mobilisierung öffentlicher Aufmerksamkeit. Diesen 'weichen' Steuerungsstrategien von NGOs im internationalen Verhandlungspoker stehen die eigentlichen Entscheidungsvollmachten der Nationalstaaten oder die mächtigen Einflußstrategien von Unternehmensverbänden gegenüber. An diesem Punkt setzt die Kritik von Hirsch an der Netzwerkanalyse an: „Die insbesondere bei Scharpf .... anklingende neue Variante der Pluralismustheorie krankt schon daran, daß von einer annähernden Symmetrie in den Verhandlungspositionen der verschiedenen Akteure überhaupt keine Rede sein kann" (Hirsch 1995: 118).
Allerdings könnten bei Scharpf die NGOs im Schatten hierarchischer Verhandlungen verortet werden: „Selbstkoordination durch Verhandlungen im Schatten der Hierarchie ist abhängig von der jeweils gegebenen Struktur von Autoritätsbeziehungen (oder asymmetrischen Machtbeziehungen) und von den Grenzen formaler Organisation (Scharpf 1993:79f.). Die Handlungslogik des Marktes als dominantes Steuerungssystem ist also keineswegs außer Kraft gesetzt. Vielmehr besteht die Möglichkeit, daß 'extraökonomische Produktivkräfte', sprich NGOs, für die Erzielung 'ökonomischer Produktivitätsgewinne' (Altvater) instrumentalisiert werden. NGOs sind aber nicht nur dem permanenten Druck des Marktes, sondern auch dem des Staates oder des internationalen Systems ausgesetzt, ihre eigene Handlungslogik und gesellschaftliche Verankerung aufzugeben und sich den 'vorgegebenen' Bedingungen anzupassen.

Die Binnenstruktur von NGO-Netzwerken

Bisher war im wesentlichen die Rede von Policy-Netzwerken, die sich aus verschiedenen Akteursgruppen zusammensetzen. Die NGOs und ihre Netzwerke stellen hier nur eine Akteursgruppe neben anderen dar. Im weiteren Text geht es uns nun um eine theoretische Analyse der Vernetzungsbeziehungen der NGOs untereinander. Die Ressourcen (oder Möglichkeiten) der Einflußnahme, die unter Berücksichtigung dieser Machtverhältnisse in ihrer Wirkung nach 'außen' permanent überprüft werden müssen, um der Irrelevanzfalle gegenüber den staatlichen oder privaten 'Kontrahenten' zu entgehen, werden gleichzeitig von Problemen begleitet, deren Ursache in der Binnenstruktur von NGO-Netzwerken liegt. Dazu gehört das Problem der großen Zahl, d.h. eine effektive Koordinationsleistung in NGO-Netzwerken

wird mit zunehmender Zahl an Akteuren unwahrscheinlicher. Kulturelle Unterschiede, Sprachbarrieren und länderspezifische Kontextbedingungen zwischen den Akteuren erschweren außerdem den Vernetzungsprozeß (siehe Nicola Zeuner in diesem Band). Gleichermaßen kommt das doppelte Verhandlungsdilemma, d.h. der Widerspruch zwischen dem (individuellen) Erfolg und einem insgesamt besseren Ergebnis durch Vernetzung auch in der sog. 'NGO-community' zum tragen. Auch unter NGOs bestehen durchaus Konkurrenzverhältnisse um knappe Ressourcen wie Spenden, Mitgliedsbeiträge, staatliche Zuschüsse, Sponsoren oder öffentliche Aufmerksamkeit.
Die institutionelle Konsolidierung von NGO-Netzwerken kann darüber hinaus zwar zur strukturellen und inhaltlichen Verkrustung führen, wenn innovative Debatten über das Selbstverständnis der politischen Arbeit ausbleiben und eine 'Kultur des Konfliktes' nicht entwickelt werden kann. Bei NGO-Netzwerken tritt durch die horizontalen, nur lose gekoppelten Interaktionsprozesse und durch die hohen Transaktionskosten bei der Netzwerkbildung aber vielmehr das Problem der geringen Verbindlichkeit auf. Sie erschwert die Konsolidierung der Zusammenarbeit und in der Folge auch die Kooperation, die gerade auf der internationalen Politikarena nur mittels erheblichen Koordinationsleistungen erreicht werden kann. Es ist anzunehmen, daß sich auf der internationalen Ebene in der Langzeitperspektive nur die 'NGO-Multis' mit den entsprechenden personellen Kompetenzen, finanziellen Möglichkeiten und der infrastrukturellen Ausstattungen werden engagieren können.
Dessen ungeachtet werden mit der Netzwerkbildung unter NGOs hohe Erwartungen verknüpft. Darin wird die Entstehung einer kollektiven Identität oder von schizophrenen 'multiple-self-Akteuren' (siehe Daniel Janett in diesem Band) gesehen, die neue politische Räume eröffnen und besetzen oder neue Werte und Normen in einer sich internationalisierenden Zivilgesellschaft verbreiten können. Eine empirisch-analytisch angelegte Überprüfung dieser Annahmen wurde bisher kaum geleistet. Auch die steuerungspolitischen Einflußnahmen von NGOs auf Strukturen und Entscheidungen internationaler Verhandlungssysteme sind bisher noch nicht näher untersucht worden. Erst darauf aufbauend könnte eine erweiterte Verhandlungstheorie entwickelt werden, die dem „nicht-monolithischen Charakter globaler umweltpolitischer Verhandlungsakteure“ (Heins 1996:247) Rechnung tragen kann.

Die Handlungslogiken von Netzwerken

Die positiven Effekte netzwerkförmiger Steuerungsprozesse wurden im ökonomischen Bereich oft herausgestellt, wobei die Steigerung der marktwirtschaftlichen Effizienz bspw. zur Herstellung systemischer Wettbewerbsfähigkeit (Messner 1995) im Vordergrund stand: „Ziel ist der Aufbau eines competitive cooperative system, also einer durch Dialog und Verbund korrigierten und potenzierten Marktwirtschaft sowie die kontinuierliche Entwicklung der sozialen und ökologischen Dimensionen in Wirtschaft und Gesellschaft" (Eßer u.a. 1995:556). Für Mayntz bieten Netzwerke auch eine Möglichkeit, die dysfunktionalen Konsequenzen, die Hierarchie und Markt hervorbringen, zu vermeiden, „indem es die für die Marktteilnehmer typische Autonomie mit der Fähigkeit von Hierarchien kombiniert, bewußt Ziele zu verfolgen und ihre Handlungen im Hinblick auf ihre antizipierten Folgen bewußt zu kontrollieren" (Mayntz 1993:45). Bei dieser Korrektivfunktion dysfunktionaler Effekte sind wiederum Staat und Markt, wenn auch netzwerkförmig verbunden, die zentralen Steuerungsinstrumente. NGOs betonen nun verstärkt horizontale, auf Dialog und Öffentlichkeit zielende Instrumentarien und setzen gleichzeitig ganz andere und neue (interdependente) Themenkomplexe, Meinungen oder politische Zielrichtungen auf die politische Agenda.

Die interaktiven Beziehungen zwischen NGOs werden dabei weniger durch zielgerichtetes rationales Verhalten, sondern vielmehr durch Verhandlungslogiken und Problemlösungsorientierungen geprägt, die eher einer normativen oder ideellen denn einer staatlich-hierarchischen oder marktwirtschaftlichen Logik folgen. Die Netzwerkanalyse muß deshalb nicht nur die lineare Prozeßhaftigkeit von Politikprozessen, wie sie in der Policy-Analyse vorausgesetzt wurde, und das Zusammenwirken von ausschließlich staatlichen und marktorientierten Akteuren in Frage stellen, sondern verstärkt auch auf Veränderungen im Verhandlungsstil und der Argumentationsweise der verschiedenen Akteure eingehen. Dies ist erforderlich, um den 'alternativen' Problem- und Zieldefinitionen gerecht zu werden, die sich eher an nicht-materiellen Werten und 'übergeordneten' Problemstellungen (wie dem Schutz der 'global commons' Luft, Wasser, Atmosphäre) ausrichten. Die spezifischen Formen und Möglichkeiten der Selbstkoordination nichtökonomischer und nichtstaatlicher Akteure im Kontext internationaler Konferenzen werden zumindest ansatzweise bzw. vorrangig in sozialen und ökologischen Themenbereichen durch den NGO-Einfluß von solchen alternativen Sichtweisen durchdrungen. Hier wäre zu untersuchen, wie sich der *Verhandlungsmodi und Interessenausgleich* insgesamt im Verhandlungssystem verändert und ob sich diese Veränderungen in der Programmformulierung niederschlagen. Der spezifischen Netzwerklogik unterliegen sowohl Tausch- als auch Verhandlungsbeziehungen. Von Verhandlungen kann gesprochen werden, wenn „interorganisatorische Netzwerke im Stande sind, durch Interaktion, ungeachtet divergierender Interessen ihrer Mitglieder, absichtsvolle Outputs zu produzieren" (Mayntz 1993:46). Tausch und strategische Interaktion dagegen liegen vor, wenn diese „durch ein Kalkül aus individuellem Interesse geleitet werden und das Ergebnis der Interaktion aus derselben 'egoistischen' Perspektive evaluiert wird" (ebd.:47).

Unterschiedliche Netzwerktypen

Bisher war im wesentlichen von Policy-Netzwerken die Rede, die weiter ausdifferenziert werden können. Rhodes (1986) benennt fünf Typen von Netzwerken, die jeweils unterschiedliche Charkateristika aufweisen: 'policy communities', 'issue networks', 'professional networks', 'intergovernmental networks, und 'producer networks'. Im folgenden werden sich die Überlegungen sinnhafterweise auf 'issue-networks' und 'policy communities' konzentrieren, da in diesen Netzwerktypen NGOs am ehesten verortet werden können. Beide Typen bilden sich zunächst aufgrund eines aktuellen Problems, Ereignisses ('stimulus event') oder eines spezifischen Themenfeldes. Der erste Netzwerktyp wird durch eine große Anzahl von Mitgliedern, durch Instabilität, geringe Kontinuität und geringe Interdependenz zwischen den Mitgliedern charakterisiert (Heclo 1978). Es handelt sich meist um zeitlich begrenzte Netzwerke, die sich unter Umständen aber auch zu einer 'policy communitiy' entwickeln können. 'Issue-networks' bestehen oftmals auch aus Akteuren, die zum Teil einer stabilen 'policy community' angehören. Dieser letztgenannte Netzwerktyp läßt sich eher durch Kontinuität, hohe Interdependenz und große Übereinstimmung hinsichtlich der Ziele charakterisieren.
Den Übergang von einem 'issue-' zu einem 'policy-network' beschreibt Mayntz wie folgt: „In contrast to more enduring relationships, such as we find in the typical neocorporatist arrangement, issue networks form ad hoc in response to a stimulus event .... the stimulus event must be transformed into an issue: the issue giving rise to the policy network is itself the product of a process of interpretation and definition" (Mayntz 1993:207). Neben diesen Charakteristika gibt es noch weitere Kriterien, die für die Netzwerkanalyse von Bedeutung sind. Hier wird auf das Konzept der *Policy-Advocacy-Koali-*

tionen verwiesen. Dieser Ansatz versucht, die Komplexität des Policy-Prozesses zu berücksichtigen, indem er auf drei Annahmen zurückgreift: „Erstens, daß der Prozeß des Policy-Wandels und die Rolle des policy-orientierten Lernens, auf dem dieser beruht, nur in einer Zeitperspektive von einem Jahrzehnt oder mehr verstanden werden kann. Zweitens, daß die sinnvollste Art und Weise Policy-Wandel im Rahmen einer solchen Zeitspanne zu erfassen, darin besteht, daß man 'Policy-Subsysteme' betrachtet, d.h. die Interaktionen von Akteuren verschiedener Institutionen, die an einem Policy-Bereich interessiert sind. Drittens, daß staatliche Maßnahmen in der gleichen Art konzeptualisiert werden können wie handlungsleitende Orientierungen oder 'belief-Systeme', d.h. als Set von Wertprioritäten und kausalen Annahmen darüber, wie diese zu realisieren sind" (Sabatier 1993:119f.).

Die Fokussierung auf diese drei Grundannahmen ist auch für das hier vorgegebene Erkenntnisinteresse zentral. Die internationale Politik hat sich seit jeher als ein langwieriger Prozeß erwiesen, der langfristig verfolgt werden muß. Für die Erreichung möglicher Erfolge (bspw. der 1992 in Rio de Janeiro verabschiedeten Agenda 21) und 'realer' Ergebnisse (bspw. beim Schutz der Erdatmosphäre) muß daher eine gewisse Kontinuität gewährleistet sein, d.h. es bedarf der institutionellen *Konsolidierung* der internationalen Verhandlungsprozesse. Neben der Beachtung dieser Zeitdimension ist das Akteursumfeld zu 'strukturieren'. Dafür bietet sich die Bildung von Policy-Subsystemen an. In den internationalen sozialen und ökologischen Themenbereichen können die Vereinten Nationen, Nationalstaaten, Unternehmensverbände, Medien und schließlich NGOs jeweils einem solchen Subsystem (Weltsozialpolitik, Klima, Biodiversität etc.) zugerechnet werden. Es sind aber auch andere, sektorübergreifende Konstellationen möglich, die sich durch Interessenüberschneidungen oder gemeinsame Zielvorstellungen ergeben können.

Der Advocacy-Koalitionen-Ansatz

Die Akteure innerhalb eines Subsystems – so die Annahme – werden weiterhin „in einer Anzahl von Advocacy-Koalitionen aggregiert. Diese setzen sich aus Personen von verschiedenen Organisationen zusammen, die gemeinsame normative und kausale Vorstellungen haben und ihre Handlungen oft abstimmen. Jede Koalition wendet zu jedem Zeitpunkt Strategien an, deren Ziel eine oder mehrere institutionelle Innovationen sind, von denen angenommen wird, daß sie den Policy-Zielen förderlich sind. Zwischen den konfligierenden Strategien verschiedener Koalitionen wird normalerweise durch eine dritte Gruppe von Akteuren vermittelt, die hier „Policy-Brokers" oder „Policy-Vermittler" genannt werden; deren wesentliches Anliegen es ist, einen vernünftigen Kompromiß zu finden, der die Intensität eines Konfliktes reduziert" (Sabatier 1993:121).

Durch eine solche Systematisierung können handlungsleitende Orientierungen oder *belief-Systeme*, d.h. Wertvorstellungen, Kernüberzeugungen oder Annahmen über wichtige Kausalbeziehungen, in denen sich die Akteure bewegen, analysiert werden. Damit weist dieser Ansatz über rationale bzw. egoistische Orientierungen, wie sie in der Public-Choice-Theorie unterstellt werden, hinaus. Dabei wird von relativ stabilen Parametern bezüglich der gundlegenden Wertvorstellungen und Kausalannahmen ausgegangen. Sabatier versteht damit „policy-orientiertes Lernen als relativ stabile Veränderung des Denkens oder von Verhaltensintentionen, die aus Erfahrungen resultieren ..., so daß die Veränderungen in den Kernaspekten einer Policy jedoch in der Regel das Resultat von Veränderungen oder ‘perturbations' in nicht-kognitiven Faktoren darstellen, die außerhalb des Policy-Subsystems existieren, so beispielsweise der makro-ökonomischen Bedingungen oder des Amtsantritts einer neuen regierenden Koalition" (Sabatier 1993:120ff.). Auch Veränderungen in der öffentlichen Meinung oder ‘policy'-Entscheidungen aus anderen Subsystemen können die handlungsleitenden Orientierungen der Akteure des Subsystems beeinflussen.

Wie bereits oben ausgeführt wurde, gehören also nicht alle Akteure, die in einem *Policy-Subsystem* aktiv sind, auch automatisch ein und derselben *Advocacy-Koalition* an. Die konkurrierenden Koalitionen versuchen vielmehr, ihre handlungsleitenden Orientierungen in konkrete Maßnahmen oder Blockaden des Verhandlungsprozesses zu übersetzen. Auch Subsysteme in der internationalen Umweltpolitik werden von unterschiedlichen Advocacy-Koalitionen bestimmt, die sich je nach ihrem spezifischen *belief-Systeme* unterscheiden. Das sind zum einen die Anhänger der pragmatisch ausgerichteten Koalition, die die lebensbedrohlichen Auswirkungen von Umweltschäden durch die Politik der kleinen Schritte zu lösen versuchen. Grundsätzlich wird die kapitalistische Produktions- und Konsumtionsweise und das Wachstumsmodell der modernen Industriegesellschaft dagegen eher von den wertorientierten Akteuren in Frage gestellt. Die Anhänger der beiden Orientierungen gehören jeweils unterschiedlichen *belief-Systemen* aber ein und demselben Policy-System an.

Der Advocacy-Koalitionsansatz, wie er von Sabatier (1993) vertreten wird, weist auf die Stabilität der Kernüberzeugungen dieser Koalitionen hin, d.h. es herrscht ein substantieller Konsens in Fragen, die zum 'policy'-Kern gehören. Auch können sich *belief-Systeme* über die Handlungsebenen der NGOs herausbilden, auf denen sie jeweils aktiv sind, da hier unterschiedliche Anforderungen an die Akteure wie Basisbezug und Spontanität oder professionelle Orientierung und Fachwissen gestellt werden. Eine wichtige Grundlage für die Kooperation in einem *belief-System* ist in jedem Fall Vertrauen, das „die Bereitschaft der Partner [erfordert], im Interesse der Aufrechterhaltung einer kooperativen Dauerbeziehung im Einzelfall auf eigene Vorteile zu verzichten und sogar Verluste hinzunehmen" (Scharpf 1993:76).

Partizipations- und Einflußmöglichkeiten

In der internationalen Politik müssen die zentralen Lösungsvorschläge den Zielgruppen, Betroffenen und kommunalen Entscheidungsträgern näher gebracht werden. Dazu müssen neue Verfahrensregeln gefunden werden, die die horizontale und vertikale Koordination und eine angemessene Verräumlichung der Politikinhalte ermöglichen. Steuerungstheoretisch bedeutet dies, daß der Staat und die supranationalen Institutionen ihre „Steuerungsaufgaben über die Ausgestaltung von Netzwerken und die Entwicklung von Verfahren wahrnehmen müssen" (Knoepfel/Kissling-Näf 1993:286). Das wachsende Bewußtsein für die globalen Dimensionen von Problemen und die damit verbundene Zentralisierung der Problemlösung haben bereits zur Erweiterung der Instrumentenpalette beigetragen, die dem wachsenden Vakuum zwischen kommunaler Implementationsebene und suprastaatlicher Programmierung Rechnung tragen sollen.

Es handelt sich hierbei um – wie bereits erwähnt – 'weiche' Steuerungsinstrumente wie Informationsfluß, Überzeugung, diskursive Verfahren oder Interessenintegration. Diese Steuerungsinstrumente werden von den NGOs angewandt, die so zum Suchprozeß nach Lösungsstrategien, zur Überprüfung der Angemessenheit der ausgehandelten Verfahren, zur Bereitstellung von Informationen und bedingt zur Verhinderung von Blockadestrategien beitragen können. Denn über harte Steuerungsinstrumente ('bargaining power') oder über 'Exit-Option', deren Androhung von einzelnen wirtschaftlich potenten Akteuren sowie den Nationalstaaten sehr wohl einen Machtfaktor darstellt, verfügen die NGOs kaum. Gegenüber den dominanten Koalitionen des Staates und der Wirtschaft, die über Geld und Macht verfügen, d.h. den Verhandlungsprozeß unmittelbar beeinflussen können, sind die NGOs lediglich auf ihre Fähigkeiten des Lernens, auf Informationsvermittlung, auf die Herstellung von Öffentlichkeit und den Zugang zu Eliten, d.h. die 'Voice-Option' als Machtressource angewiesen.

"In einer Welt der knappen Ressourcen haben diejenigen, die nicht lernen, einen Lernnachteil, wenn sie ihre Ziele realisieren wollen. Ein Mehr an politischer Macht kann zwar den kurzfristigen Sieg gegenüber überlegener Evidenz davontragen, aber die Kosten für die eigene Glaubwürdigkeit in einer demokratischen Gesellschaft können beträchtlich sein" (Sabatier 1993:139). Ebenso entscheidend in der komplexen internationalen Politik und den internationalen Verhandlungsrunden ist der permanente Zustand der „unvollständigen Information". Auch hier gilt, daß diejenigen im Vorteil sind, die am schnellsten über die neuesten und 'besseren' Informationen verfügen.

Über diese Informationen und Kompetenzen kann den NGOs die Herstellung von Öffentlichkeit und infolgedessen der Zugang zu Entscheidungsträgern gelingen. Damit hat sich eine Handlungsangelegenheit oder ein sogenanntes *policy-window* für die NGOs geöffnet. Über die Problemformulierung und die Kenntnisse internationaler Politikprozesse gelingt den NGOs schließlich der Zugang zur 'policy community' und damit zu den politischen Ereignissen wie den internationalen Konferenzen. Von dieser 'policy community' wird ein Lösungsvorschlag unterbreitet (Agenda-Setting), der lokal zu implementieren ist. Hier haben die NGOs ihre strategischen Vorteile gegenüber einseitig nationalstaatlich bzw. suprastaatlich verordneten Programmen und Maßnahmen. Sie können dann, wenn sie an der Programmierung beteiligt werden, als entscheidendes *missing link* zwischen den Handlungsebenen und Themen auftreten.

Skizze eines Forschungsdesigns

Eine Analyse der möglichen Formen der politischen Steuerung durch staatliche, private und gesellschaftliche Akteure könnte wie folgt aufgebaut werden: Zunächst wird ein Organigramm erstellt, in dem die Stellung der einzelnen Akteure aufgrund ihrer Beziehungen in dem netzwerkförmigen Verhandlungsprozeß festgelegt wird. Die kontinuierlichen ('starken') und punktuellen ('schwachen') Interaktionen sowie die unterbrochenen Kontakte werden systematisch dargestellt. Auch die Stellungen der Netzwerkakteure zueinander, sprich die Dichte des Netzwerkes, sowie die Formen und Häufigkeiten der Kooperation (Dowding 1995) lassen sich graphisch veranschaulichen.

Dabei gilt es zu berücksichtigen, daß ein Netzwerk grundsätzlich nicht statisch ist, sondern dynamischen Prozessen unterliegt, d.h. externe oder interne Veränderungen wirken auf das Netzwerk ein und führen permanent zu veränderten Netzwerkstrukturen. Dennoch scheint eine bildhafte Skizzierung der Netzwerkstrukturen als eine Art Momentaufnahme sinnvoll, um darauf aufbauend die tiefergehende Analyse der vier K's, sprich der Kommunikations-, Koordinations-, Kooperations- und Kooptationsprozesse, sowie der Ressourcenverteilung und der Machtverhältnisse innerhalb dieses Gebildes vornehmen zu können. Die netzwerkförmigen Steuerungsprozesse sollen in ihrer Gesamtheit durch diese Herangehensweise besser verstanden werden.

Der erste Fragenkomplex, der nun aus den bisherigen Ausführungen entwickelt werden kann, bezieht sich auf die Analyse netzwerkförmiger Interaktionsprozesse zwischen staatlichen, privaten und gesellschaftlichen Akteuren: Warum kommt es zur Interaktion und Netzwerkbildung unter diesen unterschiedlichen Akteuren? Werden kooperative Dauerbeziehungen aufgebaut oder ad hoc-Allianzen gebildet? Wie werden die Beziehungen zwischen den Akteuren strukturiert und stabilisiert? Welche 'Regeln' werden aufgestellt (fairer Austausch, Reziprozität, gerechte Verteilung von Kosten und Nutzen, freiwillige Beschränkung seiner Handlungsfreiheit etc.)? Wie kommunizieren und kooperieren die Akteure in einem Netzwerk? Welche Koordinationsleistungen werden erbracht? Wie werden Konflikte gelöst? Welche Machtverhältnisse und Kooptationsstrategien herrschen in den netzwerkförmigen Steuerungsprozessen? Über welche Ressourcen verfügen die unterschiedlichen Akteure?

Ein zweiter Fragenkomplex soll Rückschlüsse auf die Netzwerkanalyse selbst ermöglichen: Signalisiert die Netzwerkanalyse eine tatsächliche Veränderung in den politischen Entscheidungsstrukturen, wie es Mayntz (1993) vermutet? Bilden sich neue Steuerungsformen heraus, die sich durch die Netzwerkanalyse erfassen lassen? Können durch die Netzwerkanalyse tiefergehende Erkenntnisse über die internationalen Verhandlungen in den sozialen und ökologischen Themenbereichen gewonnen werden und lassen sich diese Erkenntnisse verallgemeinern?

Aus den theoretischen Überlegungen, der Strukturbeschreibung und den beiden Fragenkomplexen soll nun ein operationales Konzept der Netzwerkanalyse entwickelt werden, auf das sich die Untersuchung der Netzwerkbildung stützen könnte. Folgende analytische Kategorien, deren Gültigkeit freilich empirisch jeweils überprüft werden müßte, sollen dabei im Zentrum stehen:

– *Verhandlungsmodi und Interessenausgleich:* Zwischen NGOs, dem PAS und den privaten Akteuren dürfte sich ein spezifischer Verhandlungsstil herausbilden, so daß es zu einem Interessenausgleich zwischen den Akteuren kommt (arguing). Ob dadurch ein insgesamt besseres Ergebnis hinsichtlich der internationalen Sozial- oder Umweltpolitik erzielt werden kann, ist damit noch nicht geklärt. Denn der Verhandlungsstil richtet sich auch an machtspezifischen Interessenlagen aus (bargaining).

- *Advocacy-Koalitionen und belief-Systeme:* In der internationalen Politik werden sich unterschiedliche Koalitionen und strategische Allianzen um gemeinsame Wert- und Zielvorstellungen herausbilden. Die Kommunikations-, Koordinations-, Kooptations- und Konfliktstrategien werden im wesentlichen von diesen Subsystemen bestimmt, weil einzelne Akteure über keine Durchsetzungsmacht mehr verfügen. Speziell von den NGOs sind sowohl Allianzen mit den staatlichen und privaten Akteuren möglich, als auch Binnennetzwerke. Ziel ist es jeweils, durch die gemeinsame Positionsbestimmung und Vorgehensweise die Einflußnahme auf Verhandlungsprozesse zu erhöhen und die Transaktionskosten gering zu halten.
- *Konsolidierung:* Vernetzungsprozesse bieten vor allem aufgrund eines schnellen Informationsflusses und der Möglichkeit des gemeinsamen Handelns einen Anreiz für eine größere Übereinstimmung zwischen den interorganisatorischen Interessen und normativen Verpflichtungen. Daher bilden sich neuartige strukturelle Steuerungsformen und -instrumente heraus, die diese Prozesse ermöglichen. Die Formen und Instrumente müssen aber in der Langzeitperspektive konsolidiert werden, um der Problemlösung gerecht werden zu können.
- *Programmformulierung und Agenda-Setting:* Den NGOs hat sich, ergänzend zu den staatlichen und privaten Akteuren, ein *opportunity window* geöffnet, das ihnen bedingt ermöglicht, an der Programmformulierung und dem Agenda-Setting auf internationaler Ebene teilzunehmen. Dadurch tragen sie zur Legitimation und Verbreitung der international ausgehandelten Maßnahmen und ihrer nationalstaatlichen Realisierung bei. In ihrer Funktion als *missing link* zwischen Lokalität und Globalität bieten sie die Möglichkeit, die erarbeiteten Programme auf die lokale und nationalstaatliche Ebene zu 'übersetzen'.
- *'Policy community', 'issue-networks' und Machtressourcen:* Die NGOs sind in ein spezifisches Akteurs-Setting aus Delegierten der Nationalstaaten, der UN, aus Lobbyorganisationen der Industrie und aus den Medien „eingebettet". Durch die asymmetrischen Machtstrukturen in diesem Akteurs-Setting müssen die NGOs spezifische ('weiche') Steuerungsformen wie Öffentlichkeitsarbeit oder Lobbying entwickeln, um als ernstzunehmende Akteure wahrgenommen zu werden. Dadurch werden sie nicht nur an einem 'issue network' partizipieren, sondern langfristig in einer 'policy community' eingebunden sein.

- *Netzwerksteuerung und -versagen:* Die Netzwerksteuerung ist immer auch von Netzwerkversagen begleitet. Das Problem der großen Zahl, das Verhandlungsdilemma, das Spannungsverhältnis von Konflikt und Kooperation, die vielfältigen Kooptationsmöglichkeiten, Anpassungsszenarien an staatliche und marktwirtschaftliche Strukturen oder auch 'Schließungsszenarien' gegenüber der Umwelt können sich als erhebliche Fallstricke herausstellen. Besonders bei NGOs ist zwischen den Netzwerkproblemen, die sich aus der Binnenstruktur ergeben, und denen, die aus der Kooperation mit staatlichen oder privaten Akteuren realisieren, zu unterscheiden.
- *Partizipation und Verräumlichung der Politik:* Politische Globalisierungsprozesse und Verflechtungen der politischen Handlungsebenen erfordern neue Partizipationsmöglichkeiten der Gesellschaft auf der internationalen Ebene. NGOs werden in diesem Sinne als 'Repräsentanten' der Gesellschaft angesehen, die die Forderungen der Basis auf der internationalen Ebene vertreten und umgekehrt internationale Verhandlungen auf die lokale Ebene rückübersetzen. Ob NGOs aber zur Integration gesellschaftspolitischer Prozesse in einen kohärenten Zusammenhang beitragen können, ist vor allem unter demokratietheoretischen Fragestellungen noch näher zu beleuchten.

Die Netzwerkanalyse versucht die unterschiedlichen Interaktionsbeziehungen und Steuerungsprozesse zwischen den privaten und staatlichen Akteuren zur Erreichung eines gemeinsamen Ziels zu erfassen. Hier wurde nun unter Berücksichtigung von NGOs dic Akteurskonstellation für die Netzwerkanalyse erweitert. Daran anschließend wurde ein Konzept präsentiert, das als Orientierungspfad für empirische Erhebungen und analytische Systematisierungen dienen könnte. Bisher ist es nicht gelungen, trotz vielfältiger empirischer Informationen über Netzwerke eine verläßliche Theorie zu entwickeln. Diese Herausforderung wird durch die Erweiterung des Analyserahmens nicht vereinfacht. Allerdings kann eine solche Theorie unter Vernachlässigung dieser neuen Netzwerkdimension, d.h. den gesellschaftlichen Akteuren, auch nicht entworfen werden.

Literatur

Dowding, Keith (1995): Model or Metapher? A Critical Review of the Policy Network Approach, in: Political Studies, XLIII, S.136-158

Eßer, Klaus; Hillebrand, Wolfgang; Messner, Dirk; Meyer-Stamer, Jörg (1995): Das Konzept „Systemische Wettbewerbsfähigkeit", in: Nord-Süd akuell, 4. Quartal, S.541-558

Gehring, Thomas (1996): Arguing and Bargaining in internationalen Verhandlungen, in: Prittwitz, V. (1996), S.207-238

Heclo, H. (1978): Issue Networks and the Executive Establishment, in: King, A. (Hrsg.), The New American Political System, Washington DC: American Enterprise Institute, S.87-124

Heins, Volker (1996): Macht, Demagogie und Argumentation in der globalen Umweltpolitik. Das Beispiel der UN-Konvention über biologische Vielfalt, in: Prittwitz, V. (1996), S.239-259

Héritier, Adrienne (Hrsg.) (1993): Politische Vierteljahresschrift, 34. Jg., 1993, Opladen

– (1993): Policy-Analyse. Elemente der Kritik und Perspektiven der Neuorientierung, in: dies. (Hrsg.) S.9-36

Hull, Christopher; Hjern, Benny (1987): Helping Small Firms Grow: An Implementation Approach. London

Knoepfel, Peter; Kissling-Näf, Ingrid (1993): Transformation öffentlicher Politiken durch Verräumlichung – Betrachtungen zum gewandelten Verhältnis zwischen Raum und Politik, in: Héritier, Adrienne (1993), S.267-288

Mayntz, Renate (1993): Policy-Netzwerke und die Logik von Verhandlungssystemen, in: Héritier, Adrienne (Hrsg.) (1993, S. 39-56

Pappi, Franz Urban (1993): Policy-Netze: Erscheinungsform moderner Politiksteuerung oder methodischer Ansatz?, in: Politische Vierteljahresschrift, Sonderheft 24, 1993, S.84-94

Peters, B. Guy (1993): Alternative Modelle des Policy-Prozesses: Die Sicht „von unten" und die Sicht „von oben", in: Héritier, Adrienne (1993), S.289-303

Prittwitz, Volker von (1996): Verhandeln und Argumentieren. Dialog, Interessen und Macht in der Umweltpolitik, Opladen

Rhodes, R.A.W (1986): The National World of Local Government, London

Sabatier, Paul (1986): Top-Down and Bottom-Up Models of Policy Implementation: A Critical Analysis and Suggested Synthesis, in: Journal of Public Policy 6, S.21-48

– (1993): Advocacy-Koalitionen, Policy-Wandel und Policy-Lernen: Eine Alternative zur Phasenheuristik, in: Héritier, Adrienne (Hrsg.) (1993), S.116-148

Sachs, Wolfgang (1996): Und wie viele Divisionen haben Regenbogenkämpfer? Greenpeace – Akteure für die Mediengesellschaft, in: Frankfurter Rundschau vom 7. November 1995

Scharpf, Fritz W. (1993): Positive und negative Koordination in Verhandlungssystemen, in: Héritier, Adrienne (Hrsg.) (1993), S.57-83

– (1994): Politiknetzwerke als Steuerungssubjekte, in: Derlien, Hans Ulrich; Gerhardt, Uta; Scharpf, Fritz W. (1994): Systemrationalität und Partialinteresse, Festschrift an Renate Mayntz, Baden-Baden

Vester, Frederic (1993): Unsere Welt – ein vernetztes System, München

Andreas Missbach

Nachhaltige Entwicklung und Nord-Süd-Konflikt – Das Umfeld von NGO-Aktivitäten am Beispiel der internationalen Klimapolitik

Einleitung

Die Frage nach den Grenzen des Einflusses von Nicht-Regierungs-Organisationen (NGOs) auf die Klimapolitik der Vereinten Nationen soll hier einmal nicht auf der Ebene von Konferenzabläufen und Lobbying-Strategien gestellt werden. Vielmehr steht die Bedeutung der Klimapolitik für das Umsteuern in Richtung nachhaltige Entwicklung im Zentrum dieses Beitrags. Denn das Ziel von NGOs ist ja weder die Belebung von Konferenzen noch die Modifikation von UNO-Dokumenten, sondern die Veränderung der Welt. Der Artikel umfaßt drei Teile: Zuerst wird in Auseinandersetzung mit verschiedenen Positionen in der Nachhaltigkeitsdebatte ein Zielkatalog formuliert, der den Containerbegriff „nachhaltige Entwicklung" füllen kann. Die theoretische Klärung dient dazu, einen Bezugspunkt für die Beurteilung der Klimapolitik zu gewinnen. Der zweite Teil befaßt sich mit der Schwierigkeit, internationale Reformen zu realisieren, die als Teil der Nachhaltigkeitsstrategie ausgemacht wurden. Der Nord-Süd-Konflikt der siebziger Jahre wird kurz gestreift, um die Vorgeschichte des gegenwärtigen Nord-Süd-Konfliktes in der Klimapolitik zu beleuchten. Der Ausgang dieser Konflikte wird darüber entscheiden, welche Bedeutung der Klimapolitik für die nachhaltige Entwicklung des Planeten zukommt. Deshalb ist der dritte Teil der Darstellung dem Verlauf der Klimaverhandlungen seit Rio gewidmet, um die Erfolgschancen im Hinblick auf ein substantielles Nachhaltigkeitsziel abzuschätzen. Dieses Vorgehen ermöglicht es, die Grenzen der Einflußnahme von NGOs in der internationalen Klimapolitik anzudeuten.

1. Nachhaltigkeitsdefinitionen

Seit die Weltkommission für Umwelt und Entwicklung (Brundtland-Kommission) 1987 ihren Bericht vorgelegt hat, wird „sustainable development" (nachhaltige Entwicklung[1]) als Worthülse weithin akzeptiert. Von G7 bis G77, von universitären Forschungszirkeln bis kirchlichen Solidaritätsgruppen, von den Konzernspitzen bis zu den Graswurzeln wird die Notwendigkeit von nachhaltiger Entwicklung anerkannt. Dennoch wäre es verfehlt, von *einem* neuen hegemonialen Diskurs oder *einem* neuen Paradigma zu sprechen, weil die Auseinandersetzung darüber, was nachhaltige Entwicklung bedeutet, womit also der Containerbegriff gefüllt werden soll, mit unverminderter Heftigkeit tobt. Dies gilt für die wissenschaftliche Debatte ebenso wie für die internationale Umweltpolitik. Dabei sind die konkurrierenden Interpretationen von nachhaltiger Entwicklung jeweils Kombinationen unterschiedlicher wissenschaftlicher, normativer und politischer Annahmen und Erkenntnisse (Arts 1994:7).

Der Brundtland-Bericht selbst enthält keine überzeugende Analyse und kein widerspruchsfreies Programm, sondern ist ein wissenschaftliches und politisches Konsensdokument. Gerade dessen Unschärfe und Widersprüchlichkeit waren entscheidend für seinen Erfolg. Der Bericht besitzt den Charme eines Poesie-Albums: es finden sich unzählige gute Ratschläge jedwelcher Provenienz. Die meistzitierte Definition von nachhaltiger Entwicklung des Brundtland-Berichts lautet folgendermaßen: „Dauerhafte Entwicklung ist eine Entwicklung, die die Bedürfnisse der Gegenwart befriedigt, ohne zu riskieren, daß künftige Generationen ihre eigenen Bedürfnisse nicht befriedigen können" (Hauff 1987:44). Die beiden Hauptziele, die sich aus dieser Definition ergeben – Armutsbekämpfung und Erhaltung der natürlichen Lebensgrundlagen des Planeten –, werden von allen Akteuren, die nachhaltige Entwicklung im Munde führen, zumindest verbal anerkannt. Jenseits von Worthülsen, Definitionen und Hauptzielen aber hören die Gemeinsamkeiten auf: nämlich dann, wenn es um die Entwicklungsstrategien gegen die Armut und die nötigen Veränderungen zum Schutz der lebenserhaltenden Ökosysteme geht.

Wenn hier auch die Ansicht vertreten wird, daß sich noch kein hegemoniales Konzept von nachhaltiger Entwicklung etabliert hat, das alle Benutzer des Begriffs teilen würden, so gibt es doch eine dominierende Mainstream-Interpretation, die bei den Regierungen des Nordens, „ihren" Organisationen OECD, IWF/Weltbank etc., Wirtschafts- und Konzernvertretern und in der neoklassischen „Umweltökonomie" vorherrscht. Diese Interpretation von nachhaltiger Entwicklung („business as usual") wird zunächst vorgestellt und mit der radikalen Kritik (Entwicklungskritik/Fundamentalökologie) und einer konkurrierenden Interpretation (ökologische Ökonomie) konfrontiert. Mit Hilfe der kritischen Interpretationen wird ein Minimalkatalog für eine substantielle Strategie von nachhaltiger Entwicklung begründet.

2.1. „Business as usual"

Entscheidend für die allgemeine Akzeptanz des Brundtland-Berichtes war das Bekenntnis zu realem weltwirtschaftlichem Wachstum. Die Autoren des Berichts sprachen sich für ein fünf- bis zehnfaches Wachstum der Produktion bis zum nächsten Jahrhundert aus, was von der Bundesregierung in ihrer Besprechung des Berichts der Weltkommission für Umwelt und Entwicklung (WCED) besonders geschätzt wurde: „Der WCED-Bericht unterstreicht mit Nachdruck, daß ökonomisches Wachstum von elementarer Bedeutung für die Bewältigung der Umweltprobleme ist, und daß dieses Wachstum auf eine langfristig tragfähige Basis gestellt werden muß. Die Bundesregierung begrüßt dieses klare und eindeutige Bekenntnis zur Notwendigkeit dauerhaften weltwirtschaftlichen Wachstums, (...)" (zit. in Harborth 1991:70).
Die Betonung des Wirtschaftswachstums steht auch im Zentrum der Mainstream-Interpretation. Wachstum soll beide Ziele von nachhaltiger Entwicklung ermöglichen: Erhaltung der natürlichen Lebensgrundlagen und Armutsbekämpfung. In der Schlußerklärung der zweiten Weltindustriekonferenz für Umweltmanagement wird dies klar ausgesprochen: „Wir halten nachhaltige Entwicklung für ein essentielles internationales Ziel, das reales wirtschaftliches Wachstum verlangt, weil nur dieses Wachstum die Möglichkeiten schaffen kann, Umweltprobleme zu lösen und gleichzeitig Armut zu erleichtern oder zu eliminieren sowie Bevölkerungswachstum zu reduzieren" (zit. in Arts 1994:11).
Häufig sprechen deshalb Autoren der Mainstream-Linie auch gleich von „sustainable growth". Weder die Wachstumsfixierung des Fordismus noch die Illusion der nachholenden Entwicklung werden damit revidiert, sondern Wachstum soll noch immer die Verteilungsfragen lösen, also: 'business as usual'. William Reilly, der Vorsitzende der US-Umweltagentur unter Bush, ein typischer Vertreter dieser Interpretation, macht sogar die armen (wachstumsschwachen) Länder im Vorbeigehen zu den größeren Umweltsündern: „The correlation between rising income and environmental concern holds true among nations as it does among social groups. The industrialized countries with strong economies and high average standards of living tends

to spend more time and resources on environmental issues, and thus to be better off environmentally" (Reilly 1991:20).
Die Wachstumsqualität soll sich allerdings verändern, ökologische Modernisierung und Effizienzrevolution haben sich als Schlagworte hierzu etabliert. Damit steht die technologische Entwicklung und die Hoffnung auf technologische Durchbrüche (der Brundtland-Bericht setzt auf „noch zu entdeckende Technologien") im Zentrum der Strategie für nachhaltige Entwicklung. Durch den Schlüsselbegriff der Effizienz steht die Mainstream-Interpretation von nachhaltiger Entwicklung in keinerlei Widerspruch zur Verfolgung von Strategien der Wettbewerbssteigerung innerhalb eines globalisierten Kapitalismus. Elemente des neoliberalen Demontage-Projektes sind durchaus kompatibel mit dieser Interpretation. So fordert der Generalsekretär der International Chamber of Commerce als einen Schritt in Richtung nachhaltige Entwicklung von den Regierungen: „Removal of government imposed barriers to competition – for example, in utilities and water supply (...)" (Faulkner 1990:290).
Das Rezept zur Armutsbekämpfung heißt ebenfalls Wachstum, und das bedeutet für den Mainstream Freihandel: „Open trade is a key requirement for sustainable development. Raising economic growth in the developing world depends heavily on growing market access to industrial countries" (Sihler 1991:80). Schon im Brundtland-Bericht soll das zur Armutsbekämpfung notwendige Wachstum im Süden (das hoch angesetzt wird, weil auf Umverteilung der Besitzstände verzichtet wird) vor allem durch ein Wachstum der Weltwirtschaft zustande kommen: „Die Entwicklungsländer sind jedoch Teil einer wechselseitig abhängigen Weltwirtschaft; ihre Chancen hängen auch ab von den Grenzen und Mustern des Wachstums in den Industrienationen. Mittelfristig ist bei den Industrieländern mit einem Wachstum von drei bis vier Prozent zu rechnen, das Minimum, das internationale Finanzinstitutionen für notwendig erachten, wenn diese Länder zur Entwicklung der Weltwirtschaft beitragen sollen" (Hauff 1987:55). Völlig außer acht läßt der Mainstream dagegen die Vorschläge der Brundtland-Kommission für eine Reform der internationalen Ordnung in den Bereichen Entschuldung, Technologietransfer, neue Finanzquellen für eine umweltgerechte Entwicklung im Süden und Demokratisierung der internationalen Entscheidungsprozesse.
Die Mainstream-Interpretation erfüllt die kanonisierte Definition nur deshalb, weil ihre theoretische Unterfütterung von einer totalen Substituierbarkeit von natürlichem Kapital[2] einerseits (erneuerbare und nicht-erneuerbare Ressourcen, Umweltfunktionen inkl. „Senken" für Schadstoffe) sowie menschengemachtem Kapital (Maschinen, Infrastruktur) und Humankapital

(Wissen, Fertigkeiten) andererseits ausgeht. Diese Annahme gründet in der neoklassischen Ökonomie, die menschengemachtes Kapital als beinahe perfekten Ersatz für natürliche Ressourcen und konsequenterweise für die Ökosysteme, die diesen Ressourcenfluß hervorbrachten, betrachtet. Es spielt bei dieser Sicht für die „zukünftigen Generationen“ keine Rolle, in welcher Verteilung von natürlichem, menschengemachtem Kapital und Humankapital der „Kapitalstock“ vererbt wird, wenn er nur insgesamt instand gehalten oder erweitert wird. Diese Annahme schlägt bis in Politikempfehlungen der Weltbank durch: „To ensure, that wealth is maintained, resource rents should be reinvested in either produced assets or human resources“ (World Bank 1995:56). Ein zweiter theoretischer Kunstgriff der neoklassischen Umweltökonomie, der allerdings mit Rücksicht auf die kanonisierte Nachhaltigkeitsdefinition nicht mehr zu verantworten ist, betrifft die Diskontierung der Zukunft. Zukünftige Wohlfahrtsniveaus werden gegenüber gegenwärtigen systematisch unterbewertet (Nutzinger/Radke 1995:232).

2.2. Radikale Entwicklungskritik und Fundamentalökologie

Die radikale Kritik identifiziert die herrschende Mainstream-Definition von nachhaltiger Entwicklung mit dem Begriff ‘an sich’ und lehnt ihn grundsätzlich ab. „(Sustainable development) is essentially reformist, calling for modification of the development practice, and owes little to radical ideas“ (Adams, zit. in Sunderlin 1995:485). Die entwicklungskritische Variante der Ablehnung von nachhaltiger Entwicklung sieht die Ursache der globalen Umweltzerstörung primär in der „Entwicklung“, welche der Norden seit der Nachkriegszeit dem Süden – nicht ohne die aktive Mithilfe seiner Eliten – aufgenötigt hat. Der Entwicklungsprozeß hat bei dieser Sicht nur zu einer Ausbeutung und ökologischen Verarmung des Südens geführt und erst den ökologisch zerstörerischen Überkonsum des Nordens ermöglicht (Sunderlin 1995:485). Nachhaltige Entwicklung ist für diese Kritiker lediglich eine Ausdehnung der Entwicklungsideologie, ein Versuch des Nordens, die Kontrolle zu behalten, nichts Geringeres als „eine neue Welle der Kolonialisierung“ (Hildyard 1994:60). Dem Festhalten an der Entwicklungsidee und am Wachstumsfatalismus des Mainstreams wird die Forderung nach einer Abkopplung der Gerechtigkeitsfrage von der Perspektive der Entwicklung entgegengesetzt: „Denn die Aufgabe der globalen Ökologie kann in zweifacher Hinsicht verstanden werden: zum einen als technokratische Anstrengung, ‘Entwicklung’ auch gegen die steigende Woge von Abfall und Verschmutzung in Gang zu halten, oder aber als die kulturelle Aufgabe, sich von der

Vorherrschaft der westlichen Werte freizumachen und sich allmählich aus dem Entwicklungsrennen zurückzuziehen" (Sachs 1994:28).
Problematisch an dieser Position ist, daß sie den Rückzug aus der Entwicklung nicht plausibel beschreiben kann. Die traditionellen vormodernen Gesellschaften des Südens werden idealisiert und als Vorbild präsentiert. „In den traditionellsten nachhaltigen Kulturen sind das Erhabene und das Kleine so miteinander verwoben und verknüpft, daß Grenzen, Beschränkungen und Verantwortlichkeiten immer transparent bleiben und nicht objektiviert und nach außen verlagert werden können. Das Große ist im Kleinen existent, deshalb hat jede Handlung nicht nur globale, sondern auch kosmische Beziehung. Sanfter Umgang mit der Erde wird zu einer natürlichen Lebensform" (Shiva 1994:180).
Der totale Bruch mit westlichen Entwicklungsvorstellungen mag für nicht-industrialisierte ländlich geprägte Staaten des Südens mit einem lebendigen kulturellen Erbe möglich sein, aber wie sollte ein Rückzug aus der Entwicklung für den Großraum Sao Paulo, Shanghai oder für indische Industriedistrikte aussehen? Der von den Entwicklungskritikern geschmähte Transfer von „westlicher" Umwelttechnologie könnte hier dagegen durchaus wichtige Entlastungen bringen. Grundsätzlich problematisch, wenn auch bestimmt nicht in der Intention dieser Autoren, ist die Kompatibilität der Forderung nach Rückzug aus der Entwicklung mit der Eindämmungs-Strategie der globalen Umweltpolitik (Altvater 1993:83): Bleiben Industrialisierung und hohes Konsumniveau auf den Norden beschränkt, so kann der Süden dauerhaft als „Senke" für die Emissionen des Nordens fungieren. Der Druck auf den Umbau der Industriegesellschaft des Nordens und die 'Ent-Oligarchisierung' des Lebensstils fiele damit weg. Die 'Entwicklungsfixierung' des Südens kann deshalb nicht so leichtfertig vom Tisch gewischt werden.
Zwar arbeiten ebenso wie die radikalen Entwicklungskritiker auch die Fundamentalökologen (deep ecologists) Unzulänglichkeiten der Nachhaltigkeitsdebatte heraus, sie bieten aber keine Ansatzpunkte für Auseinandersetzungen innerhalb der begrifflichen Klammer von nachhaltiger Entwicklung. Ihre Kritik zielt auf den Anthropozentrismus des Brundtlandberichtes („unsere gemeinsame Zukunft"). Die kanonisierte Definition wird deshalb abgelehnt, weil sie nur gegenwärtige und zukünftige *menschliche* Generationen umfaßt. Jenseits von moralisch-normativen Argumenten hegen die Fundamentalökologen auch Einwände gegen verschiedene Versuche, Nachhaltigkeit zu operationalisieren. Sie betonen die Schwierigkeiten, das Verhalten von Ökosystemen vorauszusehen und insbesondere ihre „Tragekapazität" zu berechnen. In ihrer radikalen Sicht verletzt letztlich jede menschliche Inan-

spruchnahme der Natur das Nachhaltigkeits-Gebot, was die Fundamentalökologen der Möglichkeit beraubt, zwischen unterschiedlich stark naturzerstörenden Nutzungsformen zu differenzieren (Nutzinger/Radke 1995: 250). Ihre Maximalforderungen für Nachhaltigkeit können selbst Optimisten kaum für realisierbar halten. „Bei allem, was diesen Planeten betrifft, muß unsere erste Sorge sein, das Jahrmilliarden alte Erbe, das durch die Evolution des pflanzlichen und tierischen Lebens entstanden ist, äußerst sorgfältig und streng zu bewahren. Wir müssen alle Arten, Unterarten, alle Variationen, Lebensgemeinschaften und Ökosysteme soweit wie möglich erhalten (...). Wir können und müssen dies alles in erster Linie deshalb vollbringen, weil das mit Leben erfüllte Erbe der Evolution einen eigenen Wert darstellt, den wir nicht geschaffen haben, sondern der uns nur überlassen ist und an dem wir uns erfreuen“ (Worster 1994:110 f). Durch den Verzicht, auch die Menschen, ihre Kulturen und Lebensformen zu dem Erhaltenswerten zu zählen, droht die Fundamentalökologie letztlich einer menschenverachtenden „Bevölkerungspolitik“ Argumente zu liefern.

2.3. Ökologische Ökonomie

Einen anderen Weg als die radikalen Kritiker gehen die Autoren, die der ökologischen Ökonomie zuzurechnen sind. Sie beziehen sich positiv auf den Brundtland-Bericht und auf den Begriff nachhaltige Entwicklung. „Zuallererst möchten wir aussprechen, wie sehr wir dem Bericht der Brundtland-Kommission aus dem Jahre 1987 ‘Unsere Gemeinsame Zukunft’ verpflichtet sind. Insbesondere bewundern wir, daß es der Weltkommission für Umwelt und Entwicklung (WCED) gelungen ist, politischen Konsens in der Frage der Notwendigkeit einer ökologisch tragfähigen Entwicklung (sustainable development) zu erzielen.“ Das hindert sie jedoch nicht daran, die Wachstumsfixierung des Berichts und den Mainstream der Nachhaltigkeits-Debatte zu kritisieren. „Die Schlußfolgerung ist, daß wirtschaftliches Handeln nicht mehr unter dem Motto ‘business as usual’ fortgesetzt werden kann. Insbesondere ist es nicht mehr haltbar, Wirtschaftswachstum, wie es bisher verstanden und gemessen wird, zum unstrittigen Ziel einer Politik der wirtschaftlichen Entwicklung zu erklären“ (Goodland et al. 1992:9).
Im Zentrum ihrer Kritik am Mainstream steht zunächst die Annahme der Substituierbarkeit von natürlichem und menschengemachtem Kapital. Es wird auf den grundlegenden Unterschied zwischen „Transformiertem“ (Rohstoffe und Energie) und den „Transformatoren“ (Kapital und Arbeit) hingewiesen (Daly 1990:3). „Wenn man künstliches und natürliches Kapital ohne weiteres

gegenseitig substituieren könnte, ließe sich das natürliche Kapital vollständig ersetzen. Aber die beiden sind zueinander komplementär – das heißt die Knappheit des einen setzt der Substitution gewisse Grenzen. Was nützen Fischerboote, wenn es keine Fische mehr gibt? Wozu sind Sägewerke ohne Wälder gut? Einst war die Anzahl der auf dem Markt verkäuflichen Fische hauptsächlich durch die Zahl der Boote begrenzt, die gebaut und bemannt werden konnten. Heute begrenzt die Anzahl der Fische im Meer das Angebot" (Daly 1994:40).
Die Autoren der ökologischen Ökonomie betonen einen weiteren entscheidenden Unterschied zwischen natürlichem und menschengemachtem Kapital: Die Irreversibilität der Zerstörung menschengemachten Kapitals kann, wie der Wiederaufbau nach Kriegen zeigt, wiederhergestellt werden. Natürliches Kapital dagegen kann, wenn es einmal zerstört ist, entweder gar nicht mehr (Biodiversität) oder nur in verminderter Qualität (Renaturierung) „hergestellt" werden (Vornholz 1995:99). Wenn aber das natürliche Kapital zum knappsten Faktor auf dem Planeten Erde geworden ist, dann darf die Wirtschaft nicht mehr länger auf Kosten der Zerstörung von natürlichem Kapital wachsen. Das „Naturkapital", der verbliebene Bestand an natürlichen Ressourcen und Umweltfunktionen, sollte konstant gehalten oder nach Möglichkeit sogar vergrößert werden (Schäffler/Fahl 1995:118). In der ökologischen Ökonomie wird deshalb unterschieden zwischen *Wachstum*, das Durchflußwachstum bedeutet, und einen wachsenden Verbrauch von Energie und natürlichen Ressourcen bedingt, und *Entwicklung*, die qualitative Veränderungen und sektorielle Verschiebungen innerhalb der Wirtschaft umfaßt, ohne daß der Durchfluß dabei gesteigert wird.
Ein ziemlich einfaches Rechenbeispiel reicht aus, um zu zeigen, daß die Unterstellung der Mainstream-Interpretation, eine Stabilisierung oder Reduzierung des Durchflusses sei alleine durch technologische Veränderungen und Effizienzsteigerungen zu erreichen, auf tönernen Füßen steht. Wenn der heutige Durchsatz – oder, was dasselbe bedeutet – die heutige Umweltbelastung konstant gehalten werden soll, die Bevölkerung der Erde sich jedoch in den nächsten 40 Jahren verdoppelt und außerdem die armen Länder, die heute ein 23 mal kleineres Pro-Kopf-Einkommen haben als die Reichen, zu den Reichen aufschließen sollen (was ja die Legitimierung der Wachstumsfixierung ist), dann bedeutet dies, daß die Effizienz der Technologie (2 x 23 =) 46fach gesteigert werden müßte (Goodland/Daly 1993:93).

Akzeptiert man die Substituierbarkeit von natürlichem und menschengemachtem Kapital nicht und verzichtet man auf überbordenden Technologieoptimismus, so gebietet die Vorsicht, Nutzungsregeln für den Verbrauch von

Ressourcen aufzustellen: Bei *erneuerbaren* Ressourcen sollte die Abbaurate nicht größer sein als die Nachwuchsrate, und die „produzierten" Abfallmengen sollten das Absorptionsvermögen der Umwelt nicht übersteigen. Bei nicht erneuerbaren Ressourcen sollte ebenfalls die Absorptionskapazität nicht überschritten werden, und der Verbrauch der nicht erneuerbaren Ressourcen sollte von einer Entwicklung erneuerbarer Substitute für diese Ressourcen begleitet werden (Constanza 1992:90).

Trotz aller Schwierigkeiten, die jeweiligen Größen zu berechnen: „Business as usual"-Strategien entsprechen diesen Kriterien sicher nicht. Ist Wachstum – zumindest in dem vom Mainstream geforderten Umfang – nicht nachhaltig, so müssen Verteilungsfragen anders angegangen werden. Die Vertreter der ökologischen Ökonomie fordern deshalb Beschränkungen beim Durchfluß der Industrieländer und weltwirtschaftliche Reformen, um das Wachstum in den Ländern zu fördern, in denen der Pro-Kopf-Verbrauch zu gering ist, d.h. Armut herrscht. Dabei werden die verschütteten Reformpostulate des Brundtland-Berichtes aufgenommen und ohne die politischen Rücksichten der Kommissionsmitglieder radikalisiert.

„Insoweit unsere politisch Verantwortlichen die Tatsache anerkennen, daß die Erde an ihre Grenzen stößt und sie ein weiteres Expandieren der Wirtschaft zu drosseln beschließen, müssen wir Härten aus diesem gewaltigen Wandel für die armen Länder verhindern. Brundtland befürwortet lobenswerterweise Wachstum für die armen Länder. Eine zukunftsträchtige Entwicklung wird jedoch nicht dadurch erreicht werden können, daß man nur am unteren Ende anhebt, ohne am oberen Ende zu kürzen. (...) (Die) Grundbedürfnisse erfordern ein quantitatives Wachstum für die armen Länder bei entsprechend geringerem Wachstum in den reichen Ländern" (Goodland 1992:24).

Die Strategie des Brundtland-Berichtes, die das Wachstum in den armen Ländern über den Weltmarkt an das Wachstum in den Industrieländern knüpft, würde dagegen jenseits der Frage, ob dies ökologisch überhaupt verkraftbar wäre, die Unterschiede zwischen armen und reichen Ländern anwachsen lassen. Die Autoren der ökologischen Ökonomie wehren sich gegen die Erwartung, exportinduzierte Entwicklung im Süden könnte nachhaltig sein, denn Exportwachstum bedeutet für viele Rohstoffexporteure des Südens keine Wohlstandssteigerung, sondern eine Verarmung, weil sie ihr natürliches Kapital zu Dumpingpreisen verscherbeln müssen. Die Verschuldung des Südens hat den Exportdruck massiv erhöht[3], und die Exportsteigerungen der einzelnen Länder kumulierten in einem Überangebot auf den Weltmärkten, der die Exporteinnahmen weiter schrumpfen ließ. Sie fordern deshalb Entschuldungsmaßnahmen und Rohstoffabkommen zum Schutz gegen Dumpingpreise (Goodland/Daly 1993:95ff.).

2.4. Elemente einer substantiellen Strategie für nachhaltige Entwicklung

Nimmt man die ursprünglichen Ziele des Brundtland-Berichtes ernst und berücksichtigt weiter die Kritik an den vom Mainstream postulierten Mitteln, so läßt sich nun nachhaltige Entwicklung als eine mehrdimensionale Strategie beschreiben.[4] Diese Strategie ist jedoch nicht mehr als ein begründetes „man müßte". Fragen nach Akteuren, Umsetzungsinstrumenten und Realisierungschancen blieben bewußt außen vor. Dennoch wird dadurch ein Standort bestimmt, von dem aus die internationale Klimadiplomatie beurteilt und NGO-Strategien diskutiert werden können.

2.4.1. Umweltverträgliche Wachstums- und Armutsbekämpfungsstrategien im Süden

Die Überwindung der Armut ist integraler Bestandteil der konsensualen Nachhaltigkeitsdefinition und erklärtes Ziel der Brundtland-Kommission. Zwei Aspekte sind hier besonders zu beachten. Zum einen bedeutet wirtschaftliches Wachstum, wie das jahrzehntelange Warten auf den „trickle down"-Effekt gezeigt hat, nicht automatisch eine Verminderung der Armut, weshalb es auch gezielte Armutsbekämpfung jenseits der Wachstumsbelebung braucht. Zum anderen ist der Süden weniger denn je ein homogener Raum, weshalb von „Strategien" im Plural gesprochen werden muß.
Eine erste grobe Grenze läßt sich zwischen denjenigen Ländern ziehen, die der *passiven* Weltmarktintegration unterworfen sind – die klassischen Rohstoffexporteure, die auf Gedeih und Verderb an einem oder wenigen Exportprodukten hängen – und den teilindustrialisierten Ländern, die eine *aktive* Weltmarktintegration anstreben können. Für reine Rohstoffexporteure ist ein teilweiser Rückzug vom Weltmarkt, die Konversion von Exportmonokulturen, Landreform und die Fokussierung auf die Deckung des Subsistenzbedarfs anzustreben. *Eco-development* und *angepaßte Technologie* sind die Labels, unter denen für diese Länder die Frage der Umweltverträglichkeit vorgedacht wurde. Die teilindustrialisierten Länder sollten sich dagegen selektiv und behutsam dem Weltmarkt aussetzen (Cepal 1990). Die abgeschotteten Ökonomien haben nicht nur mangelhafte Produkte und deformierte politische Einflußstrukturen „produziert". Auch in ökologischer Hinsicht

sind sie relativ – gemessen an der Belastung pro Einheit des Bruttosozialproduktes – weit schlimmere Ressourcen- und Energieverschwender als die Industrieländer.[5] Da jedoch in den teilindustrialisierten Ländern, selbst wenn sie nicht durch Schockliberalisierung deindustrialisiert werden, der moderne Sektor in absehbarer Zeit nicht die Integrationskraft entwickeln wird, die er in den Industrieländern zumindest bis 1973 hatte, sind auch in diesen Ländern aktive Maßnahmen gegen die ländliche und urbane Armut nötig.

2.4.2. Gesundschrumpfen und ökologischer Umbau der Industriegesellschaft im Norden

Die Ökonomien des Nordens müssen umgebaut werden. Dabei reichen „ökologische Modernisierung" und Effizienzsteigerungen nicht aus – deren Auswirkungen werden im Ergebnis doch nur vom absoluten Wachstum aufgezehrt. Eine *strukturelle Ökologisierung* muß den Energie- und Rohstoffdurchsatz verringern und die globalen Senken entlasten, damit sie den vorübergehenden Anstieg von Emissionen aus dem Süden verkraften. Die Forschungs-, Technologie- und Subventionspolitik muß radikal verändert werden, um mittelfristig einen Ausstieg aus den fossilen und nuklearen Brennstoffen zu ermöglichen. Nur so kann der Norden ein nachhaltiges Beispiel für die nachholende Entwicklung des Südens abgeben.

2.4.3. Reform der weltwirtschaftlichen und weltpolitischen Strukturen

Weder die Veränderungen im Süden noch diejenigen im Norden sind unter den gegebenen Strukturen der Weltwirtschaft möglich. Der Sachzwang zum Raubbau im Süden muß durch Entschuldung gemindert werden. Es müssen Mechanismen zum Schutz vor ruinösen Mengen-Preis-Spiralen und Rohstoffpreisdumping auf Kosten der Umwelt entwickelt werden. Ohne großzügige, aber dennoch gebundene finanzielle Unterstützung aus dem Norden, können die ausgepowerten Länder des Südens keine Reformen durchführen. Ökoklauseln im Welthandel sollten sicherstellen, daß Pioniere nicht bestraft werden und der „Weltmarktdruck" die nationalen Umweltpolitiken nach unten nivelliert, ohne daß solche Klauseln protektionistisch mißbraucht werden können.

In einer Situation, wo der Umsatz einiger Multis ein Vielfaches des Bruttosozialproduktes der meisten Staaten der Welt beträgt und ein großer Teil des Welthandels innerhalb von Konzernstrukturen stattfindet, reichen zwischenstaatliche Regelungen nicht aus, sondern es müssen auch Regulationsformen für die Aktivität multinationaler Konzerne gefunden werden. Von herausragender Bedeutung wäre ein umfassendes Transferregime für Know-how und Umwelttechnologie. Nur so könnte sichergestellt werden, daß sich entwikkelnde und industrialisierende Länder des Südens frühzeitig auf umweltverträglichere Technologien und erneuerbare Energien setzen können. Die globalen Ökosysteme würden es nicht verkraften, sie zunächst die Fehler des Nordens wiederholen zu lassen.

Soll verhindert werden, daß die privilegierte Minderheit des Planeten ihre ökonomische Überlegenheit zum dauerhaften Ausschluß von Lebenschancen der Mehrheit mißbraucht, so muß der Süden größeren Einfluß auf die weltpolitischen Entscheidungsprozesse erhalten. Dieser darf jedoch nicht auf die Regierungen beschränkt bleiben, die oft genug nur die privilegierte Minderheit des eigenen Landes vertreten. Institutionelle Innovationen sollten Basisbewegungen jenseits der fragwürdigen Vertretung durch „NGO-Paralleldiplomaten" den direkten Zugang zur internationalen Politik öffnen.

3. Zurück auf den Boden – die harte Realität internationaler Reformpolitik

Akzeptiert man das skizzierte Programm als groben Wegweiser für die Richtung der notwendigen (und Not-wendenden) Reformen, so zeigt sich, daß bereits Konflikte um nachhaltige Entwicklung existierten, lange bevor es den Begriff nachhaltige Entwicklung gab. Zwar spielten Umweltthemen in den Reformdiskussionen der siebziger Jahre keine Rolle, dafür stand die Neuordnung der Weltwirtschaft auf der internationalen Agenda, ohne die eine substantielle Strategie für nachhaltige Entwicklung nicht zu verwirklichen ist. Das Scheitern dieser Bestrebungen soll hier kurz dargestellt werden, denn die Problematik internationaler Reformpolitik ist dieselbe geblieben, auch wenn sie sich heute im Rahmen der Umwelt- oder Klimaschutzpolitik abspielt.

3.1. Reformversuch durch Herausforderung des Nordens: Der Nord-Süd-Konflikt um eine Neue Weltwirtschaftsordnung

Am 1.Mai 1974 wurde mit viel Sinn für Symbolik die UNO-Deklaration über die Errichtung einer neuen Weltwirtschaftsordnung verabschiedet. Für sieben Jahre dominierten danach die Forderungen des Südens die Politik der Vereinten Nationen. Einige der Fragen, die damals in offiziellen Foren diskutiert wurden, würde man in den Neunzigern allenfalls noch in den Publikationen weltfremder NGOs vermuten. So diskutierte man ein umfassendes Programm zur Stabilisierung der Rohstoffpreise und deren Bindung an die Preise für Industriegüter, die Verknüpfung der Sonderziehungsrechte des Währungsfonds mit den Bedürfnissen der Entwicklungsfinanzierung oder die straffe Kontrolle von transnationalen Konzernen zum Nutzen des Gastlandes. Viele alte Forderungen des Südens erweckten nun zum ersten Mal wirklich Aufmerksamkeit, wie verbindliche Hilfszusagen (zeitweise wurde 1% des Bruttosozialprodukts des Nordens gefordert), Technologietransfer, verbesserter Zugang zu den Kapitalmärkten und Entschuldung. Neben wirtschaftlichen Anliegen wurde auf Demokratisierung des UNO-Systems und vor allem der Bretton-Woods-Institutionen gedrängt. Am weitesten gingen vielleicht die Verhandlungen der Seerechtskonvention, welche die Schaffung einer Meeresbodenbehörde beinhaltete, die die Manganknollen der Tiefsee abbauen und aus den Erlösen Entwicklungsfinanzierung betreiben sollte. Die Seerechtsverhandlungen euphorisierten ganze Generationen von Völkerrechtlern. Sie hofften, es gelänge, „die Staatengesellschaft als Solidargemeinschaft zu konstituieren“ (Wolfrum 1984:97) und sahen im Meeresbodenregime nur die Vorstufe zu neuen Mechanismen für eine kontinuierliche Umverteilung zugunsten des Südens.

Daß in den siebziger Jahren die Forderungen des Südens ernsthaft diskutiert wurden, war nicht der Einsicht des Nordens zu verdanken, sondern der Einigkeit des Südens und der Ölwaffe. Die radikaleren OPEC-Mitglieder unter der Führung Algeriens setzten nach der Vervierfachung des Ölpreises Ende 1973 durch, daß mit dem Norden nur dann über den Ölpreis verhandelt würde, wenn dieser gleichzeitig bereit sei, über alle Themen des Südens zu sprechen. Der brasilianische UNO-Botschafter brachte in seiner Rede vor der 7. Sondergeneralversammlung der Vereinten Nationen die Lagebeurteilung des Südens auf den Punkt: „For the first time – and this is a positive consequence of the energy crisis – developed and developing countries are in a position to negotiate effectively and to offer equivalent concessions“ (zit. in Singh 1977:22).

Die USA setzten zuerst auf Konfrontation und versuchten, ein „Konsumenten-Gegenkartell“ zu bilden. Sie dachten laut über die Möglichkeit nach, die Ölversorgung militärisch zu sichern, worauf sogar die US-freundlichen Regime von Saudi-Arabien und Kuwait ihre Ölfelder verminten. Auf Drängen der Europäer, die viel stärker von Rohstoff- und Ölimporten abhängig waren, und vom Vietnamkrieg geschwächt, gaben die USA schließlich nach. Kissinger liess in der Sondergeneralversammlung eine Rede verlesen, in der

er dem Süden zurief: „Materially as well as morally, our destinies are inertwined. (...) We can say once more to the new nations: We have heard your voices. We embrace your hopes. We will join your efforts. We commit ourselves to our common success" (zit. in Singh 1977:25).
Die darauffolgenden Verhandlungsjahre führten jedoch in keinem einzigen entscheidenden Punkt zu Fortschritten. Die Industrieländer und vor allem die USA spielten auf Zeit. Ihr Verhandlungsziel war Schadensbegrenzung. Die Position der USA verhärtete sich, als mit Reagan ein Präsident mit dem Willen zur Konfrontation an die Macht kam. Der Nord-Süd-Konflikt wurde nun endgültig in Analogie zum Ost-West-Konflikt gesehen, und die neue Strategie hieß Zurückweisung. Ein Gipfeltreffen in Cancun 1981, zu dessen Teilnahme Reagan gerade noch überredet werden konnte, bedeutete das Ende der Nord-Süd-Verhandlungen. Im darauffolgenden Jahr lehnten die USA die Seerechtskonvention nach neun Jahren Verhandlungen ab.
Die USA machten keinen Hehl aus ihrer Feindseligkeit gegenüber den Vereinten Nationen. Verhandlungen und Entscheide sollten von der Generalversammlung wieder zurück zu den US-dominierten Spezialorganisationen geholt werden. In den Worten eines US-Spitzendiplomaten: „With the explosion in membership, the United Nations, particularly the General Assembly, ceased to be a US-dominated organization. For economic and social issues that could affect the US economy the United Nations never really was our chosen instrument, but US antipathy against it never became active until we lost control of the organization (...) For decisionmaking, the US and the other industrial countries in a position to do so, set up the International Monetary Fund (IMF) to deal with balance-of-payment issues and to regulate the exchange-rate system, the International Bank for Reconstruction and Development (IBRD) for mobilizing funds from world capital markets for providing reconstruction and development assistance, and the General Agreement on Tarif and Trade (GATT) for trade negotiations and as the forum for setting trade rules and settling trade disputes" (zit. in: Weintraub 1983:185-186).
Entscheidend für die erfolgreiche „Säuberung" der weltpolitischen Agenda war die schwere Wirtschaftskrise, die den Süden anfang der achtziger Jahre traf. Reagan selbst hatte in einer Rede in Cancun darauf hingewiesen, daß jedes Prozent Zinssenkung durch niedrige Inflationsraten in den USA die Zahlungsbilanz der Entwicklungsländer um eine Milliarde Dollar entlasten würde. Tatsächlich bewirkten seine „Voodoo Economics" einen dramatischen Zinsanstieg und lösten damit die Verschuldungskrise des Südens aus.[6]
Die Verschuldungskrise hat wesentlich dazu beigetragen, den Süden als kollektiven Akteur auszuschalten. Im Notstands- und Krisenmanagement ver-

suchten alle, sich mit dem Norden so gut wie möglich zu arrangieren. Die Bretton-Woods Institutionen wurden durch ihre Rolle im Schuldenmanagement zu demjenigen Ort der internationalen Wirtschaftspolitik, den ihnen die Industrieländer zugedacht hatten. Durch die Aufwertung der Bretton-Woods-Institutionen und die Delegitimierung der Entwicklungsdoktrin des Südens verloren die vom Süden dominierten UN-Foren wie UNCTAD an Bedeutung. Die formale Allianz des Südens konnte nicht mehr aufrechterhalten werden. Am Blockfreiengipfel 1983 kam es zu einer Spaltung zwischen moderaten und radikalen Ländern und auf UNCTAD VII brach die G77 teilweise auseinander (Livingston 1992:322-323).

3.2. Die Nachhaltigkeitsdebatte als Rückzugsgebiet des Südens

Schaut man sich an, was sich in den Foren des Nord-Süd-Konflikts tat, als nachhaltige Entwicklung die UNO-Politik zu besetzen begann, offenbart sich das Ausmaß der Niederlage des Südens. 1987, als der Brundtland-Bericht weltweit verbreitet wurde, schickten die USA eine Delegation zur UNCTAD VII, die von einem so niederen Beamten geleitet wurde, daß der sich selbst als „a travelling insult to UNCTAD" bezeichnete (zit. in Khan 1989:171). Die Neue Weltwirtschaftsordnung verschwand von der Agenda, dafür hieß es im Schlußdokument, daß jedes Land für seine Entwicklung selbst verantwortlich sei. 1992, im Jahr der Rio-Konferenz, akzeptierte UNCTAD VIII, einst stolze Bastion der radikalsten Dritte-Welt-Position, einen Passus der Resolution, wonach marktorientierte Wirtschaftspolitik die Grundlage für Entwicklung bilde.

Der Brundtland-Bericht konnte natürlich von dieser weltpolitischen Klimaveränderung nicht unbeeinflußt bleiben, dennoch wird positiv auf die siebziger Jahre Bezug genommen: „Die Entwicklungsländer haben über viele Jahre grundsätzlich die internationalen Wirschaftsbeziehungen zu verändern versucht, um sie gerechter zu machen, insbesondere in Hinsicht auf den Finanzfluß, den Handel, zwischenstaatliche Investitionen und den Technologietransfer. Ihre Argumente müssen neu überdacht werden, um den ökologischen Dimensionen Rechnung zu tragen, die bisher häufig übersehen wurden" (Hauff 1987:78). Der Erfolg des Brundtland-Berichtes und des Begriffs nachhaltige Entwicklung als neuer Leitplanke der Vereinten Nationen ist auch der Schwäche des Südens zu verdanken. Der Bericht wurde vom Süden deshalb so dankbar aufgenommen, weil er selbst nicht mehr in der Lage war, seine wirtschaftlichen Anliegen eigenständig auf die Agenda der Vereinten Nationen zu setzen.

Der Süden als kollektiver Akteur war passé, ein der Ölwaffe vergleichbares Druckmittel nicht in Sicht, und außerdem hatten die Seerechtsverhandlungen gezeigt, daß sich die USA nicht scheuen, auch nach jahrelangen Verhandlungen Kompromisse abzulehnen, die ihren Interessen zuwiderlaufen. Die optimistische Hoffnung, über ein Entwicklungsvölkerrecht die Weltgesellschaft zu zivilisieren und den Norden zu verbindlichem Handeln zu bringen, blieb unerfüllt. Nach 1989 wurde noch deutlicher als zuvor klar, daß die verbliebene Supermacht „Recht und Ordnung" auf der Welt bestimmt. Die offiziellen Diskussionen um nachhaltige Entwicklung sind als direkte Fortsetzung der Forderungen des Südens in den siebziger Jahren zu sehen. Im frostig gewordenen Klima der achtziger und neunziger Jahre boten die Verhandlungen um eine globale Umweltpolitik dem Süden eine Chance, einige alte Forderungen in abgeschwächter Form weiter zu verhandeln. Ob die Klimapolitik einen substantiellen Beitrag zu nachhaltiger Entwicklung leisten kann, hängt entscheidend davon ab, wie die süd-relevanten Konflikte ausgehen.

4. Die Klimarahmenkonvention und nachhaltige Entwicklung

Die Klimarahmenkonvention, wie sie 1992 in Rio verabschiedet wurde, enthält zwei Prinzipien, deren Aufnahme in die Konvention als Erfolg des Südens bezeichnet werden kann.

1. Der Grundsatz der gemeinsamen aber unterschiedlichen Verantwortung verpflichtet die Industrieländer[7] dazu, die ersten Schritte im vorsorglichen Klimaschutz zu unternehmen und gesteht gleichzeitig den Entwicklungsländern das Recht auf ansteigende Emissionen zu:

> „In Anbetracht dessen, daß der größte Teil der früheren und gegenwärtigen weltweiten Emissionen von Treibhausgasen aus den entwickelten Ländern stammt, daß die Pro-Kopf-Emissionen in den Entwicklungsländern noch verhältnismäßig gering sind und daß der Anteil der aus den Entwicklungsländern stammenden weltweiten Emissionen zunehmen wird, damit sie ihre sozialen und Entwicklungsbedürfnisse befriedigen können, (...) (müssen) die entwickelten Länder auf der Grundlage klarer Prioritäten in flexibler Weise Sofortmaßnahmen ergreifen, die einen ersten Schritt in Richtung auf eine umfaßende Bewältigungsstrategie auf weltweiter, nationaler und, sofern vereinbart, regionaler Ebene darstellen, die alle Treibhausgase berücksichtigt und ihrem jeweiligen Beitrag zur Verstärkung des Treibhauseffektes gebührend Rechnung trägt" (KRK 1993:1784, 1786).

2. Die Verpflichtung der Industrieländer, den Entwicklungsländern technologisch und finanziell bei der Erfüllung der Konvention zu helfen:

„Vertragsparteien, die entwickelte Länder sind, (...) ergreifen alle nur möglichen Maßnahmen, um die Weitergabe von umweltverträglichen Technologien und Know-how an andere Vertragsparteien, insbesondere solche, die Entwicklungsländer sind, oder den Zugang dazu, soweit dies angebracht ist, zu fördern, zu erleichtern und zu finanzieren, um es ihnen zu ermöglichen, die Bestimmungen des Übereinkommens durchzuführen.“ Die Industrieländer „stellen auch finanzielle Mittel (...) bereit, soweit die Vertragsparteien, die Entwicklungsländer sind, sie benötigen, um die vereinbarten vollen Mehrkosten zu tragen, die bei der Durchführung (von) Maßnahmen entstehen“ (KRK 1993: 1793-1794).

Die Klimapolitik könnte also prinzipiell in zwei Bereichen einen Beitrag zu einer Nachhaltigkeits-Strategie im oben skizzierten Sinne leisten: (1) Sie könnte den Umbau der Industriegesellschaften beschleunigen und die Senken für den Süden entlasten, wenn die Vorleistungspflicht ernst genommen würde. (2) Die substantielle Ausgestaltung der Regelungen für Technologie und Finanztransfers wären ein Beitrag zur Reform der internationalen Ordnung zugunsten des Südens. Die Klimarahmenkonvention ist aber, wie ihr Name schon sagt, nicht mehr als der Rahmen; die beiden Prinzipien wurden nur ansatzweise konkretisiert. Die Verhandlungen und Konflikte um die Ausgestaltung dieser zwei Prinzipien sollen nun kurz dargestellt werden.

4.1. Kontroverse Konkretisierungen: Reduktionsverpflichtungen, Joint Implementation und Finanzmechanismus

Die Ausgestaltung der zwei Prinzipien beinhaltet die drei wichtigsten kontroversen Teilaspekte der Klimapolitik:

– Die Frage nach der *Angemessenheit der Konventionsverpflichtungen* (adequacy of commitments). Die Rahmenkonvention sieht in einer sehr unklaren Formulierung lediglich vor, daß die Industrieländer ihre Emissionen von Kohlendioxid und anderen Treibhausgasen bis zum Jahr 2000 auf den Stand von 1990 zurückführen müssen. Allein die Wortwahl – „zurückzuführen“ – hat eine Geschichte. Die US Delegation weigerte sich, „Stabilisierung“ oder „stabilisieren“ in den Konventionstext aufzunehmen, da bei „Rückkehr“ ein Anstieg nach 2000 wieder möglich ist (Die Zeit, 23.7.1994).
– Die Frage des Technologietransfers wurde bisher fast ausschließlich als „gemeinsame Umsetzung“ (*Joint Implementation*) thematisiert. Joint Implementation wurde ursprünglich als kostengünstige Maßnahme in die Klimapolitik eingebracht. Da Effizienzsteigerungen in Entwicklungs-

und Transformationsländern billiger zu erreichen sind, sollten Industrieländer Maßnahmen auch dort durchführen können. Der Raum, den Joint Implementation auf Kosten einer breiteren Technologietransfer-Diskussion eingenommen hat, ist problematisch, weil sich die Industrieländer damit ein Hintertürchen gebastelt haben, um sich aus der Vorleistungspflicht zu stehlen. Außerdem erschwert Joint Implementation die Angleichung der weltweiten Pro-Kopf-Emissionen, ist also ganz grundsätzlich ungerecht. Aufforstungen, die als Joint Implementation-Projekte vorgeschlagen wurden, bieten eine Reihe weiterer Probleme. Das Konzept blieb in der Klimarahmenkonvention offen. Strittig war insbesondere „crediting", die Frage also, ob die Industrieländer die Reduktionen aus Joint Implementation-Projekten ihren eigenen Reduktionsbestrebungen anrechnen dürfen.

- Nachdem die USA kurz vor Rio ihre grundsätzliche Opposition gegen finanzielle Unterstützung des Südens in der Klimapolitik aufgegeben hatten, drehten sich die Fragen des Finanztransfers vor allem um den *Finanzmechanismus* der Konvention, d.h. um die Kontrolle der Mittelvergabe. Die USA hatten ihre Zusage an die Mandatierung der Global Environment Facility (GEF) von Weltbank, UNDP und UNEP gebunden. Der Süden forderte einen unabhängigen Klimafonds. Der Kompromiß von Rio lag in diesem Bereich in einer provisorischen Übertragung der Aufgabe an GEF und in Reformen der GEF-Struktur.

Alle drei Themenfelder blieben also in der Klimarahmenkonvention offen und gehörten deshalb auch zu den wichtigsten Themen der Berliner Vertragsstaatenkonferenz.

4.2. Berlin: Angriff abgewehrt

Bereits in den sechs Verhandlungsrunden zwischen Rio und Berlin zeigte sich, daß der Norden das Vorleistungsprinzip der Rahmenkonvention nicht übermäßig ernst nahm. Die USA, unterstützt von Australien und Kanada, wollten nur über weitere *Konventionspflichten* sprechen, wenn dabei auch die größeren G77-Länder neue Pflichten übernehmen würden. Auch die EU verlangte neue Anstrengungen von den Ländern des Südens: „The European Union reiterates its view that a resonable balance between industrialized and developing countries commitments should be maintained, for instance in the form of further requirements for non-Annex I Parties on reporting and limitation of emission growth for certain more advanced developing countries" (UN, A/AC.237/Misc. S.14). In Berlin selbst waren es die USA, die am deutlichsten auf

zusätzlichen Pflichten für die Entwicklungsländer bestanden. Die Reaktion des Südens darauf hatte sich jedoch geändert. Das Drängen des Nordens hatte an den Vorverhandlungen dazu geführt, daß vor allem die großen Entwicklungsländer, deren Emissionen der Norden gerne kontrolliert gesehen hätte, kein Interesse an der Diskussion um die Angemessenheit der Reduktionspflichten zeigten. Diese Länder wollten gar nicht mehr über neue Pflichten, auch nicht für den Norden, sprechen. Die Inselstaaten (AOSIS) blieben deshalb mit ihrem Vorschlag für ein Reduktionsprotokoll für den Norden alleine.[8]
Überraschend bildete sich aber in Berlin eine Gruppe innerhalb der G77, die „Green Group", der unter der Führung von Indien alle großen Entwicklungsländer inklusive China angehörten. Die „Green Group" setzte die Industrieländer unter Zugzwang, indem sie energisch die Führungsrolle der Industrieländer im Klimaschutz einklagte. Ihr Vorschlag für ein Verhandlungsmandat auf der Basis des AOSIS-Protokolls entsprach auch nicht den Vorstellungen der EU, die zudem intern zerstritten war. Die EU konnte den Vorschlag jedoch nicht grundsätzlich ablehnen, da sie an einer Verschärfung der Klimarahmenkonvention interessiert war. Die USA mußten akzeptieren, daß das Berliner Mandat für die weiteren Verhandlungen unzweideutig festhält, daß es keine neuen Verpflichtungen für Entwicklungsländer geben wird. Dieser Punkt wurde von der „Global Climate Coalition", einer „Business-NGO", die die Interessen der US-Kohle-, Öl-, Chemie- und Automobilindustrie an den Klimaverhandlungen vertritt, stark kritisiert. Länder wie China, Indien und Mexiko hätten sich ihrer Veantwortung entzogen, ließ ihr Direktor in einer Presseerklärung verlauten. Das Berliner Mandat gefährde Jobs, die Wirtschaft und die Konkurrenzfähigkeit der USA. Die Industrielobbyisten hatten dennoch einen nachträglichen Erfolg. Auf Druck der republikanischen Kongreßmehrheit mußte der Chefunterhändler der USA über die Klinge springen.
Die USA mußten sich auch bei der Ausgestaltung von *Joint Implementation* geschlagen geben. Der Süden gab zwar in Berlin seine grundsätzliche Opposition gegen die Teilnahme von Entwicklungsländern an einer Joint Implementation-Pilotphase auf. Während der Pilotphase, die in Berlin beschloßen wurde, wird es aber kein „crediting" geben, das heißt Emissionsreduktionen, die außerhalb eines Staates realisiert werden, dürfen nicht den nationalen Bemühungen angerechnet werden. Das Hintertürchen wurde damit zumindest vorläufig geschlossen.
Der *Finanzmechanismus* der Konvention war der einzige der drei hier betrachteten Bereiche, in dem es schon vor Berlin zu Ergebnissen kam. Das Thema war deshalb an der Vertragsstaatenkonferenz nicht mehr kontrovers. Zwischen Dezember 1992 und März 1994 wurde GEF umgestaltet. Die Fa-

zilität erhielt eine Mitgliederversammlung, die alle drei Jahre tagt. Das Führungsgremium (governing council) wurde um zwei Mitglieder erweitert und den Entwicklungsländern 16 Sitze zugestanden, gegenüber den 14 Sitzen der Industrie- und zwei der Transitionsländer. Grundsätzlich gilt im Rat das Konsensprinzip, für den Fall von Abstimmungen, die bei Uneinigkeit beantragt werden können, sind beide Seiten abgesichert: Eine Abstimmung braucht die Mehrheit von 60 Prozent der Mitglieder, aber auch von 60 Prozent der Beitragszahlungen. Weder Industrie- noch Entwickungsländer können bei diesem Modus überstimmt werden, wenn sie sich selbst einigermaßen einig sind. Die GEF ist damit innerhalb der Bretton-Woods-Organisationen vergleichsweise „demokratisch". In Berlin wurde die GEF für weitere vier Jahre als Finanzmechanismus der Konvention bestätigt.

4.3. Zurück zum Start

Das Berliner Mandat ist ein wunderschönes Beispiel diplomatischer Hinhaltetaktik. Es wird nichts Verbindliches gesagt, aber auch nichts ausgeschlossen. Es gelang den USA, das Mandat für die Verhandlungen sehr zu verwässern. Semantische Weichmacher wurden eingesetzt; aus „negotiation" wurde „process", aus „targets" „objectives" – Wortklaubereien, die dennoch den weiteren Verhandlungsprozeß vorstrukturieren. Gewichtiger sind inhaltliche Abschwächungen. So heißt es zum AOSIS-Protokoll lediglich „The protocol proposal of the Alliance of Small Island States (AOSIS), (...) should be included for consideration in the process" (UN, FCCC, Decision 1/CP.1). Die EU hatte immerhin noch die deutlichere Formulierung vorgeschlagen, daß das Protokoll Teil der Verhandlungen sein solle. Im Mandat ist die Rede von *Begrenzungs*- und Reduktionszielen; ein Bezugsjahr für mögliche Reduktionen wird nicht genannt. Dies läßt die Möglichkeit offen, die Emissionen zunächst über den Stabilisierungswert von 1990 ansteigen zu lassen und erst zu einem späteren Zeitpunkt Reduktionen von diesem höheren Niveau aus zu beschließen. Schließlich wird die Notwendigkeit von zusätzlicher Analyse („analysis and assessment") erwähnt.

Um in der Zeit bis zur dritten Vertragsstaatenkonferenz Ende 1997 ein Protokoll zu erarbeiten, wurde eine Arbeitsgruppe, die Ad Hoc Working Group on the Berlin Mandat (AGBM) aufgestellt. In den ersten zwei Treffen der Gruppe präsentierten die Bremserstaaten eine Unmenge von Themen, die weiterer Analyse bedürften. Konkrete Verhandlungen über CO_2-Reduktionen wurden bis zum Sommer 1996 nicht aufgenommen. Im Prinzip ist der Ausgang der Verhandlungen, was Emissionsreduktionen für den Norden betrifft, heute so

offen wie 1991, als die Klimaverhandlungen begannen. Das AOSIS-Protokoll dürfte jedoch endgültig chancenlos geworden sein: Die US-Delegation erklärte, daß die USA die Verpflichtung, die bis zum Jahr 2000 gilt (Stabilisierung der CO2 Emissionen), danach nicht mehr akzeptieren werden (UN, FCCC/AGBM/1995/2, S.11). Mit anderen Worten: Emissionsreduktionen für die Zeit unmittelbar nach der Jahrtausendwende sind out.
Obwohl das Berliner Mandat unzweideutig festhält, daß nur die Industrieländer neue Verpflichtungen übernehmen müssen, rückten die USA nicht davon ab, weiterhin die Entwicklungsländer zu bedrängen: „(W)e must look at emission trends and at the efforts that *all Parties* are making to deal with emissions of greenhouse gases“ (FCCC/AGBM/1995/Misc.1./Add.1, S.82. Hervorhebung A.M.). Die Statements des US-Delegierten machten klar, daß die USA, wenn sie von „global solutions“ sprechen, „neue Verpflichtungen für Entwicklungsländer“ meinen. Auch wenn die USA keine klare Sprache gebrauchten, wurde die Stoßrichtung vom Süden durchaus verstanden. Viele Länder wehrten sich gegen eine schleichende Revision des Textes des Berliner Mandats und die Abkehr vom Fokus auf Industrieländer. Die ‘Green Group’ von Berlin ist seither nicht wieder in Erscheinung getreten. Enttäuscht über die Untätigkeit des Nordens, beschränken sich die großen Entwicklungsländer wieder darauf, sich gegen neue Auflagen zu wehren sowie Technologie- und Finanztransfers einzufordern.

4.4. Genf: US-Leadership oder US-Wahlkampf?

Die zweite Vertragsstaatenkonferenz im Juli 1996 in Genf war von vornherein weniger wichtig eingestuft, als die erste in Berlin und die dritte, die 1997 in Kyoto stattfinden wird. In Berlin hatte noch Hoffnung bestanden, die Konvention voranzubringen, was nun wiederum von Kyoto erwartet wird, weil ein Protokoll bis dahin annahmereif sein soll. Genf hatte demgegenüber den Charakter einer diplomatischen Routineveranstaltung. Bereits im Vorfeld hatte sich eine neue Position der USA abgezeichnet. In Genf setzten sie sich von der Bremserfraktion – den Ölstaaten, Rußland, Australien und Neuseeland – ab. Sie unterstützten eine Ministererklärung, in der die neuesten wissenschaftlichen Erkenntnisse zitiert werden, die einen meßbaren Einfluß der menschlichen Aktivitäten auf das Klima nahelegen. Außerdem wird eine Beschleunigung der Protokollverhandlungen gefordert (FCCC/CP/1996/L.17). Die öffentlichkeitswirksame Ministererklärung wurde jedoch damit erkauft, daß aus den Beschlüssen der Vertragsstaatenkonferenz diese neuen wissenschaftlichen Erkenntnisse und der sich daraus ergebende Handlungs-

druck ausgeblendet wurden; die Beschlüsse sind es jedoch, die für den weiteren Verlauf der Verhandlungen entscheidend sind.
Ein genauerer Blick auf die Verhandlungsposition der USA zeigt, daß ihre Bereitschaft, die wissenschaftlichen Grundlagen der Konvention zu stärken, nicht bedeutet, daß sie auch bei den Emissionsreduktionen für Industrieländer die Führung zu übernehmen gedenken. Zum einen sprachen die USA zwar von rechtlich verbindlichen Reduktionszielen, jedoch immer in Kombination mit der Formulierung „medium term" – mittelfristige Ziele. Das Jahr 2005 ist damit sicher nicht gemeint, vielleicht nicht einmal 2010. Keinen Hinweis gab die US-Delegation hinsichtlich des Umfangs der von ihr ins Auge gefaßten Emisssionsreduktionen, forderte jedoch erneut zusätzliche Pflichten für Entwicklungsländer: „We do absolutely mean that whatever we do set (...) has to involve all nations. By all nations we mean precisely that: All nations" (Office of Public Affairs:2).
Zum anderen ist die neue Linie der USA gar keine Überraschung. Bereits im August 1995 hatten sie vorgeschlagen, daß die Phase mit Fokus auf den eigentlichen Protokollverhandlungen erst nach der Verhandlungsrunde im Sommer 1996 beginnen solle (FCCC/AGBM/1995/Misc.1/Add.1). Das Timing der US-Position war und ist ganz auf den laufenden Wahlkampf abgestimmt. Die Unterstützung der Ministererklärung kann der amerikanischen Öffentlichkeit als ernsthaftes Engagement verkauft werden, ohne daß irgendwelche klaren Aussagen gemacht wurden, die von den Industrielobbyisten gegen die Regierung verwendet werden könnten. Weil klar war, daß die USA vor den Wahlen ihre Karten nicht auf den Tisch legen würden, wurde die nächste Verhandlungsrunde von den Vereinten Nationen kurzerhand auf einen Termin nach den US-Wahlen verschoben.

5. Fazit: Geringe Aussichten – Konsequenzen für NGO-Strategien

Von den beiden Prinzipien, deren Ausgestaltung entscheidend dafür ist, ob die internationale Klimapolitik einen Beitrag zur nachhaltige Entwicklung des Planeten leisten kann, wird das eine nicht befolgt, das andere nicht konkretisiert. Die *Vorleistungspflicht* wird vom Norden nicht ernstgenommen und von den USA aktiv bestritten. Seit Berlin zeichnet sich in dieser Frage ein Nord-Süd-Konflikt ab, dessen Protagonisten die USA auf der einen, Länder wie China, Indien, Brasilien und andere große Entwicklungsländer auf der anderen Seite sind.[9] Die relative Isolierung der USA innerhalb des Nordens muß dabei keineswegs zu einer Aufweichung ihrer Position führen. Die Erfahrungen des Nord-Süd-Konfliktes der siebziger Jahre haben gezeigt, daß sich die USA nicht scheuen, alleine gegen den Süden Stellung zu beziehen und Verhandlungsergebnisse als einzige abzulehnen. In Rio weigerten sich die USA ebenfalls als einziges Land die Biodiversitätskonvention zu unterzeichnen.

Das zweite Prinzip, *Technologie und Finanzhilfe*, wird zwar nicht bestritten, ist aber seit Rio einer Umsetzung kaum näher gekommen. Die Diskussionen um den Technologietransfer waren von den Auseinandersetzungen über Joint Implementation lahmgelegt, nach Beendigung der Pilotphase werden diese Konflikte wieder zutagetreten. Die Industrieländer setzen für die Zeit nach dem Jahr 2000 ganz klar weiterhin auf „gemeinsame Umsetzung" zwischen Industrie- und Entwicklungsländern. Die Vorstellungen reichen dabei von Joint Implementation bis zu einem globalen Handelsregime für Emissionszertifikate. Obwohl dies Mechanismen einer wünschenswerten Nord-Süd-Kooperation werden könnten, läßt die bisherige Position des Nordens eher einen globalen Ablaßhandel befürchten.

Was den Finanzmechanismus betrifft, gab es zwar Ergebnisse, dafür sind seine Mittel äußerst beschränkt. Für die Zeit von 1994 bis 1997 stehen ungefähr 800 Mio. US$ für Klimaschutzprojekte zur Verfügung. Die Gelder müssen regelmäßig neu verhandelt werden und hängen damit vom 'goodwill' der Industrieländer ab. In Genf konnten sich die Industrieländer und die Entwicklungsländer nicht darüber einigen, wie der Finanzbedarf für die „Wiederauffüllung" der Umweltfazilität bestimmt werden soll. Zudem werden die Projekte der Umweltfazilität oft von der regulären Weltbank-Aktivität konterkariert. So finanzierte GEF in Indien ein Solarkraftwerk, um den CO_2-Ausstoß zu reduzieren. Die Strategie der Weltbank für Indiens Kohlesektor setzt jedoch 250 mal mehr Kohlendioxid frei als das GEF-Projekt einspart (Inside Out 1996:3).

Nichts deutet darauf hin, daß die Klimapolitik in den für eine nachhaltige Entwicklung des Planeten entscheidenden Bereichen in Bewegung geraten könnte. Stattdessen droht ihr bei einem Beharren der USA auf neuen Verpflichtungen für die Entwicklungsländer sogar die Abkehr des Südens. Die Vorstellung, daß die USA ein Verhandlungsergebnis mittragen würden, das ihren Prioriäten widerspricht, ist irreal. Ihr Ausscheren würde ein Viertel der weltweiten CO_2-Emissionen unbeeinflußt lassen. Am wahrscheinlichsten ist deshalb ein zahnloses Protokoll 1997 und ein ergebnisloses Weiterverhandeln bis zum Abschmelzen der Polkappen.

Der Einfluß der NGOs auf den Verhandlungsverlauf ist zu gering, als daß sie sich realistische Hoffnungen machen dürfen, der Klimapolitik angesichts dieser Konfliktlinien auf die Beine helfen zu können. Es gelingt ihnen zwar, „progressive" Delegationen zu beeinflussen, vielleicht auch mal einer EU-Position ein Sätzchen unterzujubeln, Allianzen zu schmieden und neue Ideen in den Verhandlungsprozeß zu bringen. Auch die Verbindungen zum Sekretariat der Klimarahmenkonvention sind gut. Letztlich bleiben die NGOs jedoch in einer Koalition der Schwachen; sind doch die von ihnen beeinflußten Akteure nicht die entscheidenden. Vielleicht steckt in der Vorstellung, Politik von 'oben', von der suprastaatlichen Ebene internationaler Organisationen her voranzubringen, ein Denkfehler. Wenn es schon nicht gelingt, gewisse Forderungen im Rahmen nationaler Politik durchzusetzen, warum sollte denn dies ausgerechnet durch den Umweg über internationale Politik gelingen? Fälle erfolgreicher Regimebildung, zum Beispiel beim Schutz der Ozonschicht, zeigen, daß meistens dasjenige auf internationaler Ebene durchgesetzt werden kann, was bedeutende nationale Vorreiter bereits verwirklicht haben.

Was auch immer im Rahmen der Klimapolitik der Vereinten Nationen beschlossen würde, wer sollte die nationale Umsetzung durchsetzen, wenn NGOs nicht stark genug sind, Druck auf die nationale Politik auszuüben? Das Stabilisierungsziel bis zum Jahr 2000 wird in den meisten Industrieländern nicht erreicht werden. So ergibt sich die paradoxe Situation, daß in der internationalen Politik Deutschland sich noch immer als Vorreiter präsentiert, also als tendentieller Verbündeter der NGOs, während innenpolitisch Ökosteuern auf immer längere Bänke geschoben werden und sich die Industrie 'Selbstverpflichtungen erdealt'. Es besteht die Gefahr, daß die internationale *Akzeptanz* auf Kosten der nationalen Proteste geht. Der Konferenzbetrieb und die diplomatischen Umgangsformen produzieren zwingend 'Stars' und Paralleldiplomaten auf Seiten der NGOs, deren Aktivität zu einem Jahrmarkt der Eitelkeiten zu verkommen droht. Was dabei 'unter Diplomaten' noch als Erfolg verbucht werden kann, ist oft gar nicht mehr nach außen hin vermittelbar. In Berlin haben sich nicht zuletzt deswegen beträchtliche Spannungen zwischen NGO-Jet/Net-Set und lokalen Bewegungsakteuren gezeigt (Walk/Brunnengräber 1995:130-132). Dieser politische Flurschaden muß angesichts der pessimistischen Einschätzung der offiziellen Klimapolitik doppelt gravierend gewertet werden.

Die Frage nach dem Sinn von Schmusekurs und Lobbying stellt sich dann verschärft, wenn diese Strategie auf Kosten von anderen Aktivitäten geht. Nachhaltige Entwicklung ist eine Jahrhundertaufgabe, die auf allen politischen Ebenen angegangen werden muß; es gibt unzählige alternative Betätigungsfelder zum Konferenz-Lobbying. Um nur ein vielgenanntes Beispiel zu nennen, warum nicht für eine Konferenz, die in Berlin stattfindet, den oligarchischen Unsinn der Berliner Verkehrspolitik in allen seinen – auch globalen – Auswirkungen thematisieren?

Das Klimaforum '95 hat sich durch die Wahl des AOSIS-Zieles als Hauptforderung, dessen Annahme zum Zeitpunkt der Konferenz so gut wie ausgeschlossen war, ganz auf die offizielle Politik eingelassen. Die Chance, ein Großereignis wie die Berliner Konferenz zum Anlaß zu nehmen, nachhaltige Entwicklung in einem umfaßenden Sinne publikumswirksam zu thematisieren, wurde damit vergeben. Zwar gab es eine Vielzahl von Aktivitäten und Veranstaltungen. Die 'mediale Öffentlichkeit' nahm aber vor allem die Aktivitäten der NGO-Lobbyisten zur Kenntnis. Daß dabei die warme Luft von Kanzler Kohls Rede auch in NGO-Kreisen Anerkennung fand, ist allenfalls als Betriebsblindheit zu verstehen.

Auch in den USA, wo grünes Lobbying am weitesten verbreitet ist, regt sich mittlerweile Kritik an eingeschränkten Politikvorstellungen: „What is finally clear is that the fate of the earth will not be decided on the grounds of traditional environmental politics. As far as the future of the movement goes, the short term goal must be a green politics that no longer brings to mind only the lawyers and lobbyists of the large Washington environmental groups. These groups will, of course, remain players, but with work and luck they too will evolve, and soon be only players in a larger drama that includes a great many others. It is not the green establishment that will lead us through the next 50 years, that will find means of using trade agreements to protect the ecosystem and to beat back the TNC's, that will democratize and strengthen the United Nations and the other global institutions, that will invent forms of global solidarity that avoid both northern arrogance and third-worldism, pioneer meaningful forms of democratic internationalism, lead the fight for land reform and sustainable agriculture, save the oceans and the forests, find a path to a solar-hydrogen transition, develop a coherent politics of consumption, and all the rest of it" (Athanasiou 1995:57).

Eine nachhaltige Entwicklung des Planeten kann nur in einem breiten gesellschaftlichen Mobilisierungsprozeß und in Auseinandersetzungen mit den Kräften des Status quo erreicht werden. Konferenzpolitische Klüngelbildung und deren mediale Aufblähung reicht dazu mit Sicherheit nicht aus.

Anmerkungen

1 Es kursieren andere deutsche Übersetzungen für „sustainable" – dauerhaft, aufrechtzuerhalten, zukunftsfähig (Langenscheidts Enzyklopädisches Wörterbuch 1983: Sustainable: haltbar, aufrechtzuerhalten).

2 „Traditionell definierte man Kapital als produzierte Produktionsmittel, die wir hier als von Menschen hergestelltes (menschengemachtes, anthropogenes) Kapital (human-made capital) im Unterschied zum natürlichen Kapital (natural capital) bezeichnen, welches, obwohl nicht von Menschen hergestellt, gleichwohl ein Vorrat ist, der einen Fluß von nützlichen Gütern und Dienstleistungen hervorbringt" (Daly 1992, S.33).

3 Der Zusammenhang zwischen Verschuldung und Vernichtung von Naturkapital wird mittlerweile sogar von der Weltbank anerkannt: „Given the limited domestic saving potential of developing countries, one means of closing the saving-investment gap is foreign borrowing. Yet in many cases, this borrowing is paid back through the export of natural capital" (World Bank 1995, S.53).

4 Die gewählte Dreiteilung Süden, Norden, Weltwirtschaft findet sich ansatzweise bei Marmora (1990, S.115), wird dort jedoch weniger detailliert besprochen.

5 Pro Einheit des Bruttoinlandproduktes war die Umweltbelastung in Brasilien 24 mal so hoch wie in Japan und immer noch 9,6 mal so hoch wie in den USA (Marmora 1990, S.116).

6 Die strukturellen Ursachen der Verschuldungskrise können hier nicht besprochen werden. Siehe z.B. Schubert 1985, Altvater 1987, Kap.7.

7 Die „Annex I" Länder der Konvention: Australien, Belarus*, Belgien, Bulgarien*, Dänemark, Deutschland, Estland*, Europäische Gemeinschaft, Finnland, Frankreich, Griechenland, Irland, Island, Italien, Japan, Kanada, Lettland*, Litauen*, Luxemburg, Neuseeland, Niederlande, Norwegen, Österreich, Polen*, Russische Föderation*, Schweden, Schweiz, Slowakei, Spanien, Tschechien, Türkei, Ukraine*, Ungarn*, Vereinigte Staaten von Amerika, Vereinigtes Königreich Großbritannien und Nordirland.

8 Das AOSIS-Protokoll, der erste konkrete Vorschlag für die Konkretisierung der Klimapolitik, sieht vor, dass die Industrieländer ihre CO_2-Emissionen bis 2005 gegenüber dem Ausstoß von 1990 um mindestens 20% reduzieren müssen.

9 Ironischerweise sind dies jedoch gerade die „gemäßigten" Entwicklungsländer, die lediglich verlangen, daß der Norden die Lösung der Probleme nicht auf sie abwälzt. Die Differenz zwischen dem Norden und den Inselstaaten, den am wenigsten entwickelten Ländern, einigen mittelgroßen Ländern wie die Philippinen und Malaysia, die alle auf rasche Emissionsreduktionen des Nordens pochen, ist zwar grösser, allerdings haben diese nicht das politische Gewicht der „Großen".

Literatur

Altvater, Elmar (1993): Die Ökologie der neuen Welt(un)ordnung, in: Nord-Süd-Aktuell, Jahrgang VII, Nr. 1, S.72-84.

– (1987): Sachzwang Weltmarkt, Hamburg.

Arts, Bas (1994): Nachhaltige Entwicklung, Eine begriffliche Abgrenzung, in: Peripherie, Nr.54, S.6-27.

Athanasiou, Tom (1995): After the Summit, in: Gregg Ruggiero and Stuart Sahulka (eds.), The New American Crisis, New York, S.32-60.

Cepal (1990): Transformacion Productiva con Equidad, Santiago de Chile.

Constanza, Robert (1992): Ökologisch tragfähiges Wirtschaften: Investieren in natürliches Kapital, in: Robert Goodland et al., Nach dem Brundtland-Bericht: Umweltverträgliche wirtschaftliche Entwicklung, Bonn, S. 85-93.

Daly, Herman E. (1994): Die Gefahren des freien Handels, in: Spektrum der Wissenschaft, Januar, S.40-46.

– (1990): Toward Some Operational Principle of Sustainable Development, in: Ecological Economics, Vol.2 No.1, 1990, S.1-6.

Faulkner, Hugh J. (1990): Toward Simultaneously Achieving Economic Growth and Improving the Global Environment, in: International Environmental Affairs, Vol.2, No.4, 1990, S.287-297.

Goodland, Robert et al. (1992): Nach dem Brundtland-Bericht: Umweltverträgliche wirtschaftliche Entwicklung, Bonn.

Goodland, Robert, Herman Daly (1993): Why Northern income growth is not the solution to Southern poverty, in: Ecological Economics, Vol.8, No.2, 1993, S.85-101.

Harborth, Jürgen (1993): Dauerhafte Entwicklung statt globaler Selbstzerstörung, Berlin (2. und erw. Aufl.).

Hauff, Volker (Hg.) (1987): Unsere gemeinsame Zukunft. Der Brundtland-Bericht der Weltkommission für Umwelt und Entwicklung, Greven.

Hildyard, Nicholas (1994): Wie Füchse als Wächter von Hühnern. Die Rio-Konferenz und ihre Akteure, in: Wolfgang Sachs (Hrsg.) (1994): Der Planet als Patient, Über die Widersprüche globaler Umweltpolitik, Berlin, Basel, Boston, S.43-62.

Inside Out (1994): IWF, Weltbank und die Schweiz, Erklärung von Bern und Greenpeace Schweiz, Nr.16, Mai 1994.

Khan, Khusi M. (Hrsg.) (1989): Nord-Süd-Dialog, Ende oder Wende?, Hamburg.

KRK (1993): Rahmenübereinkommen der Vereinten Nationen über Klimaänderungen, in: Bundesgesetzblatt, Jahrgang 1993, Teil II, S.1784-1811.

Livingston, Steven G. (1992): The Politics of International Agenda-Setting: Reagan and North-South Relations, in: International Studies Quarterly, 36, 1992, S.313-330.

Marmora, Leopoldo (1990): Ökologie als Leitbild der Nord-Süd-Beziehungen: Club of Rome – Brundtlandkommission – „Erdpolitik", in: Peripherie, 1990, Nr.39/40, S.100-125.

Nutzinger, Hans G., Volker Radke (1995): Wege zur Nachhaltigkeit, in: Hans G. Nutzinger (Hrsg.) (1995): Nachhaltige Wirtschaftsweise und Energieversorgung: Konzepte, Bedingungen, Anhaltspunkte, Marburg, S.225-256.

Office of Public Affairs (1996): United States Mission, Press Briefing by Timothy Wirth, Undersecretary of State for Global Affairs and Eileen Claussen, Assistant Secretary of State for Oceans and International Environmental and Scientific Affairs, 17.7.1996.

Reilly, William K. (1991): Economic Growth and Environmental Gain, in: Dialogue, No.93, 1991, S.19-24.

Sachs, Wolfgang (1994): Globale Umweltpolitik im Schatten des Entwicklungsdenkens, in: Wolfgang Sachs (Hrsg.) (1994): Der Planet als Patient, Über die Widersprüche globaler Umweltpolitik, Berlin, Basel, Boston, S.15-42.

Schäffler, Harald, Ulrich Fahl (1995): „Erhalt des Naturkapitals" als Bedingung einer nachhaltigen Energieversorgung?, in: Hans G. Nutzinger (Hrsg.), Nachhaltige Wirtschaftsweise und Energieversorgung: Konzepte, Bedingungen, Anhaltspunkte, Marburg, S. 117-139.

Schubert, Alexander (1995): Die internationale Verschuldung, Frankfurt am Main.

Shiva, Vandana (1994): Einige sind immer globaler als andere, in: Wolfgang Sachs (Hrsg.) (1994): Der Planet als Patient, Über die Widersprüche globaler Umweltpolitik, Berlin, Basel, Boston, S.173-183.

Sihler, Helmut (1991): Final Declaration, in: Burke/Robins/Trisoglio (eds.) (1991): Environment Strategy Europe, Campden.

Singh, Jyoti Shankar, A New International Economic Order, Toward a Fair Redistribution of the World's Resources, New York 1977.

Sunderlin, William D. (1995): Managerialism and the Conceptual Limits of Sustainable Development, in: Society and Natural Resources, Volume 8, 1995, S.481-492.

Vornholz, Günter (1995): Die ökologischen Ziele im Sustainable Development-Konzept, in: Hans G. Nutzinger (Hrsg.) (1995): Nachhaltige Wirtschaftsweise und Energieversorgung: Konzepte, Bedingungen, Anhaltspunkte, Marburg, S.81-155.

Walk, Heike, Achim Brunnengräber (1995): Die 'NGO-Community' im Spannungsfeld von Globalisierungs- und Fragmentierungsprozessen in: Peripherie, Nr.59/60, 1995, S.118-139.

Weintraub, Sidney (1983): The UN System and the North-South Dialogue, in: Gati, Toby Trister (ed..) (1983): The US, The UN, and the Management of Global Change, New York, S.184-209.

Wolfrum, Rüdiger (1984): Die UN-Seerechtskonvention in der Perspektive der Neuen Weltwirtschaftsordnung, in: Delbrück, Jost (1984): Das neue Seerecht, Internationale und nationale Perspektiven, Berlin, S.97-149.

World Bank (1995): Monitoring Environmental Progress, A Report on Work in Progress, Washington.

Worster, Donald (1994): Auf schwankendem Boden. Zum Begriffswirrwarr um „nachhaltige Entwicklung", in: Wolfgang Sachs (Hrsg.) (1994): Der Planet als Patient, Über die Widersprüche globaler Umweltpolitik, Berlin, Basel, Boston, S.93-112.

Jörg Mayer

Globale Klimapolitik 'von unten'. Das „Klima-Bündnis“ indigener Völker und europäischer Kommunen als transnationales Regime

I. Einleitung

Anläßlich der Berliner Amazonientage 1989 entstand die Idee zur Bildung eines „Klima-Bündnis der europäischen Städte mit den indigenen Völkern der Regenwälder zum Erhalt der Erdatmosphäre/Alianza del Clima“. Daraufhin konstituierte sich bis 1992/93 ein gleichnamiger Verein, dessen Mitglieder sich das Ziel setzen, durch die Zusammenarbeit der 'Bündnispartner' sowie mittels geeigneter Maßnahmen in den Regionen des tropischen Regenwaldes und den europäischen Mitgliedskommunen zum Schutz des globalen Klimas beizutragen. Das Klima-Bündnis erlebte innerhalb kurzer Zeit eine erstaunliche Resonanz, auch in der über die Mitglieder hinausgehenden Öffentlichkeit. Heute zählt der Verein alle neun nationalen Indianerorganisationen des Amazonasbeckens, die ca. 1,1 Mio. Menschen in den Regenwaldregionen vertreten sowie über 600 europäische Kommunen zu seinen Mitgliedern.

Das Klima-Bündnis wird in der Öffentlichkeit und von Experten der Umwelt- und Nord-Süd-Politik sehr unterschiedlich beurteilt. Die einen sehen im Klima-Bündnis den Hoffnungsträger einer neuen Klimapolitik, die „von unten“, von der lokalen Ebene her zu wirklichen Fortschritten beim Klimaschutz führen kann. Andere erkennen keine ausreichenden Handlungsmöglichkeiten und Wirkungen des Klima-Bündnisses, die den Herausforderungen des globalen Klimawandels und auch den selbstgesteckten Ansprüchen des Bündnisses genügen könnten. Viele Beobachter äußern aber auch eine gewisse Ratlosigkeit, wie das Klima-Bündnis einzuschätzen sei. Da Klimapolitik auf Innovationen angewiesen ist und das Klima-Bündnis klimapolitische Problemlagen und Akteure auf ungewöhnliche Weise verbindet, erscheint mir eine genauere Betrachtung lohnenswert. Sie kann zu einer Klä-

rung des Klima-Bündnis-Potentials beitragen, zumal umfassendere Analysen bislang nicht vorliegen.[1]
Meine Überlegungen zielen auf eine vorläufige Einordnung des Klima-Bündnisses in die aktuelle sozialwissenschaftliche Diskussion um klimapolitische Problemzugänge, Organisationsstrukturen und Handlungsformen.[2]
Dabei muß aufgrund der jungen Geschichte der Klimapolitik im allgemeinen und des Klima-Bündnisses im besonderen die veränderliche Gestalt des Gegenstands als wesentlicher Gesichtspunkt in Betracht gezogen werden. Aber auch die Klima- und Klimapolitikforschung und die darüberhinausgehende sozialwissenschaftliche Umwelt- und Entwicklungsdiskussion sind als Fundus für geeignete theoretische Zugänge einem starken Wandel unterworfen. Diese gleichzeitige Dynamik von Gegenstand, sozialem Kontext und methodischem Instrumentarium bedeutet, daß es hier nur um eine vorläufige Einordnung gehen kann.
Hinsichtlich dieser Untersuchungsbedingungen werden daher in einem ersten Schritt zunächst einige wesentliche Entwicklungen der Klimaforschung aufgezeigt, um den Wandel des allgemeinen Problem- und Politikverständnisses zu verdeutlichen. Sie ist die Grundlage für eine erste deskriptive Annäherung an den Problem- und Politikansatz des Klima-Bündnisses im zweiten Teil und für die Suche nach Anhaltspunkten notwendig, welches theoretische Konzept sich für die Analyse des Klima-Bündnisses eignet. Im dritten und letzten Abschnitt wird der politikwissenschaftliche Ansatz des transnationalen Regimes als geeigneter heuristischer Zugang näher bestimmt.

II. Klimawandel und Klimapolitik als komplexe Probleme

Zunächst gilt es, den Kontext für die Untersuchung des Klima-Bündnisses näher zu bestimmen, der hier als Zusammenhang dreier, jeweils komplex strukturierter Ausgangslagen gedacht wird: der sozialökologischen, der politischen und der erkenntnistheoretischen Problematik des globalen Klimawandels.

Problemkreis A: Die sozialökologische Gestalt des globalen Klimawandels

Das Problem des globalen Klimawandels wird allgemein als eine der umfassendsten und komplexesten Herausforderungen für die Menschheit angesehen. Durch die Anstrengungen der jüngeren Klimaforschung hat sich dabei ein massiver und anhaltender Wandel des Klimaverständnisses und der Problemauffassung ergeben, auf die ich kurz eingehen möchte.

Im Zuge der naturwissenschaftlichen Aufklärung verlor das Klima seinen Ruf als unberechenbare Naturerscheinung. Die Ende des 18. Jahrhunderts aufkommende, an statistischen Methoden orientierte Klimatologie entwarf das Bild konstanter Klimatypen und -zustände. Ab den 60er Jahren unseres Jahrhunderts wurden die blinden Flecken einer solchen Sichtweise offenkundig, das Paradigma eines konstanten Klimas obsolet. Die moderne Klimaforschung fragt seither explizit nach Formen und Ursachen des Klimawandels und bezieht lange historische Abläufe und seltene Extrema systematisch in die Betrachtung ein (vgl. Lamb 1989: 22ff.).

Zum zweiten galt in der meteorologischen Tradition der Klimaforschung das System der Atmosphäre als das alleinige Untersuchungsobjekt. Im Zentrum einer disziplinübergreifenden Klimaforschung wird daher neuerdings die Biosphäre gesehen, d.h. der Lebensraum von Mensch, Fauna und Flora, der als Gesamtheit der äußeren Hülle der Erde (Landmassen, Ozeane und Eisschilde) und der untersten Schicht der Atmosphäre gedacht wird.[3] Eine entscheidende Bedeutung kommt in dieser komplexeren Betrachtungsweise den Übergangszonen und Wechselwirkungen zwischen den Sphären zu. Die Konzeption getrennter Systeme – Wald und Biotop hier, Luft und Atmosphäre dort – ist daher klimawissenschaftlich immer weniger aufrechtzuerhalten. Gewandelt hat sich mit der zunehmend dynamischen und ökosystemischen Auffassung des Klimas auch die Einbeziehung der räumlichen Komplexität von Klimasystem und Klimawandel. Zum einen ist die globale Dimension des Klimageschehens in den 70er und 80er Jahren erkannt und immer stärker in den Vordergrund der Betrachtung gerückt worden, d.h. die Tatsache erdumspannender Stoff- und Energieflüsse, die beispielsweise Amazonien und Europa verbinden. Gleichzeitig macht die jüngere Klimaforschung aber auch auf einzelne lokale Wirkungsgefüge wie Wälder, Wüsten, Ozeane, Oberflächengewässer bis hin zum Stoffwechsel der verschiedenen Lebewesen aufmerksam. Entscheidend sind für das Klimageschehen demnach die Wechselwirkungen zwischen lokalen, regionalen und globalen Gefügen (EK 1995: 49-58). Sogenannter globaler Klimawandel bedeutet daher auch im Hinblick auf Ursachen, Verlauf und Folgen bspw. für tropische gegenüber gemäßigten Breiten etwas völlig Verschiedenes.[4]

Als äußerst komplex erweisen sich die Klimaveränderungen schließlich auch im Hinblick auf ihre verschiedenen Zeitdimensionen. Saisonale Schwankungen, plötzliche Katastrophen und schleichende langfristige Risiken sind miteinander verwoben, und es sind gerade unvorhersehbare, nichtlinear und chaotisch ablaufende Entwicklungen, die die Gefahr des Klimawandels ausmachen. Die Vorstellung einer langsamen Veränderung physikalischer Systeme, die beim Schlagwort von der „globalen Erwärmung" naheliegt, ist daher trügerisch.[5]

Die öffentliche Debatte konzentriert sich auf den Treibhauseffekt, und hier insbesondere auf langfristige Folgen und die Handlungsmöglichkeiten in bezug auf Kohlendioxidemissionen aus der Verbrennung fossiler Brennstoffe. Die Klimaforschung dagegen betont immer wieder die Bedeutung der verschiedenen Problemkomponenten neben dem Energie-CO_2-Komplex, ihre gegenseitigen Wirkungen und ihre synergetischen Effekte für den globalen Klimawandel. Die Klima-Enquete-Kommission des Bundestages hat in ihrem Bericht von 1990 in Anlehnung an das International Panel on Climate Change (IPCC) den Begriff der anthropogenen Klimaveränderung weit gefaßt und vier Komponenten unterschieden: Den Treibhauseffekt, die Zerstörung der stratosphärischen Ozonschicht, die Ozonanreicherung in bodennahen Luftschichten und die Belastung der Atmosphäre mit Schad- und Schwebstoffen. Betreibt man diese Betrachtungsweise konsequent, so rücken neben Atmosphäre und CO_2 eine Fülle weiterer wichtiger Belastungsfaktoren der natürlichen Lebensgrundlagen wie Wasser, Boden und Vegetation stärker in den Blick der Klimaforschung (vgl. Crutzen/Golitsyn 1992).

Der Grad an Komplexität wird noch erhöht, wenn zusätzlich die gesellschaftlichen Ursachen und Folgen des Klimawandels in Betracht gezogen werden. So macht allein der säkulare Treibhauseffekt durch CO_2-Emissionen deutlich, daß sich Belastungen der Umwelt nicht durch punktuelle Einsparungen, additive Technik oder den normalen wirtschaftlichen Strukturwandel beseitigen lassen. Nicht nur Emissionen, auch die Produkte selbst, wie bspw. Fluorkohlenwasserstoffe und ihre Substitute, sind Teil des Problems. Klimaveränderungen betreffen die gesamten Wirtschaftsabläufe und hängen mit Input-, Throughput- als auch Outputströmen von Produktions- und Konsumtionsprozessen zusammen. Sie sind außerdem abhängig von der Form und Qualität ökonomischer Bestandsgrößen, etwa der Beschaffenheit agrarischer Flächen. So erweist sich die Struktur ganzer Branchen, wie Energiewirtschaft, Verkehr, Chemie und Landwirtschaft, als klimagefährdend: Sie belasten meist mehrere der verschiedenen Schadstoff-, Wärme- und Strahlenhaushalte, verbrauchen Boden und Wasser, vermindern die Artenvielfalt und gefährden damit die Stabilität biotischer Systeme.[6] Produktionsweisen, Konsumgewohnheiten und Lebensstile, einzelne Handelsströme und der Transportaufwand einer global organisierten Ökonomie werden fragwürdig. Die sozioökonomischen Unterschiede vor allem zwischen Industrie- und Ent-

wicklungsländern steigern außerdem den Grad der räumlichen und zeitlichen Komplexität des Klimawandels.
Die massiven Forschungsbemühungen der letzten Jahre haben einerseits einzelne konkrete Fragen gelöst, andererseits aber auf eine Fülle neuer Zusammenhänge aufmerksam gemacht, die ganz neue Terrains von Nichtwissen eröffnen. Die Einsicht in den umfassenden sozialökologischen Wechselwirkungszusammenhang schließt das Zugeständnis in die Relativität von Klimawissen ein. Und sie verlangt eine kritische Haltung gegenüber der Rede von *dem* Problem *des* Klimawandels und seinem *globalen* Charakter, die seiner Vielschichtigkeit nicht gerecht werden kann.

Problemkreis B: Die Bedingungen gesellschaftlichen Klima-Handelns

Aus der Problemstruktur globalen Klimawandels folgt ein spezifischer Handlungsrahmen, den u.a. die Sozialwissenschaften näher zu bestimmen suchen. Anhand der ökonomischen Analyse soll exemplarisch deutlich werden, wie neuartig und komplex dieser Handlungsrahmen beschaffen ist.
Aus wirtschaftswissenschaftlicher Sicht stellt sich die Frage nach Instrumenten individuellen und gesellschaftlichen Klimahandelns zunächst im konzeptionellen Rahmen der herrschenden Lehre, der neoklassischen Umweltökonomik. Ihr Grundkonzept ist das der Umwelt als öffentliches im Gegensatz zum privaten Gut, von deren Nutzung niemand ausgeschlossen werden kann. Hieraus ergibt sich das als Trittbrettfahrer-Dilemma bezeichnete Problem, daß öffentliche Güter für das mikroökonomisch rational handelnde Wirtschaftssubjekt einen Anreiz zur erhöhten Nutzung ohne Gegenleistung darstellen, aufgrund der Erwartung, daß auch andere Nutzer gemäß des individuellen Nutzenkalküls ihre Kosten zu minimieren suchen und die Trittbrettfahrerstrategie wählen. Konsequenz dieser mikroökonomischen Handlungsrationalität ist die Übernutzung des öffentlichen Gutes und der volkswirtschaftliche Wohlfahrtsverlust durch die entstehenden langfristigen gesellschaftlichen Schadenskosten (vgl. Klemmer et al. 1993).
Im Ausgangsmodell der Neoklassik stellen solche Umweltbelastungen zunächst ökonomische Effekte zwischen zwei Nutzern eines öffentlichen Gutes dar, d.h. es treten Wohlfahrtseinbußen eines Akteurs (Betroffener der Umweltschädigung) aufgrund der wirtschaftlichen Nutzung eines anderen Akteurs (Verursacher der Umweltschädigung) auf. Da die wirtschaftlich negativen Folgen für den Betroffenen der Schädigung nicht in die betriebswirtschaftliche Kostenrechnung des Verursachers eingehen, spricht man von

Umweltbelastungen als *negativen externen Effekten*. Führen ökonomische Prozesse in Land A zu Nutzungsverlusten in Land B, spricht man von *grenzüberschreitenden externen Effekten* und sieht in einer volkswirtschaftlichen Betrachtungsweise die beiden Länder bzw. ihre staatlichen Instanzen als Akteure (Sauernheimer/Ködding 1995: 70).

Ozonabbau und Treibhauseffekt stellen nun allerdings als *globale externe Effekte* eine neue Qualität dar, da sie prinzipiell alle Länder in reziproker Weise betreffen.[7] Die Vielzahl der betroffenen Akteure und die reziproken Wirkungen machen klassische Schadens- und Vermeidungskostenkalküle der Wirtschaftssubjekte unmöglich. Und selbst wenn Verhandlungs-, Abstimmungs- und Kontrollprozesse zwischen den betroffenen Akteuren prinzipiell möglich wären, werden die damit anfallenden Kosten als so hoch angesehen, daß solche Transaktionen im rationalen Kalkül der Wirtschaftsakteure als ineffizient erscheinen müssen, d.h. entsprechende Prozesse werden nicht eingeleitet.

Damit sind Fragen der neuen Institutionenökonomik angesprochen, die sich auch für außerökonomische institutionelle Regelungen interessiert. Ihr geht es um Herrschaftsformen (governance structures), die Verfügungsrechte (property rights) einsetzen und garantieren können (Richter 1990: 571ff.). Neben den unklaren Verfügungsrechten und den hohen Transaktionskosten spielen beim globalen Klimaproblem zwei außerökonomische Rahmenbedingungen – wie oben dargestellt – eine wesentliche Rolle, die hier Eingang finden könnten: die komplexe funktionale Struktur des ökologischen Systems und die verschachtelten Handlungsebenen (Gawel 1995). Was die ökologische Komplexität angeht, sprechen ökonomische Studien zwar unter dem Titel „Klimawandel als Gefährdung eines globalen öffentlichen Guts" von Einflüssen auf das Klima. Im weiteren ist in der Regel nur von Belastungen der Atmosphäre bzw. des Umweltmediums Luft die Rede. Entlang dieser Logik werden dann lediglich Emissionen – und zwar meist nur eines Stoffes – betrachtet, synergetische Effekte zwischen einzelnen Stoffströmen und klimatischen Subsystemen bleiben jedoch unerwähnt. Nur auf der Grundlage dieser vereinfachten Sicht läßt sich eine Argumentation aufbauen, in der das globale öffentliche Gut „Klima" in ein quantifizierbares, teilbares und marktförmiges Phänomen verwandelt wird: „Die mit Kosten verbundene Emissionsverringerung eines jeden Landes ist dann ein internationales öffentliches Gut" (Sauernheimer/Ködding 1995: 71).[8] Mit dieser drastischen Reduzierung der Komplexität verschwinden ökologische Interdependenzen und Unsicherheiten aus dem Blick und damit auch konkurrierende Anreizsysteme, die die Effektivität und Effizienz umweltökonomischer Instrumente entscheidend beeinträchtigen können

(Gawel 1995: 61f.). Angebracht ist auch der Hinweis der Neuen Institutionenökonomik auf zunehmend plurale Entscheidungsstrukturen. Weder die traditionelle Annahme klarer hierarchischer Entscheidungsstrukturen bei den wirtschaftlichen Akteuren noch das traditionelle Modell bilateraler Strukturen von „Staat" hier und „Wirtschaftsakteur" dort treffen die Entscheidungsstruktur moderner und international verflochtener Gesellschaften (vgl. Gawel 1995: 60ff. und Brunnengräber/Walk in diesem Band).

Um solche komplexeren Entscheidungsstrukturen und ökologischen Bedingungen zu modellieren, haben Ökonomen jüngst die institutionalistische Vertragstheorie bemüht, die das Problem der Anreizstrukturen für kooperatives Handeln zwischen einem Prinzipal (dem Vertretenen) und seinem Agenten (Stellvertreter) bei einer wirtschaftlichen Aktivität thematisiert (Bromley/Cochrane 1995). Ihr Modell basiert auf einigen grundlegenden Einsichten in die Wechselwirkungen von Tropenwaldzerstörung in Entwicklungsländern und Klimabelastungen in Industrieländern, wobei die ökonomischen Anreize wesentlicher Akteure die eine Seite, der physische Treibhauseffekt die andere Seite der Interdependenz darstellen. Auf der Suche nach einem „resource management regime that will *align the incentives*" (Bromley /Cochrane 1995: 295) werden dann Regierungen der Industrieländer als Prinzipal gegenüber der eigenen Bevölkerung und den Regierungen von Tropenwaldländern konzipiert. Ihr wirtschaftliches und politisches Interesse ist es, CO_2-Emissionssenken zu erhalten und kostenminimale Emissionsreduzierungen zu erreichen, um das Wohlstandsmodell aufrechtzuerhalten. Die Regierungen von Tropenwaldländern wiederum sind als Prinzipal gegenüber der dortigen Bevölkerung zu denken. Aus einem solchen hierarchisch verschachtelten principal-agent-Modell kann dann die Notwendigkeit mehrstufiger Verhandlungs- und Entscheidungsverfahren für ein Klimaschutzregime abgeleitet werden (Bromley/Cochrane 1995: 302ff.). Damit wird man den verschiedenen Problemlagen und Handlungsebenen im Ansatz gerechter als mit eindimensionalen Marktanalogien.[9]

Zusammenfassend kann gesagt werden, daß aufgrund der ökologischen Komplexität und gewandelter ökonomischer und politischer Rahmenbedingungen 'gesellschaftliches Klimahandeln' unter den Bedingungen äußerst großer Unsicherheit konzipiert werden muß. Politische Institutionen, Entscheidungsträger und die allgemeine Öffentlichkeit können sich der Konsequenzen ihres Handelns noch weniger sicher sein als in vielen anderen Problembereichen der Gesellschaft. Hinzu kommt ein Defizit an institutionellen Strukturen, die auf geeigneten Ebenen in konzeptionell abgesicherter und legitimierter Form 'gesellschaftliches Klimahandeln' organisieren können.

Problemkreis C: erkenntnistheoretische Rahmenbedingungen

Die Komplexität von Klimawandel und gesellschaftlichem Klimahandeln wirft für die wissenschaftliche Analyse einer politischen Institution wie der des Klima-Bündnisses erkenntnistheoretische Fragen auf, die zumindest angerissen werden sollen. Die Wissenschaften haben nur eine sehr unvollständige Kenntnis hinsichtlich des Klimawandels, die Politik handelt unter großer Unsicherheit. In kaum einem Bereich aber sind gleichzeitig die Beziehungen zwischen Wissenschaft und Politik so eng wie im Klimadiskurs. Zum einen verbindet wissenschaftliche und politische Institutionen generell ihre Funktion, Komplexität zu reduzieren und Informationen zu verarbeiten. Darüberhinaus ist Wissenschaft als Teilsystem der Gesellschaft in keinem Erkenntnisbereich ein unbeteiligt beobachtendes und objektiv erkennendes System, immer ist sie abhängig von außerwissenschaftlichen Naturleitbildern, politischen Interessen und wirtschaftlichen Ressourcen. Die Klimadiskussion zeigt die überaus enge Wechselbeziehung zwischen Personen, Institutionen und Ergebnissen wissenschaftlicher und politischer Aktivitäten, weshalb hier das Schlagwort von den *epistemic communities* zurecht eine zentrale Bedeutung erlangen konnte.[10] Doch diese enge Beziehung basiert nicht auf Positionen der Stärke gegenüber einem handhabbaren Problem, sondern wurzelt in der Unsicherheit gegenüber einer völlig neuartigen globalen Herausforderung.

Reflektiert man diese „Kräfteverhältnisse“ als Wissenschaftler selbstkritisch, hat dies zur Konsequenz, daß der Versuch etwa einer Einordnung, Beschreibung und Bewertung eines Systems der Komplexitätsreduktion (hier: des Klima-Bündnisses) durch ein anderes (hier: der sozialwissenschaftlichen Klimaforschung) nicht von der Position eines wissenschaftlich abgesicherten Verständnisses ausgehen kann, was die gemeinsame Problemgrundlage angeht – die globalen Klimaveränderungen und die Wechselwirkungen zwischen Natur- und Gesellschaftssystem. Die folgenden Überlegungen zum Klima-Bündnis-Ansatz sollen daher gewissermaßen auf theoretisch zurückhaltende Weise damit beginnen, die Problem- und Politikauffassung des Klima-Bündnisses weitgehend deskriptiv darzulegen.

III. Der Problem- und Politikansatz des Klima-Bündnisses

Das Klima-Bündnis definiert sich nicht selbst im Sinne einer eindeutigen Einordnung in die klimapolitische Institutionenlandschaft. In den neueren Selbstdarstellungen des Klima-Bündnisses findet sich im Abschnitt „Was ist das Klima-Bündnis?“ daher nur einiges zu seinem Problem- und Politikverständnis, zur institutionellen Form des Klima-Bündnisses wird dort lediglich auf den Vereinscharakter hingewiesen (Klima-Bündnis 1995: 6). Der Problem- und Politikansatz des Klima-Bündnisses wiederum erschließt sich nur durch einen genaueren Blick auf seine Akteurs- und Organisationsstruktur. Dieser geht deshalb hier einer kritischen Textanalyse der Klima-Bündnis-Programmatik voraus, um schließlich auf die Frage der vorläufigen Einordnung zurückzukommen.

Akteurs- und Organisationsstruktur

Laut Vereinssatzung ist das Klima-Bündnis (KB) ein gemeinnütziger Verein „zur Förderung des Umweltschutzes i.S.d.§52 AO [Abgabenordnung, J.M.].[11] Weiter finden sich noch Bezeichnungen wie „Initiative, die ... Akteure des lokalen Klimaschutzes zusammenbringt“ (KB 1995: 2) und „gemeinsame Aktion zum Schutz des Weltklimas“ (KB 1995: 13). Der Verein selbst ist im Aufbau: „Mitglied des Vereins können europäische kommunale Gebietskörperschaften sowie Organisationen von indigenen Völkern Amazoniens und anderer Regenwaldregionen werden, die dem Manifest Europäischer Städte zum Bündnis mit den Indianervölkern Amazoniens vom 3.12.1990 zugestimmt haben. Bundesländer und Nichtregierungsorganisationen (NGO's) können assoziierte Mitglieder werden“ (§3 Vereinssatzung).

Zum Zeitpunkt der Vereinsgründung 1992 waren ca. 100 europäische Kommunen Mitglied, gegenwärtig sind aus insgesamt 11 europäischen Ländern über 600 Mitglieder vertreten. Deutschland stellt über die Hälfte aller europäischen Mitglieder des Klima-Bündnisses, insgesamt repräsentieren die deutschen Mitgliedskommunen ca. ein Drittel der deutschen Gesamtbevölkerung. Dieser Anteil gilt auch für die Niederlande, mit 107 Kommunen die zweitgrößte nationale Sektion. Italien stellt z.Zt. 38 Klima-Bündnis-Mitglieder, überwiegend aus dem zweisprachigen Norden, Österreich 57 und die Schweiz 11. Weitere Mitglieder kommen aus Belgien, Dänemark, Frankreich, Luxemburg, Spanien und Schweden.

Mitglieder aus Regenwaldregionen sind seit Gründung des Vereins verschiedene Organisationen indigener Völker, die in der „Koordination der Indianerorganisationen des Amazonasbeckens" (COICA) zusammengeschlossen sind und von dieser im Klima-Bündnis vertreten werden. COICA umfaßt heute 140 Einzelverbände, in denen insgesamt über eine Million amazonensischer Indianer in 9 Anrainerstaaten zusammengeschlossen sind.[12] Mit der COICA sind formal nahezu alle indigenen Ethnien des Amazonasgebiets Mitglied im Klima-Bündnis. Bislang sind keine Organisationen aus anderen Tropenwaldregionen dem Bündnis beigetreten.

Nach den ersten Initiativen im Sommer 1989 in Berlin und Frankfurt zur Gründung des Klima-Bündnisses sowie Arbeitstreffen in Frankfurt, Bremen und Graz ist im März 1992 eine Vereinssatzung verabschiedet und der Verein im Frühjahr 1993 anerkannt worden. Seine Organe sind ein zweimal jährlich tagender Vorstand, bestehend aus zwei Vertretern Amazoniens und vier europäischen Vertretern, und die ordentliche Mitgliederversammlung, in der jedes Mitglied je eine Stimme hat (§6 und 10 Vereinssatzung sowie KB 1995: 19). Sie ist „für alle Angelegenheiten zuständig, soweit sie nicht durch Satzung einem anderen Vereinsorgan zugewiesen worden sind" (§10 und 11 Vereinssatzung). Der Verein besitzt eine europäische Geschäftsstelle mit Sitz in Frankfurt/Main, die für die Koordination der Vereinsarbeit in Europa in Zusammenarbeit mit den nationalen Koordinationsstellen zuständig ist und als Anlaufstelle für die bundesdeutschen Kommunen fungiert. Außerdem organisiert sie die Zusammenarbeit mit der amazonensischen Seite, deren Koordination die COICA mit ihrer Geschäftsstelle in Manaos im brasilianischen Amazonasgebiet innehat.

Zur Aufrechterhaltung dieser Infrastruktur sind die europäischen Mitglieder zu einer jährlichen Beitragszahlung an den Verein in Höhe von 1 Pfennig pro Einwohner verpflichtet (§5 Vereinssatzung). Beitrittsbedingung ist die Anerkennung der programmatischen Grundlage des Klima-Bündnisses, dem sogenannten „Manifest europäischer Städte zum Bündnis mit den Indianervölkern Amazoniens", das seit seiner Verabschiedung im Dezember 1990 nicht mehr geändert wurde. Dort sind wesentliche Inhalte des Klima-Bündnis-Ansatzes formuliert.

Inhaltliche Problem- und Zielbestimmung aus der Klima-Bündnis-Perspektive

Die Vereinsmitglieder kommen aus über 20 Nationen äußerst verschiedener Kulturkreise. Im Hinblick auf die kulturellen, aber auch sozialen und ökonomischen Unterschiede der Partner aus dem Norden und dem Süden spricht das Klima-Bündnis selbst von „ungleichen Partnern", deren gleichberechtigtes Verhältnis in der Vereinsstruktur jedoch ihren Niederschlag finden soll (Rossbach 1993: 292). Dabei steht der Verein staatlich-administrativen und nichtstaatlichen Organisationen in europäischen Ländern und Regionen tropischer Regenwälder offen. Er unterliegt sowohl vom Umfang wie von seiner inneren organisatorischen Ausgestaltung her einer anhaltenden dynamischen Entwicklung.

Der offene, dynamische und heterogene Charakter schlägt sich in der Problem- und Zielbestimmung des Klima-Bündisses nieder, die in den Veröffentlichungen weder sehr ausführlich noch klar abgrenzbar formuliert werden. Das Klima-Bündnis versteht sich als handlungsorientierte „gemeinsame Aktion“ und „Initiative“ und definiert seine Ziele über einen variierenden Maßnahmenkatalog. Als dokumentierte gemeinsame Grundlage der Mitglieder können die Vereinssatzung, das Manifest der Bündniskommunen, Arbeitspapiere sowie öffentliche Stellungnahmen und Presseinformationen gelten. Davon zu unterscheiden sind Stellungnahmen einzelner Mitglieder, Experten oder Zielgruppen, die in den Publikationen des Klima-Bündnisses wiedergegeben werden, aber nicht ohne weiteres als verallgemeinerbar gelten können.

Laut Namensgebung möchte sich das Klima-Bündnis als ein Bündnis „zum Erhalt der Erdatmosphäre“ verstanden wissen. Unter diesem Titel beginnt das Manifest mit der Problemanzeige: „Globale Klimaveränderungen drohen“.[13] Als Ursache für die Gefährdung der Erdatmosphäre und die Klimaveränderungen wird allein auf die CO_2-Emissionen verwiesen. Dies ist die Problemskizze, die dem Kern des dominierenden Klimadiskurses entspricht. Präzisiert wird sie in einzelnen Veröffentlichungen des Klima-Bündnisses.[14]

Das Manifest betont im weiteren die Rolle der Regenwälder für die Treibhausproblematik: „Die Wälder binden das CO_2, dessen Emission auch wir ... zu beschränken suchen“. Der Treibhauseffekt fungiert so als Verbindung zwischen den Partnern, der Titel „Solidarität im Treibhaus“ des Aufrufs zur Bildung des Klima-Bündnisses von 1989 macht diesen Zusammenhang bildhaft (Trägerkreis 1989). Die Reduktion von Treibhausgasemissionen und der Schutz des Regenwaldes als Treibhausgassenke bzw. zur Vermeidung zusätzlicher Emissionen sind danach die beiden Bedingungen, damit „die Belastung der Atmosphäre abnimmt und dadurch die Lebensbedingungen für zukünftige Generationen erhalten bleiben“.

Doch die Problemauffassung bleibt nicht auf den Treibhauseffekt beschränkt. Von der Sachlogik her bietet sich dafür die Senken- neben der Quellenfunktion der Regenwälder an, die in dem obigen Zitat angesprochen ist.[15] Sie läßt die Regulierungsfunktion des Bestands an tropischer Vegetation deutlicher werden: „Der überlebenswichtige Beitrag der Tropenwälder zur Klimastabilisierung und ihre Funktion als Wärmeregulator für unser Klima ist bedroht", lautet dazu eine These (Trägerkreis 1989:4). Der COICA-Vertreter spricht 1991 in Frankfurt davon, daß der Regenwald „Sauerstoff produziert" und ein „Regulator des Lebens auf dem Planeten" ist (Nugkuag in KB 1991: 49). Diese Vorstellung ist nicht aus der wissenschaftlichen Klimaforschung ableitbar. Sie findet aber Eingang in das Problemverständnis des Klima-Bündnisses als Brücke zwischen der Vorstellung eines globalen Klimasystems und dem tropischen Lateinamerika als konkretem Lebensraum für „Bewohnerinnen und Bewohner der Wälder" und als Reservoir der einmaligen „ökologischen Vielfalt des Amazonasgebietes" (Arbeitspapier in KB 1991: 91). Diese Betonung des Bestands- und Lebensraumcharakters besitzt gegenüber dem Bild von der Treibhausgassenke eine neue Qualität und kehrt die Problemperspektive „Treibhauseffekt verändert Atmosphäre verändert Klima verändert Lebensgrundlage" gewissermaßen um. Sie knüpft an deren Endpunkt an – der Gefährdung der unmittelbaren Lebensgrundlagen, die u.a. auch das Klima und damit konkrete Lebensgrundlagen an anderen Orten verändern. So gesehen gewinnt die Erhaltung des tropischen Regenwaldes eine eigenständige Bedeutung neben dem Klima- (lies: Atmosphären) schutz, denn der Wald ist die „Lebensgrundlage der amazonischen Indianervölker", unabhängig von den Folgen seiner Zerstörung für das globale Klima und deren Konsequenzen. In den Worten der interdisziplinären Klimaforschung gesprochen steht damit neben der Atmosphäre die Biosphäre im Mittelpunkt. Im Vorwort der ersten Klima-Bündnis-Veröffentlichung heißt es daher: „Die Erhaltung des Klimas, der Schutz der Biosphäre unseres Planeten, sind die wichtigsten Aufgaben der Umweltpolitik im kommenden Jahrzehnt" (KB 1991: 8).

Die dem Klima-Bündnis eigene Problemauffassung ist daher die Kombination unterschiedlicher Perspektiven – einem räumlich global, aber physisch eng orientierten Blick auf die Treibhauseffekt-Problematik, und einem zweiten, räumlich regional begrenzten, aber physisch umfassenden Blick auf das sozioökologische System Amazoniens. Diese Problemauffassung ist jedoch nicht in konsistenter und ausführlicher Form dargelegt – was nicht überraschen kann, ruft man sich die aktuelle Dynamik des wissenschaftlichen Klimaverständnisses in Erinnerung. Die Kombination verschiedener Wissensbestände und -formen der Bündnispartner hat nun aber Folgen für die Art und Weise, in der die Problem- und Zieldefinitionen des Klima-Bündnisses formuliert werden.

Zum einen resultiert aus der heterogenen Perspektive, daß zusätzliche Aspekte des Klimawandels Eingang in die Programmatik finden. So werden, den

Blick auf die bedrohten Lebensgrundlagen gerichtet, auch andere Belastungen der Atmosphäre, wie etwa die Zerstörung der Ozonschicht und vereinzelt auch die klassische Luftverschmutzung mit einbezogen (vgl. die Beiträge in KB 1991). Die Gefährdung der Biosphäre wird thematisiert, regional relevante Böden- und Gewässerbelastungen sowie Gesundheitsgefährdungen durch toxische Stoffe und eingeschleppte Krankheiten werden so zu Aspekten des globalen Klimawandels. Schließlich werden Verbindungen zwischen Klimawandel und Artenvielfalt und von der Gefährdung der Biosphäre im Süden zu der im Norden gezogen.

Als Folge dieser breiten Klima-Perspektive versteht sich das Bündnis als Handlungsansatz, der ökonomische, soziale, kulturelle und rechtliche Inhalte einschließt. So wird neben der ökologischen Interdependenz auch die ökonomische Verschränkung beider Regionen durch den Weltmarkt angesprochen (KB 1991: 41f.) sowie die ökologisch unangepaßte Marktpreisbildung hier wie dort (ebda., sowie KB 1995: 24). Auch gelten die historischen Einflüsse der Industrieländer auf Amazonien (KB 1991: 37ff.), die Situation der Land- und Menschenrechte in Amazonien (KB 1995: 12) und die Mißachtung kultureller Traditionen (KB 1995: 12) als Teil des Klimaproblems. Aus der ungewöhnlichen Akteursstruktur ergibt sich also eine klima-, umwelt- und sozialsystemisch komplexe Problemsicht. Allerdings bleibt in ihr die heterogene Struktur der Akteure und ihrer Wahrnehmungen weiter deutlich.

Die Problemperspektive wird so nur bruchstückhaft und verstreut über die verschiedenen Selbstdarstellungen formuliert. Ihre beiden Hauptkomponenten werden meist additiv als „Erhalt der Regenwälder und des Klimas“ definiert und der Bündniszweck als Summe von Maßnahmen: „Reduzierung der CO_2-Emissionen der Kommunen mit dem Ziel einer Halbierung bis zum Jahre 2010; weitgehende Reduzierung aller treibhausrelevanten Gase im kommunalen Bereich; Vermeidung von Tropenholz im kommunalen Bereich; Informationsaustausch zwischen den Kommunen und Vergabe gemeinsamer Gutachten zu den o.g. Themen; Unterstützung der indigenen Völker durch Förderung von Projekten; Unterstützung der Interessen der amazonensischen Indianervölker an der Erhaltung des tropischen Regenwaldes, ihrer Lebensgrundlage, durch die Titulierung und nachhaltige Nutzung ihrer Territorien; Information der Öffentlichkeit über die genannten Zielsetzungen und Förderung von Energiesparmaßnahmen im privaten Bereich“ (§2 Vereinssatzung). Inhaltlich bleibt daher eine unaufgelöste Spannung. Sie findet sprachlich ihren Ausdruck in irritierenden Aussagen, etwa wenn sich enge und weite Klimabegriffe überlagern: „Globale Klimaveränderungen, der Abbau der Ozonschicht und die Vernichtung der tropischen Regenwälder stellen eine weltweite Gefährdung der Biosphäre dar. Der Schutz des Klimas ist zu einer zentralen Aufgabe der Menschheit geworden" (KB 1995: 6). Die ambivalente Mischung aus atmosphärischer und biosphärischer bzw. globaler und regionaler Perspektive steckt auch hinter der Metapher von „Amazonien als Lunge der Welt", die im Klima-Bündnis-Diskurs häufig zitiert wird (z.B. KB 1991: 62) und die Unsicherheit und mangelnde Nachweisbarkeit von Zusammenhängen durch ein Bild zu ersetzen sucht.[16]

Dieser Problemauffassung mangelt es aber an Konsistenz, Unschärfen bleiben – ebenfalls analog zum generellen Stand des Wissens. Die Frage ist nun, wie sich vor diesem Hintergrund eine politische Handlungsstrategie bildet.

Das Klimapolitik-Problem aus Sicht des Klima-Bündnisses

Die heterogenen Akteure im Klima-Bündnis handeln vorwiegend auf der lokalen Handlungsebene – gerade dies ist die Basis für die gravierenden Unterschiede, auf der sich beispielsweise Umweltprobleme stellen und wahrgenommen werden. Aufgrund der lokalen Verankerung aber ist beiden Seiten die relative politische Schwäche gemein gegenüber übergeordneten Handlungsebenen. Im Bereich der Klimapolitik, wie sie von den beiden Bündnispartnern verstanden wird, teilen diese daher die Auffassung, daß ihren jeweiligen lokalen Interessen nationale und internationale Widerstände entgegenstehen. So klagen die amazonensischen Partner im Klima-Bündnis „mit Hilfe ausländischer Finanzen realisierte zerstörerische Großprojekte" an, „koloniales Denken", „zentralistische Planungsmodelle" und den „Ansturm von außen" (KB 1991: 91ff.). Die europäischen Kommunen sehen sich problemverschärfenden politischen Entscheidungen auf nationaler und supranationaler Ebene gegenüber (KB 1995: 24). Gemeinsamer Beschluß ist es, „nicht länger auf internationale Vereinbarungen der Regierungen zu warten, sondern vor Ort gezielte und konkrete Maßnahmen einzuleiten" (KB 1995: 6). Auch auf nationaler Ebene werden Beschluß und Umsetzung konsequenter Maßnahmenprogramme vermißt (KB 1995: 3). Die herrschende Klimapolitik bezieht aus Sicht des Klima-Bündnisses die Betroffenen und Akteure auf der lokalen Ebene nicht ein und nutzt nicht die „Diversität lokaler Strategien" (KB 1995: 6). Es geht um eine lokale Politik, die jedoch eine regionale, nationale und national übergreifende Koordination und Koalitionen anstrebt. „Das Klima-Bündnis ... soll deshalb direkte Beziehungen zwischen lokalen Instanzen in Europa und Amazonien ermöglichen" (KB 1991: 92).

Diese Ausrichtung an lokaler, aber auch internationaler Politik ist verbunden mit der umwelt-, wirtschafts-, nord-süd- und menschenrechtspolitischen Dimension des Klimaproblems. In dem Arbeitspapier von 1990 wird hierzu ausgeführt: „Klimaschutz ist nicht einfach eine Frage der 'richtigen' Technik. Ob die Weltgesellschaft Bedingungen schafft, die das Überleben der Menschheit sichern, hängt davon ab, wie die Menschen ihre Beziehungen untereinander und ihre Beziehungen zur Natur gestalten“ (KB 1991: 91). Für die Regenwälder ist daher keine Naturschutzpolitik anzustreben, sondern ihre Erhaltung als menschliche Lebensgrundlage, „durch die Titulierung und die nachhaltige Nutzung der indianischen Territorien“ (Manifest) und die „Sicherung der Menschenrechte und der kulturellen Tradition der amazonensischen Völker“ (KB 1991: 95). Die Politik vor Ort muß daher weit über Klimapolitik hinausgehen. „Das Klima-Bündnis umfaßt den ökologischen Umbau der Städte des Nordens sowie die Garantie für eine langfristige Sicherung der Lebens- und Nutzungsrechte der Völker und Gruppen des Waldes“ (KB 1991: 101f.). Die Politik zwischen den Bündnispartnern in Nord und Süd hebt diesen Anspruch auf die Ebene der internationalen Beziehungen: „Das Klima-Bündnis will deshalb einen neuen Typ nicht-kolonialer Beziehungen verwirklichen“ (KB 1991: 92) sowie „eine neue Form der Zusammenarbeit zwischen Nord und Süd“ (KB 1995: 12).

Aus dem themen- und ebenenübergreifenden Anspruch resultiert für das Klima-Bündnis die Strategie, auf den verschiedenen Ebenen verschiedenste Akteure einzubeziehen, um konkrete Schritte einleiten zu können. Die Koordinationsaufgabe besteht darin, daß „möglichst viele Einzelpersonen, Initiativen, Umwelt- und Solidaritätsgruppen, politisch Verantwortliche und Vertreter von Industrie und Behörden die Bereitschaft erklären, die Ziele des Klima-Bündnisses zu unterstützen“ (Trägerkreis 1989: 3). Neue politische Strukturen auf lokaler, regionaler, nationaler und internationaler Ebene und ebenso zwischen staatlichen und nichtstaatlichen Akteuren sollen gebildet werden. Von daher gewinnt für das Klima-Bündnis der Informationsaustausch der Akteure untereinander und mit den internationalen Bündnispartnern sowie die Bildungsarbeit einen zentralen Stellenwert, um Wissensdefizite und Unsicherheiten abbauen zu helfen. Gezielte Öffentlichkeitsarbeit und die Nutzung öffentlichen Drucks soll Handlungsspielräume eröffnen (KB 1995).

Der letztgenannte Aspekt betrifft dabei das Klima-Bündnis als neuartige politische Institution unmittelbar, steht es doch angesichts der internen Heterogenität der Akteure bis heute vor der Aufgabe, seinen Ansatz inhaltlich zu festigen und die Akteurs- und Organisationsstruktur zu stabilisieren. Das Klima-Bündnis muß also auch auf sich selbst bezogen kontinuierlich angemessene Wissens-, Handlungs- und Öffentlichkeitsformen entwickeln. In seinem

Politikansatz finden sich dabei oben skizzierte Politikanforderungen wieder: eine ebenen- und politikfeldübergreifende Konzeption, plurale Handlungsstrukturen und die Betonung, Voraussetzungen für Klimapolitik durch Diskurs und soziales Lernen zu schaffen.

IV. Der Regimeansatz als Deutungsmuster für das Klima-Bündnis

Die bisherigen Ausführungen zu Klimaproblem und Klima-Bündnis zeigen, daß charakteristische Komplexitätsmomente von Klima- und Gesellschaftswandel in der Gestalt des Klima-Bündnisses ihr Echo finden. Um diese Gestalt im Rahmen klimapolitischer Handlungsmöglichkeiten angemessen deuten zu können, ist diese Resonanzfähigkeit zu würdigen – ein entsprechendes theoretisches Konzept sollte also auf solche Komplexitätsmomente ausgerichtet sein. Gleichzeitig kann das *moving target* Klima-Bündnis in einem permanent sich wandelnden Umfeld wohl geortet und beobachtet, aber kaum eindeutig und dauerhaft klassifiziert werden. Die Stichworte „Resonanz" und „Wandel" lassen dabei zunächst an neuere Entwicklungen allgemeiner System- oder auch Handlungstheorien denken. Inhaltlich ist das Klima-Bündnis aber doch stark von der sich verändernden Wahrnehmung von Umweltproblemen und dem darauf bezogenen Umweltpolitikwandel geprägt. Daher liegt es nahe, nach einem Konzept Ausschau zu halten, das sich in diesem spezielleren inhaltlichen Zusammenhang entwickelt, ohne die neueren system- oder handlungstheoretischen Überlegungen auszublenden.
Die politikwissenschaftliche Theorie internationaler Beziehungen im Umweltbereich scheint mir deshalb als Ausgangspunkt geeignet. Vielfältige Bezüge zu ökonomischen, soziologischen, psychologischen und geographischen bis hin zu naturwissenschaftlichen Überlegungen bietet insbesondere der aktuelle Regimediskurs. Daher soll im folgenden die These ausgeführt und begründet werden, daß das Klima-Bündnis als ein sogenanntes *transnationales Regime* aufgefaßt werden kann. Diese Typisierung ist, wie oben begründet wurde, als vorläufig anzusehen und geschieht in der heuristischen Absicht, die Analyse des Klima-Bündnisses strukturieren zu helfen und mehr über seine Eigenschaften zu erfahren.

Klassische internationale Regime und das Klima-Bündnis

Die Herausbildung des Klima-Bündnisses wirft die Frage auf, die auch für die Regimeanalyse von zentraler Bedeutung ist: „Der Regimeansatz interessiert sich für die Bedingungen, unter denen in einem anarchischen und chaotischen System der Weltpolitik Formen der Kooperation sich herausbilden und entwickeln können" (Strübel 1989: 248). Die klassische Regimeanalyse hatte sich Anfang der 80er Jahre im politikwissenschaftlichen Forschungsbereich der internationalen Beziehungen herausgebildet. Hintergrund hierfür waren insbesondere das Phänomen der zunehmend komplexen internationalen Interdependenz verschiedener Problemlagen und Akteure sowie das wachsende Unbehagen an der herrschenden neorealistischen Konzeption internationaler Beziehungen als einem Nullsummenspiel, das allein von Machtinteressen und Konflikten geprägt ist (vgl. Meyers 1993; Strübel 1992). Ihr Gegenstand sind Formen bilateraler oder multilateraler Übereinkünfte und Verträge, die Verhaltenserwartungen im Bereich internationaler Politik etablieren, Informationen produzieren und helfen, Transaktionskosten zu senken (Efinger et al. 1990: 270). Trotz dieser konzeptionellen Dynamik stellt auch heute noch die klassische Regimedefinition von Krasner den paradigmatischen Kern des Ansatzes dar.

„Regimes can be defined as sets of implicit or explicit principles, norms, rules, and decision-making procedures around which actors' expectations converge in a given area of international relations" (Krasner 1983: 2). Klassischerweise prüft die Regimeanalyse die vier genannten Strukturelemente, inzwischen üblich ist darüberhinaus als weitere Bedingung, daß Regime von relativer Dauer sein und eine gewisse Effektivität besitzen müssen (Efinger et al. 1990; Mayer, P. et al. 1993). Damit geht der politikwissenschaftliche Regimebegriff deutlich über die völkerrechtliche Auffassung internationaler Regime hinaus, in deren Betrachtung Regime auf ihren institutionell-organisatorischen Aspekt und die rechtsförmigen Regelungen beschränkt bleiben. Enger dagegen bleibt er im Verhältnis zum politökonomischen Regimebegriff des Regulationsansatzes, der eine wesentlich größere Breite gesellschaftlicher Regulierungsformen über die politisch-juristisch-administrative Arena hinaus umfaßt.[17]

Innerhalb politikwissenschaftlicher Konzepte sind Regime u.a. zu unterscheiden von *(internationalen) Organisationen*, die unmittelbar zweckdienlich handlungsfähig sind, während Regime eher indirekt über die beteiligten Akteure gestaltet und wirksam werden (Efinger et al. 1990: 267). Durch das Effektivitätskriterium sind Regime weiterhin vom Begriff des *internationalen Vertrags* abgrenzbar, da sie nicht die Form schriftlicher Vereinbarungen besitzen müssen und andererseits aber über Vereinbartes hinaus auch Handlungen umfassen (Efinger et al. 1990: 266; Mayer, P. et al. 1993: 421ff.).[18] Dieser Handlungsaspekt ist es auch, der in der Regimeperspektive deutlicher zutage tritt als in der Interpretation solcher Arrangements als *Netzwerke.* Sie hebt stärker auf Momente wie die Beziehungsstrukturen zwischen den Akteuren und die organisatorische Entwicklung ab. Die Netzwerkanalyse liefert daher wichtige komplementäre Gesichtspunkte zur Regimeanalyse (siehe auch Messner in diesem Band).[19]

Vor dem Hintergrund dieser Abgrenzungsversuche werden erste Vorzüge der Regimesicht auf das Klima-Bündnis deutlicher. Wie oben herausgearbeitet wurde, begreift sich das Klima-Bündnis sowohl als Bündnis im Sinne einer internationalen gegenseitigen Verpflichtung wie auch im Sinne einer internationalen Organisation. Es kann weder als reiner völkerrechtlicher Vertrag, als bloße Solidaritätserklärung oder allein als internationale Organisation interpretiert werden. Die gemischt staatliche/nichtstaatliche Zusammensetzung seiner Akteure läßt weder die Bezeichnung als *internationale Organisation* oder *Nicht-Regierungs-Organisation* noch als *Neue Soziale Bewegung* zu. Der abstraktere Begriff des *Netzwerks* trifft den strukturellen Charakter des Klima-Bündnisses besser, gerade auch was die Heterogenität, Flexibilität und Multifunktionalität dieser Institution betrifft. Dem Doppelcharakter von Handlung und Struktur sowie der zentralen Bedeutung des Akteurshandelns und der Erwartungsbildung für Form, Inhalt und Entwicklung des Klima-Bündnisses kommt jedoch das Deutungsmuster Regime m.E. am nächsten.[20]

Vor dem Klima-Bündnis wurden in den letzten Jahren zahlreiche umwelt- und klimapolitische Kooperationsformen im internationalen Bereich mit dem Regimeansatz untersucht.[21] Für den Bereich globaler Klimawandel lassen die Studien den Schluß zu, daß bspw. der Regimecharakter der Klimarahmenkonvention umstritten ist und die Regime zum Schutz der Ozonschicht sowie zur Luftschadstoffreduktion keineswegs ohne Schwächen hinsichtlich Verbindlichkeit und Wirksamkeit sind.[22] Diese faktischen Regulierungsdefizite im Klimaschutzbereich sind nicht zuletzt Anlaß für politische Phänomene wie das Klima-Bündnis, woran sich die Frage anschließt, ob nun das Klima-Bündnis ebenfalls ein Regime ist.

Wie also verhält es sich im Falle des Klima-Bündnisses mit den vier klassischen Elementen der Regimedefinition – den Prinzipien, Normen, Regeln und Entscheidungsverfahren – und wie steht es um die Dauerhaftigkeit und Effektivität?

a) Unter Prinzipien i.S. der Regimedefinition sind „beliefs of fact, causation, and rectitude" zu verstehen, auf die sich die beteiligten Akteure explizit oder implizit beziehen (Krasner 1983: 2). Mehrere solche gemeinsamen Prinzipien lassen sich in den offiziellen Klima-Bündnis-Dokumenten identifizieren, u.a.:

- die Einsicht in die Notwendigkeit, aktiv und umfassend gegen die globalen anthropogen verursachten Klimaveränderungen vorzugehen und sich der Erhaltung der natürlichen Lebensgrundlagen zu widmen;
- die Anerkennung der besonderen Verantwortung der Industrieländer für den globalen Klimawandel;
- das Streben nach einer gleichberechtigten Partnerschaft zwischen Nord und Süd;
- die hohe Wertschätzung der Diversität lokalen Handelns und einer weitgehenden Selbständigkeit der lokalen Ebene;
- die Betonung der Verantwortung des Einzelnen.

Die bisherige Darstellung des Klima-Bündnis-Ansatzes deutete aber bereits an, daß diese explizit formulierten Prinzipien nicht durchgängig einheitlich interpretiert werden. So wird unter klimaschützendem Handeln zwischen amazonensischen und europäischen Akteuren und auch innerhalb der kommunalen Mitglieder sehr Verschiedenes verstanden. Das Prinzip der Gleichberechtigung läßt, insbesondere im Zusammenhang mit dem Prinzip der besonderen Verantwortung der europäischen Akteure, unterschiedliche Auffassungen über Partnerschaft und gemeinsames Handeln zu. Auch die relative Autonomie lokalen Handelns bedeutet innerhalb Europas und zwischen den Kulturen jc unterschiedliches und steht letztendlich immer in einem Spannungsverhältnis zur Idee gemeinsamer Prinzipien überhaupt.

b) Normen im Sinne der klassischen Regimeanalyse sind explizite und implizite „standards of behavior defined in terms of rights and obligations" (Krasner 1983: 2). Im Kontext des Klima-Bündnisses finden sich Normen vor allem im Manifest, das explizit den Charakter einer Selbstverpflichtung besitzt. Abgeleitet von dem Prinzip der Erhaltung des Klimas und der Lebensgrundlagen verpflichten sich die Mitglieder

- zur drastischen Reduktion klimabelastender und zur Förderung klimaschonender Aktivitäten in mehreren Bereichen;
- zur gegenseitigen Solidarität und Unterstützung anderer Mitglieder;
- zum gegenseitigen Informations- und Erfahrungsaustausch;
- zur Anerkennung kultureller Traditionen und zur Durchsetzung der Menschenrechte.

Im Zusammenhang mit den unaufgelösten inhaltlichen Spannungsmomenten in der Problem- und Zielbestimmung des Klima-Bündnisses und den Interpretationsspielräumen bei den Prinzipien ist allerdings nicht gesichert, daß diese Normen einheitlich interpretiert werden. Problematisch scheint mir beispielsweise, daß das Manifest als zentrale programmatische Grundlage ausschließlich im Hinblick auf Verpflichtungen der europäischen Seite formuliert ist. Damit ist potentiell ein strukturelles Ungleichgewicht in der Frage der gleichberechtigten gemeinsamen Umsetzung der Vereinbarungen angelegt.

c) Die Operationalisierung der Normen in Regeln als „prescriptions and proscriptions for action" (Krasner 1983: 2) wird im Klima-Bündnis z.T. durch die verbindlich formulierten konkreten Reduktionsmengen und das Verbot von Import und Verwendung von Tropenholz vollzogen. In der Satzung finden sich allgemeine formulierte Maßnahmen zur Verwirklichung der Zielnormen, in zahlreichen Veröffentlichungen werden Instrumente und Strategien benannt. In der Satzung sind darüberhinaus Regeln zum Beitritt und zum Wirksamwerden der Selbstverpflichtung sowie zu Vereinspflichten, insbesondere der finanziellen Förderung, formuliert. Keine expliziten Regeln existieren für die Aktivitäten der indigenen Völker im Klima-Bündnis, formell und informell wird das bisherige Handeln dieser Mitglieder als prinzipiell zielförderlich beschrieben. Für alle Mitglieder gilt, daß die Verfahren zur Umsetzung der genannten Ziele nicht verbindlichen geregelt sind. Die Maßnahmenkataloge werden vielmehr als Vorschläge verstanden, die die Mitglieder in unterschiedlichem Umfang als implizite Regeln auffassen und durch zusätzliche Maßnahmen und Handlungsfelder ergänzen können.

d) Ein weiteres Element von Regimen sind nach Krasner die Entscheidungsverfahren, „prevailing practices for making and implementing collective choice" (Krasner 1983: 2). Solche Verfahrensregeln finden sich im Falle des Klima-Bündnisses teils explizit in der Vereinssatzung festgelegt, wie Regelungen zur Kompetenzverteilung der einzelnen Vereinsorgane und Abstimmungsregeln. Für Verfahren der regionalen und länderspezifischen Koordination existieren überwiegend implizite Regeln, aber auch auf der Ebene des gesamten Vereins gibt es informelle Routinen für Kommunikations-, Planungs- und Entscheidungsvorgänge. Durch die schwachen Bindungen zwischen den einzelnen Mitgliedern, Ländergruppen und auch zwischen der amazonensischen und der europäischen Seite gibt es keine klima-bündnisspezifischen Regelungen für Entscheidungsverfahren auf der lokalen oder regionalen Ebene.

e) Die Frage nach der Dauerhaftigkeit des Klima-Bündnisses ist aufgrund der Tatsache seines mehrjährigen Bestehens und seiner anhaltenden Resonanz generell zu bejahen. Allerdings sind über die formalen Bestandteile Manifest und Satzung hinaus die Vereinsstrukturen z.T. immer noch im Aufbau. Ziele, Inhalte und Handlungsformen entwickeln sich weiter, etwa was die zunehmende Gewichtung der Bildungsarbeit angeht, oder die verstärkte inhaltliche

Ausrichtung am Thema biologische Vielfalt über die klassische Klimapolitik hinaus.

Soweit also läßt die bisherige Kriteriendiskussion die vorläufige Deutung des Klima-Bündnisses als Regime plausibel erscheinen. Einige der gemachten kritischen Anfragen können zunächst damit beantwortet werden, daß das Klima-Bündnis als ein *Regime in der Aufbau- und Entwicklungsphase* anzusehen ist. Andere Einschränkungen beziehen sich aber auf mittelfristig anhaltende Grundstrukturen. Geht man von einem strengen Regimebegriff aus, spricht der Grad an formaler Verbindlichkeit dafür, das Klima-Bündnis als *informelles Regime* oder als *deklaratorisches Regime* zu bezeichnen. Hinsichtlich der Defizite einer konsistenten Problemformulierung und -interpretation wäre dann von einem *Quasi-Regime* zu sprechen, das andere Interessen verfolgt, als es formuliert. Schließlich liegt es angesichts des Realisationsgrades nahe, von einem bislang *schwachen Regime* zu sprechen.[23] Doch bevor auf diese Zweifel am Regimecharakter und die Frage der Effektivität eingegangen werden kann, drängt sich eine andere Frage auf: Stecken in der klassischen Regimedefinition nicht noch weitere, implizite Kriterien, die das vorliegende ambivalente Ergebnis mit hervorbringen und ohne deren Klärung die Frage der Effektivität wie auch der Verbindlichkeit und Konsistenz nicht angemessen beurteilt werden kann?

Das Klima-Bündnis als transnationales Regime

Neuere Regimeanalysen machen kritisch darauf aufmerksam, daß der klassischen Regimedefinition das Verständnis von Regimen als zwischenstaatlichem Handeln implizit zueigen ist, abgeleitet aus der Auffassung von internationalen Beziehungen der 60er und 70er Jahre, in denen die klassischen Nationalstaaten und internationalen Organisationen allein im Zentrum des Interesses standen. Dieser Vorstellung entspricht das Klima-Bündnis nicht. Da es sich auf nichtstaatliche Kollektive in Amazonien und subnationale öffentliche Körperschaften in Europa bezieht, kann hier weder von nationalstaatlichen noch supranationalen Akteuren gesprochen werden. Dennoch ist das Klima-Bündnis dem Anspruch nach Teil internationaler Politik.

Die Durchlässigkeit der nationalstaatlichen Souveränität, die Auflösung der Grenzen zwischen Innen- und Außenpolitik und die Herausbildung neuer Akteure internationaler Politik war durchaus schon für die 80er Jahre charakteristisch. Mit der Einsicht in die wachsende Komplexität der Interdependenz wurde die Auffassung von internationaler Politik um grenzüberschreitende Beziehungen zwischen nichtstaatlichen Akteuren (etwa multinationale Konzerne) und zwischen Akteuren unterhalb der nationalstaatlichen Ebene (etwa weltweite kommunale Verbände) erweitert – der umfassendere Begriff der *transnationalen Beziehungen* wurde kreiert. In den Diskursen über postfordistische Regulationsweisen, Weltgesellschaft, Risikogesellschaft und Zivilgesellschaft begann ebenfalls im Laufe der 80er Jahre die verstärkte Berücksichtigung solcher Strukturen, wobei überall die transnationale Qualität von Umweltgefährdungen und Umweltpolitik wichtige Anstöße gab.[24]

Die Kritik an der staatszentrierten Orientierung des Regimebegriffs wurde allerdings erst in den letzten Jahren laut (Forschungsgruppe 1996) und erst jüngst wurde in Erweiterung der klassischen Regimedefinition der Begriff der *transnationalen Regime* aus der Taufe gehoben, um der wachsenden Bedeutung transnationaler Akteure im Bereich internationaler Politik gerecht werden zu können: „All kinds of organizations with the purpose of defending or promoting functionally defined interests in the international realm are in principle able to implement relatively stable forms of co-operation in the pursuit of their interests. If international non-governmental organizations interacting in an issue area agree upon principles, norms, rules, and decision-making procedures in order to regulate their interactions, one can speak of *transnational regimes*".[25] Ein solches Regimekonzept steht auch für den Klima-Bündnis-Ansatz wieder offen, wenn auch zunächst nur vorläufig, da die empirische Forschung und die Anwendung des Konzepts transnationaler Regime noch ganz am Anfang steht.[26] Sie wird auch erweisen, wie die oben herausgearbeiteten Schwächen des Klima-Bündnisses als Regime zu beurteilen sind, denn die Erweiterung des Akteursspektrums im Regimekonzept läßt auch die anderen Bestimmungsfaktoren von Regimen in einem neuen Licht erscheinen.

Implikationen transnationaler Strukturen für Form, Inhalt und Vorgehen von Regimen

In Anlehnung an den dreidimensionalen Politikbegriff der Politikwissenschaften werden die folgenden Überlegungen zu transnationalen Regimen gegliedert nach Implikationen für die institutionelle Form (polity), die Inhalte (policy) und das konkrete Handeln der Akteure (politics).[27]

a) Die organisatorische Stabilität und formale Regulierungsstärke einer transnationalen Institution wie der des Klima-Bündnisses können nicht ohne weiteres an klassischen Regimen zwischenstaatlicher Art gemessen werden. Die Machtstellung der Klima-Bündnis-Akteure ist nicht zu vergleichen mit der souveräner Staaten und ressourcenreicher supranationaler Organisationen, handelt es sich doch hier um eine Institutionenbildung mit stark zivilgesellschaftlichen Anteilen, die „von unten“, von der lokalen Ebene her ihren Impuls hat. Reichweite und Realisationsgrad von formellen Regelungen sind daher bei transnationalen Zusammenschlüssen von vornherein relativ begrenzt. Für informelle Übereinkünfte besteht dagegen u.U. mehr Raum. Innerhalb klassischer Regime mag daher ein *informelles Regime* vergleichsweise eine organisatorische Schwäche darstellen, transnationale Regime können gerade hierdurch ihre Stärke zeigen.

Mit der Zunahme internationaler Politikstrukturen wird die Frage immer wichtiger, ob und welche *linkages* zu anderen Institutionen bestehen, etwa in Form der Einbettung eines Regimes in ein anderes.[28] Das Verhältnis transnationaler zu klassischen Regimen staatlicher Macht wäre dabei nochmals gesondert zu betrachten. Das Klima-Bündnis kann so bspw. im Bezug etwa zur Klimarahmenkonvention, den Ozon-Vereinbarungen und Menschenrechtskonventionen als *nested regime* betrachtet werden (Young 1996: 3f.). Den übergeordneten Rahmen nutzt es für die Stärkung seines eigenen Regimecharakters, aber auch Konflikte mit zwischenstaatlichen Regelungen sind bei der transnationalen Struktur des Klima-Bündnisses vorgezeichnet.

Während transnationale Akteure hinsichtlich ihrer impliziten und expliziten Kooperationsvereinbarungen mindestens ebenso unverbindlich bleiben können wie souveräne Staaten, besitzen letztere jedoch das Gewaltmonopol nach innen und in der Regel stärkere Kontrollmechanismen. Im Klima-Bündnis dagegen ist die Eigenständigkeit der Bündnispartner zum Prinzip erhoben und direkte Sanktionsmöglichkeiten fehlen sowohl auf Bündnisebene wie auf der Ebene der einzelnen Mitglieder. Dies schließt aber nicht aus, daß einzelne Vorreiter oder Gruppen diese Gestaltungsfreiheit nutzen können, um über Vereinbarungen im positiven Sinne noch hinauszugehen. In der herkömmlichen Sicht erscheint das Klima-Bündnis daher als ein Regime im Aufbau, dessen Fertigstellung wünschenswert wäre. Die Vielfalt der Akteure und die Rahmenbedingungen der Klima-Bündnis-Entwicklung lassen allerdings ebenso eine kontinuierlich anhaltende Veränderung seiner Gestalt erwarten und als ebenso berechtigt erscheinen.

Der Prozeß der kontinuierlichen Selbstdefinition spielt in modernen Organisationen eine wesentliche Bedeutung. Handeln zielt in ihnen oft nicht so sehr auf Entscheidungen als vielmehr auf eine Übereinkunft, was die Ausrichtung der Inhalte und die Angemessenheit der Regeln angeht, um einen Minimalkonsens über die Problemauffassung zu erreichen und eine kollektive Identität herzustellen. Die Bedeutung des Verhältnisses von ergebnis- und regelorientierten Handlungsformen in Institutionen ist auch für die Regimeanalyse bzw. die Netzwerkanalyse eine zunehmend diskutierte Frage.

b) Eine transnationale Konzeption von Regimen hat auch auf die inhaltlich komplexere Gestalt von Politik zu reagieren, denn mit dem Wandel der „international relations" zu „transnational relations" stellt sich auch die Frage, was in der Krasner'schen Regimedefinition eine „given area of international relations" darstellt. Auch hier steht die Regimeanalyse in der Tradition einer überholten wissenschaftlichen Problemwahrnehmung, die von relativ trennscharf abgrenzbaren Politikfeldern ausgeht und das Zusammenfallen von Lösungsansätzen und Problemstellungen eher als Voraussetzung denn als Kriterium eines Regimes behandelt. Auf die natürliche und soziale Sphären übergreifende Struktur des Klimaproblems wurde oben ausführlicher eingegangen, die daraus folgenden linkages gesellschaftlichen Handelns müssen auch bei der Analyse von Regimen stärker bedacht werden.[29] Das Klima-Bündnis läßt sich mit seinem umwelt-, entwicklungs- und menschenrechtspolitischen Ansatz nicht dem üblichen engeren klimapolitischen Diskurs zuordnen. Auch mit seiner Ausrichtung auf sowohl globale wie lokale Themen durchbricht das Klima-Bündnis die simple Zuordnung oder Nicht-Zuordnung zu einer „given area" – sie wird vielmehr selbst erst mitgeschaffen. Kooperationsformen wie Inhalte von Regimen sind in einem Kommunikations- und Handlungsprozeß zu entwickeln. Er hat die Funktion, zwischen Kulturen und Disziplinen zu vermitteln und zwischen den verschiedenen Wahrnehmungsmöglichkeiten der politischen Akteure Anschlußmöglichkeiten zu schaffen. Gerade *transnational linkages* setzen also *translational linkages* mit Übersetzungsfunktionen voraus, für ihre Analyse bedarf es entsprechend *transdiziplinärer* und *transkultureller* Ansätze (Princen/Finger 1994: 217ff.). In der Regimeanalyse sind aber bislang weder Hierarchien zwischen politischen Themen problematisiert worden noch die Relativität von Themenformulierungen in Abhängigkeit vom historischen Kontext und vom Standpunkt des Akteurs, etwa im Falle verschiedener kultureller Wahrnehmungsmuster (Jönsson 1993: 212; Mol et al. 1995: 29).

Sind unterschiedliche Wahrnehmungsmuster aber gegeben, erscheint die Bezeichnung *Quasiregime* in einem anderen Licht. Ohne die klassische „given area" kommt transnationalen Regimen wie dem Klima-Bündnis nicht nur eine Umsetzungsfunktion bestimmter Maßnahmen in einem bestimmten Problemfeld zu (agenda implementation), sondern auch die Funktion, solche Problemfelder zunächst einmal zu benennen (agenda setting) und Programmatiken aufzustellen (agenda formulation).[30] Sind die inhaltlichen Vorstellungen dabei aufgrund der Heterogenität der Akteure nicht von vornherein konsistent, so bleibt die Kommunikation und die Übersetzung (translation) – wie bereits angedeutet – nicht nachrangige Aktivität, sondern wird zu einem zentralen inhaltlichen Bestandteil.

c) Wohl am unmittelbarsten verändern sich die konkreten konflikthaften Politikprozesse in transnationalen Beziehungen. Die Regimeanalyse steht vor der Aufgabe, die Entstehung, Arbeit und Wirkung entsprechender Kooperationsstrukturen gegenüber rein zwischenstaatlichen Formen neu zu fassen.

Die komplexen und schnell veränderlichen systemischen und situativen Handlungsbedingungen von Klimapolitik allgemein und dem Klima-Bündnis speziell machen deutlich, daß Regime heute keine eindeutig abgrenzbare Entstehungsphase besitzen. Regimedefinitionen müssen Prozeß und Ergebnis der Institutionenbildung einbeziehen und dem Vorgang ständiger Neubestimmung in Kommunikation und Aktion gerecht werden, d.h. die statische Form der Regimeanalyse ist durch dynamische Ansätze abzulösen (Gehring 1994). Stärkere Beachtung verdient der politisch-historische Kontext zur Klärung der Regimegenese (Young 1994) und die integrative Einbeziehung von Aspekten der „objektiven" Natur des Problems und der Interessen- und Wahrnehmungsgegensätze der Akteure. Nur dann wird einsichtig, daß Regime wie das Klima-Bündnis nicht nur durch Verhandlung, sondern auch durch Überzeugung und spontane Selbstorganisation entstehen können (Young 1994, Jönsson 1993, Mol et al. 1995).[316] Wie bereits erwähnt, spielen daher kommunikative Prozesse und die Verständigungsschwierigkeiten aufgrund disziplinärer, kultureller und kognitiver Barrieren eine entscheidende Rolle für die Entstehung von Regimen. Die klassische Regimeanalyse ist für diese Elemente durchaus anschlußfähig, etwa in der Krasner'schen Formulierung von den „actor's expectations". Doch ihren weitreichenden Einfluß und ihre enge Relation zu den formalen Prinzipien, Normen und Regeln diskutiert die Regimeanalyse erst in jüngerer Zeit (Jönsson 1993, Gehring 1994).

Kognitive Faktoren sind es auch, die das Funktionieren des Regimes neben Macht- und Interessenstrukturen prägen.[32] Insbesondere das Konzept von *epistemic communities* ist unmittelbar aus der Beobachtung von Regimen entstanden und versucht, den wachsenden Einfluß bestimmter wissenschaftlicher Erkenntnisgemeinschaften und Deutungsmuster auf politische Akteure und Strategien zu erfassen (Haas 1992). Das Klima-Bündnis arbeitet gezielt mit diesen Ressourcen, wirft aber zusätzlich die Frage nach dem Einfluß nicht-wissenschaftlicher Erkenntnisformen wie etwa von indigenem oder lokalem Wissen auf (Posey 1993). Diese werden in dem auf das Wissenschaftssystem orientierten Ansatz der *epistemic community* weithin ausgeblendet, spielen in der Verständigung und Zusammenarbeit von indigenen

Völkern und kommunalpolitischen Akteuren und in transnationalen Beziehungen aber eine wichtige Rolle.
Mittler und Verstärker wie Medien oder lokale und Fachöffentlichkeiten werden für die Arbeit transnationaler Regime unerläßlich, charismatische Persönlichkeiten und wissenschaftliche Kreise werden zu eigenständigen Akteuren (Young 1994). Sie stellen wichtige sogenannte *Helferinteressen* neben den *Betroffenen-* und *Verursacherinteressen* (Prittwitz 1989) etwa in der Klimapolitik dar und verstärken die schwachen Bindungen in Arrangements wie dem Klima-Bündnis. Staatliche Regulierungsmacht spielt dort wie in anderen transnationalen Regimen eine untergeordnete Rolle. In deren Kommunalverwaltungen wiederum ist das Klima-Bündnis sehr unterschiedlich verankert, da deren Aufbau sehr stark variieren kann, ebenso wie ihr Verständnis des Klima-Bündnisses. Das Klima-Bündnis hat daher jeweils vor Ort die Partialinteressen verschiedenster Gruppen und Personen nutzbar zu machen, um seine Arbeit auf dieser Ebene zu legitimieren. Hieraus erklären sich Strategien symbolischer Politik, Maßnahmen mit Signalwirkung, Bewußtseinsbildung und Öffentlichkeitsarbeit als notwendige Bestandteile für derartige transnationale Regime.

V. Schlußfolgerungen

Im Blick auf die Wirkung transnationaler Regime machen die obigen Anmerkungen deutlich, daß die Umsetzungsquote konkreter Maßnahmen in Arrangements wie dem Klima-Bündnis nicht das alleinige Erfolgskriterium sein kann. Andererseits sind bestimmte Wirkungen nicht ohne weiteres bestimmten institutionellen Strukturen zurechenbar (Prittwitz 1989). So wären zumindest Wirkungskriterien für die unterschiedlichen Phasen des agenda-setting, -formulation und -implementation zu entwickeln und die Herstellung von Vermittlungsstrukturen zu würdigen. Neben realen Verbesserungen der problematischen Ausgangslage sind etwa im Falle des Klima-Bündnisses Anstöße zu internen und externen Lernprozessen als Wirkungen anzusehen, die Stabilisierung des eigenen institutionellen Systems wie das des öffentlichen Resonanzraums oder auch die Vergrößerung von Handlungsspielräumen und Unterstützung der Wirksamkeit anderer Regime.[33] Die Beurteilung des Klima-Bündnisses anhand von eingesparten CO_2-Emissionen oder verschonten Regenwaldarealen geht daher an den Potentialen dieses Regimes vorbei, ob sie nun im Einzelfall positiv oder negativ ausfällt. Insofern kann und soll im Rahmen der Überlegungen hier keine abschließende Aussage zu

Erfolg oder Mißerfolg des Klima-Bündnisses gegeben werden – diese muß einer genaueren empirischen Analyse von Entstehung, Aufbau und Arbeit des Klima-Bündnisses vorbehalten bleiben.

Was dagegen hier gesagt werden kann, bezieht sich auf die eingangs formulierte Frage nach einem wissenschaftlich angemessenen Deutungsmuster für ein neuartiges politisches Phänomen. Wie ich zu zeigen versucht habe, ist das sich herausbildende Konzept eines transnationalen Regimes hilfreich, um das Klima-Bündnis als klimapolitisches Phänomen näher zu untersuchen und über die Bedingungen seiner Herausbildung, Funktionsweise und Wirkung näheres zu erfahren. Das Beobachtungsinstrument und seine theoretische Basis bleiben von diesem Untersuchungsprozeß nicht unberührt – die Logik eines transnationalen Regimeverständnisses und der konkrete empirische Gegenstand selbst geben Anstöße zur Weiterentwicklung der Regimeanalyse und sozialwissenschaftlicher Theorie allgemein.

Anmerkungen

1 Einige Studien zu Klima-Bündnis-Aktivitäten in einzelnen Städten liegen seit kurzer Zeit vor (vgl. z.B. Brockhagen 1995; Germanwatch 1995) oder werden gegenwärtig erstellt (etwa zu Wien, Osnabrück, Lüneburg). Erste wissenschaftliche Überlegungen zum Problem- und Politikansatz des Klima-Bündnisses hat Müller-Plantenberg angestellt (vgl. etwa Müller-Plantenberg 1993).

2 Sie greifen damit auf den ersten Teil eines laufenden Forschungsvorhabens zurück. Dort geht es darum, zu klären, 1) wie diese Allianz in die Landschaft klimapolitischen Handelns konzeptionell eingeordnet werden kann, 2) auf welche Weise sie entstanden ist und arbeitet und 3) wie die Wirkung dieser Allianz im Bemühen um globalen und lokalen Klimaschutz zu bewerten ist.

3 Vgl. etwa Enquete-Kommission Schutz der Erdatmosphäre (im weiteren kurz: EK) 1995: 14ff oder Schönwiese 1994: 14. Die Modellierung des Zusammenspiels der verschiedenen Systeme ist Gegenstand immenser gegenwärtiger Forschungsbemühungen verschiedener Disziplinen.

4 Vgl. die verschiedenen Hinweise in den Berichten der EK und des IPCC. Das Attribut des *Globalen* im Klimadiskurs wird daher z.T. als fehlleitend kritisiert (vgl. z.B. Roe 1994; Lipschutz 1991).

5 Vgl. EK 1995: 52 und Lipschutz 1991. Kritiker der sprachlichen Verharmlosung schlagen daher etwa vor, den Begriff des „global warming“ durch „global weirding“ zu ersetzen (Ogilvy 1996: 42).

6 Der Begriff der Biodiversität und der Schluß von einem hohen Grad an Artenvielfalt auf einen hohen Grad ökologischer Qualität ist in dieser Allgemeinheit problematisch (vgl. hierzu u.a. Mayer, J. 1995).

7 Sauernheimer/Ködding 1995: 70. Sie sprechen in diesem Zusammenhang gleichbedeutend von globalen bzw. von transnationalen Effekten.

8 Das Klima ist kein reines öffentliches Gut, da seine Verfügbarkeit von der Zahl der Nutzer bzw. der Art der Nutzung abhängt. Vorzuziehen ist daher die Bezeich-

nung *common pool resource*. Außerdem sind die Eigentumsverhältnisse zu beachten. Während es sich bei der Treibhausgas-Aufnahmekapazität der Atmosphäre um eine common pool resource handelt, für die bislang keinerlei Eigentums- oder Nutzungsregeln existieren (open access), sind Emissionssenken wie bspw. Wälder oft staatliches oder privates Eigentum. Bestimmte Schadstoffkapazitäten der Atmosphäre unterliegen ebenfalls bereits Nutzungsregeln. Vgl. hierzu die Beiträge in Bromley 1992; Lipschutz 1991.

9 Hier ergeben sich Querverbindungen zu Diskursen der Globalisierung, des Postfordismus und der Risikogesellschaft, die ebenfalls mehrstufige Verhandlungs- und Entscheidungsprozesse als Lösung ansteuern (double-edged-diplomacy). Vgl. etwa Forschungsgruppe 1996; Lipietz 1993; Beck 1993.

10 Vgl. hierzu u.a. Haas 1992a; Oberthür 1993; Simonis, G. 1994.

11 §2 Vereinssatzung vom 30.3.1992, abgedruckt in KB 1993: 347-350.

12 Auf die Probleme der Terminologie Indianer – indigene Völker kann hier nicht eingegangen werden. Vgl. hierzu Colchester et al. 1993.

13 Die folgenden Zitate beziehen sich, wo nicht anders angegeben, auf das „Manifest europäischer Städte zum Bündnis mit den Indianervölkern Amazoniens".

14 So etwa Beiträge von Bach (Mitglied der EK) in KB 1991: 57ff. oder Schönwiese in KB 1994: 11-15. Betont wird anfangs die Rolle der „industriellen Ballungszentren des Nordens", was die Verantwortung der Industrieländer räumlich-institutionell zuspitzen soll und u.a. mit dem damaligen ausschließlich großstädtischen Interesse am Klima-Bündnis zusammenhängt (vgl. KB 1991).

15 Wenn auch die Formulierung „Die Wälder binden das CO_2, dessen Emission in die Atmosphäre auch wir ... zu beschränken suchen" zumindest als unscharf bezeichnet werden muß, da hier qualitative und quantitative Bestimmungen sowie vorhandene und vermiedene Mengen gleichgesetzt werden.

16 Auch die Forderung nach dem Stopp von Produktion und Gebrauch der „FCKW-Treibgase" im Manifest ist eine schiefe Formulierung, bei der vermutlich die Vorstellung von der Treibhaus*wirkung* von FCKWs und von einer ihrer *Verwendungsmöglichkeiten* (als Treibgase für Sprays etc.) überlagert wurde, um Treibhaus- und Ozonschichteffekt in einem Programmpunkt zusammenzubringen. In der Satzung wiederum ist weder von FCKWs noch von anderen ozonschichtgefährdenden Gasen explizit die Rede, sondern lediglich von der „Reduzierung aller treibhausrelevanten Gase" (§2 Vereinssatzung).

17 Der wirtschaftswissenschaftliche Regimebegriff, etwa in Modellen des Ressourcenmanagements, ist eher im Sinne eines handlungsorientierten Kalküls zu verstehen (vgl. Bromley/Cochrane 1995).

18 Kohler-Koch beschreibt Regime als Produkt von Handlungen in Interaktion mit und in Ausrichtung auf das Handeln von anderen (Kohler-Koch 1989a: 52f.).

19 Dies gilt weniger für die klassischen zwischenstaatlichen Arrangements als vielmehr für die heute verstärkt heterogenen Akteursstrukturen bei internationalen Kooperationen. Vgl. hierzu die weiteren Abschnitte und zum aktuellen Stand der Netzwerkanalyse die Beiträge in Héritier 1993.

20 Sowohl in der Netzwerk- wie der Regimeliteratur finden sich im übrigen Begriffe wie Koalition, Kooperation, Allianz und Assoziation, die zur Selbstbeschreibung des Klima-Bündnisses dienen.

21 Vgl. hierzu den Überblick bei Mayer, P. et al. 1993.

22 Von einem Regime zum Schutz der weltweiten Waldbestände und der Artenvielfalt kann aus Sicht der Regimeanalyse bislang nicht ausgegangen werden.

23 Zu den Regimetypen vgl. Prittwitz 1989: 240 u. Kohler-Koch 1989a.

24 Die Einsicht in den komplexen Charakter des Klimawandels ist hier besonders wichtig. So beginnt nun auch die Umweltökonomik, zwischen grenzüberschreitenden, internationalen und transnationalen externen Effekten zu unterscheiden (vgl. Sauernheimer/Ködding 1995: 70).

25 Mayer, P. et al. 1993: 403f. Die Eingrenzung auf reine NGO-Kooperationen schränkt den Begriff des transnationalen hier allerdings unnötig ein. Zu transnationalen Regimen s.a. Haufler 1993; Simonis G. 1994; Forschungsgruppe 1996. Dort heißt es: „Besonders interessant ist die Herausbildung neuer politischer Räume und neuer Politikformen, die es erlauben, die Funktionsdefizite des Territorialstaates aufzufangen. Ein empirisches Untersuchungsfeld bildet in dieser Hinsicht z.B. die grenzüberschreitende Kooperation substaatlicher Akteure (Länder, Kommunen, Regionen etc.)“ (S.17).

26 So auch die Einschätzung von Mayer, P. et al. 1993: 404 und Forschungsgruppe 1996: 15ff.

27 Vgl. hierzu Prittwitz 1994, insbes. S.11-13. Internationale Regime wurden zunächst als ein Element von polity betrachtet, heute rücken aber ihr Prozeßcharakter sowie ihre Inhalte und Handlungsformen stärker in den Mittelpunkt. Die drei Dimensionen lassen sich als Ergebnis des Wechsels von Blickwinkeln gegenüber einem Gegenstand nicht scharf voneinander trennen.

28 Nach Haufler sind Regime prinzipiell immer in andere eingebettet (1993: 111). Doch die Beziehungen zwischen Regimen sind bislang kaum geklärt, ein erster Versuch einer Typologie von *institutional linkages* läßt den Schluß zu, daß der Begriff der Einbettung noch sehr ungenau ist (Young 1996).

29 Vgl. die Kritik von Mol et al. 1995: 28f., Haas 1995, Young 1996 und Princen/Finger 1994.

30 V.a. Young 1994 und Gehring 1994.

31 Vgl. die Ausführungen von Jönsson 1993 zur Bedeutung eines „core anchoring concept“, von Metaphern, Frames und Weltbildern oder auch die Arbeiten von Meyers 1993, Gehring 1994 und Young 1994. Diese Diskussion geht weit über die Regimeanalyse hinaus, vgl. etwa Jachtenfuchs 1996, de Haan 1996, Vowe 1994.

32 Vgl. Kohler-Koch 1989: 52f.; Prittwitz 1994: 110f.; Young 1994; Jönsson 1993.

33 Vgl. hierzu die Konzeption umweltpolitischer Erfolgskriterien bei Jänicke 1996.

Literatur

Beck, Ulrich (1993): Die Erfindung des Politischen, Frankfurt am Main

Brockhagen, Dietrich (1995): Der Flugverkehr der Stadt Köln und das Klimabündnis. Eine Konfliktanalyse, Wuppertal Papers Nr.43, Wuppertal

Bromley, Daniel W. (1992), (Hrsg.): Making the Commons Work. Theory, Practice, and Policy, San Francisco, Institute for Contemporary Studies

Bromley, Daniel W.; Cochrane, Jeffrey A. (1995): A Bargaining Framework for the Global Commons, in: Bromley, D. (Hrsg.), The Handbook of Environmental Economics, S. 295 – 317, Oxford

Bruckmeier, Karl (1994): Strategien globaler Umweltpolitik, Münster

Colchester, Marcus u.a. (1993) für die Regenwälder-Kampagne (Hrsg.): Indigene Völker und Wald, Bielefeld

Crutzen, Paul J. ; Golitsyn, Georgii S. (1992): Linkages between Global Warming, Ozone Depletion, Acid Deposition and Other Aspects of Environmental Change, in: Mintzer, Iring M. (Hrsg.), Confronting Climate Change – Links, Implications, and Responses, S. 15-32, Cambridge (GB)

Efinger, Manfred u.a. (1990): Internationale Regime und internationale Politik, in: Rittberger, Volker (Hrsg.), Theorien der Internationalen Beziehungen. Bestandsaufnahme und Forschungsperspektiven, Politische Vierteljahresschrift, Sonderheft 21, S. 263-285

EK (1990/1990a): Enquete-Kommission „Schutz der Erdatmosaphäre" des 11. Deutschen Bundestages, Schutz der Erde – Eine Bestandsaufnahme mit Vorschlägen zu einer neuen Energiepolitik. Dritter Bericht, Hrsg. vom Deutschen Bundestag, Ref. Öffentlichkeitsarbeit, Zur Sache: Nr. 19/90, Band 1+2, Bonn

– (1995): Enquete-Kommission „Schutz der Erdatmosaphäre" des 12. Deutschen Bundestages (Hrsg.), Mehr Zukunft für die Erde – Nachhaltige Energiepolitik für dauerhaften Klimaschutz. Schlußbericht, Bonn

Forschungsgruppe Weltgesellschaft (1996): Weltgesellschaft: Identifizierung eines „Phantoms", in: Politische Vierteljahresschrift, Jg.37, H.1, S. 5-26

Gawel, Erik (1995): Institutionelle Fragen der Umweltpolitik, in: Junkernheinrich, Martin (Hrsg.), Handbuch der Umweltökonomie, S. 58-64, Berlin

Gehring, Thomas (1994): Dynamic International Regimes. Institutions for International Environmental Governance, Frankfurt am Main u.a.

Germanwatch (1995), (Hrsg.): Zukunftsfähiges Münster, Münster

Görrissen, Thorsten (1993): Grenzüberschreitende Umweltprobleme in der internationalen Politik. Durchsetzung ökologischer Interessen unter den Bedingungen komplexer Interdependenz, Reihe Demokratie, Sicherheit, Frieden, Nr.8, Baden-Baden

Haan, Gerhard de, u.a. (1996), Leitbilder im Diskurs um Ökologie, Gesundheit und Risiko, in: ders. (Hrsg.), Ökologie – Gesundheit – Risiko. Perspektiven ökologischer Kommunikation, S. 291-314, Berlin

Haas, Peter M. (1992), (Hrsg.): Knowledge, Power, and International Policy Coordination, International Organization, Special Issue, Vol. 46, 1

Haufler, Virginia (1993), Crossing the Boundary between Public and Private: International Regimes and Non-State Actors, in: Rittberger, Volker 1993, S. 94-111

Héritier, Adrienne (1993), (Hrsg.): Policy-Analyse. Kritik und Neuorientierung, Politische Vierteljahresschrift, Sonderheft 24

Jachtenfuchs, Markus (1996), Regieren durch Überzeugen: Die Europäische Union und der Treibhauseffekt, in: ders.; Kohler-Koch, Beate (Hrsg.), Europäische Integration, S. 429-454, Opladen

Jänicke, Martin (1996), (Hrsg.): Umweltpolitik der Industrieländer: Entwicklung – Bilanz – Erfolgsbedingungen, Berlin

Jönsson, Christer (1993), Cognitive Factors in Explaining Regime Dynamics, in: Rittberger, Volker 1993, S. 202-222

Klemmer, Paul; Werbeck, Nicola; Wink, Rüdiger (1993), Institutionenökonomische Aspekte globaler Umweltveränderungen, in: Zeitschrift für Angewandte Umweltforschung, Sonderheft 4, S. 4-80, Berlin

KB (1991): Stadt Frankfurt am Main – Dezernat für Umwelt (Hrsg.), Klima-Bündnis zum Erhalt der Erdatmosphäre. Bündnis europäischer Städte mit den Indianervölkern Amazoniens. Dokumentation des 1. Arbeitstreffens, Frankfurt am Main

– (1993): Klima-Bündnis/Alianza del Clima (Hrsg.), Klima – lokal geschützt. Aktivitäten europäischer Kommunen, München

– (1994): Klima-Bündnis/Alianza del Clima (Hrsg.), Amazonasindianer am Main. Die Klima-Bündnis-Stadt Frankfurt und ihre Partnerschaft mit den Aguaruna- und Huambisa-Indianern Perus, Klima-Bündnis-Texte 1, Frankfurt am Main

– (1994a): Klima-Bündnis/Alianza del Clima (Hrsg.), Klimaschutz durch Verkehrsvermeidung. Handlungsansätze auf kommunaler und regionaler Ebene, Frankfurt am Main

– (1995): Klima-Bündnis/Alianza del Clima (Hrsg.), Das Klima-Bündnis zum Klima-Gipfel. Informationen, Aktivitäten, Positionen, Frankfurt am Main

Kohler-Koch, Beate (1989), (Hrsg.): Regime in den internationalen Beziehungen, Baden-Baden

– (1989a), Zur Empirie und Theorie internationaler Regime, in: diess. (1989), S. 17-85

Krasner, Stephen (1983), Structural Causes and Regime Consequences: Regimes as Intervening Variables, in: ders. (Hrsg.), International Regimes, S. 1-21, London

Lamb, H.H. (1989): Klima und Kulturgeschichte. Der Einfluß des Wetters auf den Gang der Geschichte, Reinbek

Lipietz, Alain (1993): Berlin, Bagdad, Rio: das 21. Jahrhundert hat begonnen, Münster

Lipschutz, Ronnie D. (1991), Bargaining Among Nations. Culture, History, and Perceptions in Regime Formation, in: Evaluation Review, Vol.15 No.1, S. 46-74

– (1994), Bioregional Politics and Local Organization in Policy Responses to Global Climate Change, in: Feldman, David Lewis (Hrsg.),Global Climate Change and Public Policy, Chicago, Nelson Hall Publ., S. 102-122

Mayer, Jörg (1995), (Hrsg.): Eine Welt – eine Natur? Der Zugriff auf die biologische Vielfalt und die Schwierigkeiten, global gerecht mit ihrer Nutzung umzugehen, Loccumer Protokolle 66/94, Rehburg-Loccum

– (1995a), (Hrsg.): Klimapolitik vor Ort. Perspektiven indianischer Ökonomie im Amazonasgebiet und die Möglichkeiten global verantwortlichen Handelns in Europa, Loccumer Protokolle 13/94, Rehburg-Loccum

Mayer, Peter; Rittberger, Volker; Zürn, Michael (1993), Regime Theory. State of the Art and Perspectives, in: Rittberger, Volker 1993, S. 391-430

Meyers, Reinhard (1993), Theorien der internationalen Beziehungen, in: Woyke, Wichard (Hrsg.), Handwörterbuch Internationale Politik, 5. erw. Aufl., Opladen, S. 403-43

Mol, Arthur P.J.; Liefferink, J. Duncan (1995), European environmental policy and global interdependence: a review of theoretical approaches, in: Liefferink, J.D.;

Lowe, P.D.; Mol, A.P.J., European Integration and Environmental Policy, S. 17-35, Chicester

Müller-Plantenberg, Clarita (1993), Das Klima-Bündnis der europäischen Städte mit den indigenen Völkern der Regenwälder zum Erhalt der Erdatmosphäre als Beitrag zu einer gerechten Weltordnung, in: Norddeutscher Klimabündnis Rundbrief, Dokumentation Nr.1, Juni 1994, S. 9-13, Lüneburg

Oberthür, Sebastian (1993): Politik im Treibhaus. Die Entstehung des internationalen Klimaschutzregimes, Berlin

Ogilvy, Jay (1996), „Die Natur imitieren". Interview in: Zukünfte, Jg.6, Juni 96, S. 40-43

Posey, Darrell A. (1993), Indigenous Knowledge in the Conservation and Use of World Forests, in: Ramakrishna, Kilaparti/Woodwell, George M., World Forests for the Future: Their Use and Conservation, S.59-78, New Haven/London

Princen, Thomas; Finger, Matthias (1994): Environmental NGOs in World Politics. Linking the local and the global, London, New York

Prittwitz, Volker von (1989), Internationale Umweltregime – Ein Fallvergleich, in: Kohler-Koch, Beate 1989, S. 225-246

– (1994): Politikanalyse, Opladen

Richter, Rudolf (1990), Sichtweise und Fragestellungen der Neuen Institutionenökonomik, in: Zeitschrift für Wirtschafts- und Sozialwissenschaften, Jg. 110, S. 571-591

Rittberger, Volker (1993), (Hrsg.): Regime Theory and international Relations, Oxford

Roe, Emily M. (1994), Global Warming As Analytic Tip, in: Feldman, David Lewis (Hrsg.),Global Climate Change and Public Policy, Chicago, Nelson Hall Publ., S. 19-38

Rossbach, Lioba (1993), COICA: „Amazonien für die Menschheit zu schützen ist unsere Aufgabe". Geschichte und Entwicklung einer Organisation, in: KB 1993, S. 291-307

Sauernheimer, Karlhans;Ködding, Gerd (1995), Internationale Aspekte der Umweltökonomie, in: Junkernheinrich, Martin (Hrsg.), Handbuch zur Umweltökonomie, S. 69-75, Berlin

Simonis, Georg (1994), Der Erdgipfel von Rio – zu den Problemen der Institutionalisierung globaler Umweltprobleme, in: Wolfgang Hein (Hrsg.), Umbruch in der Weltgesellschaft. Auf dem Wege zu einer „Neuen Weltordnung"?, Hamburg

Strübel, Michael (1989), Umweltregime in Europa, in: Kohler-Koch, Beate 1989, S. 247-273

– (1992): Internationale Umweltpolitik. Entwicklungen, Defizite, Aufgaben, Opladen

Trägerkreis Amazonientage – Initiative Klimabündnis (1989), (Hrsg.): Solidarität im Treibhaus. Initiative für ein Klima-Bündnis der Kommunen, Berlin

Vowe, Gerhard (1994), Politische Kognition. Umrisse eines kognitionsorientierten Ansatzes für die Analyse politischen Handelns, in: Politische Vierteljahresschrift, Nr. 35, S. 423-447

Young, Oran (1994), International Regime Initiation, in: International Studies Notes, Vol.19, No. 3, S. 43-49

– (1996), Institutional Linkages in International Society: Polar Perspectives, in: Global Governance, Vol.2, S. 1-24

Daniel Janett

Vielfalt als Strategievorteil: Zur Handlungskompetenz von Nicht-Regierungs-Organisationen in komplexen sozialen Umwelten

I. Problemstellung und Begriffsklärungen

Dieser Beitrag untersucht die Bedingungen der Handlungskompetenz von transnationalen NGO-Netzwerken. Politische Kollektivakteure sind handlungskompetent, wenn sie ihre Ziele durch die Wahl geeigneter Mittel auch unter widrigen Umständen verwirklichen können.[1] Daß NGO-Netzwerke unter ungünstigen Rahmenbedingungen handeln, bestätigt sich an jeder internationalen Konferenz erneut. Ohne formale Mitspracherechte geltend machen zu können, gelingt es ihnen vielleicht für kurze Zeit, das Interesse der Medien auf sich zu ziehen oder einen Passus in ein UN-Dokument zu schmuggeln. Danach beginnt wieder das mühsame Alltagsgeschäft des Fundraising, der internen Konsensbildung oder der Öffentlichkeitsarbeit.

Bevor ich die Handlungskompetenz von NGO-Netzwerken untersuche, seien einige Begriffe geklärt: Unter *NGOs* versteht man gemeinhin freiwillige, gemeinnützige Mitgliederverbände und Serviceeinrichtungen, die sich als Organisationen des „dritten Sektors" zwischen die Sphären von staatlicher Gewalt und wirtschaftlicher Macht schieben. NGOs in der Arena internationaler Politik sind zwar historisch nichts Neues, verzeichnen aber seit einiger Zeit ein beträchtliches Wachstum[2] und genießen zunehmende Beachtung in Politik und Öffentlichkeit. In vielen Politikfeldern – namentlich in Problemkreisen wie Umwelt und Entwicklung, Menschenrechte, Sozial- und Gesundheitspolitik, Migration, Geschlechterpolitik etc. – beeinflussen NGOs die Agenda internationaler Politik, kritisieren Regierungshandeln, verschieben Ressourcen von Norden nach Süden oder betreiben politische Bildungs- und Beratungstätigkeit. Ihr Handlungsspektrum reicht von Mobilisierung öffentlicher Meinung durch Aufklärung und Protest bis zu Lobbying im Rahmen internationaler Konferenzen oder ständiger supranationaler Organe.

Angesichts des gravierenden Staats- und Marktversagens rund um den Globus wird den Organisationen des „dritten Sektors“ mitunter eine hohe Problemlösungsfähigkeit bescheinigt: Sie werden als Initiatoren internationaler Regime, als Vorboten einer globalen Demokratie, als Bürgen einer zukunftsfähigen und sozial gerechteren Weltgesellschaft gepriesen (Spiro 1995; Beck 1993). Daß viele hinter dem Label ‘NGOs’ die frohe Zukunft schlechthin vermuten, wird begünstigt durch die begriffliche Unschärfe des Kürzels. Die „Protestmaschine“ Greenpeace oder „Ärzte ohne Grenzen“ firmieren ebenso als NGOs wie die zahlreichen Basisinitiativen, die sich in den Metropolen der Dritten Welt für den Aufbau basaler Infrastrukturen oder gegen das Elend der Kinderprostitution einsetzen. Um diese verwirrende Bedeutungsvielfalt zu vermeiden, verwende ich den NGO-Begriff in Anlehnung an Rucht (1996a) eingrenzend im Kontext sozialer Bewegungen: Als NGOs gelten im folgenden ausschließlich *soziale Bewegungsorganisationen* („social movement organizations“). Bewegungsorganisationen sind freiwillige Assoziationen (Verbände, Vereine, Bürgerkomitees, kirchliche Einrichtungen etc.), die gewissermaßen das Fahrgestell einer sozialen Bewegung bilden. Soziale Bewegungen zielen hauptsächlich – aber nicht ausschließlich – mit den Mitteln öffentlichen Protests auf eine grundlegende Veränderung sozialer Ordnung. Soziale Bewegungen *brauchen* Bewegungsorganisationen als strukturelles Rückgrat, sie *sind* aber selber keine Organisationen, sondern das dynamische öffentliche Geschehen außerhalb dieser Organisationen (Neidhardt 1985; Raschke 1988: 78ff.).

Koordinieren sich mehrere NGOs in thematischer und organisatorischer Hinsicht, handelt es sich um *NGO-Netzwerke*, auf die ich mich hier im Hinblick auf den in Kapitel IV analysierten Fall konzentriere. Unter einem Netzwerk verstehe ich mit Mayntz (1993: 43) zunächst ganz allgemein eine Struktur von miteinander verbundenen, aber nicht fest gekoppelten privaten oder öffentlichen Akteuren.[3] NGO-Netzwerke können die Form eines dauerhaften und fest institutionalisierten Kooperationszusammenhangs annehmen, wie es etwa bei Climate Action Network (CAN) oder bei Friends of the Earth International (FOEI) der Fall ist. NGO-Netzwerke können aber auch – etwa im Rahmen einer internationalen Kampagne – die flüchtigere Form eines situativen Allianzsystems annehmen, dessen Einzelgruppen vielleicht sehr verschiedene inhaltliche Anliegen verfolgen und die vor allem in organisatorischer Hinsicht kooperieren.[4] Die NGO-Kooperation anläßlich der UN-Klimakonferenz 1995 in Berlin mag dafür ein Beispiel sein. Unter einem *transnationalen* NGO-Netzwerk verstehe ich einen Kooperationszusammenhang, der nicht nur hinsichtlich seiner Themen und Anliegen, sondern auch hinsichtlich seiner Organisationsstruktur mehrere Länder umfasst. Wenngleich in historischer Hinsicht nichts Neues, so ist doch die Zunahme dieser länderübergreifenden NGO-Netzwerkstrukturen in den letzten Jahren unübersehbar (Rucht 1996b).[5]

Einerseits hat sich die Handlungskompetenz von transnational organisierten NGOs in den achziger und neunziger Jahren verbessert. Die politische Gelegenheitsstruktur,[6] in der NGOs agieren, hat sich vielerorts günstig verändert (vgl. z.B. Rucht 1996a; Spiro 1995): Der Druck länderübergreifender Problemlagen in den genannten Politikfeldern steigt unvermindert, ohne daß ein einigermaßen problemangemessenes transnationales Regierungshandeln in Sicht wäre. Dieses globale Politikversagen führt zu einer Öffnung staatlicher und suprastaatlicher Regimestrukturen und zu taktisch motivierten Partizipationsangeboten für zivilgesellschaftliche Organisationen – eine Tendenz, die durch die Dezentralität dieser Politikfelder und durch die allgemeine Aufwertung nicht-staatlicher Akteure seit dem Ende der Blockkonfrontation noch beschleunigt wird. Die Fragmentierung politischer Macht und Polarisierungen im internationalen System führen NGOs außerdem eine Vielzahl externer Allianzpartner zu: kritische Massenmedien und Forschungseinrichtungen, etablierte Parteien, Verbände und Gewerkschaften, nicht selten auch Teile von Staatsapparaten oder UN-Organisationen. Neben diesen externen Gesichtspunkten erhöhen auch interne Faktoren die transnationale Mobilisierungskapazität von NGOs: Moderne Informationstechnologien erleichtern und beschleunigen weltweite Kommunikation; Routine und Professionalität sorgen für effektive Mittelakquisition; einzelne Kampagnen müssen nicht aus dem Nichts aufgebaut werden, sondern profitieren von einem schon bestehenden Bewegungssektor, der sich zumindest in westlichen Demokratien seit den siebziger Jahren als dauerhafte Akteurskonstellation zu institutionalisieren scheint (Neidhardt/Rucht 1993; Roth 1994).

Diesen günstigen Faktoren der Handlungskapazität von NGOs stehen jedoch ernstzunehmende Hindernisse gegenüber: Diese Organisationen verfolgen anspruchsvolle Ziele, verfügen aber in der Regel über geringe materielle Ressourcen und nur schwache politische Einflußmöglichkeiten. Deshalb sind sie in hohem Maße auf das Engagement ihrer Anhängerschaft angewiesen, die jedoch hochgradig instabil ist. Das NGO-Wachstum der achziger und neunziger Jahre führt zu verschärfter Konkurrenz zwischen einzelnen Organisationen in den gesellschaftlichen Nischen, in welchen NGOs externe Ressourcen (Spenden oder staatliche Finanzierungshilfen) zu akquirieren versuchen.[7] Die Inanspruchnahme staatlicher Gelder oder die Karrierepläne einzelner Mitglieder machen NGOs häufig zu Marionetten jener Funktionsträger, zu denen sie eigentlich eine Alternative bieten wollten. Professionalisierung führt häufig zu Oligarchisierung und Bürokratisierung und bedroht die demokratische Willensbildung in diesen Organisationen. Die Bildung transnationaler Netzwerke forciert diese Probleme: Die Interessenvielfalt der Anhängerschaft belastet Koordinations- und Integrationserfordernisse und erhöht das netzwerk-interne Konfliktniveau. Transnationale NGO-Netzwerke riskieren die Entkoppelung von länderübergreifenden Koordinationsinstanzen einerseits und lokalen Basisinitiativen andererseits.[8]

Die Frage nach den Erfolgsbedingungen von NGO-Netzwerken ist nicht nur von theoretischem, sondern auch von praktischem Interesse. Denn gesellschaftliche Reformkräfte verbeißen sich regelmäßig in interne Kontroversen über angemessene Ziele, Organisationsstrukturen und Aktionsformen:[9] Bevorzugen wir langfristige oder kurzfristige, radikale oder moderate Ziele? Organisieren wir uns straff oder lose, zentralistisch oder dezentral? Setzen wir auf leises Lobbying oder auf lauten Protest? Der starke Institutionalisierungs- und Professionalisierungstrend vieler NGOs in den achziger und neunziger Jahren forciert diese Strategiekonflikte: „There are those who believe that only further professionalization and building strong apparatuses is a remedy to stagnation. Alternatively, there are those who see in these trends the precise reason for a loss of impetus and the risk of stalmate" (Rucht 1996b: 23). Konfliktverschärfend wirkt die Tatsache, daß jeweils alle Fraktionen dieser internen Richtungskämpfe den ohnehin prekären Zusammenhalt eines NGO-Netzwerks durch möglichst griffige Problemdefinitionen und Anliegen schützen wollen und deshalb wenig geneigt sind, einen internen Pluralismus von politischen Zielen, Organisationsstrukturen und Aktionsformen zuzulassen.

Im folgenden wird hier die These vertreten, daß widerspruchsfreie Ziele und einheitliche Strategien in NGO-Netzwerken in der Regel nicht herbeigeredet werden können und daß demnach ein interner Pluralismus von Problemdeutungen, Anliegen und Aktionsformen zur Sicherung der Handlungskompetenz von NGO-Netzwerken unvermeidlich, ja: wünschenswert ist. Begründet wird diese Behauptung mit dem einfachen Hinweis, daß NGO-Netzwerke in heterogenen und sich rasch wandelnden Umwelten agieren und diese äußere Komplexität gewissermaßen in ihrer internen Organisationsstruktur widerspiegeln müssen, wenn sie ihre politischen und gesellschaftlichen Ziele verwirklichen wollen. Erfolgreiche NGO-Netzwerke in komplexen sozialen Umwelten sind keine Quasi-Persönlichkeiten mit einheitlichem Willens- und Handlungszentrum, sondern „schizophrene" Multiple-Self-Akteure. Unter Berücksichtigung neuerer Organisationstheorien wird diese These in folgenden drei Schritten ausgeführt:

1) Zunächst wird der spannungsreiche Handlungskontext von NGO-Netzwerken beleuchtet: Als Akteure politischer Interessenvermittlung müssen diese Netzwerke einen Balanceakt beschreiten zwischen der Welt ihrer Unterstützungsbasis einerseits und der institutionellen Umwelt, in der sie ihre Ziele verwirklichen wollen andererseits. Diese institutionelle Umwelt ist selbst in hohem Maße vielgestaltig: NGO-Netzwerke mobilisieren die öffentliche Meinung oft quer zu den organisierten Akteuren in Politik, Wirtschaft, Massenmedien, Wissenschaft etc. und müssen Anpassungsleistungen an die spezifischen Aufmerksamkeitsmuster dieser Akteursgruppen erbringen, wenn sie Wirkungen erzielen wollen. Schließlich operieren NGO-Netzwerke oftmals gleichzeitig auf der lokalen, nationalen und transnationalen Ebene und steigern die Komplexität ihrer Umweltkontakte durch die Vervielfachung der räumlichen Bezugspunkte ihres Handelns.

2) Im nächsten Schritt werden die Folgen dieser externen Heterogenität für das Innenleben von NGO-Netzwerken betrachtet. Entgegen den Annahmen älterer Organisationstheorien sind Organisationen keineswegs geschlossene Systeme, sondern sind in hohem Maße umweltabhängig. Wollen NGO-Netzwerke in diesem schwierigen Kontext reüssieren, müssen sie deshalb das Ideal eines intern geeinten Kollektivakteurs mit einheitlichen Problemdeutungen und Zielen preisgeben – ein Ideal, das vielen gesellschaftlichen Reformbewegungen ebenso eigen war und ist wie den bürokratischen Apparaten der Gegenseite, die den Erfolg dieser Bewegungen zu verhindern trachten. Erfolgsverbürgend ist demgegenüber eine netzwerk-interne Koexistenz von verschiedenen, vielleicht widersprüchlichen Problemdefinitionen, Zielen und Aktionsformen. Freilich müssen auch solche lose gekoppelten „Multiple-Self-Akteure“ über ein Minimum an gemeinsamer Identität verfügen, um nicht auseinanderzubrechen.

3) Im dritten Schritt werden diese theoretischen Überlegungen am Beispiel einer multinationalen Kampagne anläßlich der Vertragsstaatenkonferenz zur Klimarahmenkonvention der Vereinten Nationen 1995 in Berlin illustriert. Ich rekonstruiere die Kontextbedingungen dieser Kampagne und behaupte, daß das untersuchte NGO-Netzwerk durch die Herausbildung einer multiplen Identität ansatzweise seine Handlungskompetenz sichern konnte.

II. Heterogene Umwelten von NGO-Netzwerken

1. NGO-Netzwerke zwischen Mitgliedschafts- und Einflußlogik

Als Akteure politischer Interessenvermittlung[10] bündeln NGOs die verschiedenen individuellen Interessen in einer Bürgerschaft und leiten sie weiter an das politische System, welches konkurrierende Interessen in gesamtgesellschaftlich verbindliche Entscheidungen überführt. Organisationen politischer Interessenvermittlung stehen zwischen zwei spannungsvollen sozialen Umwelten: dem Mikrokosmos ihrer Unterstützungsbasis und dem Makrokosmos ihrer institutionellen Umwelt, in welcher sie Organisationen unter anderen sind. Politische Interessenvermittlung ist mit drei Grundproblemen konfrontiert: mit der Rekrutierung einer möglichst großen sozialen Basis, mit der authentischen Vertretung der heterogenen Anliegen dieser Basis und mit der erfolgsorientierten Umsetzung des daraus resultierenden Kollektivwillens in einer an Gegenspielern reichen politischen Umwelt (Wiesenthal 1993). Zur Lösung dieser Grundprobleme operieren Akteure politischer Interessenvermittlung mit zwei analytisch unterscheidbaren Handlungslogiken (Streeck 1987):[11] Nach „innen" – also gegenüber der Basis – wirkt die auf Rekrutierung und Repräsentation einer Basis spezialisierte „Mitgliedschaftslogik"; nach „außen" wirkt die auf effiziente Zielverwirklichung gepolte „Einflußlogik". Mitgliedschafts- und Einflußlogik können sich gegenseitig ergänzen,[12] stehen in der Regel aber in einem widersprüchlichen Verhältnis (Streeck 1987 und 1994). Dies führt Organisationen politischer Interessenvermittlung regelmäßig in Zielkonflikte zwischen den Erfordernissen von maximaler Rekrutierung, authentischer Repräsentation und erfolgreicher politischer Einflußnahme (Wiesenthal 1993; Raschke 1988; Rochon 1990). Diese Dilemmata gelten auch und gerade für bewegungszugehörige NGOs: a) Außerinstitutionelle politische Akteure unterliegen einem hohen Rechtfertigungsdruck und verfügen meistens über wenig materielle Ressourcen und institutionalisierte Einflußkanäle. Diese Umstände zwingen NGOs zu einer permanenten Mobilisierung öffentlicher Unterstützung, also zu einer ausgeprägten Rekrutierungsfunktion. In einer von Zweckrationalität beherrschten Welt ist die Bindung einer Anhängerschaft aber stets instabil, weil die Unterstützung einer politischen Organisation durch Individuen und Gruppen häufig rein situativ motiviert ist und der Logik des Trittbrettfahrens folgt (Olson 1992): Mitglieder wollen von den Vorteilen eines NGO-Kooperationszusammenhangs profitieren, haben aber kaum Anreize, etwas zu seiner Entstehung und seinem Erhalt beizutragen.[13]

b) Die ausgeprägte Rekrutierungsfunktion von NGOs gerät leicht in Widerspruch mit dem Erfordernis, die unterschiedlichen Interessen der rekrutierten Anhängerschaft authentisch zu repräsentieren.[14] Letzteres ist wichtig, weil Bewegungsorganisationen ihre Mitglieder nicht durch Zwang oder materielle Anreize binden können, sondern durch gezielte Interessenvertretung das Vertrauen ihrer Anhängerschaft gewinnen müssen (Neidhardt 1985). Bewegungsorganisationen mobilisieren ja gerade jene politisch Enttäuschten, die sich von etablierten Parteien und Verbänden nicht angemessen repräsentiert fühlen, weil deren strategische Ziele sich mit den individuellen Mitgliedermotiven nicht oder nur vordergründig decken (vgl. Offe 1980: 30ff.; Wilson 1990: 70). Je stärker aber die Rekrutierungsfunktion, desto größer das Stimmengewirr der zu bündelnden Einzelinteressen und desto größer das Risiko, individuelle Mitglieder und Teilgruppen durch mangelnde Berücksichtigung ihrer spezifischen Anliegen zu frustrieren. Basisdemokratische Einigung auf gemeinsame Anliegen und Strategien sind zeitaufwendig und fragmentieren das Machtpotential einer Bewegungsorganisation. Mit zunehmender Individualisierung verschärft sich das Problem, aus einem heterogenen Interesseninput einen politiktauglichen Kollektivwillen zu schmieden (Neidhardt/Rucht 1993). Vertraten ältere soziale Bewegungen (wie z.B. die Arbeiterbewegung) noch die relativ homogenen Interessenlagen gesellschaftlicher Großgruppen, repräsentieren die *neuen* sozialen Bewegungen, in deren Rahmen der NGO-Sektor expandiert, eine sehr heterogene Trägerschaft mit breit gestreuten Anliegen.[15] Die Themenpalette umfaßt so Verschiedenes wie Umweltprobleme, großtechnische Risiken, Konsumstile, Geschlechterbeziehungen, Menschenrechtsverletzungen, den Umgang mit fremden Gesellschaften, die Diskriminierung von Minderheiten und vieles mehr – „a scattered set of issues" (Offe 1990: 234).[16]

c) Aus den Rekrutierungs- und Repräsentationsbemühungen von bewegungszugehörigen NGOs resultiert eine ausgeprägte Mitgliedschaftslogik, die leicht mit den Erfordernissen strategischer Zielverwirklichung (also der Einflußlogik) in Konflikt gerät und die politische Interventionskraft dieser Organisationen schmälert (Luhmann 1991). Um eine möglichst große Anhängerschaft zu mobilisieren, neigen Bewegungsorganisationen zu vereinfachenden Problemdeutungen, die der Kompliziertheit der Realwelt oft nicht angemessen sind. Links-libertäre Bewegungen formulieren ihre politische Kritik vor dem Hintergrund anspruchsvoller Moralstandards, doch ihr Veränderungswille stößt auf die Eigengesetzlichkeiten administrativer oder ökonomischer Handlungslogiken, die gegen moralische Thematisierung weitgehend abgeschirmt sind (Raschke 1988: 115; Luhmann 1986: 202ff.; siehe dazu auch unten Punkt 2). Aufgrund unzulänglicher Organisationsstrukturen sind Bewegungsakteure in ihrer hochorganisierten Umwelt, die sie verändern wollen, häufig benachteiligt (Neidhardt 1985; Offe 1990) – ein Umstand, der durch die dezentralen, anti-hegemonialen Organisationsformen *neuer* sozialer Bewegungen noch verstärkt wird. Ideologischer Purismus zum Schutze der kollektiven Identität einer sozialen Bewegung schmälert ihre öffentliche Unterstützung und verträgt sich schlecht mit dem Opportunismus ihrer institutionellen Umgebung. Viele Bewegungsorganisationen verfolgen anspruchsvolle Langfristziele, deren Erreichung jedoch hochgradig unsicher ist, was zum Umschwenken auf das kurzfristig Mögliche verführt. Um externe Allianzpartner zu finden, mäßigen Bewegungsorganisationen mitunter ihre Anliegen und Aktionsformen,[17] was Identitätsverlust, Entradikalisierung und Vereinnahmung durch Eliten begünstigt. Man sieht: Die Ausbalancierung von stabiler Mitgliederbindung einerseits und effektiver politischer Einflußnahme andererseits führt Bewegungsakteure in schwierige Zielkonflikte – die Lösung des einen Problems scheint häufig ein anderes zu zementieren.

2. NGO-Netzwerke und multi-institutionelle Felder

Bisher wurde festgestellt, daß NGOs als Akteure politischer Interessenvermittlung einen Balanceakt zwischen dem Mikrokosmos ihrer Basis und dem Makrokosmos ihrer institutionellen Umwelt beschreiten müssen. Während frühere Ansätze die institutionelle Umwelt einer Organisation als diffuse Restkategorie behandelte und von einer genaueren Analyse aussparte, verweisen jüngere Forschungen auf die Vielgestaltigkeit dieser Umwelt, die in der Regel aus anderen Organisationen mit sehr unterschiedlichen Zielen und Formalstrukturen besteht (Aldrich/Marsden 1988: 369ff.). Die Umgebung von Bewegungsorganisationen wurde deshalb auch als „multiorganizational field“ (Klandermans 1992) bezeichnet: Diese Felder umfassen alle externen Bezugsgruppen einer Bewegungsorganisation – seien es Verbündete, seien es die Adressaten ihres Protests.

Diese institutionellen Felder sind ein heterogenes Gelände. Moderne Gesellschaften sind in funktional spezifizierte Teilsysteme (wie z.B. Wirtschaft, Politik, Wissenschaft etc.) gegliedert, die jeweils auf die Bewältigung gesellschaftlich anerkannter Probleme spezialisiert sind. Die Maximierung von Profiten, die bürokratische Verwaltung, die Erzeugung von Wissen etc. in den zuständigen Systemen folgt einer weitgehend autonomen Rationalität,[18] die sich aus dem Leistungsbezug des jeweiligen Systems ergibt und die gegenüber externen Rationalitäten weitgehend indifferent ist. Risikosoziologische Studien zeigen, daß Marktakteure, Staatsbürokratien und Umweltorganisationen mit sehr verschiedenen Deutungsmustern von 'Natur' operieren und deshalb ökologische Risiken unterschiedlich schwerwiegend einstufen (Douglas/Wildawsky 1993). Am Beispiel des anthropogenen Treibhauseffekts zeigt Brunner (1991), wie organisierte Akteure aus Wissenschaft, Wirtschaft und Politik jeweils die unsichere Datenlage zum Treibhauseffekt, die übermäßigen Kosten von Klimaschutzmaßnahmen oder das Fehlen transnationaler politischer Regulierungsmechanismen als zentrales Policy-Problem bestimmen.

NGO-Netzwerke mobilisieren oft quer zu diesen institutionellen Feldern mit ihren je eigenen Aufmerksamkeitsmustern und Handlungslogiken. Als „multisektorielle Mobilisierungsprozesse" (Lahusen 1996: 43) richten sie ihre Kampagnen nicht nur an die internationale Politik, sondern auch an multinationale Konzerne, an Forschungseinrichtungen, an die Massenmedien etc.: „Die internationalen Arenen (Massenmedien, Politik, Weltwirtschaft etc.) werden zu neuen organisationellen Umwelten mit eigenen technischen und institutionellen Strukturen, denen die Bewegungsakteure gerecht werden müssen" (ebd.: 42).[19] So kann z.B. eine spektakuläre Protestaktion durch Aktivierung von Nachrichtenwerten massenmediale Aufmerksamkeit erzeugen, gleichzeitig aber die Nutzung legislativer und administrativer Einflußkanäle erschweren (vgl. dazu Rochon 1990). Der große Medienerfolg der Brent-Spar-Kampagne 1995 beruhte auch darauf, daß Greenpeace – wenn auch irrtümlicherweise – falsche Angaben über den Inhalt der Bohrinsel verbreitete, was sich nunmehr auf das Image der wissenschaftlichen Kompetenz von Greenpeace sehr negativ auswirkt (Die Zeit Nr. 37 vom 6.9.1996). NGO-Netzwerke haben es gleichzeitig mit der Neugierde der Medien, der Machtfixierung von Politik, dem Opportunismus von Wirtschaftsunternehmen und der Komplexität wissenschaftlicher Erkenntnis zu tun. Wenn sie Breitenwirkung erzielen wollen, müssen sie gleichzeitig mit den verschiedenen Rationalitäten dieser Akteure umgehen können.

3. NGO-Netzwerke zwischen Lokalität und Globalität

Schließlich wird die Umweltkomplexität von NGOs dadurch gesteigert, daß diese Organisationen durch Netzwerkbildung häufig gleichzeitig auf mehreren Raumebenen agieren. Es wurde bereits gesagt, daß Bewegungsakteure auf globale Probleme mit zunehmender Internationalisierung reagieren – ein Trend, der durch verbesserte Mobilisierungsbedingungen beschleunigt wird (Rucht 1996a). Diese Internationalisierung verdrängt aber bisher nicht das

Bewegungshandeln auf der nationalen und lokalen Ebene, denn Lokalität und Globalität sind komplementäre Raumdimensionen: Transnationale Protestkampagnen verweisen auf den globalen Aspekt lokaler Probleme ebenso wie auf die lokalen Auswirkungen globaler Mißstände (Lahusen 1996). Menschenrechte sind sowohl universelle als auch individuelle Rechte, ungerechte Weltwirtschaftsbeziehungen oder Migration infolge Umweltzerstörung haben einen globalen und einen lokalen Aspekt.

Doch die Internationalisierung sozialen Protests ist nicht umsonst zu haben: Sie riskiert eine Entbettung von NGO-Netzwerken aus den mikrosozialen Milieus ihrer Trägerschaft und erhöht den Koordinationsaufwand und das interne Konfliktpotential dieser Netzwerke. Organisationsstrukturen und Handlungsrepertoires nationalen Bewegungshandelns können nicht einfach auf die internationale Raumebene übertragen werden, weil letztere eine eigenständige Politiksphäre darstellt und Bewegungsakteure mit einer eigenen politischen Gelegenheitsstruktur konfrontiert. Die Internationalisierung von Kampagnen ist außerdem erschwert durch sehr unterschiedliche nationale Mobilisierungskontexte: Themenprioritäten, Sozialstrukturen, politische Kulturen, Strategiepräferenzen, Allianzen und Gegnerschaften variieren von Land zu Land, was die Koordination und Einigung in NGO-Netzwerken erschwert.[20] Besonders problematisch ist hierbei die Ausdehnung vergleichsweise ressourcenstarker NGOs aus dem reichen Norden in die Länder des Südens. Diese Ausdehnung kann nach dem konfliktträchtigen Muster „organisatorischer Expansion" (ebd.: 45) erfolgen, wobei heimischen Bewegungssektoren westliche Themenprioritäten, Organisationsstrukturen und Aktionsformen von der Organisationsführung aufgezwungen werden. Diese Ausdehnung kann aber auch dem Muster einer „Assimilierung" an spezifische nationale und lokale Kontexte folgen, was zu einer komplexen Identität von NGO-Netzwerken führt.[21]

III. Organisationen und ihre Umwelten

1. Zur Umweltabhängigkeit von Organisationen

Dieses Kapitel betont das O der NGOs, also den Umstand, daß NGOs nicht nur ein Gegenstand der politischen Soziologie, sondern auch der Organisationssoziologie sein können und sollen. Als die Organisationsforschung in der Nachkriegszeit aufblühte, hatte sie zunächst wenig Interesse an Organisationsumwelten. Sie behandelte Organisationen als geschlossene soziale Systeme mit formalisiertem Strukturaufbau und einheitlicher Zielrichtung. Die frühe Organisationssoziologie unterstellte die Existenz eines allgemeingültigen „one-best-way" des Organisierens, der als perfektioniertes Zweck-Mittel-Verhältnis bestimmt wurde. Die Bedingungen der Effizienzsteigerung organisationsinterner Abläufe lagen im Zentrum des Forschungsinteresses. Seit den späten sechziger Jahren sind die Umwelten von Organisationen indes zu einem zentralen Gegenstand vieler Organisationstheorien geworden:[22] Organisationen werden nun als unvollständige, offene und hochgradig umgebungsabhängige Systeme gesehen. Mal ist die Organisationsumwelt eine Art Nische, in der Organisationen gegeneinander um lebensnotwendige Ressourcen kämpfen; mal wird diese Umwelt als wichtige Informationsquelle definiert, welche die Unsicherheit interner Entscheidungen reduziert; mal erscheint die Organisationsumwelt als hegemoniales Institutionengefüge, das Anpassungsleistungen einzelner Organisationen erzwingt und die Verwirklichung ihrer eigentlichen Ziele durchkreuzt.

Diese neueren Ansätze erklären Netzwerkbildungen zwischen Organisationen mit der Kontrolle externer Unsicherheit, der Reduktion von Außenabhängigkeit, dem Ausbau von Verhandlungsmacht und der Suche nach Allianzpartnern angesichts starker Gegner. Sie führen unterschiedliche Strukturmerkmale von Organisationen – z.B. der Grad interner Arbeitsteilung oder Formalisierung – vorzugsweise darauf zurück, daß Organisationen sich zwecks optimaler Zielverwirklichung an situativ gegebene Kontexte anpassen (vgl. z.B. Lawrence/Lorsch 1967).[23] Insbesondere die sogenannte Kontingenztheorie „specified that particular structures were appropriate adjustments to certain situations, and that organizational effectiveness depended on an appropriate matching of design to circumstance" (Aldrich/Marsden 1988: 372). Für die Erklärung von Organisationsstrukturen rücken nun externe Variablen wie der Ressourcenreichtum, der Unsicherheitsgrad, die Wandlungsgeschwindigkeit oder das Wohlwollen von Organisationsumwelten ins Zentrum. In Fallstudien wurde gezeigt, daß eine hohe Ungewißheit über die Beschaffenheit von Organisationsumwelten dezentrale und weniger formalisierte Entscheidungsstrukturen begünstigt oder daß heterogene soziale Umwelten einen hohen organisationsinternen Spezialisierungsgrad hervorrufen (z.B. Blau/Schoenherr 1971). Die neueren Ansätze verstehen Organisationswandel nun vorzugsweise als Lernprozeß, mit dem sich Organisationen an eine für ihre Bestandserhaltung bedrohliche Umweltveränderung anzupassen versuchen.

2. Komplexe Identitäten umweltabhängiger Organisationen

Die starke Umweltabhängigkeit von Organisationen gilt, wie bereits gezeigt wurde, gerade auch für NGOs. Diese Organisationen sind in hohem Maße von der öffentlichen Meinung, von politischen Gelegenheitsstrukturen, von staatlicher oder privater Finanzierung, von einflußreichen Allianzpartnern und anderen äußeren Einflußgrößen abhängig. Es wurde auch gezeigt, daß NGOs in sehr vielfältigen sozialen Umwelten operieren, auf deren unterschiedliche institutionelle Beschaffenheit sie sich gleichzeitig beziehen müssen. Wenn Organisationen zwecks Bestandserhaltung dazu neigen, ihre interne Struktur an externe Gegebenheiten anzupassen und wenn diese Umgebungen ausgesprochen heterogen sind, dann stellt sich die Frage nach der inneren Einheit dieser Organisationen.

Die Identität und Kontinuität von (individuellen oder kollektiven) Handlungssubjekten wird von klassischen Handlungstheorien[24] selbstverständlich unterstellt: Akteure haben widerspruchsfreie Ziele und bleiben sich selbst treu, d.h. sie verfolgen auch in einer veränderlichen Umgebung kontinuierlich einmal gesetzte Zwecke. In Anbetracht von komplexen, rasch wandlungsfähigen sozialen Umwelten wird dieser fixe Akteursbegriff jedoch problematisch – eine Feststellung, aus der zwei sehr verschiedene Konsequenzen gezogen wurden: Eine Strömung in der jüngeren Organisationsforschung hat den Begriff des zielgerichteten kollektiven Akteurs insgesamt verabschiedet und Organisationen als Koalitionen widerstreitender Einzelinteressen, ja als „organisierte Anarchien" entlarvt. Entscheidungsprozesse in Organisationen sind demnach ein ziemlich beliebiges Aufeinandertreffen von unterschiedlichen Problemen, Zielen, Mitteln und gerade anwesenden Beteiligten, deren Handeln erst *hinterher* als 'vernünftig' dargestellt wird. „Nicht nur herrscht Unklarheit, welches die Ziele und besten Mittel, sondern auch, was die Probleme und ob verwirklichte Lösungen als Erfolg zu bezeichnen sind" (Becker/Küpper/Ortmann 1992: 92). Organisationen sind nicht länger ein Hort kühler Zweck-Mittel-Rationalität, sondern ein „garbage can" – ein Mülleimer, in dem die Bruchstücke zielgerichteter Vernunft kunterbunt durcheinander liegen (Cohen/March/Olson 1972).

Eine zweite Richtung der jüngeren Organisationsforschung sucht nach Bedingungen, unter denen zielgerichtetes kollektives Handeln trotz hochgradiger Abhängigkeit von heterogenen und wandlungsfähigen Umwelten möglich ist. Fest steht: In solchen unsicheren Umgebungen sind einheitliche Organisationen benachteiligt, die widerspruchsfreie Ziele unter Einsatz routinisierter Mittel kontinuierlich verfolgen. Denn diese Umwelten erfordern die permanente Revision von Zielen und Strategien, das parallele Verfolgen verschiedener Ziele und die Bereitschaft zu Lernprozessen mit ungewissem Ausgang: „Je unsicherer die Umwelt, die ein Akteur zu gestalten trachtet, desto nützlicher sind ihm lernfähige Entscheidungsprämissen und eine polyzentrische Identität“ (Wiesenthal 1990: 9). Die Kontingenztheorie erklärt Phänomene interner Organisationsgliederung in selbständige Untereinheiten (z.B. in „fraktalen“ Unternehmen) damit, daß diese Untereinheiten mit ihren je eigenen Zielrichtungen jeweils auf spezifisch geartete Umweltausschnitte Bezug nehmen. In Organisationen mit klaren Leistungskriterien (wie typischerweise Unternehmen) ist diese interne Heterogenität in der Organisationsspitze im Hinblick auf strategische Ziele „bereinigt“ – sie dient der elastischen Anpassung der Gesamtorganisation an ihre vielgestaltige Umgebung. Als „Diskontinuitätsakteure“ beweisen manche Organisationen Wandlungsfähigkeit durch geschmeidige Anpassung an spezifische Situationsanforderungen. Unterschiedliche Ziele werden nacheinander realisiert und durch „Zeitpuffer“ kompatibel gemacht. Unter solchen Umständen lassen künftige Entscheidungen sich nicht aus vergangenen erraten. Man kennt das von opportunistischen Unternehmen, die sich neuen Marktgegebenheiten anpassen oder von Parteien, die nach dem Wahlsieg das Gegenteil von dem tun, was sie vor der Wahl versprochen hatten.

Es gibt aber auch strategiefähige Kollektivakteure, in welchen verschiedene Problemdeutungen, Zeithorizonte, Ziele und Strategiepräferenzen gleichzeitig und unvermittelt nebeneinander existieren. Eine solche Organisation „operiert als „multiple self“ und wirkt tendenziell schizophren. Sie ist dann für sich und für andere immer vieles zugleich – so wie ihre Umwelt für sie“ (Wiesenthal 1990: 84). Diese Akteure[25] haben eine fragmentierte Identität und verzichten auf ein einheitliches Weltbild. Sie parieren äußere mit innerer Komplexität und lockern ihre Ansprüche an interne Widerspruchsfreiheit. Sie reagieren auf widersprüchliche Handlungsumwelten durch die interne Herausbildung selbständiger, miteinander nur lose verbundener Organisationssegmente. Diese Segmente haben eigene Problemdefinitionen, Ziele und Strategien und befassen sich arbeitsteilig mit dem Eigensinn verschiedener Umweltausschnitte. „So bleibt eine als multiples Selbst agierende Organisation in der Lage, sich an den Besonderheiten disparater Handlungsfelder zu orientieren, obwohl das handlungsorientierende Sonderwissen in der Zusammenschau als inkonsistent erscheint“ (ders. 1995: 151). Eine multiple Akteursidentität wurde z.B. für deutsche Industriegewerkschaften in den achziger Jahren nachgewiesen, die gleichzeitig im betriebspolitischen Rahmen einer kooperativen und im Rahmen sektoraler Tarifpolitik einer konfliktiven Handlungsstrategie folgten (ders. 1993: 11f.). Zu einer multiplen

Akteursidentität neigen auch politische Reformakteure, die sich in einer Zwickmühle zwischen interner Mitgliederbindung und externer Erfolgsorientierung, zwischen kurzfristigen und langfristigen Zielen etc. befinden. Der Preis einer multiplen Akteursidentität zur Sicherung von Handlungskompetenz in komplexen Umwelten besteht in mitunter schwerwiegenden Koordinations- und Integrationsproblemen. Ein Minimum an Zusammenhalt mag durch ein gemeinsames Wertefundament, durch interne Machtausübung oder einfach dadurch gewährleistet sein, daß die Umwelt ein multiples Selbst als kollektiven Akteur wahrnimmt und ihm seine Handlungsfolgen ungeteilt zurechnet (ders. 1990: 102). Ich komme im nächsten Kapitel darauf zurück.

IV. Ein Fallbeispiel: Die NGO-Klimakampagne anläßlich der UN-Klimakonferenz 1995 in Berlin[26]

Im Frühjahr 1995 fand in Berlin die erste Vertragsstaatenkonferenz der Klimarahmenkonvention der Vereinten Nationen (UN) statt.[27] Monate vor dem eigentlichen Ereignis bildete sich anläßlich dieser Konferenz eine multinationale Kampagne, die von mehreren hundert NGOs aus dem links-grünen politischen Spektrum getragen wurde.[28] Umwelt- und Entwicklungsverbände, Jugend- und Frauengruppen, kirchliche Einrichtungen, Künstlerinitiativen, alternative Forschungsinstitute und Medien organisierten sich gleichzeitig auf der lokalen, nationalen und transnationalen Raumebene. Als wichtigste Mesomobilisierungsakteure[29] operierten auf der lokalen Ebene Berlins das Netzwerk Klimagipfel, auf der bundesdeutschen Ebene das seit dem Erdgipfel in Rio bestehende nationale Forum Umwelt und Entwicklung und auf der internationalen Ebene das weltweit organisierte Climate Action Network (CAN) sowie die europäische Jugendklimakampagne. Quer zu diesen Mesomobilisierungsakteuren gründeten zwei deutsche Umweltverbände rund ein halbes Jahr vor der Konferenz das Berliner Klimaforum ’95, eine Koordinations- und Serviceeinrichtung vor Ort. Mittels Lobbying, Pressearbeit, Informationsveranstaltungen, symbolischen Aktionen und Protestereignissen forderte die Kampagne für die Berliner UN-Konferenz unter anderem die Unterzeichnung eines Klima-Protokolls, welches die Industrieländer unter den Teilnehmerstaaten der Klimarahmenkonvention verbindlich zu einer zwanzigprozentigen CO2-Reduktion bis zum Jahre 2005 (mit dem Bezugsjahr 1990) verpflichtet hätte.[30]

Die Klimakampagne profitierte von einigen günstigen Mobilisierungsfaktoren, wie sie in Kapitel I bereits genannt wurden:

a) In der Rekrutierungsphase konnten die NGOs auf schon bestehende Bewegungsmilieus mit gutausgestatteten politischen Infrastrukturen und politikerfahrenen, sachkundigen Akteuren zurückgreifen. Innerhalb der Kampagne herrschte ein relativ geringer ideologischer Konformitätsdruck, was die Einbindung heterogener Gruppen begünstigte.[31] Verschiedene Organisationen waren durch Mehrfachmitgliedschaften einzelner Personen und durch persönliche Kontakte verbunden. Die Kampagnenorganisation war professionell, langfristig geplant und – zumindest zwischen einigen Gruppen – hoch arbeitsteilig. Die Ressourcenakquisition war effektiv, die NGOs verfügten über zahlreiche bezahlte Arbeitskräfte, eigene Räumlichkeiten und moderne Kommunikationstechnologie. Eine erfolgreiche Anfangsmobilisierung wirkte sich auf den weiteren Kampagnenverlauf günstig aus – die Kampagne erhielt noch mehr Zulauf, sie beeinflußte ihre eigene Gelegenheitsstruktur.
b) Auch die Faktoren der externen politischen Gelegenheitsstruktur der Klimakampagne waren mehrheitlich günstig: Die Regimestrukturen der UN, des Gastgeberstaates Bundesrepublik und des Berliner Senats waren relativ offen für die NGO-Aktivitäten, aber nicht so offen, um der Klimakampagne den Wind aus dem Segel zu nehmen. Nach Anfangsschwierigkeiten erhielten die NGOs formellen Konferenzzugang mit Beobachterstatus, außerdem verfügten sie über einige informelle „Hintertreppen" ins UN-Verhandlungssystem: Viele VertreterInnen von CAN standen schon Jahre vor der Berliner Konferenz in teilweise engem Kontakt mit ihren „KollegenInnen" in der Staatsadministration, einige von ihnen reisten als Mitglieder der offiziellen Staatsdelegationen nach Berlin. Auch die bundesdeutschen und lokalen Exekutivorgane waren vor und während der Konferenz an einer Zusammenarbeit mit den NGOs interessiert[32] und förderten die Kampagne mit rund zwei Millionen DM.[33] Ferner profitierten die NGOs von der starken Polarisierung der internationalen Klimapolitik, die ihr „schöne" Gegner und Verbündete zuführte: Als zentralen Gegenspieler brandmarkte die Kampagne das „schmutzige Dreieck", bestehend aus erdölfördernden Ländern, industrialisierten Bremserstaaten wie den USA oder Kanada sowie den mächtigen Wirtschaftslobbies in aller Welt. Die grünen NGOs hatten aber auch zahlreiche externe Verbündete: Ihre Kampagne war Teil einer transnationalen „epistemic community" (Haas 1990), die sich nicht primär an nationalen Interessengegensätzen, sondern am gemeinsamen Wissensstand von ExpertInnen verschiedener Disziplinen zu den Risiken globaler Erwärmung orientierte. Zum Allianzsystem der NGOs gehörten kritische Forschungseinrichtungen und Medien, linke und grüne Parteien, Gewerkschaften, der Weltkirchenrat und „grüne" Unternehmen, aber auch die Assoziation kleiner Inselstaaten

(„AOSIS"), welche unter Beihilfe einer im CAN aktiven Umweltorganisation im September 1994 den Entwurf für das umstrittene CO2-Protokoll bei den Vereinten Nationen eingereicht hatten.[34]
Neben diesen günstigen Bedingungen behinderten aber auch zahlreiche Faktoren die Effektivität der Klimakampagne. Die Mobilisierung verlief quer zu den institutionellen Kontexten von Politik, Medienöffentlichkeit, Wissenschaft und Wirtschaft und mußte die spezifischen Reaktionsmuster dieser Institutionen berücksichtigen, um Resonanz zu erzeugen. Wie jeder Akteur politischer Interessenvermittlung mußten auch die Akteure der Klimakampagne die unvereinbaren Erfordernisse breiter Rekrutierung, authentischer Interessenrepräsentation und erfolgreicher politischer Einflußnahme ausbalancieren. In der Anfangsphase führten ausgeprägte Rekrutierungsanstrengungen dem NGO-Zusammenhang ständig neue Mitgliedsgruppen zu, die das Profil der Kampagne in ihrem Sinne verändern wollten. Ad hoc gebildete Initiativen ohne Geld und ohne formale Organisationsstrukturen waren genauso vertreten wie formalisierte Verbände mit Millionenetat.
Diese Heterogenität der aktivierten Gruppen hatte aufreibende kampagneninterne Konflikte zur Folge: Die lokalen, die nationalen und die transnationalen Organisationen verorteten das Ereignis der bevorstehenden UN-Konferenz jeweils auf „ihrer" Raumebene und wollten die Klimakampagne jeweils der politischen Gelegenheitsstruktur „ihrer" Ebene anpassen. Die Anliegen und Strategiepräferenzen von Nord-NGOs und Süd-NGOs im CAN prallten aufeinander, betonten doch die einen eher Klimaschutzfragen im engeren Sinne, die anderen eher den Nord-Süd-Ausgleich. Langfristige Anliegen rivalisierten mit kurzfristigen. Deutsche Umweltgruppen stritten mit deutschen Nord-Süd-Gruppen über Themenprioritäten. In der Tradition der Berliner Anti-IWF-Kampagne von 1988 übte ein fundamental-oppositionelles Berliner Bündnis radikale Kritik am kapitalistischen Wirtschaftssystem, während die Mehrheit der aktivierten Gruppen es bevorzugte, „mit dem bestehenden System zu leben und das zu modifizieren", wie ein Akteur meinte. Einige deutsche und europäische Gruppen liebäugelten mit dem Modell eines Gegengipfels mit starker Protest- und Öffentlichkeitsorientierung, die gestylten CAN-LobbyistInnen aus den USA und einigen Drittweltländern bevorzugten hingegen eine Einflußnahme hinter verschlossenen Türen und fühlten sich durch Demonstrationen und Aktionen zivilen Ungehorsams anderer Gruppen massiv gestört. Lobbyorientierte Gruppen konzentrierten sich auf das CO2-Reduktionsprotokoll für die Industrieländer, während aktionistische Gruppen das globale Klimaproblem in viel umfassenderem Sinne angehen wollten.[35] AktivistInnen der Jugendklimakampagne ketteten sich an

die Fahrzeuge von amerikanischen Wirtschaftslobbyisten, während Greenpeace mit Wirtschaftsunternehmen über die negativen Folgen des Klimawandels für Kapitalmärkte fachsimpelte und die Nord-Süd-Initiative Germanwatch bei der Gründung des „European Business Council for a Sustainable Energy Future" Pate stand.

Aufgrund solcher kampagnen-internen Differenzen kooperierten viele der aktiven Gruppen gar nicht oder nur sehr schwach miteinander. Dissens über Anliegen und Strategien führten dazu, „daß teilweise 'ne Menge an Zusammenarbeitsmöglichkeiten vertan wurden", wie ein Aktivist bedauerte. Dies gilt vor allem für die mangelhafte Verbindung der lokalen Gruppen mit der nationalen und internationalen Kampagnenebene (vgl. dazu ausführlich Heike Walk in diesem Band); aber auch die Akteure der nationalen und internationalen Ebene ließen viele Kooperationsmöglichkeiten ungenutzt, ja sabotierten sie teilweise: So vereitelte etwa CAN eine illegale Protestaktion der europäischen Jugendklimakampagne im Konferenzgebäude, indem es den hausinternen Sicherheitsdienst alarmierte.

Diese inneren Spannungen beschränkten sicherlich Synergieeffekte, aber sie führten nicht zu einem völligen Verlust der Handlungskompetenz der Klimakampagne. Bis zum Ende der Konferenz hielt sich ein politikfähiger Zusammenhang von zahlreichen Organisationen. Wenn auch die Kernforderung der Klimakampagne – ein CO2-Protokoll für die Industrieländer – in Berlin nicht umgesetzt wurde, sind dennoch einige Erfolge zu verzeichnen: Die Überzeugungsarbeit der NGOs trug mit dazu bei, daß sich in Berlin eine breite Unterstützungsfraktion (einschließlich großer Drittweltländer) für Reduktionsverhandlungen für Industrieländer ausgehend vom AOSIS-Protokoll bildete und daß der Vorstoß einiger Industriestaaten, Reduktionsverpflichtungen für die Entwicklungsländer einzuführen, vorläufig abgeblockt wurde.[36] Die professionelle Medienarbeit der NGO-Kampagne rund um den Globus zog die Vollzugsschwächen nationaler Klimapolitiken ans Licht und brachte Transparenz in den schwer durchschaubaren Verhandlungsprozeß der UN. Die NGOs hatten eine starke öffentliche Definitionsmacht: „Wir haben definieren können, was der eigentliche Problemansatz ist, was ein Erfolg oder ein Mißerfolg ist, wie dieses Taktieren der staatlichen Akteure zu bewerten ist. Das heißt, wir hatten, wenn Du so willst, intellektuelle Lufthohheit", blickt der Pressesprecher von CAN zurück.[37] Während der Konferenz bot das NGO-Netzwerk in Berlin über 80 teilweise gut besuchte öffentliche Veranstaltungen zu den verschiedensten Themen an.[38] Das Handlungsspektrum der öffentlichen Veranstaltungen umfaßte unter anderem Informationsveranstaltungen (rund 60%), symbolische Aktionen (Straßenthea-

ter, Performances etc.,19%) und Protestereignisse (rund 5%). Die Klimakampagne genoß eine hohe Medienaufmerksamkeit: So ging etwa in ihrer Berichterstattung während der Klimakonferenz die Frankfurter Rundschau in 43% aller Artikel über den UN-Gipfel auf die NGOs ein, in immerhin 23% aller Fälle waren die NGOs sogar der Hauptgegenstand der Meldung.[39]
Daß die Klimakampagne bei allen internen Konflikten bis zum Ende der Konferenz nicht auseinanderbrach und nach außen handlungsfähig blieb, erkläre ich mit ihrer Multiple-Self-Identität. Zwar dominierten die lobby-orientierten VerfechterInnen eines politisch moderaten Kampagnenmodells über die fundamental-oppositionellen Kräften, doch auch die ressourcenstärkere Lobby-Fraktion konnte der Kampagne nicht die gewünschte oligarchische Struktur aufzwingen. Im Laufe der Mobilisierung entwickelte sich vielmehr ein Multiple-Self-Akteur mit einer *doppelten* Handlungslogik:[40]
a) Das „fundamentalistische“[41] Segment der Kampagne orientierte sich an kontrafaktischen Handlungs*notwendigkeiten*, an politischen Sollzuständen, an „wildem Wünschen“, wie Niklas Luhmann (1991: 136) spotten würde. Es operierte dezentral vor allem im lokalen und nationalen Raum und zielte auf Rekrutierung und Repräsentation einer möglichst großen Anhängerschaft, war also stark mitgliedschaftslogisch gesteuert.[42] Sein Politikstil war eher konfrontativ, er zielte auf Mobilisierung öffentlicher Meinung durch Aufklärung und Protest. Das Handlungsrepertoire reichte von Pressearbeit und Informationsveranstaltungen bis hin zu Aktionen zivilen Ungehorsams. Die heterogene Basis umfaßte gutorganisierte Verbände, aber auch lose organisierte, ressourcenschwache Initiativen und lokale Vereine. Die Themenpalette dieses Segments reichte von Nachhaltigkeitsstrategien über klimagerechte Konsummuster bis hin zu neuen Wegen aus der Beschäftigungskrise. Sein Zeithorizont war von einer für Bewegungsakteure typischen Ambivalenz zwischen Kurz- und Langfristigkeit geprägt (vgl. Offe 1990: 237f.): Angesichts ihrer unsicheren Existenz vergegenwärtigen Bewegungsakteure *langfristige* Gefahren und fordern *sofortige* und radikale Maßnahmen. Das fundamentalistische Segment machte die Berliner Klimakonferenz zu einem „dramatic event“ mit unabsehbaren Folgen für den weiteren Prozeß der internationalen Klimaverhandlungen.
b) Das „realpolitische“ Segment orientierte sich an institutionell gegebenen Handlungs*möglichkeiten*. Es war eher zentralistisch gesteuert und agierte vor allem auf der nationalen und internationalen Raumebene. Es hatte eine unmittelbar einflußlogische Orientierung, seine Aktionsformen bestanden in kompromißorientiertem Verhandeln hinter verschlossenen Türen und in professioneller journalistischer Aufarbeitung des Konferenzgeschehens. Das

Themenspektrum des realpolitischen Segments war exklusiv: Es hielt sich eng an die Agenda der UN-Konferenz bzw. an ausgewählte Streitpunkte der deutschen Klimapolitik wie z.B. Energiesteuern oder Wärmenutzungsverordnung. So exklusiv wie die Themenliste war auch die Trägerschaft dieses Segments: Eine handvoll oligarchisch veranlagter Profis aus gutorganisierten Verbänden, Forschungs- und Medieneinrichtungen, die zumeist persönlich untereinander bekannt sind. Der Zeithorizont des realpolitischen Segments war kurz- bis mittelfristig: Es nutzte situative Handlungsgelegenheiten und paßte seinen Forderungskatalog dem langsamen Gang internationaler Klimapolitik an. Seine Kernforderung, das 20%-Ziel, war moderat, „ein Balanceakt zwischen dem wissenschaftlich Notwendigen, so von der Bedrohung her gesehen, und dem politisch gerade noch Möglichen", wie ein Akteur meinte.[43] Die Berliner Klimakonferenz war für die Akteure dieses Segments ein zufälliges Ereignis auf dem langen Weg zu einem Klimaprotokoll.

Diese beiden Organisations- und Deutungssegmente der Klimakampagne[44] waren nur lose miteinander gekoppelt, was eine gleichzeitige Bezugnahme auf unterschiedliche Umweltausschnitte und das Verfolgen verschiedener, teilweise widersprüchlicher Ziele ermöglichte.[45] Gewissermaßen „naturwüchsig" entwickelte sich eine weitgehende Arbeitsteilung zwischen Öffentlichkeitsarbeit, Lobbying und organisatorischen Funktionen wie Ressourcenakquirierung oder der Bereitstellung von Infrastruktur. Gerade der fragmentierte Charakter des NGO-Zusammenhangs, die Vielfalt an Anliegen und Strategien, das Fehlen einer zentralisierten Kontrollstruktur und eines einheitlichen Organisationsweltbildes erwiesen sich als Erfolgsfaktoren für die Kampagne.

Zwischen den beiden Segmenten wirkten aber auch integrative Kräfte, die die Kampagne zusammenhielten und phasenweise zu kollektivem Handeln befähigten. Viele Organisationen arbeiteten zusammen, einige eng auf der Basis hoher Zielübereinstimmung, einige lose und vor allem im organisatorischen Bereich.[46] So fanden im Vorfeld der Konferenz z.B. regelmäßige Koordinationstreffen[47] statt. Relevante Informationen wurden in periodisch erscheinenden Newsletters zwischen den verschiedenen Gruppen der Kampagne ausgetauscht. Es gab gemeinsame Rahmenveranstaltungen und Projektfinanzierungen, einen gemeinsamen Veranstaltungskalender, gemeinsame Publikationen und teilweise eine gemeinsame Pressearbeit. Rund zwölf Gruppen, unter ihnen der Vorstand des lokalen Netzwerks Klimagipfel, teilten die Räumlichkeiten eines vom Klimaforum '95 angemieteten Hauses in Berlin. Eine Mehrheit der in Berlin aktiven NGOs konnte sich auf einen Minimalkonsens zu Problem- und Erfolgsdefinitionen der UN-Konferenz einigen.[48] Interviewaussagen zufolge verband zahlreiche Gruppen der Klimakampagne bei aller Unterschiedlichkeit ein Zusammengehörigkeitsgefühl, eine „corporate identity", die nicht zuletzt aus den gemeinsamen Gegnerschaften schöpfte.[49] Persönliche Bekanntschaften, Mehrfachmitgliedschaften[50] und das individuelle Geschick einzelner Akteure führten in manchen internen Konflikten zu erfolgreicher Vermittlung. Viele ressourcenschwache Gruppen sahen sich zur Kooperation mit Andersgesinnten gezwungen, weil sie allein nichts hätten ausrichten können. Die stark zentralisierte mediale Außendarstellung des NGO-Zusammenhangs durch die Pressestelle des Klimaforum '95 förderte in der Öffentlichkeit die Fiktion einer weitgehenden inneren Geschlossenheit der Kampagne – eine Fiktion, die kontrafaktisch auf den Zusammenhalt der NGOs zurückwirkte.[51]

Im vorliegenden Beitrag wird die Kooperation zwischen den einzelnen NGOs in der Klimakampagne offensichtlich positiver eingeschätzt als im Beitrag von Heike Walk (in diesem Band). Dies ist erläuterungsbedürftig:

a) Erstens existieren keine objektiven Erfolgskriterien für die Kooperation in einem NGO-Netzwerk; man kann entweder Mißerfolge oder die Erfolge besonders vermerken. Vor dem Hintergrund des hier entwickelten Theorierahmens sind Mißerfolge gewissermaßen der Normalfall, wogegen gelungene Kooperationen in NGO-Netzwerken der besonderen Erwähnung bedürfen.

b) Zweitens können verschiedene „Gütekriterien" für netzwerk-interne Kooperation angewandt werden. Heike Walk verwendet anspruchsvolle Kriterien wie stabile und egalitäre Interaktionsbeziehungen, gemeinsame Strategien und homogene Interessenlagen, die Voraussetzungen für die Handlungfähigkeit von NGO-Netzwerken seien (siehe Walk in diesem Band). Eine diskursive Einigung auf homogene Ziele und Aktionsformen mag in Einzelfällen möglich sein – im Regelfall aber wird für NGO-Netzwerke nichts anderes gelten als für die pluralistischen Gesellschaften, in denen sie agieren: Unterschiedliche Problemdefinitionen, Anliegen und Strategiepräferenzen lassen sich nicht diskursiv vereinheitlichen, sie müssen netzwerk-intern koexistieren.[52] Die Kooperation in NGO-Netzwerken mag auf einem inhaltlichen Minimalkonsens beruhen, sich im wesentlichen aber im organisatorischen Bereich abspielen: Gemeinsame Ressourcenmobilisierung und Infrastruktur, ein hoher interner Informationsfluß, gemeinsame Öffentlichkeitsarbeit etc. Solche Netzwerke mögen zeitlich instabil und von internen Machtgefällen belastet sein, was aber einen kollektiven Output, den jede involvierte Organisation allein nicht erbracht hätte, nicht ausschließt.[53] Eine solche rudimentäre Kooperation zwischen verschiedenen NGOs erfolgte meiner Fallstudie zufolge auch im Rahmen der Berliner Klimakampagne.

V. Resümee

Die vorliegenden Ausführungen gingen von der Frage aus, wie NGO-Netzwerke trotz schwieriger Rahmenbedingungen erfolgreich ihre anspruchsvollen politischen Ziele verwirklichen können. In Kapitel II wurden zunächst die heterogenen Rahmenbedingungen einer solchen Netzwerkbildung beschrieben: NGO-Netzwerke müssen die Erfordernisse breiter Rekrutierung, authentischer Interessenvertretung und effizienter politischer Zielverwirklichung ausbalancieren. Sie agieren gleichzeitig in den verschiedenen institutionellen Kontexten von Politik, Wirtschaft, Massenmedien, Wissenschaft etc. und müssen Anpassungsleistungen an die spezifischen Rationalitäten dieser Akteursgruppen erbringen, um Aufmerksamkeit zu erzeugen. Schließlich operieren NGO-Netzwerke häufig gleichzeitig auf der lokalen, nationalen und internationalen Politikebene und müssen auf verschiedene politische Gelegenheitsstrukturen Bezug nehmen. Aus diesen unterschiedlichen Kontextbedingungen resultieren netzwerk-interne Zielkonflikte.
In Kapitel III wurde argumentiert, daß NGO-Netzwerke unter Umständen besser daran tun, auf aufwendige interne Konsensbildungsprozesse zu verzichten und statt dessen – als „Multiple-Self-Akteure" – simultan verschiedene Ziele mit verschiedenen Strategien zu verfolgen. Eine gewisse Integration der verschiedenen Gruppen eines NGO-Netzwerks ergibt sich aus einem Minimalkonsens über Werte, Problemdeutungen und Anliegen, aus organisatorischer Kooperation oder aus gemeinsamen Verbündeten und Gegnern.
In Kapitel IV wurde eine transnationale NGO-Kampagne anläßlich der UN-Klimakonferenz 1995 in Berlin analysiert. Es wurde behauptet, daß diese Kampagne durch die Ausbildung verschiedener, lose gekoppelter Organisationssegmente ihre politische Handlungskompetenz sichern konnte. NGO-Netzwerke in komplexen sozialen Umwelten sind strategiefähiger, wenn sie das Ideal eines geeinten Kollektivakteurs aufgeben und als Multiple-Self-Akteure gleichzeitig verschiedene, vielleicht widersprüchliche Ziele mit unterschiedlichen Aktionsformen verfolgen. Dieses Plädoyer für den Strategiemix grenzt sich gegenüber jenen realpolitischen Kräften in NGO-Netzwerken ab, welche die disruptive Kraft von Bewegungshandeln vollständig in die Bahnen institutioneller Politik zwingen und damit sozialen Bewegungen ihren Antrieb nehmen wollen. Es grenzt sich aber auch dagegen ab, Lobbying durch NGOs mit „konferenzpolitischer Klüngelbildung" (siehe Missbach in diesem Band) gleichzusetzen und aus Angst vor Kooptation die Chancen institutioneller Strategien preiszugeben. Lobbying und öffentlicher Protest sind nicht ausschließliche, sondern komplementäre Aktionsformen, genauso

wie Lokalität und Globalität komplementäre Raumdimensionen sind. Im Zeitalter ihrer Transnationalisierung müssen Bewegungsorganisationen fortführen, was schon die Politik neuer sozialer Bewegungen im nationalen Raum kennzeichnete (Rucht 1990: 173 und ders. 1996b: 7): Sie müssen konfliktive und kooperative Strategieelemente verbinden können.

Anmerkungen

1 Den Begriff Strategiefähigkeit verwende ich bedeutungsgleich mit 'Handlungskompetenz'.

2 Die UNO schätzt die Anzahl der NGOs weltweit inzwischen auf 50.000. Rund 1.500 internationale NGOs sind bei der UNO ständig akkreditiert (Die Zeit Nr. 11 vom 10.3.95, S. 5).

3 Der Netzwerkbegriff ist somit nicht anwendbar auf Akteure, die entweder völlig autonom oder aber – etwa im Rahmen einer Befehlskette – fest miteinander verkoppelt sind. Die relative Autonomie zwischen den Knoten eines Netzwerks schließt aber Machtunterschiede zwischen den involvierten Akteuren nicht aus.

4 Beispiele für diese organisatorische Kooperation sind etwa eine rudimentäre Arbeitsteilung, gemeinsame Infrastrukturen und Räumlichkeiten, gemeinsame Veranstaltungen und Publikationen etc. Im Gegensatz zu Heike Walk (in diesem Band) verwende ich einen Netzwerkbegriff, der auch für eine eher schwache Kooperation zwischen den involvierten Gruppen verwendbar ist. Ich komme im Kapitel IV ausführlich darauf zurück.

5 Die Anzahl multinationaler NGOs hat sich in unserem Jahrhundert ungefähr um den Faktor 25 vervielfacht (Princen/Finger 1994: 1). Für den Zeitraum von 1973 bis heute wurden für transnationale Bewegungsorganisationen Steigerungsraten von 80-90% gefunden (Smith/Sikking/Keck 1995, zitiert nach Rucht 1996b). Die dominierenden Themen sind hierbei Menschenrechte, Umwelt und Frauenrechte. Beispiele für transnationale NGO-*Netzwerke* sind das in 29 Ländern vertretene Network „End Child Prostitution in Asian Tourism“ (ECPAT), der in 76 Ländern präsente International Council on Social Welfare (ICSW) oder die weltweite NGO-Koalition gegen den Narmada-Staudamm in Indien. Die Liste ließe sich verlängern!

6 Unter 'politischer Gelegenheitsstruktur' versteht man „Parameter für soziale und politische Akteure, die ihre Aktionen entweder ermutigen oder entmutigen“ (Tarrow 1991: 651; vgl. auch Rucht 1994: 308ff.). Gemeint sind z.B. die Offenheit staatlicher Regimestrukturen für die politische Partizipation nichtstaatlicher Akteure, die Existenz einflußreicher externer Verbündeter einer Bewegungsorganisation, die Einigkeit oder Gespaltenheit politischer Eliten, die (In-)Stabilität von Wählerschaften, Muster der politischen Kultur etc..

7 Den Kampf ähnlicher Organisationen um lebensnotwendige, aber knappe Ressourcen betont insbesondere der populationsökologische Ansatz der Organisationsforschung (Hannan/Freeman 1977).

8 Ich unterstelle, daß die in Kapitel II analysierten Dilemmata von NGOs erst recht für die Aggregatebene von NGO-*Netzwerken* gelten.

9 Für die Fundi/Realo-Differenz bei den deutschen Grünen und für Beispiele aus der deutschen Arbeiterbewegung vgl. Wiesenthal 1990. Für den Konflikt zwischen Graswurzelbewegung und Lobbying im deutschen Bundesverband Bürgerinitiativen Umweltschutz (BBU) vgl. Rucht 1982: 42ff..

10 In Übereinstimmung mit der oben getroffenen Definition werden nicht-staatliche Serviceeinrichtungen, die keine Anhängerschaft, sondern nur sich selbst vertreten, hier nicht als NGOs bezeichnet. Parastaatliche „QUANGOs" oder „GONGOs", die als quasi-staatliche Akteure Funktionen öffentlicher Politikformulierung und -ausführung einnehmen, sollte man m.E. als (neo-)korporatistische Verbände (Streeck 1994), nicht als NGOs bezeichnen.

11 'Analytisch unterscheidbar' bedeutet, daß diese Unterscheidung im Rahmen einer wissenschaftlichen Modellbildung getroffen wird, ohne daß sie am empirischen Forschungsobjekt selbst trennscharf nachweisbar ist.

12 So kann z.B. ein staatlich zugesichertes Vertretungsmonopol die Einflußnahme eines korporatistischen Interessenverbandes stärken und gleichzeitig eine Ressource der Mitgliederbindung sein, weil eine selbständige Interessenvertretung „am Verband vorbei" als wenig aussichtsreich erscheint (Voelzkow 1994).

13 Das scheint zumindest für die Anfangsphase einer politischen Mobilisierung zu gelten, während nach einem gelungenen Start noch mehr Zulauf nach dem Muster positiver Rückkoppelung immer wahrscheinlicher wird (Marwell/Oliver 1993: 63).

14 Zu den internen Konfliktlinien und Integrationsproblemen von NGO-Netzwerken vgl. auch Rucht 1996b: 20.

15 Zur Sozialstruktur der Trägerschaft neuer sozialer Bewegungen vgl. Raschke 1988: 413ff.

16 Ein Slogan wie „Das Private ist das Politische" zeigt, daß neben Individualisierungstendenzen auch die epochale Grenzerweiterung des Begriffs des 'Politischen' durch die neuen sozialen Bewegungen für die Vervielfachung ihrer Problemdefinitionen und die breite Streuung ihrer Anliegen verantwortlich sind (Gerhards 1993: 38ff.; Roth 1994: 172).

17 Rochon (1990) illustriert dieses Problem am Beispiel der europäischen Friedensbewegung.

18 Unter 'Rationalität' versteht man grundlegende Orientierungsmuster individuellen und sozialen Handelns: Werte, Zweck-Mittel-Kalküle, Traditionen etc..

19 Kritisch gegenüber diesem Trend äußern sich Walk/Brunnengräber 1996.

20 Zur Heterogenität und „Unübersichtlichkeit" der internationalen Frauenbewegung am Beispiel der Weltfrauenkonferenz 1995 in Peking vgl. Holthaus 1996: 65f.

21 Nach Lahusen (1996: 45) steht Greenpeace für die erste, Amnesty International für die zweite Variante. Ich komme in den nächsten beiden Kapiteln darauf zurück.

22 Für einen Literaturüberblick vgl. Aldrich/Marsden 1988.

23 Diese Erklärungen sind nicht ausschließlich: Strukturmerkmale werden auch auf interne Faktoren wie z.B. Organisationsgröße oder Komplexität von Arbeitsabläufen zurückgeführt.

24 Vgl. Elster 1986a.

25 Der Begriff 'multiple self' kommt aus der Rational-Choice-Theorie und zielte zunächst auf Individuen mit widerstreitenden Präferenzen. Eine widerstreitende Präferenz hat z.B., wer seine Nikotinsucht aufgeben, also gleichzeitig rauchen und nicht rauchen will (vgl. Elster 1986b).

26 Die folgenden empirischen Befunde entstammen einer Fallstudie, die ich 1995/96 als Diplomarbeit an der FU Berlin durchgeführt habe. Die empirischen Grundlagen beruhen auf mehreren explorativen Vorinterviews und sechs Tiefeninterviews mit Kampagnenakteuren sowie auf qualitativen und quantitativen Inhaltsanalysen von Tageszeitungen und umfangreichem Archivmaterial aus dem Berliner Klimaforum '95.

27 Zu den Ergebnissen der Berliner Klimakonferenz vgl. Quennet-Thielen 1996 und die Beiträge von Andreas Missbach und Achim Brunnengräber in diesem Band.

28 Viele der involvierten Organisationen kooperierten freilich schon lange vor der Mobilisierung zur Berliner Konferenz in netzwerkförmigen Strukturen.

29 Als 'Mesomobilisierung' wird in der Bewegungsforschung die Aggregierung schon bestehender Gruppen zu einem größeren Netzwerk bezeichnet, während Mikromobilisierung die Rekrutierung einzelner Mitglieder für einzelne Gruppen meint (Gerhards/Rucht 1992).

30 Im folgenden verwende ich für diese Forderung die Abkürzung „20%-Ziel".

31 „Es gab aber doch auch 'ne sehr große Flexibilität, auch was an Meinungen tolerierbar war, was letztlich noch integrierbar war", meinte ein Akteur.

32 Zwischen dem Bundesumweltministerium und der zuständigen Arbeitsgruppe im Forum Umwelt und Entwicklung bestand ein enges Konsultationsverhältnis. Der Berliner Senat unterstützte vor allem die Öffentlichkeitsarbeit der NGOs, zumal sein eigenes öffentliches Konferenzbegleitungsprogramm eher glücklos verlief.

33 Nur sieben Jahre früher ließ der Berliner Senat anläßlich der Anti-IWF-Kampagne das größte Polizeiaufgebot in Berlin seit dem Krieg auffahren.

34 Zum Allianzsystem der Klimakampagne vgl. auch Walk/Brunnengräber 1996 und Janett 1996.

35 „The campaign will not focus too much on technical details of issues dealt with by the climate convention (...). Instead we will focus on the roots on climate change, which are for instance overconsumption in the north, the debt crisis, the current transport policies or deforestation", heißt es einem Aufruf der Jugendklimakampagne.

36 Einen diesbezüglichen politischen Einfluß der NGOs behaupten nicht nur die aktiven NGOs selber, sondern auch die für die Klimaverhandlungen zuständige BMU-Referatsleiterin Quennet-Thielen (dies. 1996: 81).

37 „Viele Konferenzbeobachter, vor allem Fernsehjournalisten, geben statt einem eigenen Urteil vorzugsweise wider, was nicht-staatliche Organisationen äußern", befand die Hannoversche Allgemeine Zeitung vom 31.3.96 (zitiert nach Walk/Brunnengräber 1996).

38 Von diesen öffentlichen Veranstaltungen thematisierten nur 12% die Berliner Klimakonferenz, die restlichen Veranstaltungen handelten von nachhaltiger Entwicklung im weitesten Sinne, von Menschenrechten, Frauen- und Arbeitnehmerrechten und vielen anderen Themen. Vgl. dazu auch die nächste Fußnote.

39 Von allen Konferenzmeldungen der Frankfurter Rundschau über die NGOs entfielen 61% auf öffentliche Veranstaltungen und 11% auf politische Stellungnahmen insbesondere der Lobbyfraktion im NGO-Netzwerk zu den laufenden Ereignissen. Vor diesem empirischen Hintergrund komme ich an dieser Stelle zu einer anderen Einschätzung als Andreas Missbach (in diesem Band).

40 Dieser erfolgreiche Mischcharakter war von der großen Mehrheit der in der Kampagne aktiven Gruppen nicht gewollt, er resultierte als unbeabsichtigtes Nebenprodukt interner Konflikte um Ziele und Strategiepräferenzen.

41 Die Begriffe 'fundamentalistisch' und 'realpolitisch' werden hier als wertfreie Hilfsbegriffe verwendet. Sie zielen auf den Unterschied von sachlich und/oder moralisch gegebenen politischen Handlungs*notwendigkeiten* und institutionell gegebenen Handlungs*möglichkeiten*.

42 Durch wirksame Öffentlichkeitsarbeit bediente dieses Segment aber auch die Einflußlogik des NGO-Netzwerks.

43 Ob das 20%-Ziel „im Bereich des politisch Möglichen" liegt, ist mehr als fraglich. Kaum ein Industrieland wird im Jahre 2000 die 1992 in Rio vereinbarte Stabilisierung der CO2-Emissionen auf dem Niveau von 1990 erreichen. Um wieviel schwieriger wird es werden, die Emissionen nach 2000 zu reduzieren! CAN-intern fochten bereits vor der Berliner Konferenz US-amerikanische Gruppen die Forderung nach dem 20%-Ziel an, weil sie sie für nicht durchsetzbar hielten. Zum Verhandlungsstand nach der zweiten Vertragsstaatenkonferenz in Genf im Sommer 1996 vgl. Die Zeit, Nr. 31, vom 26.7.1996.

44 Eine ähnliche interne Differenzierung internationaler Kampagnen findet Lahusen (1996: 49): „Mitgliederrekrutierung, öffentliche Information und Ressourcenallokation werden dezentralisiert, um besser auf lokale Bedingungungen eingehen zu können. Die Koordinierung kollektiven Handelns wird auf eine internationale Ebene gehoben".

45 Solche Widersprüche nahm z.B. das Berliner Klimaforum '95 in Kauf, wie zwei verschiedene Flugblätter belegen: Man kann nicht gleichzeitig für eine umweltgerechtere Mittelvergabe durch IWF und Weltbank und für die Abschaffung dieser Institutionen sein.

46 Auch auf diese letztgenannte lose Kooperationsform ist m.E. der Netzwerkbegriff anwendbar. Er setzt keineswegs konsensuelle Anliegen der involvierten Akteure voraus. Das ist konform mit der Politiknetzwerkforschung, für die „Policy-Netzwerke aus Akteuren mit *unterschiedlichen*, aber gegenseitig abhängigen Interessen bestehen" (Mayntz 1993: 45, Herv. von mir, D.J. Vgl. in diesem Sinne auch van Waarden 1992: 29ff. oder Jordan 1990: 319ff. Vgl. aber auch die Politiknetzwerk-Definition von Walk/Brunnengräber in diesem Band.)

47 Beispiele dafür sind die internationale Vorbereitungskonferenz „100 Tage vor dem Klimagipfel" oder die regelmäßig erfolgten 3-B-Treffen, die der Koordination zwischen der internationalen, der nationalen und der lokalen Ebene dienten. Die lokalen Gruppen Berlins fühlten sich allerdings auch auf diesen Treffen mit den anderen Raumebenen nicht richtig verbunden.

48 Dies widerspricht nicht der These der multiplen Identität des NGO-Netzwerks. Weltbilder und Zielhierarchien haben einen schichtförmigen Aufbau. Zwei Akteure können z.B. „im Kern" identische Werte vertreten, aber unterschiedliche politische Ziele und Strategien daraus ableiten. Vgl. dazu Sabatier 1993: 133.

49 Damit ist freilich nicht gesagt, daß sich *alle* in Berlin aktiven Gruppen diesem NGO-Kollektiv zurechneten.

50 So war etwa der inhaltliche Sprecher von Klimaforum '95 gleichzeitig der stellvertetende Sprecher der zuständigen Arbeitsgruppe im nationalen Forum und Entwicklung und deutscher Ansprechpartner des internationalen CAN. CAN und Klimaforum '95 hatten einen gemeinsamen Pressesprecher.

51 Das Zusammengehörigkeitsgefühl sei v.a. durch die *Medienwahrnehmung* von CAN gefördert worden, meinte ein Akteur.

52 Vgl. dazu die Kritik der Public-Choice-Theorie an der (Habermas'schen) Diskurstheorie der Politik (Elster 1986c: 115).

53 Im Gegensatz zu Heike Walks Artikel wird hier somit weniger die Binnenperspektive als die Außenwirkung von NGO-Netzwerken fokussiert.

Literatur

Aldrich, H.E./Marsden, P.V. (1988): Environments and Organizations. In: N.J. Smelser (Ed.): Handbook of Sociology. Newbury Park: Sage Publications.

Beck, U. (1993): Die Erfindung des Politischen. Zu einer Theorie reflexiver Rationalisierung. Frankfurt/M.: Suhrkamp.

Becker, A./Küpper, W./Ortmann, G. (1992): Revisionen der Rationalität. In: Küpper, W. und G. Ortmann (Hrsg.): Mikropolitik. Rationalität, Macht und Spiele in Organisationen. Opladen: Westdeutscher Verlag.

Blau, P.M./Schönherr, R.A. (1971): The Structure of Organizations. New York: Basic Books.

Brunner, R.D. (1991): Global Climate Change: Defining the Policy Problem, in: Policy Sciences 24.

Chatfield, Ch. et. al. (Eds.) (1996): Solidarity beyond the State: Transnational Social Movement Organizations. Syracuse, NY: Syracuse University Press.

Cohen, M.D./March, J.D./Olson, J.P. (1972): A Garbage Can Model of Organizational Choice. In: Administrative Science Quarterly 17.

Douglas, M./Wildawsky, A. (1993): Risiko und Kultur. In: Krohn, W. und G. Krükken (Hrsg.): Riskante Technologien. Reflexion und Regulation. Frankfurt/M.: Suhrkamp.

Elster, J. (Ed.) (1986a): Rational Choice. Oxford: Basil Blackwell.

– (Ed.) (1986b): The Multiple Self. Cambridge: Cambridge University Press.

– (1986c): The Market and the Forum. In: ders. und A. Hylland (Eds.): Foundations of Social Choice Theory. Cambridge: Cambridge University Press.

Gerhards, J. (1993): Neue Konfliktlinien in der Mobilisierung öffentlicher Meinung. Eine Fallstudie. Opladen: Westdeutscher Verlag.

– /Rucht, D. (1992): Mesomobilization: Organizing and Framing in Two Protest Campaigns in West Germany. In: American Journal of Sociology, Vol. 98, No. 3.

Haas, P.M. (1990): Obtaining International Environmental Protection through Epistemic Communities. In: Millenium: Journal of International Studies, Vol. 19, No. 3.

Hannan, M.T./Freeman, J. (1977): The Population Ecology of Organizations. In: American Journal of Sociology 82.

Holthaus, I. (1996): Neuere Entwicklungen der internationalen Frauenbewegung. Reaktionen auf globale Prozesse. In: Forschungsjournal Neue Soziale Bewegungen, Jg. 9, Heft 2.

Janett, D. (1996): Allianzsysteme von Nicht-Regierungsorganisationen in der Klimapolitik. Zwischenbericht aus einer Fallstudie zum Berliner Klimagipfel. In: Forschungsjournal Neue Soziale Bewegungen, Jg. 9, Heft 2.

Jordan, G. (1990): Sub-Governments, Policy Communities and Networks? Refilling the old Bottles? In: Journal of Theoretical Politics 2 (3).

Klandermans, B. (1992): The Social Construction of Protest and Multiorganizational Fields. In: Morris, A. et al.: Frontiers in Social Movement Theory. New Haven, Conn.: Yale University Press.

Lahusen, C. (1996): Internationale Kampagnen. Grundmuster und Kontextfaktoren globalen kollektiven Handelns. In: Forschungsjournal Neue Soziale Bewegungen, Jg. 9, Heft 2.

Lawrence, P.R./Lorsch, J.W. (1967): Organization and Environment. Cambridge, Mass.: Harvard University Press.

Luhmann, N. (1986): Ökologische Kommunikation. Kann die moderne Gesellschaft sich auf ökologische Gefährdungen einstellen? Opladen: Westdeutscher Verlag.

– (1991): Soziologie des Risikos. Berlin, New York: de Gruyter.

Marwell, G./Oliver, P. (1993): The Critical Mass in Collective Action. A Micro-Social Theory. Cambridge: Cambridge University Press.

Mayntz, R. (1993): Policy-Netzwerke und die Logik von Verhandlungssystemen. In: Héritier, A. (Hrsg.): Policy-Analyse. Politische Vierteljahresschrift 24. Jahrgang, Sonderheft 14/93.

Neidhardt, F. (1985): Einige Ideen zu einer allgemeinen Theorie sozialer Bewegungen. In: Hradil, S. (Hrsg.). Sozialstruktur im Umbruch. Karl Martin Bolte zum 60. Geburtstag. Opladen: Leske + Budrich.

–/Rucht, D. (1993): Auf dem Weg in die „Bewegungsgesellschaft“? Über die Stabilisierbarkeit sozialer Bewegungen. In: Soziale Welt, Jg.44, Heft 3.

Offe, C. (1980): Konkurrenzpartei und kollektive politische Identität. In: Roth, R. (Hrsg.): Parlamentarisches Ritual und politische Alternativen. Frankfurt/M.: Campus.

– (1990): Reflections on the Institutional Self-transformation of Movement Politics: A Tentative Stage-Model. In: Dalton, R.J. et al.: Challanging the Political Order. New Social and Political Movements in Western Democracies. Cambridge: Polity Press.

Olson, M. (1992): Die Logik des kollektiven Handelns. Kollektivgüter und die Theorie der Gruppen. Tübingen: J.C.B. Mohr (Paul Siebeck).

Princen, Th./Finger, M. (1994): Environmental NGOs in World Politics. Linking the Local and the Global. London, New York: Routledge.

Quennet-Thielen, C. (1996): Stand der internationalen Klimaverhandlungen nach dem Klimagipfel in Berlin. In: Brauch, H.G. (Hrsg.): Klimapolitik. Naturwissenschaftliche Grundlagen, internationale Regimebildung und Konflikte, ökonomische Analysen sowie nationale Problemerkennung und Politikumsetzung. Berlin u.a.: Springer.

Raschke, J. (1988): Soziale Bewegungen. Ein historisch-systematischer Grundriß. Frankfurt/M: Campus.

Rochon, T.R. (1990): The West European Peace Movement and the Theory of New Social Movements. In: Dalton, R.J. et al.: Challanging the Political Order. New Social and Political Movements in Western Democracies. Cambridge: Polity Press.

Roth, R. (1994): Demokratie von unten. Neue soziale Bewegungen auf dem Wege zur politischen Institution. Köln: Bund Verlag.

Rucht, D. (1982): Unkonventionelle Verbände? Bürgerinitiativen zwischen Protest und Integration. In: SOWI 11 (1982), Heft 1.

– (1990): The Strategies and Action Repertoires of New Movements. In: Dalton, R.J. et al.: Challanging the Political Order. New Social and Political Movements in Western Democracies. Cambridge: Polity Press.

– (1991): Parteien, Verbände und Bewegungen als Systeme politischer Interessenvermittlung. Wissenschaftszentrum Berlin für Sozialforschung, Discussion Paper FS III 91-107.

– (1994): Modernisierung und neue soziale Bewegungen. Deutschland, Frankreich und USA im Vergleich. Frankfurt/M.: Campus.

– (1996a): Multinationale Bewegungsorganisationen: Bedeutung, Bedingungen, Perspektiven. In: Forschungsjournal Neue Soziale Bewegungen, Jg. 9, Heft 2.

– (1996b): The Transnationalization of Social Movements: Trends, Causes, Problems. Draft, University of Michigan.

Sabatier, P.A. (1993): Advocacy-Koalitionen, Policy-Wandel und Policy-Lernen: Eine Alternative zur Phasenheuristik. In: Héritier, A. (Hrsg.): Policy-Analyse. Politische Vierteljahresschrift 24. Jahrgang, Sonderheft 14/93.

Smith, J./Sikkink, K./Keck, M. (1995): The Emergence of a Transnational Social Movement Sector 1953-1993. Research Proposal.

Spiro, P.J. (1995): New Global Communities: Nongovernmental Organizations in International Decision Making Institutions. In: The Washington Quarterly, Vol. 18, No. 1.

Streeck, W. (1987): Vielfalt und Interdependenz. Überlegungen zur Rolle von intermediären Organisationen in sich ändernden Umwelten. In: Kölner Zeitschrift für Soziologie und Sozialpsychologie, Jg. 39.

– (1994): Einleitung des Herausgebers. Staat und Verbände: Neue Fragen. Neue Antworten? In: ders. (Hrsg.): Staat und Verbände. Politische Vierteljahresschrift, Sonderheft 25.

Tarrow, S. (1991): Kollektives Handeln und politische Gelegenheitsstruktur in Mobilisierungswellen: Theoretische Perspektiven. In: Kölner Zeitschrift für Soziologie und Sozialpsychologie, Jg. 43.

Voelzkow, H. (1994): Lemma 'Neokorporatismus'. In: Holtmann, E. (Hrsg.): Politiklexikon. München, Wien: R. Oldenbourg Verlag.

Waarden, F. van (1992): Dimensions and Types of Policy Networks. In: Europaen Journal of Political Research 21.

Walk, H./Brunnengräber, A. (1996): „Ad-hoc-Allianzen" – eine neue gesellschaftspolitische Perspektive? In: Forschungsjournal Neue Soziale Bewegungen, Jg. 9, Heft 2.

Wiesenthal, H. (1990): Unsicherheit und Multiple-Self-Identität: Eine Spekulation über die Voraussetzungen strategischen Handelns. Köln: Max-Planck-Institut für Gesellschaftsforschung, Discussion Paper 90/2.

– (1993): Akteurkompetenz im Organisationsdilemma. Grundprobleme strategisch ambitionierter Mitgliederverbände und zwei Techniken ihrer Überwindung. In: Berliner Journal für Soziologie. 1/1993.

– (1995): Konventionelles und unkonventionelles Organisationslernen: Literaturreport und Ergänzungsvorschlag. In: Zeitschrift für Soziologie, Jg. 24, Heft 2.

Wilson, F.A. (1990): Neo-corporatism and the Rise of New Social Movements. In: Dalton, R.J. et al.: Challenging the Political Order. New Social and Political Movements in Western Democracies. Cambridge: Polity Press.

Kapitel II: Die NGO-Vernetzung zwischen lokalen und internationalen Herausforderungen – Analysen und Berichte

Christian Lahusen

Die Organisation kollektiven Handelns – Formen und Möglichkeiten internationaler Kampagnen[1]

1. Einleitung

Internationale Kampagnen haben das Bild sozialer Bewegungen grundlegend geprägt. Aktionen an den entlegensten Orten (wie etwa am Mururoa-Atoll im August und September 1995) wie auch Nicht-Regierungsforen an den internationalen Konferenzen der Vereinten Nationen und ihrer Unterorganisationen lenken den Blick auf die internationale Vernetzung lokaler und nationaler Initiativen sowie auf die Aktionen internationaler Bewegungsorganisationen. Nicht mehr die Graswurzelebene lokaler Initiativen und engagierter Bürger steht im Mittelpunkt des Interesses, sondern oftmals ein Jetset von Bewegungsdiplomaten, die sich der mühseligen Kleinarbeit von Lobbying hingeben und etwas von der Exotik des politisch engagierten 'Global Village' auf die Bildschirme bannen. Wie zutreffend ist diese mediale Repräsentation der sozialen Bewegungen der 90er eigentlich? Welche Bedingungen und Dynamiken liegen diesem Trend zugrunde? Und welche Möglichkeiten und Problematiken besitzt internationales kollektives Handeln?

Bewegungshandeln nimmt auf der internationalen und nationalen Bühne zumeist die Form von Kampagnen an, und das trifft insbesondere zu, wenn man Aktionen und Programme von formellen Bewegungsorganisationen betrachtet. Bei Kampagnen handelt es sich um eine geplante Reihe von Aktionen und Kommunikationen, die darauf abzielen, institutionelle Programme und Strukturen, öffentliche Meinungen und Verhaltensweisen zu verändern (oder diesen Veränderungen entgegenzuwirken). Es wird in diesem Zusammenhang oft von Strategiediskussionen gesprochen, weil es sich bei Kampagnen um eine Planung von Handlungsprogrammen dreht, die eine Definition der eigenen Ziele, der angemessenen Mittel und der situativen Umstände, der Interessen, Positionen und Sensibilitäten anderer Akteure (seien diese potentielle Allianzpartner oder Opponenten), der erwarteten,

gefürchteten oder gewünschten Reaktionen voraussetzt. Internationale Kampagnen erlauben es somit, Kontextbedingungen und Strukturmerkmale internationalen kollektiven Protesthandelns zu analysieren.
Zwei Dimensionen internationaler Kampagnen sind hier von Interesse. Zunächst wenden sich Bewegungsakteure nicht nur an die internationale Politik, sondern konzipieren Kampagnen, die Massenmedien, die Wirtschaft, Wissenschaft u.a. gleichermaßen anvisieren. Hierdurch entsteht nicht nur das Problem, die für die jeweiligen gesellschaftlichen Bereiche entscheidenden Kontakte und Kompetenzen zu erlangen und adäquat einzusetzen. Es ergibt sich auch das Folgeproblem einer 'horizontalen' Koordinierung dieser verschiedenen Teilkampagnen und deren Integration in einen kohärenten Aktionsrahmen. Bei internationalen Kampagnen geht es dann aber auch um die 'vertikale' Integration verschiedener Handlungsebenen, die sich schematisch als internationale, nationale oder lokale Arenen charakterisieren lassen und jeweils unterschiedliche Themenschwerpunkte, Akteurskonstellationen und Zugangsvoraussetzungen vorgeben. Internationale Kampagnen besitzen somit eine hochkomplexe, multi-dimensionale Struktur, die verschiedene Handlungsebenen, -arenen und -felder zu integrieren sucht. Der vorliegende Beitrag soll sich dieser komplexen Struktur nähern, indem er die verschiedenen Achsen, auf denen sich Kampagnen entfalten, untersucht. Hierfür sollen konkrete Kampagnen dargelegt werden, die es erlauben, die genannten Aspekte beispielhaft darzustellen.

2. Multisektorielle Mobilisierung

Als Frankreichs neugewählter Präsident Jacques Chirac am 13. Juni 1995 eine Reihe von Atombombentests im Südpazifik ankündigte, löste er weltweite Proteste aus, die die Medienberichterstattung und die internationale Politik bis in den Winter hinein bestimmten. Die Aufmerksamkeit und Brisanz, die diese Tests erhielten, waren nicht nur den Bemühungen einzelner Regierungen zuzuschreiben. Auch spielten die lokalen Proteste, die den Unmut der Bevölkerung im Südpazifik gegen die Weltmachtgelüste Frankreichs dokumentierten, eine wichtige Rolle. Dieser Protest wurde durch Aktionen in den meisten Ländern um den Globus ergänzt, die damit eine beachtliche, weltweite Protestwelle schufen.

2.1. Organisationsformen internationaler Aktionsnetzwerke

Betrachten wir diese Protestwelle einmal genauer, so wird ersichtlich, daß die meisten dieser Aktionen geplant, organisiert und international koordiniert wurden, d.h. sie waren ein Produkt der Kooperation zwischen verschiedenen lokalen, nationalen oder internationalen Organisationen. Jede dieser Aktionen war dann ein Knoten innerhalb eines entstehenden Netzes von Organisationen und Aktivisten, die alle an verschiedenen Themen arbeiteten (bspw. Umwelt, Frieden, Menschenrechte, soziale Gerechtigkeit), deren gemeinsames Ziel es aber war, die französischen Tests zu verhindern. So etwa haben die Abgeordneten der Grünen Parteien im Europäischen Parlament ihre Bemühungen um eine Disziplinierung Frankreichs miteinander koordiniert, insbesondere durch Anfragen an die Europäische Kommission zu der Rechtmäßigkeit der Tests, der Kontrollmöglichkeiten der Europäischen Union und den Konsequenzen für die europäische Einigung. Ihre Bemühungen stützten sie auf ein Rechtsgutachten, daß Greenpeace Deutschland beim Darmstädter Öko-Institut in Auftrag gegeben hatte und das die Mitsprache der Europäischen Union bei den Atomtests als einklagbares Recht proklamierte. Hierbei kooperierten sie auch mit Vertretern der polynesischen Opposition, mit denen sie eine Klage beim Europäischen Gerichtshof erwogen. Einzelne Abgeordnete nahmen zudem an der Demonstration vom 2. September 1995 in Papetee teil, wodurch sie in die lokale Auseinandersetzung um die politische Stellung Polynesiens involviert wurden. Oscar Temaru, der wichtigste Oppositionspolitiker und Verfechter einer Stärkung der Maori-Traditionen, hatte sich nämlich an die Spitze der Atomtestgegner gestellt und koppelte diesen Protest an die Forderung nach einer größeren Unabhängigkeit gegenüber Frankreich. Die Abgeordneten nahmen zudem an einer Aktion auf der Greenpeace Yacht *La Ribaude* vom 10. September 1995 am Rande der 12-Meilen-Zone um Moruroa teil, um so die Arbeit dieser Organisation zu unterstützen. Die gewaltlosen Aktionen von Greenpeace International wurden ihrerseits durch eine Vielzahl von lokalen Protesten vor französischen Botschaften, internationalen Konferenzen und Institutionen ergänzt. Zudem sammelten Greenpeace Aktivisten weltweit über 7 Millionen Unterschiften gegen die Atomtests. Neben diesen Aktionen riefen einige Organisationen, darunter vor allem der *International Panel of Physicians Against Nuclear War* zu einem Boykott französischer Waren auf, dessen Informationskampagne vom Genfer Büro für Frieden koordiniert wurde. Obschon dieser Boykott nicht so erfolgreich war, wie die kurz zuvor durchgeführte Kampagne gegen Shell, so konnte dieser Aufruf in einigen Ländern erkennbare Umsatzeinbussen erwirken und Prominente und Regierungen zu symbolischen Boykottmaßnahmen bewegen.

Ein genauerer Blick auf die Vielzahl von lokalen Protestaktionen legt demnach ein Netz von Beziehungen zwischen Akteuren zutage, das nationale Grenzen genauso überschritt, wie es verschiedenste Motivationen und Programme verknüpfte. Die Internationalisierung setzt demnach keineswegs ein festgefügtes Organisationsgerüst voraus, noch den Willen, die Phantasie und die Ressourcen einzelner Aktivisten. Denn diese Internationalisierung ist zunächst die Folge einer Aneinanderreihung verschiedenster Kontakte zwischen einzelnen (lokalen und nationalen) Aktivisten und Gruppen, die keiner zentralen Steuerung oder Planung entspringt. Diese Vernetzung funktioniert in einer Art Schneeballprinzip, indem es neue Ideen, Allianzen und Protestformen schafft und verbreitet, die aus konkreten Konflikten und Themen entspringen. Der Protest gegen die französischen Atomtests ist dann gerade nicht nur friedenspolitisch zu verstehen, da er sich aus dem gemeinsamen Überschneidungsgebiet einer Vielzahl von verschiedenen Motivationen, Zielsetzungen und Programmen unterschiedlichster Gruppen ergibt. Hierdurch wird dann gerade die Vielschichtigkeit einer Sachfrage thematisiert, in unserem Fall etwa die Implikationen der Tests für die Nichtverbreitung von Atomwaffen, den Umweltschutz, soziale Gerechtigkeit, politische Selbstbestimmung usw. Einer integrierten Berücksichtigung aller Aspekte ist dies genauso zuträglich, wie der gleichzeitigen Mobilisierung einer Vielzahl verschiedenster Unterstützungskreise. Allerdings kann dann auch nicht davon gesprochen werden, daß dieses Netz ein einheitliches Programm hat und dadurch effektiv und zielgerichtet funktioniert. Vielfach bestehen sogar vehemente Konflikte zwischen verschiedenen Zielen und Programmen. Greenpeace International wurde bspw. wiederholt dafür kritisiert, daß sie den Umweltschutzaspekt zu sehr in den Vordergrund stellte, zuweilen auch den Eindruck erweckte, sie führe den weltweiten Protest gegen die Atomtests an und könne diese Tests auch verhindern.

Hier wird ein weiterer Aspekt der beschriebenen Protestwelle und ihres zugrunde liegenden Netzwerks von Kontakten ersichtlich. Haben nämlich einzelne Aktionen verschiedene Organisationen zusammengebracht, so versuchen doch letztere stets, diese Aktionen in ihre langfristige Kampagnenarbeit zu integrieren. Die Vernetzung und Internationalisierung ist dann nicht Folge einer Aneinanderreihung von einzelnen Organisationen, sondern das strategische Ziel internationaler Verbände, die daran auch ihr organisationelles Überleben knüpfen. Das hat natürlich den Vorteil, daß verschiedenste Aktivitäten in ein zielgerichtetes Ganzes integriert werden können, Interessenvertretung und Kampagnenarbeit auf Dauer gestellt werden kann.

2.2. Die horizontale Integration von Kampagnenbereichen

Die meisten Kampagnen, wie auch die hier vorgestellte, kennen zumeist zwei allgemeine Strategien. Elitekampagnen streben danach, Experten, Entscheidungsträger oder Meinungsbildner in einer konkreten Entscheidungsfindung zu beeinflussen. Diesem Ziel dient dann nicht nur die Erstellung von Expertisen (Messungen, Datenbanken, Gutachten etc.) und die Schaffung einer entsprechenden Reputation, die den eigenen Stellungnahmen und Kontaktnahmen das entsprechende Gewicht verschafft. Von Bedeutung sind insbesondere Techniken des Lobbyings, die sich um die konkrete Überzeugungsarbeit bei Verhandlungen mit (politischen) Entscheidern bemüht (Miller, 1987; Pedler & Van Schendelen, 1994). Für diese Form der Interessenvertretung wird es dann nicht nur entscheidend, die 'Spielregeln' der (nationalen oder internationalen) Politik zu kennen und für sich auszunutzen, nach denen Regierungen, Parlamente und Behörden funktionieren (informelle oder formelle Verfahren der Entscheidungsfindung, informelle und formelle Arbeitsroutinen und Führungspersonen o.ä.). Von besonderem Vorteil ist es darüberhinaus, einen geeigneten Akteur innerhalb der betreffenden Entscheidungsfindungsprozesse zu motivieren, eine Kampagne aufzunehmen und einzubringen. Im Falle der französischen Atomtests gelang dieses u.a. durch die Anwesenheit grüner Politiker in den nationalen und/oder europäischen Parlamenten und Ausschüssen, denn diese nahmen eine wichtige Rolle bei der politischen Kanalisierung der internationalen Kampagne ein.

Öffentliche Kampagnen gelten ihrerseits als ein Mittel der Information und Aufklärung einerseits, der Mobilisierung andererseits, wodurch sie die Allokation von Ressourcen für die eigene Organisation sicherstellen, Unterstützung für die eigenen Forderungen und Kampagnen erhalten und entsprechende kollektive (Massen-) Aktionen koordinieren. Beide Aspekte, Aufklärung und Mobilisierung, sind miteinander verschränkt, da jede öffentliche Informationskampagne explizit oder implizit zur Unterstützung entsprechender Ziele und Aktionen aufruft. Diese Kampagnen arbeiten dann zumeist über die Medien, insofern als sie sich an eine allgemeine Öffentlichkeit richten. Mitgliedschaftsorganisationen haben zudem die Möglichkeit, ihre internen Kommunikationskanäle zu nutzen, um ihre Anhängerschaft für die Kampagnen zu aktivieren.

Beide Aspekte konstituieren sich als relativ eigenständige Arbeitsbereiche, und so spezialisieren sich Nichtregierungsorganisationen zuweilen auf einen Bereich oder stellen eigene Abteilungen und Mitarbeiter bereit, die sich mit den entsprechenden Aufgaben befassen. In der Regel aber werden diese Arbeitsbereiche in eine sich wechselseitig bedingende Strategie eingebracht. Öffentliche Kampagnen werden zumeist auch als taktische Komponente von

Elitekampagnen genutzt, da sie den vielbeschworenen 'öffentlichen Druck' generieren, den effektives Lobbying braucht. Im Bereich der Politik wird die Öffentlichkeit als 'Souverän' mobilisiert, der auf politische Entscheidungsfindung einen direkten Einfluß auszuüben sucht, indem er mittels kollektiver Aktionen politische Forderungen mit trägt und eine entsprechende politische Repräsentation verlangt. Die internationalen Unterschriftensammlungen sind hierfür genauso ein Beispiel, wie die vielen lokalen Demonstrationen. Öffentliche Kampagnen beeinflussen die Politik jedoch auch mittels der Massenmedien, da diese die Agenden mit definieren, mit denen sich die Politik befaßt. Insbesondere die Kampagnen von Greenpeace nehmen sich dieses Ziel vor und haben dafür entsprechend ausgeklügelte Arbeitsroutinen entwickelt. Ihre gewaltlosen Aktionen haben sich nämlich nicht der Verhinderung der Atomtests verschrieben gehabt, obschon die Berichterstattung oft diesen Eindruck vermittelte. Vielmehr werden sie regelmäßig als Instrumente eingesetzt, das Interesse der Medien zu wecken und entsprechend einprägsame Bilder und Fakten für die Berichterstattung anzubieten. Zuletzt hat die internationale Boykottkampagne den Bürger als Konsumenten zu aktivieren gesucht. Über die (ethisch, politisch motivierte) Wahl spezifischer Waren sollte er Einfluß auf einzelne Unternehmen und so mittelbaren Druck auf die französische Regierung ausüben.

Hierdurch wird ersichtlich, daß sich der Protest gegen die französische Regierung verschiedenster Kanäle bediente: politische, insbesondere zwischenstaatliche Beziehungen, die (internationale) Medienöffentlichkeit und ökonomische Druckmittel. Intention war es, verschiedenste Akteure (Medien, Unternehmer, Politiker) zu einer entsprechenden Stellungnahme zu bewegen, die die französische Regierung unter Druck setzen sollte, ihre unnachgiebige Haltung aufzugeben, in Verhandlungen einzutreten und letztlich die Beendigung der Testreihe zu beschließen. Die Sicherung entsprechender Kompetenzen und Kontakte, die Formulierung adäquater Forderungen und Aktionsformen wird für den Erfolg der einzelnen Teilkampagnen demnach ein entscheidender Faktor – was für eine arbeitsteilige Differenzierung von Kampagnenstrukturen spricht (Wapner, 1995). Wirtschaftliche Entscheidungen können gezielt über Marktmechanismen, insbesondere durch die Gestaltung der Nachfrage, politische Entscheidungen über die Formung politischer Gefolgschaft, Medienagenden über die Generierung von Nachrichten und die Aufbereitung von 'Stories' beeinflußt werden. Für Kampagnen ist diese Strukturierung kollektiven Handelns, die letztlich eine Replik gesellschaftlicher Differenzierungsprozesse ist, nur die eine Seite, denn sie bemühen sich ja zugleich um multisektorielle Mobilisierungsprozesse (Dobry, 1992). Die-

se haben einen taktischen Aspekt, da es Kampagnen um die Multiplikation von Druck auf die anvisierten Zielgruppen geht: bspw. ein Unternehmen, auf das schlechte Presse und politische Regulierungen als Faktoren einer mittelbaren Beeinflussung wirtschaftlicher Entscheidungen einwirken, oder eine Regierung, die Medienberichterstattung, betriebs- und/oder volkswirtschaftliche Interessen mit berücksichtigen muß. Diese instrumentelle Verschränkung von Kampagnenbereichen setzt dabei keine Konvergenz von Motivationen und Intentionen voraus. Denn schwenken Medien, Politiker und Unternehmer auf Kampagnenforderungen ein, so mag das jeweils aus eigenen Opportunitätserwägungen geschehen, um Schlimmeres (etwa weitere Verluste an Marktanteilen oder politischen Gefolgschaften) abzuwenden.
Gleichzeitig aber hat diese multisektorielle Mobilisierung auch eine strategische Dimension, denn es geht Kampagnen auch um gesellschaftlichen Wandel, der durch die (kurz- oder langfristige) Verschränkung einzelner Gesellschaftsbereiche entsteht – etwa durch die Politisierung von Konsumverhalten oder die Moralisierung der Politik. Kampagnen versuchen ja gerade moralische Forderungen in politische und ökonomische Handlungen umzusetzen, nicht nur, um der Differenzierung Wort zu reden, sondern auch gerade um diesen Teilbereichen differenziertere Motivationen zuzumuten. Allerdings läßt sich auch sagen, daß sich Kampagnen, unter dem Effektivitäts- und Effizienzdruck, der sich im Hinblick auf die Professionalisierungs- und Institutionalisierungstendenzen sozialer Bewegungen stetig etabliert, immer deutlicher an systemimmanente Logiken anpassen. Hierdurch kommen sie zwar in die Situation, eine für die jeweiligen Gesellschaftsbereiche adäquate Taktik zu formulieren, verlieren aber dadurch auch das systemische Kritikpotential (Melucci, 1985), insofern als diese systemkonforme Ausdifferenzierung von Kampagnen organisatorisch festgeschrieben und als institutionelles Prinzip sozialer Bewegungen insgesamt etabliert wird. Unser Beispiel verdeutlicht jedoch, daß diese Entwicklung zwar für organisationelle Kampagnenarbeit immer typischer wird. Die genannten Aktionsnetzwerke haben allerdings das Potential, dieser systemkonformen Ausdifferenzierung entgegenzuwirken – nicht so sehr, weil sie verschiedene Akteure mit ihren jeweiligen Programmen und Strategien (dann doch wieder in eine ausdifferenzierte, arbeitsteilige Gesamtstrategie) zusammenbringen, sondern weil sie programmatische und strategische Inkompatibilitäten beinhalten, die zugleich als Zumutungen für systemische Logiken auftreten.

3. Mehrebenenstrukturen der politischen Mobilisierung

Im Februar 1995 erfuhren Greenpeace Aktivisten von einem Plan der britischen Shell Petroleum Company, die ausgediente Öltank-Plattform *Brent Spar* im Atlantik zu versenken. Am 9. Mai 1995 hatte die britische Ölgesellschaft alle nötigen Genehmigungen der britischen Umweltbehörden eingeholt und bereitete die Versenkung vor. In der Zwischenzeit hatte sich Greenpeace International allerdings für eine Kampagne gegen die Versenkung ausgesprochen, da sie eine günstige Gelegenheit zu bieten schien, einer Schwerpunktkampagne, die sich gegen die Verschmutzung der Meere richtete, einen neuen Impuls zu verschaffen.

3.1. Organisationelle Kampagnenstrategien

Greenpeace Aktivisten schufen in den folgenden Wochen eine Kampagnenstruktur, die aus dem internationalen Koordinationsbüro in Shetland und den nationalen Teams der niederländischen, britischen und deutschen Sektionen bestand. Die anderen europäischen Länder unterstützten die Kampagne dann erst in ihrem Verlauf. Grundsätzlich bestand die Kampagne aus drei verschiedenen Aktionstypen, mit ihren verschiedenen Zielen und Funktionen (siehe auch Vorfelder, 1995). Erstens wurde eine multinationale Crew von ca. 30 Aktivisten zu der Plattform eingeschifft. In den folgenden sieben Wochen haben diese *wet suit* Aktivisten wiederholt die Plattform besetzt und boten der versammelten Presse somit beeindruckende Bilder einer 'Seeschlacht' zwischen Greenpeace Aktivisten und den Vertretern der Ölgesellschaft – Bilder, die von Nachrichtenagenturen und -sendungen (z.B. CNN, BBCs World Service, reuters oder ap) international ausgestrahlt wurden. Zweitens haben Greenpeace *dry suit* Aktivisten hohe Manager der Ölgesellschaft und Regierungsvertreter kontaktiert, zum ersten mal am 30. April 1995, dem Tag der ersten Plattformbesetzung, um sie von den Versenkungsplänen abzubringen. Diese Lobbyisten versuchten zudem, das Thema auf die Agenda der vierten Nordseeschutzkonferenz zu plazieren, die vom 8-9. Juni 1995 in Esjberg, Dänemark, abgehalten wurde. Die Enthüllung eines 9 Meter hohen Modells der Plattform am Konferenzort wurde von der zweiten Besetzung der Plattform begleitet. Drittens haben Aktivisten der einzelnen Länderbüros Flugblätter und Protestpostkarten an Shell Tankstellen verteilt: die erste Aktion fand in der Bundesrepublik Deutschland am 2. Juni an 300 Tankstellen in 80 Städten statt, die zweite wurde am 16. Juni in Deutschland, Großbritannien, Österreich, Dänemark, Belgien, Luxemburg, in der Schweiz und den Niederlanden parallel zur dritten Besetzung der Plattform durchgeführt.

Diese Kampagne mobilisierte eine breite Öffentlichkeit, insbesondere in der Bundesrepublik, wo alle Parteien, hohe Regierungsvertreter, die beiden Kirchen, die Gewerkschaften, Umwelt- und andere Verbände in den Chor der Gegner einstimmten; selbst Kanzler Helmut Kohl schaltete sich im Sinne der Kampagne ein, als er den G7 Wirtschaftsgipfel vom 15. Juni in Halifax, Kanada, nutzte, um Premierminister John Major zu einer entsprechenden Intervention zu bewegen. Viele dieser Verbände (allen voran die Junge Union Nordrhein-Westfalens) riefen zu einem Boykott von Shell Produkten auf. Der Boykott wurde deshalb von Greenpeace keinesfalls initiiert, obschon diese Organisation die öffentliche Unterstützung begrüßte. Der Boykott wurde zunächst in Deutschland ausgelöst, wo er zu Umsatzeinbußen von 20-30 Prozent (in Ballungszentren bis zu 50 Prozent) führte. Er dehnte sich später auf das benachbarte Ausland, dann auch auf Großbritannien aus, wo die Einbußen um die 20 Prozent lagen. Erst als die Kampagne Europaweit an Kraft gewann, zeigte sich allerdings eine erste Bewegung beim Unternehmen. Die Royal Dutch/Shell Gruppe berief am 20. Juni ein Treffen des *Committee of Managing Directors* ein, das zu der Ankündigung des britischen Unternehmens führte, die Plattform nun doch nicht zu versenken und eine alternative Form der Entsorgung ausfindig zu machen. Dieser Erfolg wurde nicht nur als Meilenstein der Kampagnenarbeit gegen die Verschmutzung der Weltmeere gefeiert, sondern verhalf der Organisation auch zu einem Auftrieb, der eine lange Periode interner Organisationsprobleme überwand.[2]

Diese Kampagne verdeutlicht die stark formalisierten Prozeduren und Kompetenzen von Greenpeaces Arbeit. So kann Greenpeace International als ein hoch zentralisiertes und hierarchisches 'multinationales Protestunternehmen' bezeichnet werden (Pearce, 1992; Eyerman & Jamison, 1989; Rucht, 1995). Internationale Kampagnen werden durch das zentrale Entscheidungsgremium, den internationalen Rat (*International Council* oder *Board of Trustees*) geplant und abgesegnet. Dieses Gremium wird von Delegierten aller nationalen Greenpeace-Büros gebildet, obwohl nur neun der dreißig nationalen Sektionen stimmberechtigt sind. Es trifft sich jährlich, um Finanzen und organisatorische Angelegenheiten des folgenden Jahres zu regeln und das Budget jedes nationalen Büros abzusegnen. Der Rat beschließt zudem auch die zentralen Gebiete, Themen, Strategien und Ziele ihrer internationalen Kampagnen. In diesem Sinne heißt Kampagnenplanung die Entwicklung eines zentralisierten Handlungsprogramms, das den Typ von Kampagneninstrumenten und die Rolle jeder nationalen Sektion und Aktivistengruppe festlegt. Letztere werden zu Spielfiguren auf einem 'Schlachtplan', der eine größtmögliche Professionalität und Effizienz gewährleisten soll. Die Greenpeace Büros werden für diesen Zweck auch in geo-politische Regionen eingeteilt, die es erlauben sollen, den Entscheidungsfindungsprozeß und die Kampagnen stärker zu strukturieren (Lahusen, 1996a).

3.2. Die vertikale Integration von Handlungsebenen

Internationale Kampagnen können als eine Reaktion auf die zunehmende Konsolidierung internationaler Politik verstanden werden, wodurch diese Arena zum angemessenen Ort effektiven Protesthandelns wird (Brysk, 1993). Diese Entwicklung hat eine gewisse Distanz zum Paradigma der sozialen Bewegungen der 70er aufgebaut, denn dort galt immer noch das Motto „handle lokal, denke global". Internationale Kampagnen, gerade wenn man sich Organisationen wie Greenpeace International ansieht, beruhen ja oftmals auf einer Strategie, die eher dem Motto „handle global, denke lokal" entspricht, da globale Aktionsprogramme auf lokale Themen, Umstände und Taktiken runtergebrochen werden müssen. Dieses 'Streben' auf die internationale Ebene entspricht dabei auch einem 'Sog', der der Entwicklung internationaler Beziehungen selbst entspringt. Die Inkongruität zwischen globalen Risiken und Mißständen (Beck, 1986: 48-68), bestehenden internationalen Regimen (Rittberger & Zürn, 1991) und dem Fehlen eines effektiven zwischenstaatlichen Regierungshandelns (Zürn, 1994) verstärkt nämlich die Rolle und den Einfluß von sozialen Bewegungen auf der internationalen Arena und hat international agierende Nichtregierungsorganisationen zunehmend als „missing link" etabliert (Thränhardt, 1992: 231). In der Tat sind diese Akteure aus der Planung und Arbeit internationaler Regierungsorganisationen nicht mehr wegzudenken (Frei, 1990: 103-26). Allerdings wird diese Form politischer Einmischung maßgeblich von der Quantität und Qualität internationaler Abkommen und Organisationen bestimmt. Diese zwischenstaatlichen Organisationen arbeiten nämlich mit einem komplizierten System von nationalen Regierungsvertretern, so daß deren Ziele, Entscheidungen und Politiken gänzlich von der Kooperation nationaler Regierungen und der Koordinierung ihrer Interessen abhängen. Probleme zeigen sich dann nicht nur bei der Formulierung internationaler Abkommen, wie das in regelmäßigen Abständen auch auf den internationalen Konferenzen zum Schutze der Nordsee oder zur Kontrolle von Atomtests und der Verbreitung von Atomwaffen geschieht. Vielfach geht es hierbei auch um die Implementation bereits formulierter Abkommen, die international nicht genügend kontrolliert, national oftmals nicht entsprechend umgesetzt werden.

Kampagnen, die sich der Formulierung und/oder Implementation internationaler Abkommen verschreiben, müssen sich dieser Struktur internationaler Regime anpassen (Smith, 1995; Passy, 1995, Brysk, 1993). Einerseits müssen Aktivisten in der Lage sein, mit internationalen Regierungsorganisationen zu kommunizieren und zu interagieren, bspw. in dem sie ein Büro in ihrem 'Headquartier' einrichten, Delegierte zu ihren Konferenzen schicken oder gemeinsame Komitees und Treffen arrangieren. Weiterhin müssen sie die nötige Autorität erwirken, um gehört oder in Beratungen eingebunden zu werden. Andererseits müssen Aktivisten in der Lage sein, Unterstützung in verschiedenen Ländern zu mobilisieren und Druck auf einzelne Regierungen auszuüben – auch im Hinblick auf Entscheidungen, die von internationalen Regierungsorganisationen getroffen werden müssen. So haben die europäischen Proteste gegen die französischen Atomtests auch die einzelnen nationalen Regierungen zu einer Intervention bewegen wollen. Diese sollten dann nicht nur Druck auf die französische Regierung ausüben, sondern gleichermaßen eine gemeinsame Position des Ministerrats und der Kommission erarbeiten – nach der entsprechenden Resolution des Europäischen Parlaments, dessen Politiker über die jeweiligen nationalen Parteien und Wahlbezirke angesprochen und mobilisiert wurden. Im Falle von Brent Spar wurde die vierte Nordseeschutzkonferenz für einen entsprechenden Antrag genutzt, der (wie erwartet) jedoch nicht zu einem offiziellen Verbot der Versenkung von Plattformen führte. Dennoch konnten die Umweltminister Dänemarks, Deutschlands und anderer europäischer Länder sowie die Umweltkommissarin der Europäischen Kommission, Ritt Bjerregard, zu einer Stellungnahme gegen das Verhalten von Shell und der britischen Regierung bewogen werden.

Eine ähnliche Diagnose läßt auch für die internationalen Kampagnen gegen transnationale Konzerne formulieren. Die Beeinflussung der Unternehmenspolitik kann dabei an verschiedenen Stellen ansetzen, nämlich an politischen Rahmenbedingungen, an betriebswirtschaftlichen Entscheidungsgremien und/oder am konkreten Kaufverhalten der Konsumenten. Politische Rahmenbedingungen sind ein wiederkehrendes Ziel dieser Art von Kampagnen, wie etwa das erwünschte internationale Verbot der Versenkung von Ölplattformen. Diese internationalen Abkommen sind jedoch, wie bereits angesprochen, gleichweg schwieriger zu erreichen. Ein nationaler Alleingang ist dabei nachteilig, da er Standortnachteile errichten könnte und mit diesem Hinweis auch regelmäßig verhindert wird. Eine direkte Beeinflussung der Unternehmenspolitik über Lobbying oder Boykottkampagnen ist auch mit

Schwierigkeiten behaftet, da transnationale Unternehmen entweder mit relativ autonomen, nationalen Tochterunternehmen operieren, oder aber hierarchische Strukturen besitzen, zumeist aber auf einer Mischform dieser Organisationsformen beruhen. Kampagnen müssen dann sowohl auf verschiedenen nationalen Märkten wirken, gleichzeitig die Bemühungen derart koordinieren, daß sie auf der internationalen Ebene durchschlagen und durch entsprechendes Lobbying an der Topebene ergänzt werden.

Auch im Bereich der Wirtschaft bestimmt die nationale Ebene den Erfolg internationaler Kampagnen damit immer noch entscheidend. So gewann die Kampagne gegen Shell in Deutschland ohne Zweifel die meiste Unterstützung, da Bedingungen hierfür besonders günstig waren: die Medien übernahmen das Thema von Anfang an und reagierten damit auf das ausgeprägte Umweltbewußtsein der deutschen Öffentlichkeit; die Briten hatten in diesen Jahren insgesamt das Image von 'Europas schmutzigem Mann' erworben, während Shell-Deutschland erst kurz zuvor eine aufwendige Kampagne zur (Umwelt-)Verantwortung des Unternehmens lanciert hatte; schließlich konnte das deutsche Greenpeace-Büro seine beachtliche Mitgliedschaft in die Waagschale werfen. In Großbritannien, als auch in anderen europäischen Ländern, war die anfängliche Unterstützung schwächer ausgefallen – französische Tageszeitungen mokierten sich sogar über die umweltpolitischen Eigenheiten der Deutschen. Diese anfängliche geographische Beschränkung war jedoch strategisch nicht von Nachteil. Deutschland war ein wichtiger Markt, denn Shell-Deutschland steuerte 11.5 Prozent der Gesamteinkünfte der Royal Dutch/Shell Gruppe bei. Zudem haben Aktivisten anderer Büros ihre Funktion zunächst komplementär zur deutschen Strategie formuliert, indem sie Kampagnenaktionen übernahmen oder ihre jeweiligen Regierungsvertreter, die nationalen Unternehmen und die Zentrale in Den Haag einzuschalten versuchten. Schließlich konnte jedes Greenpeace-Büro von anderen nationalen Kampagnen profitieren. So verbesserte sich die britische Medienberichterstattung mitte Juni in Reaktion auf die kontinentaleuropäische Debatte, und die öffentlichen Mobilisierungen gewannen dadurch an Kraft.

Der eigentliche Opponent war auf der anderen Seite nicht so sehr die Royal Dutch/Shell Gruppe, sondern vielmehr British Shell Petroleum Company. Shell besteht nämlich aus über 130 autonomen Unternehmen, mit der expliziten Intention, die unternehmerischen Strategien besser an den jeweiligen nationalen Kontext anzupassen. Und obwohl alle Shell Unternehmen wiederholt darauf hinwiesen, daß die Verantwortung für die Versenkung der Plattform alleine in britischen Händen lag, war doch die intraorganisationelle Struktur des Unternehmens von Vorteil für die Kampagne, weil die Aktivisten potentielle Konflikte zwischen nationalen Firmen und ihren Unternehmenspolitiken schaffen und ausnutzen konnten. Denn als das Committee of Managing Directors das Thema Brent Spar aufnahm und ein Treffen mit den Direktoren der britischen, niederländischen und deutschen Firmen einberief, war es an der Schlichtung eines intraorganisationellen Konflikts zwischen einzelnen Unternehmen interessiert, sah sich aber auch zu einer Reaktion gegenüber der internationalen Medienberichterstattung (bspw. CNN, Financial Times, the Wall Street Journal) und politischen Initiativen auf der europäischen Ebene genötigt, die von der Kampagne ausgelöst wurden und für die übergreifenden Interessen und Strategien des multinationalen Konzerns von Nachteil waren.[3] Die Verschränkung internationaler und nationaler Aktionen war demnach eine wichtige Erfolgsbedingung dieser Kampagne.

Der Fall Brent Spar zeigt auch die Bedeutung der internationalen Medienöffentlichkeit für die Erfolgswahrscheinlichkeit von Kampagnen. Die Öffentlichkeitskampagnen von Greenpeace International sind deshalb explizit als Medienkampagnen konzipiert, da Medien Instrumente der öffentlichen Information, der Ressourcenallokation und der Mobilisierung von Unterstützung für laufende Aktionen bieten. Ihre Medienarbeit bemüht sich demnach um die Erfüllung organisatorischer und kommunikativer Zugangsvoraussetzungen: organisatorisch müssen Kontakte zu Agenturen und Redaktionen gepflegt, Arbeitsroutinen aufeinander abgestimmt und Aktionen entsprechend konzipiert und durchgeführt werden; kommunikativ muß ein Thema auf ein konkretes Tagesgeschehen und eine klare 'Story' übertragen werden. Die geplante Versenkung der Ölplattform erlaubte es bspw. die ökologischen Folgen der Erdölförderung im besonderen, die Verschmutzung der Weltmeere im allgemeinen zu thematisieren. Zudem bot die Kampagne aufsehenerregende Bilder und eine entsprechend dramaturgische Story des umweltbewußten Davids, der gegen den skrupellosen, profitorientierten Goliath ankämpfte.

Neben diesen organisatorischen und kommunikativen Voraussetzungen gestalten Medien die Berichterstattung auch entlang verschiedener Bühnen, die zumeist lokale, regionale, nationale und internationale Nachrichten voneinander trennen. Redaktionell muß dann stets entschieden werden, welche Relevanzebene die betreffenden Nachrichten haben, da ja lokale Ereignisse auch ein Thema internationaler Berichterstattung sein können und vice versa. Aktivisten versuchen durch die Konzeption von Medienkampagnen auf dieses Zuordnungsproblem einzuwirken und so die 'Positionierung' ihrer Kampagnen zu sichern, bspw. in die internationalen Nachrichten zu gelangen und dadurch eine größere Breitenwirkung zu erlangen (Bagdikian 1990; Reeves 1993). Internationale Konferenzen, Jahresfeiern, Abkommen oder Konflik-

te, aber auch Naturkatastrophen, wissenschaftliche Entdeckungen oder Studien bieten Ereignisse an, die als 'externe Gelegenheiten' der eigenen Öffentlichkeitsarbeit verstanden werden. Die Internationalität ist dabei mehr 'geliehen', als daß sie durch die Kampagnen selbst erzeugt wäre. Im letzteren Fall hängt die Internationalität dann eher von der organisatorischen und kommunikativen Integration vielfältiger Aktionen ab, so wie es sich in der Brent Spar-Kampagne darstellt. Die Aktionen an der Ölplattform schufen den Focus auf das Ereignis, das durch nationale Aktionen an eine jeweils nationale Öffentlichkeit und Protestwelle angeknüpft wurde. Zugleich garantierten Aktionen an internationalen Konferenzen eine Berichterstattung, die den zwischen- und überstaatlichen Charakter der Kampagne hervorhob.
Die Vielzahl lokaler Aktionen ist aber nicht nur eine Grundlage der Generierung internationaler Nachrichten, denn sie mußten zugleich garantieren, daß die 'world news' auch an die nationale und lokale Berichterstattung rückgebunden werden, etwa indem sie die Implikationen des Konflikts für die eigene Umweltpolitik thematisierten. Die organisatorische und kommunikative Struktur von Kampagnen hat demnach einen entscheidenden Einfluß auf die Art der Berichterstattung, wodurch die Koordination einer Vielzahl lokaler Aktionen und die vertikale Integration verschiedener Kampagnenebenen für diese Gestaltung massenmedialer Agenden unerläßlich wurde.

4. Schlußfolgerungen: Die Organisation internationalen Protests

Internationale Kampagnen tragen, so wurde argumentiert, Merkmale sozialen Bewegungshandelns, insofern als diese sozialem Wandel verpflichtet sind. Für diesen Zweck werden auch Teilkampagnen konzipiert, die sich an Politik, Wirtschaft und Wissenschaft richten. Diese können nämlich als Instrumente sozialen Wandels eingesetzt werden, da Politik kollektiv bindende Entscheidungen instituiert und kontrolliert, der Markt neue Waren, Dienstleistungen oder Ideen generiert und verbreitet, Wissenschaft neue Erkenntnisse zutage fördert, die allesamt sozialem Wandel förderlich (oder hinderlich) sein können. Für soziale Bewegungen bleibt der langfristige gesellschaftliche (insbesondere lebensweltliche oder zivilgesellschaftliche) Wandel jedoch Hauptaugenmerk, nicht zuletzt, weil dieser grundlegender ist, da er selbst Institutionen der Politik, des Marktes und der Wissenschaft steuert und prägt. Vor dem Hintergrund gesellschaftlicher Differenzierung stellt sich für soziale Bewegungen allerdings eine Entwicklung zu einer entsprechenden Strukturierung ihres kollektiven Protesthandelns ein: zum einen eine den einzelnen Teilbereichen der Politik, Wirtschaft, Wissenschaft und Medien angepaßte Kampagnenstruktur, die sich zum anderen zu einer stetigen Instrumentalisierung öffentlicher Mobilisierungen für systemimmanentes Lobbying umzukehren scheint. Die Institutionalisierung und Professionalisierung sozialer Bewegungen läuft unter Bedingungen gesellschaftlicher Differenzierung auf eine Duplizierung systemischer Erfordernisse heraus – vermittelt über die Generierung entsprechender Teilkampagnen und den dafür nötigen professionellen Kontakten, Kompetenzen und Ressourcen. Erst die Verschränkung einzelner Teilkampagnen in einen größeren Aktionsrahmen, der durch Großorganisationen oder Aktionsnetzwerke möglich wird, schafft die Möglichkeit, soziale Wandlungsprozesse trotz oder jenseits der Differenzierung gesellschaftlicher Teilbereiche gesamtgesellschaftlich anzugehen, ineinander verschränkte Strategien der Beeinflussung und Meinungsbildung zu konzipieren und synergetische Effekte auszunutzen. Sozialen Bewegungsakteuren geht es ja um Anstöße für sozialen Wandel, die aus der Verschränkung gesellschaftlicher Teilbereiche erwächst – so bspw. durch die Moralisierung der Politik, der Politisierung von Moral und Wirtschaft.

Der z.Z. stark in den Sozialwissenschaften debattierte Begriff der Globalisierung verdeutlicht, daß diese Thematik internationales Ausmaß annimmt. Die Akzentuierung globaler Modernisierungsrisiken (Beck, 1986: 48-68), Entwicklungsdynamiken des modernen Weltsystems (Wallerstein, 1991) und der politischen Weltordnung nach 1989 (Altvater, 1991) auf der einen Seite, internationale Regime (Zürn, 1994) und Massenmedien (Reeves, 1993), die Globalisierung von Zivilgesellschaften (Kößler & Melber, 1993), Kulturen und Identitäten (Robertson, 1992) auf der anderen Seite, werden selbst zum Thema öffentlicher Kampagnen, schaffen aber gleichzeitig auch (neue) 'Umwelten' und Arenen für soziales Bewegungshandeln. Tatsächlich demonstrieren internationale Kampagnen, daß Globalität nicht nur ein explizites Ziel vieler sozialer Bewegungen ist, sondern auch zu einem Merkmal ihres Aktivismus wird (Friberg & Hettne, 1988, Hegedus, 1990). Letzterer kann nämlich nicht auf die weltweit zu beobachtende Summe lokaler und nationaler Protestereignisse reduziert werden, weil wir es mit unterschiedlichen Bedingungen und Strukturen der Aggregierung und Integration kollektiven Handelns zu tun haben. In den Worten von Robertson (1992: 60) ist Globalisierung ein Prozeß, der in Wechselwirkung mit der nationalen und lokalen Ebene steht, sich aber dennoch in relativer Autonomie hierzu entfaltet. Für internationale Kampagnen heißt das etwa, daß Forderungen und Programme, Aktions- und Organisationsformen nicht einfach nur auf die internationale

Arena übertragen werden können, da Strukturmerkmale und Erfolgsbedingungen kollektiven Handelns jeweils unterschiedlicher Natur sind. Die internationale Ebene gibt ihre eigenen Akteure, Institutionen und Arenen vor, nicht nur im Sinne `externer' Umwelten und Strukturen, sondern auch von `bewegungsinternen' Dynamiken (Strategiediskussionen, Ressourcenallokation, Lernprozesse).

Dieser Trend führt allerdings nicht zur Verdrängung der nationalen und/oder lokalen Ebene (Brysk, 1993; Friberg & Hettne, 1988). Die nationale und lokale Ebene bleibt ein wichtiger Bezugspunkt für internationale Kampagnen, da sie sich jeweils in einer eigenen gesellschaftlichen Wirklichkeit kristallisiert, die von unterschiedlichen historischen Hintergründen, politischen Kulturen, Sozialstrukturen, ethnischen und linguistischen Gemeinschaften geprägt ist. Dieser gesellschaftliche Kontext prägt die entstehenden Bewegungen in ihren jeweils eigenen Programmen, Identitäten, Organisationsformen und Strategien. Wie das Beispiel des internationalen Protests gegen die französischen Atomtests zeigt, werden so gesellschaftlich die Bedingungen der Möglichkeit internationaler Proteste konstituiert, sowohl was das Spektrum als auch was die Konfliktlinien von internationalen Aktionsnetzwerken anbetrifft.

Der nationale Kontext ist für internationale Großorganisationen gleichsam wichtig. Die Internationalisierung kollektiven Handelns ist hier eine Sache organisationeller Deliberation. Stets aber müssen diese internationalen Organisationen in einer Vielzahl von Territorien mit unterschiedlichen legalen und politischen Systemen, Akteurskonstellationen, institutionellen Normen und Kulturen operieren. Ihre internationalen Organisationsstrukturen geben dann zwar die Themen und Strategien für globale Kampagnenarbeit vor, dennoch operieren sie üblicherweise durch ihre nationalen Sektionen, regionalen Büros oder lokalen Gruppen, insbesondere im Hinblick auf öffentliche Information und die Mobilisierung von Unterstützung.

In all den behandelten Fällen bleibt die nationale Ebene somit ein wichtiger Bezugspunkt. Dieser Kontext schließt jedoch weder die Entwicklung lokaler Strukturen, noch die Ausweitung internationaler Kampagnenarbeit aus, sondern ergänzt sich mit ihnen. So nutzen Aktivisten die internationale Bühne und ihre Akteure, um gemeinsame Themen und Forderungen voranzubringen und internationale Aktionsnetzwerke zu konstruieren. Sie integrieren eine Vielzahl lokaler Aktivitäten und Kommunikationen in eine einheitliche und zielgerichtete Unternehmung, die insofern *inter*national ist, als sie nationale Organisationseinheiten schafft und diese in eine *zwischen*staatliche Strategie integriert, die die Rolle und das Verhältnis einzelner nationaler Sektionen zueinander festlegt. Bewegungsorganisationen gruppieren ihre nationale Aktionsebene dann aber auch oftmals in *trans*nationale Territorien und Aktionsformen. Hierzu gibt es logistische Gründe, so wie Amnesty Internationals zentralisierte Produktion von Kampagnenmaterial und Jahresberichten für die verschiedenen Sprachgebiete. Greenpeace arbeitet seinerseits seit jüngster Zeit mit geo-politischen Regionen (bspw. Nord-, Süd- und Mittelamerika, Asien-Südpazifik), um verschiedene nationale Büros in übergeordnete territoriale Einheiten zu gliedern und hierdurch den Entscheidungsprozeß und die Kampagnenarbeit stärker zu strukturieren. Zudem werden transnationale Aktionen konzipiert, die nicht mehr aufgrund nationaler Organisationseinheiten operieren, sondern aufgrund spezifischer Kampagnenthemen, Zielgruppen und Unterstützungskreise. Diese sollen einen nationalen Bezug gerade vermeiden helfen, um sich so als wahrlich globale Unternehmungen zu legitimieren (Lahusen, 1996b: 302-9, 350-61).

Internationale Kampagnen versuchen daher kollektives Handeln durch die horizontale Koordinierung verschiedener Teilkampagnen und durch die vertikale Integration verschiedener Handlungsebenen zu konstituieren. Dieses setzt eine gemeinsame Definition von Kampagnenzielen und -mitteln sowie die Beachtung der situativen Umstände, in denen Strategien und Taktiken zum tragen kommen sollen, voraus. Wie unsere Kampagnenbeispiele verdeutlicht haben, kann diese Definition auf formellen, organisationellen Verfahren beruhen. Sie kann auch Produkt einer interorganisationellen Debatte sein, die oft mittels von Koordinierungsbüros oder -plattformen planvoll gestaltet und konsolidiert wird. Oder sie ist das Ergebnis eines laufenden Mobilisierungsprozesses, in den Reaktionen der Medien oder institutioneller Akteure einfließen. Internationale Kampagnen entspringen demnach einer informellen Kooperation zwischen lokalen und/oder nationalen Organisationen, einer formellen Allianz und/oder der Initiative formalisierter internationaler Organisation mit föderalen Strukturen. Die behandelten Kampagnen verdeutlichen dann, daß diese verschiedenen organisatorischen Formen in konkreten Protestzyklen zugleich auftreten und sich gegenseitig ergänzen. Formale Organisationsstrukturen erleichtern die Planung und Realisierung von Kampagnen sowie den Fluß von Ressourcen und Informationen, weil sie die Kooperation nationaler Gruppen strukturieren und formelle Entscheidungsfindungsprozeduren etablieren. Internationalisierung ist auch ein Mittel, um das eigene Schicksal von nationalen Mobilisierungszyklen abzukoppeln (bspw. Konjunkturen des Spendenmarkts) und so Kampagnenarbeit auf Dauer zu stellen. Dennoch führt die Formalisierung auch zu einer Anzahl von Problemen, wie z.B. eine thematische und strategische Reduzierung des Protests auf organisationelle Ziele und Aktionstechniken, ein gesteigerter Bedarf an Finanzmitteln und Mitarbeitern, konstante Konflikte zwischen organisationeller Effizienzsteigerung, Professionalität und (basisdemokratischer) Partizipation. Informelle Kooperation zwischen nationalen Bewegungsakteuren kann hingegen größere Flexibilität und Spontaneität ermöglichen, stellt damit den breiteren thematischen und gesellschaftlichen Kontext einzelner 'Issues' wieder her. Dennoch tendiert diese Kooperation dazu, sich auf kurzfristige Kampagnen zu konkreten Anlässen zu beschränken. Oft bedarf es hierfür der Initiative und des Protagonismus einer (lokalen) Organisation. Die Bewegungsdynamik internationaler Kampagnen wird demnach nicht aufgrund eines einheitlichen, zielgerichteten Prozesses konstituiert, der sich in Schlagworten der Professionalisierung, Institutionalisierung und Internationalisierung kollektiven Handelns niederschlägt, sondern in einem Prozeß, der eine organisatorische Formalisierung, Strukturierung und Finalisierung genauso beinhaltet, wie eine durch öffentliche Mobilisierungen angestoßene Verflüssigung organisationeller Formen, thematischer Foci und strategischer Optionen. Internationale Kampagnen sind Momentaufnahmen dieses multidimensionalen Prozesses, die Strukturmerkmale und Dynamiken kollektiven Handelns genauer zu erfassen erlauben.

Anmerkungen

1 Bei diesem Artikel handelt es sich um einen überarbeiteten Beitrag, der auf der Tagung „Soziale Bewegungen und Nicht-Regierungsorganisationen“ in Saarbrücken Anfang November 1995 vorgetragen wurde. Für kritische Anregungen danke ich den TeilnehmerInnen der Diskussion sowie Klaus Eder, Hans-Peter Kriesi, Donatella della Porta und Dieter Rucht für die hilfreichen Anmerkungen zu einer früheren Version dieser Fassung.

2 In 1995 konnte Greenpeace Niederlande über 22 000 neue Mitglieder rekrutieren (und so eine Gesamtmitgliederschaft von 608 000 erreichen), während in Deutschland 3000 neue Mitglieder und zusätzliche 3 Million DM geworben werden konnten, wodurch ein Gesamtspendenaufkommen von 74 Million DM registriert wurden – in einer Zeit allgemeiner Stagnation auf dem Non-Profitsektor. Zusätzlich konnte die Kampagne die Reputation der Organisation steigern, wie Thilo Bode, neuer Geschäftsführer der internationalen Organisation, verlauten ließ. Diese Erfolge sind dabei auch der Kampagne gegen die französischen Atomtests im Südpazifik zuzuschreiben.

3 Tatsächlich brachte die Kehrtwendung vom 20. Juni das britische Unternehmen in eine schwierige Lage. Die Entscheidung, die Versenkung zu überdenken, kam einen Tag nach einer Rede des britischen Premierministers John Major vor dem Unterhaus, in dem er u.a. die Versenkung erneut gegen ihre Kritiker rechtfertigte. Der Konzern hatte offensichtlich seine Kehrtwendung mit der britischen Re-

gierung nicht abgesprochen, die sich wiederum manipuliert und mißbraucht sah. Beziehungen zwischen Shell UK und der britischen Administration (insbesondere im Umweltministerium) galten danach als unterkühlt. Während Shell-Deutschland eine Kampagne startete, in der sie sich für die 'Mißverständnisse' und unsensiblen Reaktionen des Unternehmens entschuldigte, wurde Greenpeace in Großbritannien von der britischen Firma wegen einer emotionalen und unfairen Kampagne attackiert.

Literatur

Altvater, E. (1991): „Universalismus, Unipolarität, Polarisierung. Widersprüchliche Strukturprinzipien einer `neuen Weltordnung'". Prokla, 21/3, 345-67.

Bagdikian, B. H. (1990): The Media Monopoly. Boston: Beacon.

Beck, U. (1986): Risikogesellschaft. Auf dem Wege in eine andere Moderne. Frankfurt/M.: Suhrkamp.

Brysk, A. (1993): „From Above and Below: Social Movements, the International System, and Human Rights in Argentina". Comparative Political Studies, 26/3, 259-85.

Dobry, M. (1992): Sociologie des crisis politiques. Paris: Presses de la Fondation National des Sciences Politiques.

Eyerman, R. & A. Jamison. (1989): „Environmental knowledge as an organizational weapon: the case of Greenpeace". Social Science Information, 28/1, 99-119.

Frei, D. (1990): Die Organisation der Vereinten Nationen (UNO). Grüsch: Rüegger.

Friberg, M. & B. Hettne. (1988): „Local mobilization and world system politics". International Social Science Journal, 40/3, 341-60.

Hegedus, Z. (1990): „Social Movements and Social Change in Self-Creative Society: New Civil Inititatives in the International Arena". In: M. Albrow & E. King (Hrsg.), Globalization, Knowledge and Society (S. 263-280). London: Sage.

Kößler, R. & U. Melber. (1993): Chancen internationaler Zivilgesellschaften. Frankfurt/M.: Suhrkamp.

Lahusen, C. (1996a): „Internationale Kampagnen. Grundmuster und Kontextfaktoren globalen kollektiven Handelns". Forschungsjournal Neue Soziale Bewegungen, 9/2, 42-51.

– (1996b): The Rhetoric of Moral Protest. Public Campaigns, Celebrity Endorsement and Political Mobilization. Berlin: Walter de Gruyter.

Melucci, A. (1985): „The symbolic challenge of contemporary movements". Social Research, 52, 789-815.

Miller, C. (1987): Lobbying Government. Understanding and Influencing the Corridors of Power. Oxford: Basil Blackwell.

Passy, F. (1995): Supranational Political Opportunities. A Channel of Globalization of Political Conflicts. The Case of the Conflict Around the Rights of Indigenous Peoples. Département de science politique, Université de Genève: Travaux et communication 7/1995.

Pearce, F. (1992): Die grünen Macher. Berlin: Rotbuch.

Pedler, R.H. & M. Van Schendelen. (1994): Lobbying the European Union. Companies, Trade Associations and Issue Groups. Aldershot: Dartmouth.

Reeves, G. (1993): Communications and the 'Third World'. London: Routledge.

Rittberger, V. & M. Zürn. (1991): „Regime Theory: Findings from the Study of 'East-West Regimes'". Cooperation and Conflict, 26, 165-83.

Robertson, R. (1992): Globalization. Social theory and global culture. London: Sage.

Rucht, D. (1995): „Ecological Protest as Calculated Law-breaking: Greenpeace and Earth First! in Comparative Perspective". In: W. Rüdig (Hrsg.), Green Politics Three (S. 66-89): Edinburgh: Edinburgh University Press.

Smith, J. (1995): „Transnational Political Processes and the Human Rights Movement". Research in Social Movements, Conflict and Change, 18, 187-221.

Thränhardt, D. (1992): „Globale Probleme, globale Normen, neue globale Akteure". Politische Vierteljahresschrift, 33, 219-234.

Vorfelder, J. (1995): Brent Spar oder die Zukunft der Meere. Ein GREENPEACE-Report. München: Beck.

Wallerstein, I. (1991): Geopolitics and Geoculture. Essays on the Changing World System. Cambridge: Cambridge Univ. Press.

Wapner, P. (1995): „Politics Beyond the State. Environmental Activism and World Civic Politics". World Politics, 47, 311-40.

Zürn, M. (1994): Das Projekt 'Komplexes Weltregieren'. Wozu Politikwissenschaft von den Internationalen Beziehungen?, In: C. Leggewie (Hrsg.), Wozu Politikwissenschaft? Über das Neue in der Politik (S. 77-88). Damrstadt: Wissenschaftl. Buchges.

Heike Walk

„Ein bißchen bi schadet nie“: Die Doppelstrategie von NGO-Netzwerken

Einleitung

Vernetzung trifft den Zeitgeist. Nicht nur in der virtuellen Computerwelt werden komplizierte Netzwerkgebilde aufgebaut, auch in der 'realen' Gesellschaft gewinnen Netzwerke zunehmend an Bedeutung. Das Vernetzungsfieber, das seit einiger Zeit auch die NGO[1]-Szene gepackt hat, legt Zeugnis davon ab. Die Aussicht, durch die Bündelung schwacher Ressourcen ein gemeinsames Ziel zu erreichen, das individuell nicht erreicht werden kann, scheint für die Nicht-Regierungs-Organisationen besondere Attraktivität zu besitzen. Auch verbindet sich mit der Netzwerkidee nicht selten die Hoffnung auf neue gesellschaftliche Mitgestaltungs- und Einflußmöglichkeiten an bzw. auf politische Entscheidungen. Von Netzwerktheoretikern werden Transformationsprozesse konstatiert, in deren Verlauf der gesellschaftliche Raum zwischen Markt und Staat an Bedeutung gewinnt und es zur Herausbildung gesellschaftlicher „Bindekräfte“ zwischen den Sektoren Markt, Staat und „organisierter Gesellschaft“ kommt (vgl. Messner in diesem Band).[2]
Der Zusammenschluß der verschiedenen gesellschaftlichen Interessengruppen birgt allerdings nicht nur Vorteile und Synergieeffekte für die beteiligten Akteure. Die Netzwerkbildungen unter NGOs sind auch mit vielen Schwierigkeiten konfrontiert, denn in Netzwerken schließen sich oftmals nicht nur David und Goliath zusammen, sondern hier treffen auch äußerst unterschiedliche Politikformen aufeinander. Während die eine Gruppe von Netzwerkmitgliedern noch mit der Formulierung grundsätzlicher Systemkritik beschäftigt ist, sitzen ihre Mitstreiter schon beim Dinner mit den Regierungsbeauftragten.
Die jüngste Netzwerkphilosophie ist demnach eng verbunden mit der Idee des Runden Tisches, an den sich die unterschiedlichsten Akteure aus den Bereichen Markt, Staat und 'organisierter' Gesellschaft zusammenfinden. Meist erfolgt die Suche nach staatlichen und marktorientierten Kooperationspartnern noch bevor die NGO-Vernetzung nach innen stabilisiert und klare

Ziele und Strategien erarbeitet werden. Damit entwickeln die NGOs und ihre Netzwerke eine Doppelstrategie, die sie zwischen der Mobilisierung von Öffentlichkeit und der Suche nach direkten Partizipations- und Einflußmöglichkeiten hin und her pendeln läßt. Welche Rückwirkungen und Folgen diese Doppelstrategie auf die Handlungsmöglichkeiten und Aktionsformen der NGOs hat, sind für die nachfolgenden Überlegungen von besonderem Interesse. Am Beispiel der internationalen Klimapolitik und insbesondere der im Frühjahr 1995 in Berlin veranstalteten ersten Vertragsstaatenkonferenz zur Klimarahmenkonvention sollen zunächst die lokalen, nationalen und internationalen Vernetzungsprozesse der NGOs dargestellt werden. Dabei stehen die unterschiedlichen Interessen der einzelnen NGOs an der Neuschaffung bzw. der Erweiterung von lokalen, nationalen sowie internationalen Netzwerken im Zentrum des Erkenntnisinteresses. Für die Analyse der Interaktion dieser Organisationen mit den staatlichen Akteuren spielen einerseits die Einflußmöglichkeiten von NGOs auf staatliche Entscheidungen und andererseits die Motivationen von Seiten des Staates mit den NGOs zusammenzuarbeiten eine bedeutsame Rolle.[3]
Aus den Überlegungen lassen sich folgende Thesen formulieren, auf die sich der Aufsatz beziehen wird:

1) Die Netzwerkbildungen unter den NGOs finden sowohl unter den beteiligten Akteuren als auch bei außenstehenden Beobachtern euphemistischen Beifall. Mit welchen Schwierigkeiten die Vernetzung von basis- und lobbyorientierten Gruppen auf lokaler, nationaler und internationaler Ebene verbunden ist, wird unterschätzt.
2) Die Öffnung vieler NGO-Netzwerke für staatliche Interessen erfolgt vorschnell und setzt die NGOs der Gefahr der Kooptation durch staatliche Stellen aus.
3) Staatliche Stellen sind motiviert mit den NGOs zusammenzuarbeiten um *erstens* die eigenen Handlungsdefizite auszugleichen, *zweitens* die Position nachgeordneter Politikfelder zu stärken und *drittens* Veränderungspotential einzubinden.

NGO-Netzwerke in der internationalen Klimapolitik

Die Netzwerkbildung von NGOs erfolgt vor dem Hintergrund veränderter öffentlicher Anerkennung. NGOs finden in der Bevölkerung, bei PolitikerInnen, den Medien oder in fortschrittlichen Unternehmen weitreichende Beachtung. Die Einordnungen und Vorstellungen von den „neuen Aufsteigern“ variieren zwischen der globalen „NGO-community“ einer sich internationalisierenden Zivilgesellschaft, der „erstarkenden Kraft zwischen Markt und Staat“, der „neuen Internationalen“, den „neuen Hoffnungsträgern“ sowie den „innovativen Akteuren der Politik“. Daß die NGOs als wichtiger Baustein für die Gestaltung solidarischer und zukunftsfähiger Gesellschaften wahrgenommen werden, kann zweifellos auch als ein bedeutendes Resultat der Aktivitäten dieser Gruppen während der UNCED-Konferenz 1992 in Rio de Janeiro und des Rio-Nachfolgeprozesses angesehen werden (NRO-ABSCHLUßERKLÄRUNG ZUR RIO-KONFERENZ 1992). Seither wurde das politische Engagement der NGOs im Umfeld internationaler Konferenzen zur Selbstverständlichkeit internationaler Politikprozesse. In diesem Umfeld und bei der Aushandlung internationaler Konventionen und Vereinbarungen haben sich für die NGOs seitdem neue politische Handlungsfelder, politische Gestaltungsspielräume und Partizipationsmöglichkeiten eröffnet, die mit den bisherigen Politiken auf nationalstaatlicher Ebene nicht mehr ohne weiteres vergleichbar sind (Stahl 1994).

Während beispielsweise in Großbritannien und den USA die Kooperation und Kommunikation von NGOs und Regierungen eine lange Tradition haben, stellt die Partizipation an der offiziellen Politik für viele deutsche aktive Gruppen eine relativ neue Handlungsperspektive dar. Erst wenige professionelle Lobbyisten haben sich im Bereich Umwelt und Entwicklung herausgebildet. Mit der internationalen Netzwerkbildung von NGOs, die sich analog zum Institutionalisierungsprozeß der internationalen Klimapolitik vollzog, wurden die partizipierenden deutschen NGOs mit dem angelsächsischen Lobbyismus vertraut gemacht. Viele große NGOs, vor allem aus dem Umweltbereich nahmen erstaunlich schnell den Lobbyismus in ihr Handlungsrepertoire auf und versuchten diese ‘neue’ Aktionsform auch auf der nationalen und lokalen Ebene zu verstärken.

Das wachsende Bewußtsein für die globalen Dimensionen der Umweltverschmutzung führt auf internationaler Ebene zu einer Institutionalisierung der Klimapolitik. Bei der Aushandlung von Instrumenten und Maßnahmen zum Klimaschutz fordern die NGOs und deren Netzwerke verstärkt ihre Mitsprache ein (siehe Brunnengräber in diesem Band). Die NGOs operieren hier mit ‘weichen’ Steuerungsinstrumenten wie Informationsaustausch, Überzeugungsarbeit, diskursive Verfahren oder Interessenintegration. Ihre Machtressourcen sind das Expertenwissen, die Öffentlichkeitswirkung und die Informiertheit, die frühzeitiges Handeln ermöglicht.

In das Akteurs-Setting der internationalen Klimapolitik sind die Vereinten Nationen, die Nationalstaaten, die NGOs (wobei hier nicht nur Lobbyorganisationen aus dem umwelt- und entwicklungspolitischen Spektrum [grüne NGOs] vertreten sind, sondern auch Lobbyorganisationen der Industrie [graue NGOs]. Im folgenden Text wird dieser breiten Auslegung nicht gefolgt. In der Regel ist von grünen NGOs die Rede, die NGOs des Marktes werden kenntlich gemacht) und die Medien zunächst als die wichtigsten Akteursgruppen eingebunden. Die kommunalen Akteure nehmen eine Sonderstellung ein, da sie selbst nicht unmittelbar zum Akteurs-Setting der internationalen Klimapolitik gehören. Für die staatlichen Akteure auf der Berliner Ebene war somit ebenso wie für die lokalen NGOs das herannahende Ereignis der 1. Vertragsstaatenkonferenz zur Klimarahmenkonvention (VSK) zentraler Impuls ('stimulus event') politischer Aktivitäten.

Die Vernetzung der lokalen Berliner Akteure

Auf lokaler Ebene bildeten sich in der Vorbereitungsphase, die etwa eineinhalb Jahre vor der 1. Klimakonferenz 1995 in Berlin begann, mehrere Issue-Netzwerke[4] heraus (siehe lokale Ebene in Graphik 2). Die Mitgliedschaft in den Netzwerken war prinzipiell für alle Organisationen und Individuen (staatlich oder nichtstaatlich) offen. In der Vorbereitungsphase gab es immer wieder unter den Mitgliedern einzelner Netzwerke und zwischen den Netzwerken inhaltliche, personelle, finanzielle und strukturelle Spannungsmomente, die zu mehr oder minder heftigen Auseinandersetzungen und Polarisierungen in der lokalen NGO-Szene führten. Im Verlauf der Vernetzung formierte sich das „Netzwerk Klimagipfel“ als lokaler Hauptakteur. Dem „Netzwerk Klimagipfel“ gehörten kurz vor der Klimakonferenz, in der Hochphase der Mobilisierung, rund 30 umwelt- und entwicklungspolitische Gruppen[5] an, die zum Teil sehr unterschiedliche organisatorische Charakteristika aufwiesen. Die finanzielle Unterstützung zum Aufbau der Netzwerkstruktur war sehr begrenzt (die Ausnahme bildete hier das Klimaforum '95, welches große finanzielle Unterstützung erhielt). Die einzelnen NGOs versuchten für ihre Aktivitäten finanzielle Ressourcen zu akquirieren. Davon flossen jedoch nur unbedeutende Mittel in die Netzwerkarbeit. Beiträge wurden von den Netzwerkmitgliedern keine erhoben. Das „Netzwerk Klimagipfel“ erhielt von der Berliner Senatsverwaltung (Landesstelle für Entwicklungszusammenarbeit) finanzielle Unterstützung für eine befristete Stelle, für Honorarverträge und Mietzahlungen für das Büro.

Für die methodische Vorgehensweise bzw. die Analyse der NGO-Netzwerke und der Interaktion mit den staatlichen Akteuren im Vorbereitungsprozeß zur 1. Klimakonferenz bieten sich zunächst zwei verschiedene Ansatzpunkte: Stellen wir uns bildhaft ein Netz mit verschiedenen Knotenpunkten vor, so gibt es *erstens* die Möglichkeit, die Verbindungslinien zu untersuchen, d.h. die Charakteristika der Beziehungen von NGOs und staatlichen Akteuren. *Zweitens* können die Knotenpunkte selbst analysiert werden, d.h. die spezifischen Charakteristika der unterschiedlichen Netzwerkmitglieder (Phillips 1991). Bei den nachfolgenden Überlegungen konzentriere ich mich im wesentlichen auf die Analyse der Linien, d.h. die Interaktions- und Kommunikationsformen der Mitgliedsorganisationen des „Netzwerk Klimagipfel". Folgende Fragen sollen zur Orientierung dienen: Welche Inhalte und Ziele verbargen sich hinter der Mitgliedschaft? Standen die Organisationen in solch einem Zusammenhang miteinander, daß von einem kontinuierlichen, stabilen Netzwerk gesprochen werden kann? Hier spielen vor allem die Zentralität, Anzahl der Querverbindungen und die Verankerung eine wichtige Rolle. Denn die Dichte eines Netzwerkes ist auch ein Indikator für die Form und Häufigkeit der Interaktion (Pappi 1987, Nölke 1994). Ich mache hier die Unterscheidung zwischen „schwachen" und „starken" Verbindungen. Als „schwache" Verbindung wird eine punktuelle, d.h. eine kurzlebige, meist nur auf ein Projekt bezogene Zusammenarbeit bezeichnet, während eine kontinuierliche Beziehung, die auf einem intensiven und regelmäßigen Arbeitszusammenhang basiert, als „starke" Verbindung bezeichnet wird.

Das Ergebnis kann in einem Organigramm dargestellt werden, in dem nur die kontinuierlichen, d.h. die „starken" Arbeitszusammenhänge bildhaft gemacht werden (vgl. Graphik auf der folgenden Seite).

Es gab nur wenige Organisationen, deren kontinuierliche Beziehungen mit anderen Organisationen über zwei bis drei Kontakte hinausgingen. Die meisten kontinuierlichen Beziehungen unterhielt das „Forum Umwelt und Entwicklung Köpenick". (Das Forum kann wiederum als eigenes Netzwerk angesehen werden, da sich hier verschiedene Initiativen in einem Berliner Bezirk zusammengeschlossen haben). Das „Forum Umwelt und Entwicklung Köpenick" hatte zu fünf Organisationen kontinuierliche Beziehungen und stand damit in zentraler Position. Drei bis vier Beziehungslinien gingen von „BISS" (Bürgerinitiative Stadtring Süd), „Sodi" (Solidaritätsdienst International), „AG 1Globus", „BUND", „Macarena" und der „Grünen Liga" aus. Sie sind ebenfalls als zentrale Akteure anzusehen. Der Großteil der Organisationen pflegte nur ein bis zwei kontinuierliche Beziehungen. Auffallend war, daß es einen sehr großen Anteil von Mitgliedsorganisationen im „Netzwerk Klimagipfel" gab, die überhaupt keine kontinuierlichen Beziehungen zu den anderen Mitgliedern des Netzwerkes hatten. (Ausführliche Auflistung der Mitgliedsorganisationen siehe Anmerkung 4).

Graphik 1: Struktur der kontinuierlichen Beziehungen der Mitgliederorganisationen des „Netzwerk Klimagipfel"

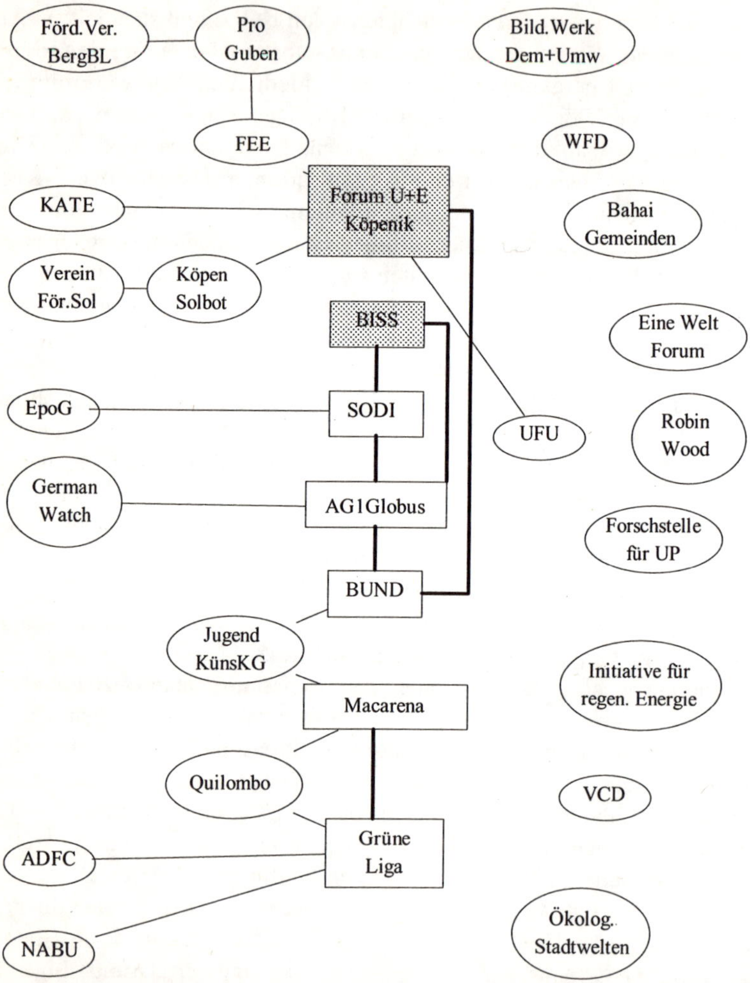

Die Zusammenarbeit mit anderen Organisationen lief zumeist in Form gegenseitiger Besuche, gemeinsamer Veranstaltungen, Tagungen und gemeinsamer Projektfinanzierung ab. Die Organisationen wurden im „Netzwerk Klimagipfel" in der Regel durch eine ständige VertreterIn repräsentiert. Die regelmäßige Teilnahme an den Sitzungen konnte aber nicht von allen NGO-VertreterInnen geleistet werden. Die Gründe hierfür lagen oftmals in der

Ehrenamtlichkeit und der damit verbundenen Arbeitsüberlastung einzelner AktivistInnen. Die inhaltlichen und organisatorischen Diskussionen wurden demnach immer nur mit einem Teil des Netzwerkes geführt, das hatte wiederum zur Folge, daß sich die nicht anwesenden Mitgliedsorganisationen oftmals übergangen fühlten.

Während der langen Konstituierungsphase vom Herbst '93 bis zum Klimagipfel im Frühjahr '95 herrschte eine hohe Fluktuation und eine unterschiedlich intensive Mitarbeit der Netzwerkmitglieder. Insgesamt zeigte sich bei den Vernetzungsbestrebungen zum Klimagipfel, daß große etablierte Verbände geringere Anreize zur Kooperation aufwiesen, da sie selber ausreichend Ressourcen mobilisieren konnten. Kleinere, jüngere Verbände waren hingegen stärker an einer Kooperation interessiert, da sie nur durch Bündelung ihrer geringen Ressourcen ihre Einfluß- und Informationschancen ausbauen konnten (vgl. hierzu auch Hey/Brendle 1994). Das „Netzwerk Klimagipfel" hatte in erster Linie eine Informations- und Koordinationsrolle inne. Durch den herannahenden Konferenztermin wurde organisatorischen Arbeiten der Vorrang eingeräumt, während Diskussionen über das politische Selbstverständnis, den Verhandlungsstil und auch sich abzeichnende Konflikte sowohl zwischen den Organisationen als auch zwischen den Einzelpersonen in den Hintergrund traten oder gar unterdrückt wurden. So wurden bspw. die inhaltlichen Diskussionen der umwelt- und entwicklungspolitischen Organisationen (ich werde später darauf zurückkommen) zurückgedrängt sowie Differenzen zwischen den Vorstandsmitgliedern durch den Austritt von zwei MitarbeiterInnen aus dem Vorstand gelöst. Damit verpaßte das Netzwerk die Chance, sich Konflikte als wichtige Sozialisationsfunktion (sofern sie als integrierende Mechanismen funktionieren) nutzbar zu machen. Keine langfristigen Ziele, sondern baldige Aktionen wurden mit der Netzwerkarbeit verbunden. Dies erklärt auch das plötzliche Nachlassen der Zusammenarbeit der einzelnen Mitglieder nach dem Klimagipfel.

Die Ziele, die die Lokalakteure durch die Vernetzung verfolgten, wiesen insgesamt wenige Gemeinsamkeiten auf. Allerdings lassen sich zwei generelle Klassifizierungen vornehmen. Zum einen standen strukturelle Orientierungen wie die gemeinsame Nutzung von Ressourcen, der Informationsaustausch, die Schaffung einer gemeinsamen Infrastruktur oder die Bündelung der Kräfte für eine effizientere Öffentlichkeits- und Pressearbeit im Vordergrund. Andererseits wurde den inhaltlichen Kriterien der Vernetzung großes Gewicht beigemessen. Je stärker die inhaltlichen Ziele konkretisiert wurden, die die jeweiligen NGOs durch die Vernetzung erreichen wollten, desto deutlicher traten die unterschiedlichen Interessen zutage.

Die Chancen der Vernetzung sahen die Mitgliedsorganisationen[6] in erster Linie in der Stärkung ihrer Präsenz in den Medien und der Öffentlichkeit, dem Informationsaustausch zwischen den Organisationen, der Durchsetzung gemeinsamer Forderungen, der Möglichkeit mehr Druck ausüben zu können, der Koordination von Aktionen und der Zusammenführung von Spezialaspekten und Kompetenzen. Diese Erwartungen, die von den einzelnen NGOs an das Netzwerk gestellt wurden, erfüllten sich nur zum Teil.

Das „Netzwerk Klimagipfel" funktionierte im Vorbeitungsprozeß zum Klimagipfel hinsichtlich der Koordination von Aktionen und dem Informationsaustausch sehr erfolgreich. Was die Präsenz in den Medien und der Öffentlichkeit anbelangte, so agierte das „Netzwerk Klimagipfel" oft im Schatten des „Klimaforum '95". Die Unterstützung und Weiterleitung von Ideen und Konzepten, die Analyse von Problemstellungen, die gemeinsame Weiterentwicklung von Instrumenten und Strategien sowie die Ausarbeitung von gemeinsamen Forderungen, durch die sich das Netzwerk als teilautonome Einheit hätte profilieren können, spielten hingegen in der konkreten Vernetzungsarbeit eine nachgeordnete Rolle. Es zeigte sich, daß auf der lokalen Ebene die Schaffung eines organisatorisch-strukturellen Rahmens in Form eines Netzwerkes zur Herstellung positiver Rückkopplungseffekte auf die einzelne NGO im Vordergrund stand. Damit kam dem Netzwerk eher die Aufgabe einer Serviceeinrichtung zu, mit deren Hilfe die Mitgliedsorganisationen zwar von der Vernetzung profitierten, aber gleichzeitig ihre eigenen inhaltlichen und strategischen Zielvorstellungen beibehalten wollten, anstatt (bewußt) inhaltliche, interorganisatorische Synergieeffekte zu erzeugen. Die fehlenden gemeinsamen inhaltlichen Positionen waren ein wichtiger Grund dafür, daß sich die Vernetzungsarbeit nur selten in konkrete, die Kräfte bündelnde Handlungskonzepte umwandeln ließ. Zwar lieferten die Organisationen des „Netzwerk Klimagipfel" ein sehr umfangreiches Veranstaltungsangebot während der Klimakonferenz und organisierten die große Fahrraddemonstration, der Erfolg für diese Aktionen wurde jedoch zum Großteil dem „Klimaforum '95" zugesprochen.

Im Verlauf der Netzwerkbildung kam es aufgrund unterschiedlicher politischer Einstellungen zur Spaltung zwischen den umwelt- und den entwicklungspolitischen Gruppen. Dies weist auf die Rolle der verschiedenen „belief-Systeme" hin (vgl. Brunnengräber/Walk in diesem Band). Gemeint ist hier die Rolle von Ideen, Wertvorstellungen, Überzeugungen und kulturellen Traditionen bei Zusammenschlüssen von Gruppen und Individuen. Sogenannte „Policy-Advocacy-Koalitionen" gruppieren sich um diese unterschiedlichen Vorstellungen, Ideologien sowie Kausalannahmen über die

Entstehung von Problemen. Durch gemeinsame Wertvorstellungen werden die Koalitionen zusammengehalten (Sabatier 1986). Andererseits kann es aber auch zu Abgrenzungen und Brüchen zwischen den verschiedenen Koalitionen kommen, wenn Gemeinsamkeiten in der Problemsicht fehlen. Während viele Unterschiede offenbar toleriert werden können, gibt es immer wieder primäre Wertvorstellungen, Überzeugungen etc., die nicht miteinander vereinbar zu sein scheinen. Beispielsweise warfen die entwicklungspolitischen Organisationen den umweltpolitischen vor, die soziale und politische Frage, also den Kampf gegen Armut und für Demokratie zu wenig zu berücksichtigen. Sie verlangten insgesamt mehr Systemkritik, während die umweltpolitischen Organisationen eine Ökologisierung der Entwicklungszusammenarbeit forderten und insgesamt einen pragmatischeren Politikstil favorisierten.

Die Aussagen der Mitgliedsorganisationen des „Netzwerk Klimagipfel" zu den wesentlichen Konfliktdimensionen der Vernetzung lassen sich in drei Bereiche (personelle, strukturelle und inhaltliche) zusammenfassen: Im personellen Bereich wirkten sich Faktoren wie Mißtrauen, Machtdünkel, individuelle Interessen, wenig Kompromißbereitschaft, Selbstdarstellungs- und Profilierungsversuche, mangelnde Sachkenntnis oder Konkurrenzdenken negativ auf die Netzwerkbildung aus. Im strukturellen Bereich waren es unklare Entscheidungsstrukturen, Vereinsklüngelei, Zeitknappheit, mangelnde Kontrollmöglichkeiten, Finanzierungsprobleme und fehlende infrastrukturelle Ausstattung, die als Fallstricke der Vernetzung wirkten. Auf der inhaltlichen Ebene wurde die Vernetzung durch mangelnde Akzeptanz anderer Meinungen und politischer Orientierungen sowie durch Beharren auf dogmatischen Positionen ebenso behindert wie durch unterschiedliche Zielformulierungen und Erwartungshaltungen oder einfach unterschiedliche Auffassungen über die Zusammenarbeit mit Parteien, Gewerkschaften und Unternehmen. Trotz der vielen persönlichen Kontakte im „Netzwerk Klimagipfel" wurden die Konflikte nicht gemeinsam von den Netzwerkmitgliedern angegangen und bewältigt. Die Konflikte wurden 'gelöst', indem unzufriedene Mitglieder dem Netzwerk fern blieben oder austraten. Den Mitgliedern des „Netzwerk Klimagipfel" fehlten klare Strukturen und Strategien, mit denen ein Kurs hätte vorgegeben und eventuelle Kurskorrekturen hätten vorgenommen werden können. Während die personellen und strukturellen Konflikte noch lösbar schienen, was sich in den Bemühungen vieler Netzwerkakteure bis zum Klimagipfel ausdrückte, spiegelte die inhaltliche Debatte gerade der umwelt- und entwicklungspolitischen Organisationen die Zerrissenheit der politischen Aktionsgruppen und die Unvereinbarkeit der Aktionsformen wider.

Die Kooperation der NGOs mit den staatlichen Akteuren

Für die Partizipationsmöglichkeiten von NGOs sind die Offenheit und Kooperationsbereitschaft der staatlichen Akteure von entscheidender Bedeutung. Bei den umwelt- und entwicklungspolitischen Senatsbehörden genießen diese Organisationen zum Teil eine hohe Anerkennung. Viele der zuständigen Beamten und Angestellten stehen den NGOs relativ offen gegenüber. Im Vorbereitungsprozeß zur Klimakonferenz waren die staatlichen Akteure durch persönlichen Kontakt an der Vernetzung der NGOs beteiligt. Einige Projekte der Organisationen wurden mit viel Engagement von staatlicher Seite unterstützt. Die Offenheit und Sympathie der staatlichen Akteure in beiden Politikfeldern galt aber nicht allen NGOs, vielmehr herrschte eine Selektion und Bevorzugung bestimmter Organisationen vor. (Ich gehe darauf weiter unten näher ein). Meist war diese Präferenz dem von diesen NGOs praktizierten und staatlicherseits favorisierten Politikstil geschuldet. In einigen Fällen waren die befragten staatlichen RepräsentantInnen selbst Mitglied in einer NGO. Die Zusammenarbeit fand vorzugsweise mit jenen Organisationen statt, die ähnliche Interessen wie die staatlichen RepräsentantInnen vertraten. Ein Senatsmitarbeiter sagte hierzu: „Es gab zwei Bereiche, wo überhaupt ein gegenseitiges Interesse da war, würde ich mal so sagen. Einmal, daß die NGOs Geld haben wollten von der öffentlichen Hand. Ein anderes Interesse war, von der Umweltseite her, daß wir versuchten, ein günstiges Klima zu schaffen, mit allen möglichen Maßnahmen, Aktionen und Papieren, Stimmungen und Öffentlichkeitsarbeit...... daß die Konferenz hier ein gutes Umfeld hat und daß die Leute Bescheid wissen aus der Berliner Bevölkerung".

Dagegen galten viele kleine nichtprofessionalisierte Gruppen bei einigen Verwaltungseinheiten als eher chaotisch, unseriös und zu ideologisch. „Innerhalb der Verwaltungen existieren Berührungsängste mit NGOs. Einerseits gibt es eine Anerkennung der Fachkompetenz einzelner NGOs vielleicht schon, aber die Seriosität wird in Frage gestellt und einzelnes Engagement von Leuten, die da unbefangen auf NGOs zutreten, wird dann auch eher kritisch gesehen." Dementsprechend ist Zusammenarbeit des Senates mit diesen Organisationen im Vorbereitungsprozeß zum Klimagipfel auf das Engagement einzelner Senatsangehöriger zurückzuführen. Von der Senatsverwaltung für Stadtentwicklung und Umweltschutz, vom Umweltbundesamt und von der Landesstelle für Entwicklungszusammenarbeit waren einzelne VertreterInnen regelmäßig auf den monatlichen Sitzungen des Koordinierungsrats des „Netzwerk Klimagipfel". Auf die Frage, welche Bedeutung die Vernetzung für die Entscheidungen der Senatsstellen hat, antwortete ein staatlicher Vertreter: „Das ist ganz einfach. Das ist wie mit einem Zylinder, wenn der Druck in den Röhren steigt. Wenn der Druck nicht so hoch steigt, dann ist es einfacher für die offiziellen Stellen."

Die Zusammenarbeit mit den staatlichen Akteuren wurde aber gleichfalls durch die politische Grundeinstellung der NGOs ermöglicht. Bei fast allen Veranstaltungen der Organisationen und Netzwerke wurden eine klare „Anti"-Haltung und ein konfrontativer Politikstil bewußt vermieden. Das „heiße Klima", welches die „tageszeitung" noch ganz in der Tradition der IWF/Weltbank-Kampagne von 1988 für den Klimagipfel prophezeite, blieb – von wenigen unbedeutenden Ausnahmen abgesehen – aus.[7] Stattdessen zog die Mehrzahl der NGOs ein moderates Konferenzkonzept vor und lehnte den Konfrontationskurs ab.

Die Motive der Senatsangehörigen für die Anerkennung und Unterstützung der NGOs lagen aber auch darin, daß sich die Beamten und Angestellten davon Vorteile für die eigene Arbeit erhofften. Die staatlichen Akteure waren interessiert daran, daß die NGOs Informationen in die Berliner Öffentlichkeit streuten. Da die Umwelt- und gerade auch die Entwicklungspolitik zu den vernachlässigten, zu den „weichen" Politikfeldern gehören, wünschte sich die Verwaltung eine Stärkung des Themas durch die NGOs. Einsparungen und der systematische Abbau im entwicklungspolitischen Bereich sowie der Umzug von entwicklungspolitischen Organisationen nach Bonn wird zwangsläufig eine Schwächung der Entwicklungspolitik auf Berliner Ebene zur Folge haben. Die Landesstelle für Entwicklungszusammenarbeit erhoffte sich demzufolge von einer Kooperation mit den NGOs eine Stärkung des Themas in der Stadt. Auch die Senatsverwaltung für Stadtentwicklung und Umweltschutz versprach sich von der Netzwerkbildung eine effizientere Zusammenarbeit im Umweltbereich, um inhaltlich umstrittene Themen durchsetzen zu können: „daß man sich gegenseitig mitunterstützt, um zusätzliche inhaltliche Dinge durchzubringen, auf der Konferenz." Was die Vorbereitungen zur Klimakonferenz anbelangte, so wurde im Vorfeld deutlich, daß entwicklungspolitische Inhalte in der Klimadebatte wenig Gehör fanden. Die Landesstelle für Entwicklungszusammenarbeit, die beim Wirtschaftssenator angesiedelt ist, konnte sich „gegen die vorherrschenden Interessen, nämlich Berlin als Wirtschaftsstandort zu präsentieren, nicht durchsetzen". Auf Senatsebene kam es im Vorbereitungsprozeß zur 1. Klimakonferenz zu keiner Annäherung der beiden Politikfelder Umwelt und Entwicklung.

Dementsprechend dienten die Sitzungen der vernetzten NGOs den an klimapolitischen Fragen interessierten staatlichen Akteuren als Informationsplattform. Die Bildung des „Netzwerk Klimagipfel" wurde von der Landesstelle für Entwicklungszusammenarbeit anfangs sehr begrüßt. Die SenatsvertreterInnen verknüpften mit der Netzwerkbildung die Hoffnung, daß etwas qualitativ Neues in der Stadt entstehen würde: Ein stabiles Netzwerk mit einem festen Kern von AnsprechpartnerInnen, mit denen eine kontinuierliche Zusammenarbeit möglich würde. Mit der Netzwerkarbeit verband sich für einzelne staatliche Akteure weiterhin die Hoffnung, die verschiedenen Strömungen und politischen Richtungen innerhalb der NGO-Szene vereinheitlichen zu können. Die zum Teil gemäßigteren umweltpolitischen Gruppen könnten auf die entwicklungspolitischen Organisationen einwirken und dadurch das Gesamtnetzwerk zu einem kooperationsbereiten und kompromißfähigen Partner entwickeln, der sich an Sachfragen 'abarbeitet'. Die staatlichen Akteure erhofften sich durch die Vernetzung einen erleichterten Zugang zu den NGOs bzw. wie es eine Senatsvertreterin ausdrückte: „durch einen Kanal mehrere Gruppen erreichen zu können". Mit der Bildung von Netzwerken versprachen sich die zuständigen Beamten und Angestellten also nicht nur eine Zunahme an Stabilität sondern auch mehr Verbindlichkeit und Seriosität seitens der NGOs. Einen wichtigen Beweggrund für die Unterstützung der NGO-Vernetzung stellte für die staatlichen Akteure der Umstand dar, daß die Netzwerkforderungen meist, als Ergebnis von Auseinandersetzungen, Konsensentscheidungen sind. „Für die staatlichen Stellen kann die Vernetzung von NROen bequem sein, da so immer eine Auseinandersetzung mit Konsensentscheidungen, die meist nicht so radikal sind, erfolgt."

Bei der finanziellen Unterstützung der verschiedenen Netzwerke, die auf der lokalen Ebene aktiv waren, ließ sich eine extreme 'Schieflage' feststellen. Während das „Klimaforum '95" mit ca. einer Million DM unterstützt wurde, standen dem „Netzwerk Klimagipfel" nur ein Zwanzigstel davon, nämlich ca. 45.000 DM zur Verfügung. Dies bestätigt die Vermutung der Selektion und die Bevorzugung einiger Verbände seitens staatlicher Stellen. Das „Klimaforum '95" zeichnete sich durch große Kooperationsbereitschaft und verbindliches und seriöses Auftreten aus. Ein eingesetzter Geschäftsführer und ein Pressesprecher sorgten für die Akquisition von Geldern und die Kontaktaufnahme zu den Medien, was dem Forum eine professionelle Note gab. Die politischen Forderungen des „Klimaforum '95" orientierten sich an Detailfragen des Verhandlungsprozesses der Klimakonferenz. Das „Netzwerk Klimagipfel" hatte demgegenüber sehr heterogene Interessen zu vertreten. Die Forderungen einzelner Mitgliedsorganisationen gingen zum Teil über klimapolitische Anliegen hinaus und verlangten einschneidende Änderungen des konsumorientierten Lebensstils der Industriegesellschaft.

Dem „Netzwerk Klimagipfel" fehlte es bei der Zusammenarbeit mit den staatlichen Akteuren an einer klaren Strategie. Einerseits öffnete sich das

Netzwerk für staatliche Interessen und die Kooperation mit den Senatsverwaltungen wurde positiv eingeschätzt, andererseits wurde diese Öffnung aber nicht genügend in ihren Folgewirkungen reflektiert. Kooptations- und Instrumentalisierungsmanöver, die möglicherweise mit der Teilnahme am Netzwerk von den staatlichen Stellen beabsichtigt waren, wurden von den Organisationen kaum thematisiert. Bei den Diskussionen um Möglichkeiten zur Steigerung der Stabilität und Verbindlichkeit des Netzwerkes wurden eventuelle Negativeffekte wie bspw. die damit verbundene Kalkulierbarkeit für das staatliche System nicht aufgegriffen. Dementsprechend fanden Kooperationsangebote, wie die Veröffentlichung von NGO-Texten in der Klimabroschüre der Senatsverwaltung für Stadtentwicklung und Umweltschutz mit Unterstützung des Bundesumweltministeriums im Netzwerk Zuspruch, die jedoch im nachhinein in ihren Auswirkungen auf die eigene Position und Strategie eher negativ eingeschätzt wurden.
Der kooperative Politikstil der NGOs im Vorbereitungsprozeß zur und während der Klimakonferenz ging einher mit einer zurückhaltenden Kritik an Berliner sowie nationalen Versäumnissen in der Klimapolitik. Ein Mitglied des „Netzwerk Klimagipfel bemerkte hierzu: „Finanzielle Abhängigkeiten können dazu führen, daß die Kritik zurückgenommen wird – und das Netzwerk hat sich mit Kritik sehr zurückgenommen, ein Konfrontationskurs wurde von vornherein abgelehnt, das Netzwerk war sehr brav".

Die Vernetzung der lokalen mit der nationalen und internationalen Ebene

Außer dem „Netzwerk Klimagipfel" und dem „Klimaforum '95" war das 1992 gegründete „Forum Umwelt und Entwicklung" aus Bonn ein Umschlagplatz gemeinsam erarbeiteter Positionen der beteiligten deutschen Verbände. Das 1990 gegründete „Climate Action Network" (CAN) aus Brüssel mit seinen 150 organisierten Unterverbänden aus aller Welt war für die direkte Beobachtung und Beeinflussung der Verhandlungen zur Klimarahmenkonvention zuständig. Diese Aufgaben- und Gebietsaufteilungen unter den Netzwerken schienen für eine Arbeitseffektivierung zunächst sinnvoll und sollten über die Erarbeitung von Schnittmengen und Berührungspunkten auch zum inhaltlichen Austausch und zu gemeinsamen Aktionen führen. In dem „Drei-B-Treffen" der Akteure aus Berlin (lokal), Bonn (national) und Brüssel (international) kam dieses Bemühen auch „strukturell" zum Ausdruck.
Die lokale Berliner Ebene arbeitete weitgehend losgelöst von der nationalen und internationalen Ebene. Auf der lokalen Ebene trug die Heterogenität der

Lokalakteure dazu bei, daß eine Vielzahl der unterschiedlichsten Themen basisnah bearbeitet wurden, diese aber aufgrund der geringeren Resonanz in den Medien nicht in die Öffentlichkeit gelangten. Die lokalen Organisationen beteiligten sich kaum am direkten Konferenzgeschehen, auf das sich das Hauptinteresse der Medien konzentrierte. Hier bestimmten die nationalen und internationalen Lobby-NGOs die Inhalte während des Klimagipfels. Mit ihrem pragmatischen Politikansatz stand die 20%ige Reduktion der CO_2-Emissionen, das AOSIS-Protokoll[8], bei den europäischen NGOs die Kritik an Joint Implementation[9] und die Einführung einer Ökosteuer im Zentrum der medialen Aufbereitung der Konferenz. Vor diesem Hintergrund war der Klimagipfel Auslöser und Magnet zugleich: Einerseits bewirkte er auf lokaler Ebene gesellschaftliche Mobilisierungsprozesse, zahlreiche Veranstaltungen und Aktivitäten sowie Prozesse des sozialen Lernens. Andererseits förderte er die Fixierung der nationalen und internationalen Lobby-NGOs auf den Konferenzprozeß. Es gelang der globalen NGO-Community nicht, die drei politischen Handlungsebenen "lokal-national-international" zu verknüpfen und dadurch, wie Christa Wichterich formulierte "die Regierungen in einen Schraubstock politischen Drucks von unten und von oben zu bringen" (Wichterich 1995:10).

Im lokalen „Netzwerk Klimagipfel" wurde die Notwendigkeit der globalen Umwelt- und Entwicklungspolitik zwar oft thematisiert, allerdings kann daraus noch nicht geschlossen werden, daß die nationale und internationale Vernetzung von den lokalen Akteuren wirklich als Strategie zur Problembearbeitung betrachtet wurde. Die Ziele der umweltpolitisch orientierten NGOs, wie soziale und ökologische Stadtentwicklung, alternative Energiepolitik, Lösung der Berliner Verkehrsprobleme, Änderung der Lebensweise oder Naturschutz, beziehen sich dann konsequenterweise im wesentlichen auf die Region Berlin/Brandenburg. Dagegen haben die entwicklungspolitischen NGOs zwar ihre Projektpartner im Ausland, dennoch kam es während des Klimagipfels zu keinen breitangelegten Aktionen, die auf eine Vernetzung der entwicklungspolitischen Organisationen über die drei Ebenen gezielt hätten.

Umgekehrt führten die nationalen und internationalen Organisationen ihre Vorbereitungsaktivitäten oftmals ohne Einbeziehung der lokalen Organisationen durch. Eine Pressekonferenz, die einen Tag vor der offiziellen Eröffnung der Klimakonferenz vom CAN unter Federführung des Klimaforums '95 durchgeführt wurde, fand sozusagen unter Ausschluß der lokalen NGOs statt. Hinsichlich der Konflikte zwischen den drei Ebenen war zunächst festzustellen, daß es grundsätzlich an Interesse mangelte, sich mit der jeweiligen an-

Graphik 2: Netzwerkstrukturen der NGOs im Vorfeld der VSK zur Klimarahmenkonvention 1995 in Berlin

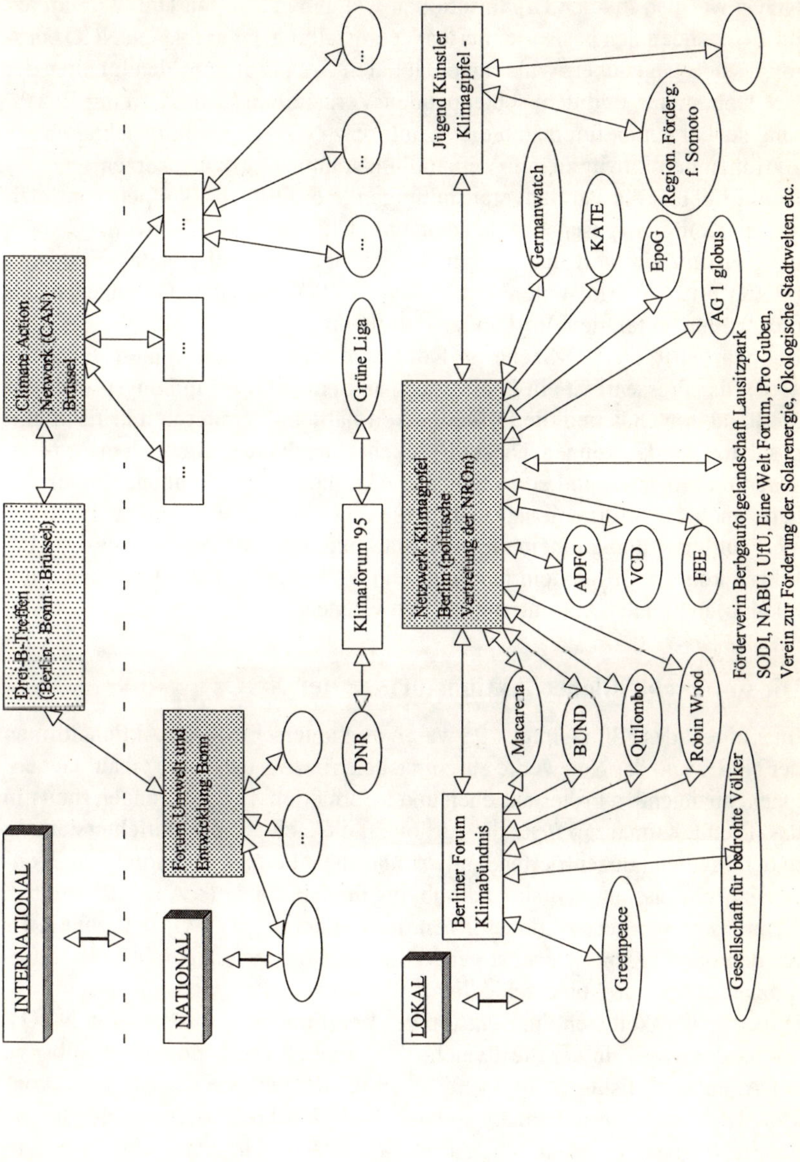

deren Handlungsebene auseinanderzusetzen. Das professionalisierte und zum Teil verwissenschaftlichte Lobbying der nationalen und internationalen NGOs war den lokalen Organisationen weitgehend fremd. Die 'Konferenzprofis' standen den basisorientierten Veranstaltungen der lokalen NGOs desinteressiert gegenüber. Während die lokalen Organisationen den Inhalten der UN-Dokumente und dem schleppenden Verhandlungsprozeß wenig Beachtung schenkten, befürchteten die 'Konferenz-NGOs' sich mit spektakulären Aktionen den Zutritt zu den Verhandlungsräumen zu 'verscherzen'.
Damit blieben die Parallelveranstaltungen „vor Ort" abgekoppelt vom offiziellen Konferenzgeschehen, bei dem das „Climate Action Network (CAN)", das „Forum Umwelt und Entwicklung", der „Deutsche Naturschutzring (DNR)", der „World Wide Fund for Nature (WWF)" oder „Greenpeace" als die großen unter den Verbänden durch ihre professionelle Presse- und Lobbyarbeit die NGO-Szene im Konferenzzentrum bestimmten. Es fehlte neben der Pressearbeit ein Podiumsort, an dem der Verhandlungsprozeß für die lokalen NGOs und die Öffentlichkeit hätte aufbereitet und kritisch eingeschätzt werden können. Dieser Brückenschlag hätte schließlich mehr Menschen mobilisieren und zu gezielteren Aktionen führen können. Umgekehrt hätte auch der Informationsfluß über die Aktivitäten der Lokalakteure in die Verhandlungsräume hinein zu einer Stärkung der dortigen NGO-Positionen führen können. Allgemein herrschte ein Vermittlungsdefizit zwischen der lokalen, nationalen und internationalen Ebene.

Die unterschiedlichen Aktionsformen der NGOs

Im Kontext des Klimagipfels '95 waren drei unterschiedliche Aktionsformen der NGOs und der Netzwerke auszumachen. *Erstens* die zum Teil auf Gegenmacht abzielenden Protestaktionen und Informationsveranstaltungen rund um das Thema Klima, *zweitens* die Aktionen, die sich auf die Berichterstattung in den Medien konzentrierten, und *drittens* die Aktionen im Umfeld der Konferenzbeeinflussung, wie sie im Lobbying ihren besonderen Ausdruck fanden. Gemeinsam war den Aktionsformen die Herstellung von Öffentlichkeit. Es werden nachfolgend zunächst generelle Überlegungen angeführt, ehe differenziert auf die drei unterschiedlichen Aktionsformen eingegangen wird.
Die Öffentlichkeit steht im Zentrum des Legitimationsprozesses von NGOs: Sie ist die Arena, in der die „weichen" Vorgaben und Empfehlungen bspw. der Agenda 21 diskutiert und verarbeitet werden, um sie schließlich in konkrete Handlungsschritte umzuwandeln. Die NGOs konkurrieren dabei um die knappe Ressource „öffentliche Aufmerksamkeit", d.h. diejenigen Organisa-

tionen haben Vorteile, die – unter Anpassung an die weltweiten Massenkommunikationsmittel – eine größere Öffentlichkeit erreichen, während lokal ausgerichtete NGOs kaum Gehör finden. Die Generierung öffentlicher Meinung dient gleichzeitig dazu, Einfluß auf die Entscheidungsträger zu nehmen. Darauf basiert eine der Funktionen von Netzwerken, durch deren Informationsverarbeitung und -verbreitung eine breite Öffentlichkeit hergestellt werden kann.

Daß die Vernetzung zwischen den drei Ebenen nur unzureichend gelang, war vor allem Ausdruck der Diskrepanz in der Vorgehens- und Arbeitsweise der unterschiedlichen Akteursgruppierungen. Ich möchte an dieser Stelle auf die Untersuchung von Janett (in diesem Band) eingehen, der eine Steigerung der Erfolgschancen von NGO-Netzwerken für möglich hält, wenn sie die äußere Heterogenität ihrer sozialen Umwelt in ihre interne Organisationsform aufnehmen und das Ideal eines geeinten Kollektivakteurs mit widerspruchsfreien Zielen und Aktionsformen aufgeben. Er plädiert für einen Strategiemix in Netzwerken und bezeichnet solche Netzwerke im folgenden als „schizophrene" Multiple-Self-Akteure. Meiner Meinung nach sind solche „schizophrenen" Gebilde nicht auf Dauer denkbar. Die Analyse der Interaktions- und Kommunikationsformen der Mitgliedsorganisationen des „Netzwerk Klimagipfel" machte deutlich mit welchen Schwierigkeiten ein langfristig operierendes Netzwerk, in dem verschiedene und zum Teil widersprüchliche Problemdefinitionen, Ziele und Aktionsformen koexistieren, konfrontiert ist. Während das Netzwerk zwar nach außen recht erfolgreich auftrat, war der Zusammenschluß im Inneren von Krisen und Spannungen gekennzeichnet. Die hier präsentierte Analyse konzentriert sich auf die Binnenwirkung von NGO-Netzwerken und führt dementsprechend zu anderen Ergebnissen, als die Untersuchung von Janett, der die Außenwirkung von NGO-Netzwerken untersucht. Für ihn sind politische Kollektivakteure handlungskompetent „wenn sie ihre Ziele durch die Wahl geigneter Mittel auch unter widrigen Umständen verwirklichen können". Janett stellt keine spezifischen Charakteristika für NGO-Netzwerke auf. Ein solches Netzwerk besteht, wenn sich mehrere NGOs in thematischer und organisatorischer Hinsicht koordinieren. Er läßt die Formen dieser Koordinierung, die Intensität der Beziehungen außen vor. Die Erfolgsbedingungen von NGO-Netzwerken sind dementsprechend am 'output' orientiert. „Ein interner Pluralismus von Problemdeutungen, Anliegen und Aktionsformen zur Sicherung der Handlungskompetenz von NGO-Netzwerken ist unvermeidich, ja: wünschbar." Er begründet dies damit, daß NGO-Netzwerke in rasch wandelnden Umwelten agieren und diese äußere Komplexität in ihrer inneren Organisationsstruktur widerspiegeln müssen.

Ein Blick auf die Berliner NGO-Szene zeigt, daß hier viele kleine NGOs aktiv sind. Die Mitglieder rekrutieren sich oft aus ehrenamtlichen MitarbeiterInnen, deren Handlungsmotivation auf Idealen und Visionen aufbaut. Ich möchte an dieser Stelle noch einmal auf das Konzept der Advocacy-Koalitionen (also dem Zusammenschluß von Individuen und Gruppen aufgrund bestimmter Kernüberzeugungen bzw. primärer Wertvorstellungen) und das Beispiel der umwelt- und entwicklungspolitischen Gruppen im „Netzwerk Klimagipfel" zurückkommen (s.o.). Aus den Darstellungen läßt sich schlußfolgern, daß diese primären Moral- oder Wertvorstellungen der Organisationen, zu denen zweifelsohne die unterschiedlichen Aktionsformen und die Kompromiß- bzw. Konfrontationsfähigkeit gehören, relativ schnell zur Polarisierung innerhalb eines Netzwerkverbandes führen können. Bei den größeren NGOs (mit einem höheren Anteil an hauptamtlichen MitarbeiterInnen) ist die Herausbildung eines „schizophrenen" Multiple-Self-Akteur eher denkbar, da hier von anderen Handlungsmotivationen (bspw. Arbeitsplatzsicherung) auszugehen ist. Die Aufrechterhaltung einer multiplen Akteursidentität kann also lediglich kurzfristig erfolgen, wie auch das Beispiel der NGO-Vernetzung zum Klimagipfel zeigte. Ein zeitlich begrenztes bzw. ein ereignisorientiertes Netzwerk (Issuenetwork) kann eine solche multiple Identität befristet durchhalten. Ein stabiles kontinuierliches Netzwerk (Policy-network)[10], das langfristig ausgerichtet arbeitet, ist hingegen bei einer multiplen Identität zum Scheitern verurteilt.

Eine differenzierte Darstellung der verschiedenen Aktionsformen verschafft hier vielleicht ein wenig Klarheit. Das Repertoire an Informationsveranstaltungen und Aktionen war sehr umfangreich. Der Veranstaltungskalender der Organisationen aus der Region Berlin/Brandenburg umfaßte mehr als 140 Aktionen. Diese reichten von Kunsthappenings auf der Straße über Diskussionsveranstaltungen und Ausstellungen bis hin zu einem Solarmobil-Shuttle zur Personenbeförderung in Berlin. Den Höhepunkt der Aktionen zum Klimagipfel bildete die Fahrraddemonstration „Berlin fährt Rad – die größte Fahrraddemonstration der Welt", die während der UN-Konferenz durchgeführt wurde (Klimaforum 1995). Die Aktionen wurden dezentral organisiert, d.h. jede NGO war für die Idee und die Ausführung allein verantwortlich. Dementsprechend waren die meisten lokalen Organisationen während des Klimagipfels mit ihren eigenen Aktivitäten beschäftigt und nahmen den Verlauf der Konferenzverhandlungen nur durch die Presse wahr. Der Großteil der lokalen Organisationen nahm gar nicht oder nur sehr sporadisch am Konferenzgeschehen teil.

Auch hinsichtlich der Pressearbeit traten große Unterschiedlichkeiten zu Tage. Auf lokaler Ebene war das „Klimaforum '95" in der Pressearbeit dem „Netzwerk Klimagipfel" deutlich voraus. Das „Klimaforum '95" hatte einen professionellen Pressesprecher, der nicht nur mit den lokalen Gegebenheiten vertraut war, sondern sich auch in der nationalen und internationalen Politik bestens auskannte. Die Pressearbeit während des Klimagipfels wurde lange vorher geplant, und schon vor dem Gipfel waren den JournalistInnen die AnsprechpartnerInnen bekannt. Bei der Presseauswertung[11] wurde dann auch deutlich, daß meist nur das „Klimaforum '95" zitiert wurde. Das „Netzwerk Klimagipfel" wurde in den Veröffentlichungen über die Aktionen nur selten genannt. Allerdings muß hier auch berücksichtigt werden, daß schon die Namensgebung der lokalen Netzwerke in „Forum Klimabündnis", „Netzwerk Klimagipfel", „Klimaforum '95" auf eine inkonsistente Planung und Koordination unter den Netzwerken verweist. Für die Öffentlichkeit waren die Netzwerkstrukturen nicht zu durchschauen und in der Presse wurden die Netzwerknamen selten korrekt wiedergegeben bzw. die Aktionen den falschen Netzwerken zugeordnet. Auffällig war auch, daß von der Presse am häufigsten die großen und bekannten NGOs als Veranstalter aufgeführt wurden. Unbekannte Organisationen wurden bei der Berichterstattung meist unter den Tisch gekehrt. Über die Aktivitäten des „Netzwerk Klimagipfel" wurde schon im Vorbereitungsprozeß wenig berichtet und auch während des Klimagipfels konzentrierte sich der mediale Rummel auf die nationalen und internationalen NGOs. Da von Senatsseite das Rahmenprogramm sehr mager ausfiel, die Öffentlichkeit aber ein großes Interesse an dieser ersten UN-Konferenz in Deutschland zeigte, hatten die NGOs breite Wirkungsmöglichkeiten. Den größten Raum in der ausgewerteten Presse nahmen die nationalen und internationalen NGOs und deren Netzwerke (WEED[12], DNR, Wuppertal Institut, CAN) ein. Der lange Atem dieser professionalisierten und themenspezifisch ausgerichteten NGOs sowie die bereits bestehenden Netzwerkstrukturen unter den NGOs ermöglichten, daß bereits ein Jahr vor der eigentlichen Veranstaltung inhaltliche Themen zum Klimaschutz in die Öffentlichkeit lanciert werden konnten. Die bereits geknüpften Kontakte zwischen JournalistInnen und den NGO-VertreterInnen wurden hier mit beiderseitigem Interesse intensiv genutzt. Das NGO-Meinungsbild, das die Medien transportierten, wurde allerdings von wenigen „Professionals" geprägt.

Während die lokalen Organisationen mit dem Lobbying kaum Erfahrung hatten und einige Gruppen diese Aktionsform auch ablehnten, wurde von den nationalen und internationalen Organisationen während des Klimagipfels hauptsächlich das Lobbying als Aktionsform praktiziert. Die nationalen

NGOs sind in den vergangenen Jahren immer mehr zum Lobbying übergegangen und haben hier viel von den internationalen, vor allem den amerikanischen Organisationen gelernt (Lutz 1994). „Zuhören, beobachten, dabeisein“ so beschreibt ein NGO-Lobbyist seine Funktion während der Konferenz. Den NGOs kommt damit eine WächterInnenfunktion zu. Die Konferenz-NGOs sind dialogbereit, kennen die Delegierten zum Teil gut und haben auch zu den UNO-Beamten einen guten Draht. Die Konferenzprofis sind sehr spezialisiert und Professionalität verbindet sich für viele NGO-Vertreter mit Einflußnahme. Diese Einflußnahme läuft für die Lobbyisten über Informationen, die sie den Delegierten zukommen lassen. Damit besteht zweifelsohne die Gefahr, daß sie als reine Info-Überbringer von den Regierungen instrumentalisiert werden. Auch müssen sie sich mit den Vorwürfen, daß sie die mageren bis desaströsen Resultate der Konferenz durch ihre Teilnahme legitimieren, auseinandersetzen.
Welche Auswirkungen oder besser gesagt welche Einflußmöglichkeiten die jeweiligen Aktionsformen haben, ist relativ schwer auszuwerten. Die LobbyistInnen halten das Lobbying für die wirkungsvollste Methode, während die AktivistInnen in der breiten Mobilisierung die größten Möglichkeiten sehen. Gleichzeitig bedeutet für die meisten LobbyistInnen die Lobbyarbeit nur eine Seite der Medaille. Sie verweisen auf die Basisarbeit als notwendige Aktionsform, die dem Lobbying vorausgehen muß. Für die LobbyistInnen, die sich auf den Konferenzen sozusagen im Zentrum der Macht bewegen, gilt, daß sie sich auf die Spielregeln der Konferenzdiplomatie einlassen müssen. Angefangen von der Sprache, die z.T. dem vorherrschenden Verhandlungston folgend unemotional und formal war, bis hin zur angepaßten Kleidung, tauchten sie ins Konferenzgeschehen ein und versuchten mit Detailvorschlägen Änderungen in den UN-Dokumenten zu bewirken.
Von den NGOs wurde vor allem auf die informellen Gespräche als Option der Einflußnahme verwiesen, ohne daß die Inhalte dieser Gespräche oder die Häufigkeit der informellen Kontakte und deren Ergebnisse transparent gemacht wurden. Eine systematische Aufarbeitung der Ergebnisse des Lobbying wurde bisher nicht geleistet. Damit entzieht sich die Form des Lobbying einer breiten Öffentlichkeit und sorgt eher für eine Trennung zwischen den „Professionals“ in den Konferenzsäalen und den AktivistInnen an der Basis. Darüber hinaus werden die internationalen Verträge und damit auch die Lobbyarbeit für Nichtbeteiligte immer undurchsichtiger. Das allgemeine Problem der Vermittelbarkeit der Aktionsform entsteht. Für Organisationen, die in dieses Themengebiet einsteigen wollen scheint der Zugang auf den ersten Blick äußerst schwierig.

Schlußfolgerung und Handlungsempfehlungen

Vernetzungen unter den NGOs stehen hoch im Kurs. Die Gründung des VENRO (Verband Entwicklungspolitik deutscher Nichtregierungsorganisationen) auf nationaler Ebene, des VENROB (Verein entwicklungspolitischer Nicht-Regierungsorganisationen Brandenburg) für die regionale und das BLUE 21 (Berliner Landesarbeitsgemeinschaft Umwelt und Entwicklung) für die Berliner Ebene sind hier Netzwerkbeispiele aus jüngster Zeit. Mit der Netzwerkbildung wird in der NGO-Szene weitgehend die Hoffnung auf Ausweitung von Einfluß- und Partizipationsmöglichkeiten sowie auf eine verbesserte Kommunikation und Information verbunden. Bei den Untersuchungen über die Vernetzung von umwelt- und entwicklungspolitischen Organisationen zur Klimakonferenz zeigte sich, daß sich diese Hoffnungen nur bedingt erfüllten. Auf Berliner Ebene gelang es dem „Netzwerk Klimagipfel" mit einem beeindruckenden Veranstaltungsangebot das Rahmenprogramm zum Klimagipfel zu gestalten. Auch wurde während der eineinhalbjährigen Vorbereitungsphase bis zur Konferenz durch die regelmäßigen Treffen sowie die Rundbriefe ein ständiger Informationsaustausch und die Koordinierung von Aktionen gewährleistet. Allerdings kam es aufgrund der heterogenen Interessen der Mitglieder und inhaltlicher Differenzen immer wieder zu Kommunikationsbrüchen innerhalb des Netzwerks, die auch bei der Zusammenarbeit der lokalen Organisationen mit den nationalen und internationalen NGOs zu Tage traten.

Die Vorstellung Messners, daß die Organisationen und Akteure in Netzwerken entlang dreier Logiken agieren – „Erstens optimieren sie eigenverantwortlich ihre Organisationen (Binnenorientierung). Zweitens definieren sie ihre Interessen und vertreten diese gegenüber dem Staat und anderen gesellschaftlichen Akteuren (Interessenvertretung). Drittens gestalten sie ihr jeweiliges Umfeld durch Kooperation und Vernetzung mit staatlichen und privaten Organisationen (cooperative competition)" – (vgl. Messner in diesem Band) kann demnach für die beobachteten Netzwerke nicht bestätigt werden. Langfristiges Ziel müßte es sein, die lokale, nationale und internationale Netzwerkbildung feinmaschig auszugestalten und inhaltlich unter Berücksichtigung der jeweiligen Kontexte zu konkretisieren. In einer Art Selbstreflexion müßten die Formen der Kommunikation, Kooperation und mögliche Konfiktstrategien überdacht und Gefahren der Kooptation und Instrumentalisierung antizipiert werden, um eine Verbesserung der politischen Handlungsbedingungen und -potentiale von NGOs zu erreichen (Hilliges 1994). Auf der Grundlage von Forschungsergebnissen der Netzwerkbildung zur 1. Klimakonferenz lassen sich folgende Handlungsempfehlungen entwickeln:

- Die Probleme und inhaltlichen Ziele, die der Vernetzung zugrunde liegen, müssen klar benannt werden (*Problemanalyse und Zieldefinition*).
- Die Erarbeitung gemeinsamer Strategien und Forderungen, die Beschaffung, die Bereitstellung und der Austausch von Informationen sowie die Abstimmung und Koordinierung unterschiedlicher Politikfelder (Umwelt und Entwicklung) und Handlungsebenen (Lokal/International, Nord/Süd) müssen die zentralen Aspekte der Netzwerkbildung darstellen *(Binnenwirkung)*.
- Darauf aufbauend ist die internationale Politikbeobachtung und -analyse, die Identifikation von politikrelevanten Eingriffspunkten und die Beeinflussung des internationalen Politikdialogs anzustreben *(Außenwirkung)*.
- Die Interessenlagen, Kompetenzen sowie die personellen und finanziellen Kapazitäten der einzelnen NGOs, die für die Vernetzung relevant sind, müssen den einzelnen Akteuren dargelegt werden (*Herstellung von Transparenz, optimale Ausschöpfung finanzieller und personeller Ressourcen, Bündelung von Fachkompetenz*).
- Auf dieser Grundlage ist eine einheitliche Position, d.h. eine homogene Interessenlage zu erarbeiten, um handlungsfähig zu werden (*Konvergenz*). Bei einer größeren Anzahl von Einzelorganisationen sollten a) Arbeitsgruppen eingerichtet werden, die für den inhaltlichen Input in das Netzwerk sorgen (*Effektivität*) und b) ein regelmäßiger inhaltlicher Austausch hinsichtlich der gemeinsamen Ziele unter allen Akteuren des Netzwerkes gewährleistet sein (*Kohärenz*).
- Die strukturelle Position der einzelnen NGOs bzw. des Netzwerkes in dem jeweils spezifischen institutionellen Umfeld muß berücksichtigt werden *(Kontextbedingungen)*.
- Bei der Netzwerkbildung ist zwischen den von außen determinierten Handlungsrestriktionen und den unter den NGOs auftretenden Schwierigkeiten zu unterscheiden *(interne und externe Handlungsrestriktionen)*.
- Die Aktionsformen des Netzwerkes wie Bewußtseinsbildung, Lobbyismus, Öffentlichkeits- oder Projektarbeit müssen benannt werden (*Diskussion der Mittel*). Danach müssen Kriterien/Indikatoren festgelegt werden, an denen sich der Erfolg/Mißerfolg der Aktionen messen läßt (*Evaluierung*).
- Eine Infrastruktur muß aufgebaut werden, um eine effektive politische Arbeit zu gewährleisten. Eine Minimalausstattung ist notwendig, um politikfähig zu werden (*Institutionalisierung*).
- Um die Diskussions-, Verhandlungs- und Abstimmungsprozesse fachlich und kompetent zu begleiten, ist eine verbindliche Aufgabenverteilung vorzunehmen (*Verbindlichkeit* und *Arbeitsteilung*).
- Die Bereitstellung, Weitergabe und Zirkulation von Informationen, Terminen, Finanzierungsmöglichkeiten und Spezialwissen – als eine entscheidende Ressource eines attraktiven Netzwerkes – müssen gewährleistet werden (*Professionalisierung*). Die Einzelorganisationen müssen sich also einerseits in diesen Info-Pool einbringen (*Bringschuld*), andererseits entsprechende Informationen aber auch abrufen (*Holschuld*).

- Die Vernetzung muß von konfliktiven und konsensualen Politik- bzw. Entscheidungsprozessen begleitet werden, in die alle Akteure gleichermaßen eingebunden sind. Die Dominanz einzelner Akteure ist möglichst zu verhindern, bzw. zu thematisieren, während die Schwäche einzelner Akteure nicht zum Ausschluß aus der Netzwerkbildung beitragen darf (*Reziprozität*).
- Für die inhaltliche Abstimmung mit lokalen, nationalen und internationalen Kooperationspartnern müssen demokratische Arbeitsstrukturen geschaffen werden (Kommunikationsformen und -medien), die den Informationsfluß und inhaltlichen Austausch der Einzelpositionen gewährleisten. Die spezifischen Kräfte der einzelnen Akteure und ihre lokale Eingebundenheit sollen für das Erreichen eines gemeinsamen Ziels genutzt werden (*Synergieeffekte*).
- Die Kooperationsformen mit marktwirtschaftlichen und staatlichen Kräften müssen vor dem Hintergrund der kritischen Analyse der eigenen Stärke eingeschätzt werden. Erfolg und Ertrag sind gegeneinander abzuwägen (*Allianzfalle*).
- Durch die Bereitstellung von Dienst- und Serviceleistungen, inhaltlichen Eingaben als Dialogplattform sowie durch fachliche Kompetenz und Professionalisierung muß sich das Netzwerk ein teilautonomes Profil erarbeiten. Dabei muß das Netzwerk für die Einzelakteure Attraktivität besitzen, ohne deren Selbständigkeit oder deren eigenes Profil zu beschneiden (*Teilautonomie*).
- Die NGOs und deren Netzwerke müssen ihre Aufgaben und Ziele eindeutig benennen und einer ständigen Überprüfung unterziehen, um der inhaltlichen, institutionellen und personellen Verkrustung entgegenzuwirken (*Selbstreflektion*). Aus dieser Selbstreflektion sind die notwendigen Kurskorrekturen für die weitere Netzwerkarbeit abzuleiten (*Reformulierung*).

Bei den Vernetzungsbemühungen der NGOs zur Klimakonferenz war gleichzeitig auf allen drei räumlichen Ebenen auch eine Öffnung der NGO Netzwerke gegenüber staatlichen Akteuren zu beobachten. Auf der internationalen Ebene haben das Lobbying sowie der „offene Dialog" mit UN-Beamten und den Regierungsvertretern eine lange Tradition. Während des zähen Verhandlungsprozesses in der internationalen Klimapolitik, den die NGOs seit Anbeginn an begleiteten, bildeten sich zum Teil enge Kontakte unter den unterschiedlichen Akteursgruppen heraus. Gerade durch die Fokussierung auf die internationale Verhandlungsebene entwickelte sich ein professionalisierter Arbeitsmodus, der zunehmend auf das Lobbying als Aktionsform setzte. Dementsprechend identifizierten sich die professionellen ExpertInnen auch stärker mit ihrer Rolle und ihrem Auftreten als mit ihrer Organisation. Auf nationaler und lokaler Ebene ist die Kooperation mit dem Staat in Form eines kontinuierlichen, professionellen Lobbyings aber ein relativ neues Phänomen (Massarat 1995). Dementsprechend wird auch der gegenwärtige Trend, sich mit allen Akteuren (marktwirtschaftlichen wie staatlichen) an einen Tisch zu setzen, durchaus nicht von allen NGOs favorisiert. Mit Blick auf das strategische Vorgehen von NGOs während der jüngsten UN-Konferenzen ist bei den NGO-Netzwerken eine Doppelstrategie von Autonomie und Einmischung zu erkennen, mit der sich die Organisationen auf eine gefährliche Gratwanderung einlassen. Die Interessen der großen Lobby-NGOs sind nur allzuoft nicht vereinbar mit denen der kleinen Organisationen, die Basisarbeit betreiben. Dieser Problematik wird beim Aufbau von NGO-Netzwerken zu wenig Bedeutung beigemessen. Durch die Unbestimmtheit und Vagheit der Netzwerke hinsichtlich ihrer Ziele und Strategien kommen viele Unstimmigkeiten der Netzwerkmitglieder erst im Laufe der Zeit zum Vorschein. Nach dem Motto „ein bißchen bi schadet nie" werden oftmals die verschiedensten Kooperationsformen eingegangen, ohne daß mögliche Konsequenzen ausreichend reflektiert werden. Einer solchen 'Fahrlässigkeit' könnten die NGOs aus dem Weg gehen, indem sie vor einer Zusammenarbeit mit den staatlichen Akteuren die eigene Position und Strategie festlegen.[13]

Die staatlichen Akteure stehen den NGO-Netzwerken fast ausnahmslos positiv gegenüber. Sie werden, wie sich am Beispiel der VENRO-Gründung zeigte, sogar enorm unterstützt. Professionelle Lobbyorganisationen genießen einen hohen Symphatiewert bei staatlichen Akteuren und internationalen Organisationen. Allerdings gibt es in der Klimapolitik wie in anderen Politikbereichen auch „weiche" und „harte" Themen. Während die NGOs im Laufe der UN-Klimaverhandlungen bei den weichen Themen ihre Partizipations- und Einflußmöglichkeiten ausweiten konnten und gern gesehene „Zaungäste" waren, wurden sie bei den „harten" Themen zum Teil nach wie vor von den Verhandlungen ausgeschlossen (Martens 1992).

Von NGOs gehen vermehrt Impulse zu Fachfragen oder Problembereichen aus, die an die zuständigen staatlichen Organe herangetragen und anschließend bearbeitet werden. Den NGOs kommt hier aber nicht mehr nur eine Innovationsaufgabe zu, sondern gleichzeitig besteht für den Staat die Möglichkeit, Veränderungspotentiale einzubinden und Reformdruck aufzuschieben. Durch zunehmende Co-Finanzierung und Verflechtung mit den politischen Entscheidungsträgern setzen sich die NGOs der Gefahr der Kooptation aus (Drubig 1995). Gerade im Ökologiebereich kam es von Seiten des Staates in jüngster Vergangenheit immer wieder zu Kooptationsverhalten gegenüber den NGOs. Nicht nur hinsichtlich der Themen wurde sich hier großzügig bedient, sondern auch vielerlei Einrichtungen der NGOs und viele prominente Persönlichkeiten vereinnahmt.

Sich dieser Gefahren bewußt, müßten die NGOs demnach beim „networking" die strategische Glanzleistung vollbringen, gleichzeitig Nähe und Distanz zu den etablierten staatlichen Stellen herzustellen und diese Nähe und Distanz auch gegenüber der Öffentlichkeit zu rechtfertigen.

Anmerkungen

1 Engl.: Nongovernmental Organizations; NGOs

2 Ich beschränke mich in dem Artikel auf die Beschreibung der Interaktions- und Kommunikationsbeziehungen. Damit wird die Netzwerkanalyse in erster Linie als Methode zur Bestimmung der Beziehungen der vernetzten Akteure benutzt. Diese Methode dient primär der Strukturbeschreibung von Netzwerken und gibt nur sekundär Einblick in die veränderten Entscheidungsfindungsprozesse der modernen Gesellschaft.

3 Die Ausführungen beziehen sich auf die ersten Ergebnisse eines Forschungsprojektes von Achim Brunnengräber und Heike Walk an der Freien Universität Berlin. Das noch laufende Projekt wird von Elmar Altvater betreut und von der „Berlin-Forschung“ finanziert. Die nicht kenntlich gemachten Zitate beziehen sich auf Interviews, die mit beteiligten Akteuren durchgeführt wurden oder auf Aussagen, die in den von uns erstellten, Fragebögen gemacht wurden.

4 Durch ein aktuelles Problem können Issue-Netzwerke aktiviert werden. Sie existieren meist nur über einen begrenzten Zeitraum. Issue-Netzwerke zeichnen sich durch eine große Anzahl von Mitgliedern, durch Instabilität, geringe Kontinuität und geringe Interdependenz zwischen den Mitgliedern aus (vgl. Ausführungen von Brunnengräber/Walk in diesem Band).

5 Netzwerkakteure waren: „AG 1globus“, „Allgemeiner Deutscher Fahrrad-Club Landesverband Berlin e.V.“, „Bahai-Gemeinden Berlin“„ „Bildungswerk für Demokratie und Umweltschutz“, „Bürgerinitiative Stadtring Süd“, „BUND – AK Sustainability“, „Entwicklungspolitische Gesellschaft e.V.“, „Fördergesellschaft Erneuerbare Energien Berlin/Brandenburg e.V.“, „Förderverein Bergbaufolgelandschaft Lausitzpark“, „Forum Umwelt und Entwicklung Köpenick“, „Forum Klimabündnis“, „Grüne Liga Berlin e.V“, „Initiative für regenerative Energien e.V.“, „Jugend-Künstler-Klimagipfel“, „Kontaktstelle für angepaßte Technologie und Entwicklungszusammenarbeit“, „Naturschutzbund Deutschland“, „Pro Guben e.V.“, „Robin Wood“, „Unabhängiges Institut für Umweltfragen“, „Verein zur Förderung der Solarenergie in Verkehr und Sport e.V.“, „Verkehrsclub Deutschland Landesverband Berlin e.V.“, „Verein zur Förderung für Solartechnik im Wassersport und Freizeitbereich Berlin e.V.“, „Weltfriedensdienst e.V.“, „Germanwatch“, „Eine Welt Forum“, „Ökologischen Stadtwelten“, „Solidaritätsdienst International“, „Quilombo -e.V.“, „Macarena e.V.“ Forschungsstelle für Umweltpolitik der Freien Universität Berlin und die Fraktion Bündnis 90/Die Grünen.

6 Die Aussagen beruhen auf den Antworten einer Fragebogenaktion, die wir unter den Mitgliedsorganisationen des „Netzwerk Klimagipfel“ Anfang des Jahres 1995 durchführten.

7 Vgl. die „tageszeitung“ vom 26. Februar 1994. Als Ausnahmen sind die Besetzung des Büros der „AG Klimaschutz“, die Fälschung eines Flugblattes, in der

die Berliner Stadtreinigung (BSR) die kostenlose Entsorgung von Kühlschränken anbietet, oder die Demonstration, die vom linksalternativen Spektrum dominiert wurde, zu nennen.

8 AOSIS-Association of Small Island States, die das 20%-Ziel in Berlin offiziell vertraten.

9 Darunter wird die „gemeinsame" Umsetzung von Reduktionszielen durch die Industrie- in den Entwicklungsländern verstanden. In Berlin wurde eine Pilotphase für dieses Konzept bis zum Jahr 2000 beschlossen, in der die CO_2-Reduktionen den Industrieländern nicht gut geschrieben werden können. Ob diese Anrechnung nachträglich noch erfolgen kann, blieb offen.

10 Policy-Netzwerke zeichnen sich durch Kontinuität, hohe Interdependenz und weitreichende Übereinstimmung hinsichtlich der Ziele aus (vgl. Walk/Brunnengräber in diesem Band).

11 Im Rahmen des Forschungsprojektes wurden die „tageszeitung" und die „Frankfurter Rundschau" ausgewertet.

12 Weltwirtschaft, Ökologie und Entwicklung e.V.

13 Wie weit eine solche Kooperation (in diesem Falle mit marktwirtschaftlich orientierten Akteuren) gehen kann, läßt uns ein beispielhafter Artikel, der jüngst im Spiegel (Nr. 35/1996) erschien, erahnen. Der Titel lautete: „Offener Dialog" und der folgende Text berichtete über ein gemeinsames Projekt des sozialdemokratischen Vorwärts-Verlags mit dem Ölmulti Shell. Der Verlag erstellte eine Publikation über Shell: „Politik, Multis & Moral: Shell und Nigeria", in der wenig kritische aber viel propagandistische Informationen über das Shell Unternehmen zu lesen waren. Ziel der Broschüre sollte es sein, einen grenzüberschreitenden, offenen Dialog in Gang zu setzen und mögliche Kooperationspotentiale zu testen. Verschwiegen wurden bei dieser Dialogveranstaltung die desaströsen Auswirkungen auf die Menschen und die Umwelt, die der Multi Shell bei seinen Ölförderungen in Nigeria anrichtet. Um sein angeschlagenes Image aufzupolieren positionierte sich Shell als kooperationsbereiter Partner. Was den Vorwärts-Verlag zur Zusammenarbeit motiviert haben könnte, verrät der Artikel nicht; er deutet aber auf finanzielle Vorteile hin, die der Verlag durch Farbanzeigen von Shell einheimste. Bei einer Kooperation solch unterschiedlicher Akteure lassen sich die Gefahren eines möglichen „Weichmachers" politischer Grundüberzeugungen und gemeinsamer Wertvorstellungen durch den offenen Dialog leicht vor Augen führen.

Literatur

Bermann, Thomas/Trampert, Rainer (1995): Die Offenbarung der Propheten – Über die Sanierung des Kapitalismus, die Verwandlung linker Theorie in Esoterik, Bockgesänge und Zivilgesellschaft, Konkret Literatur Verlag, Hamburg

Drubig, Roland (1995): Eine verhängnisvolle Affäre. Das Partizipationskonzept und die Nähe zum Staat, in: blätter des iz3w, Nr.208, September '95, S. 41-43

Hey, Klaus/Brendle, Uwe (1994): Umweltverbände und EG. Strategien, politische Kulturen und Organisationsformen, Westdeutscher Verlag

Hilliges, Gunther (1994): Vorsicht Irrelevanzfalle. Ziele vor neuem NRO-Verbund klären, in: epd-Entwicklungspolitik, 7/8/1994 (März), S. 37-38

Klimaforum '95 (Hrsg.) (1995): Klimagipfel '95 in Berlin. Das Zeichen zum Umsteuern. Aktivitäten der Nichtregierungsorganisationen zur UN-Kimakonferenz vom 28. März bis 7. April '95, Berlin

Knoll, Michael/Kreibisch, Rolf (1994): Modelle für den Klimaschutz, Beltz-Verlag, Weinheim

Lutz, Georg (1994): Face to Face im Parlament. Der Lobbyansatz auf dem Prüfstand, in: blätter des iz3w, Nr.201, Oktober 1994, S. 44-46

Martens, Jens (1992): NGOs in the UN-System. The Participation of Non-Governmental Organizations in Environment and Development Institutions of the United Nations, Hrsg. Projektstelle UNCED des DNR/BUND, Bonn

Massarat, Mohssen (1995): Soziale Bewegungen und parlamentarische Repräsentation. Ein Plädoyer für Dritte Kammern, in: Blätter für deutsche und internationale Politik 6/95, S. 690-698

Nölke, Andreas (1994): Internationale Interorganisations-Netzwerke. Das Beispiel der Geberkoordination für Afrika südlich der Sahara, Zeitschrift für Internationale Beziehungen, 1. Jg. (1994), Heft 2, S.313-334

NRO-Abschlußerklärung zur Rio-Konferenz (1992): Für ein neues Zivilisationsmodell, in: Epd-Entwicklungspolitik 15/16, Dokumentarteil a/b

Pappi, Franz Urban (1987): Methoden der Netzwerkanalyse, München

Phillips, Susan D. (1991): Meaning and Structure in Social Movements: Mapping the Network of National Canadian Women's Organizations, in: Canadian Journal of Political Science, 1991, XXIV:4, S. 755-782

Sabatier, Paul (1986): Top-Down and Bottom-Up Models of Policy Implementation: A Critical Analysis and Suggested Synthesis, in: Journal of Public Policy 6, S.21-48

Stahl, Karin (1994): Nichtregierungsorganisationen und internationale Organisationen: Partizipationsmöglichkeiten und Demokratisierungspotentiale am Beispiel der UN-Konferenz 'Umwelt und Entwicklung', in: Hanisch, Rolf; Wegner Rodger (Hrsg.): Nichtregierungsorganisationen und Entwicklung . Auf dem Weg zu mehr Realismus, Schriften des Deutschen Übersee-Instituts Hamburg, Nr.28, S.237-253

Wichterich, Christa (1995): Der lange Marsch nach Peking. Frauenpolitische Rückschritte vor dem Gipfel, in: blätter des iz3w, Nr. 206, Juni ´95, S.7-10

Nicola Zeuner

Binationale NGO-Netzwerke in der US-Mexikanischen Grenzregion im Kontext von NAFTA

1. Hintergrund

Die US-Mexikanische Grenzregion ist seit den späten 60er Jahren einer rapiden Industrialisierung, Urbanisierung und einem überdurchschnittlichen Bevölkerungswachstum ausgesetzt. Dies hat zu einer alarmierenden Umweltverschmutzung, zu Ressourcenübernutzung und zu katastrophalen Gesundheitsbedingungen insbesondere in den Städten der Region geführt. Eines der Hauptprobleme in der Region ist das Fehlen einer effizienten Umweltinfrastruktur: Die meisten Städte auf der mexikanischen Seite haben keine oder nur unzureichende Abwasserleitungen und Kläranlagen. Trinkwasserversorgung rund um die Uhr ist die Ausnahme und der Müll der Gemeinden wird nicht umweltgerecht entsorgt, sondern meist auf wilden Müllkippen verbrannt. Diese Situation führt zu Verschmutzung von Böden, Luft und Gewässern. Auf der US-Seite der Grenzregion ist die Situation nicht ganz so prekär, dennoch ist ein Großteil der Infrastruktur veraltet. Auf beiden Seiten verfügen die einzelnen Gemeinden jedoch nicht über die notwendigen öffentlichen Gelder, um ihre Infrastruktur dem rasenden industriellen Wachstum und dem schnellen Bevölkerungswachstum anzupassen. Diese Situation zusammen mit der durch die 'Maquiladora'-Industrie verursachten Umweltverschmutzung macht die Grenzregion zum permanenten Notstandsgebiet für Umwelt und Gesundheit. Der Zusammenhang zwischen Umweltverschmutzung und menschlicher Gesundheit wird hier besonders deutlich. Ein Beispiel dafür sind die dramatisch erhöhten Krebs-, Lupus- und Anencephalieraten in den Städten der Region. Dementsprechend befassen sich viele der NGOs und NGO-Netzwerke, auf die später eingangegangen wird, mit dem Thema 'Environmental Health'.

2. Das 'Erwachsenwerden' der NGO-Szene

In der Debatte um das 'North American Free Trade Agreement' (NAFTA)[1] wurde die Grenzregion häufig als Beispiel für die Auswirkungen von unkontrolliertem Freihandel bei gleichzeitigem Fehlen von wirksamen Umweltgesetzen und einer effektiven internationalen Zusammenarbeit in den Bereichen Umweltschutz und Ressourcennutzung herangezogen. Umwelt-NGOs in der Grenzregion nutzten diese Debatte, um ihren Forderungen nach Altlastensanierung, strengeren Umweltbestimmungen auf beiden Seiten der Grenze, Mechanismen zur Partizipation sowie nach der Errichtung einer effektiven Umweltinfrastruktur endlich auf der nationalen und internationalen Ebene Gehör zu verschaffen. In der Tat hatten solche 'Grenzregion'-NGOs gemeinsam mit den großen nationalen NGOs aus allen drei NAFTA-Ländern USA, Kanada und Mexiko einen nicht zu unterschätzenden Einfluß auf den Text des NAFTA-Abkommens und auf die Erarbeitung der Nebenabkommen, welche die negativen Auswirkungen des ungebremsten Freihandels auf Umwelt, ArbeitnehmerInnen und Gemeinden abschwächen sollten. Die Nebenabkommen, die Ende 1993 unterzeichnet wurden, entkräfteten dann die Kritik der Gewerkschaften, der Umweltbewegung und der Bevölkerung in der Grenzregion und sorgten schließlich für die notwendige Stimmenmehrheit für NAFTA im US-Kongreß.

Alle drei Nebenabkommen schufen neue Institutionen und trugen zur Mobilisierung zahlreicher NGOs bei. Diese wirkten an der Formulierung der Abkommen mit und sind heute mit der wichtigen Aufgabe des 'Monitoring' dieser Institutionen befaßt oder beteiligen sich aktiv an der konkreten Arbeit der Institutionen. Die fortlaufende Beteiligung der NGOs an NAFTA und den Institutionen wird häufig als Anzeichen für das 'Erwachsenwerden' der NGO-Szene in den 90er Jahren gewertet, für die Ausweitung der Aktivitäten jenseits der lokal orientierten 'single-issue'-Arbeit und für erfolgreiche Netzwerke über nationale Grenzen hinweg. US-mexikanische NGO-Zusammenarbeit wird häufig als positives Beispiel für das Entstehen einer internationalen Zivilgesellschaft hervorgehoben. Mexikanische NGOs, die gemeinsam mit den amerikanischen KollegInnen für Prinzipien wie Transparenz, Verantwortlichkeit ('Accountability'), Bürgerbeteiligung und 'Right to Know' eintreten, werden schließlich noch als Katalysatoren für den schleppenden Demokratisierungsprozeß in Mexiko gesehen. Dieser Beitrag versucht die vorgenanntenThesen aus der Sicht einer beteiligten US-NGO zu relativieren, und die Hindernisse der NGO-Einflußnahme sowie die Problematiken bei der grenzüberschreitenden Vernetzung im Kontext von NAFTA aufzuzeigen.

Das NAFTA-Nebenabkommen, welches speziell für die Grenzregion erarbeitet wurde und von dessen Folgen hier die Rede sein soll, hat den Titel 'Agreement beween the Government of the United States of America and the Government of the United Mexican States concerning the Establishment of a Border Environment Cooperation Commission and a North American Development Bank'. Die durch dieses Abkommen etablierte Institution 'Border Environment Cooperation Commission' (BECC) hat die Aufgabe, Einzelstaaten, Gemeinden, Behörden und privaten Investoren bei der Planung, Entwicklung und Ausführung von Infrastrukturprojekten in den Bereichen Trinkwasserversorgung, Abwasserentsorgung und Müllentsorgung zu helfen. Die BECC bescheinigt ('certified') die Projekte und leitet sie anschließend an die zweite Institution, die 'North American Development Bank' (NADBank), zur Finanzierung weiterleiten. Die NADBank ist von beiden Regierungen mit einem abrufbaren Kapital von drei Milliarden US$ ausgestattet, die sie als Garantie benutzt, um Finanzierungspakete mit der Beteiligung von privaten Investoren für die Projekte zusammenzustellen. Obwohl die NADBank dabei versucht, so viele Zuschüsse wie möglich in die Pakete zu integrieren, werden die Gelder im wesentlichen in Form von Krediten ausgezahlt. Die Projekte müssen sich meist durch erhöhte Wasser-, Abwasser- und Müllgebühren sowie in manchen Fällen durch den Verkauf von geklärten Abwässern oder anderen Recyclingprodukten finanzieren. Letztlich bleibt aber der Großteil der Kosten für die Rückzahlung der Kredite bei den Benutzern der Wasserversorgunssysteme, Kläranlagen und Müllkippen. Dies führt dazu, daß angesichts der seit Dezember 1994 andauernden Wirtschaftskrise in Mexico für die mexikanischen Gemeinden die meisten Projekte nur schwer finanzierbar und häufig sozial nicht verträglich sind.

Das Entscheidungsgremium der BECC ist das binationale Direktorium. Es besteht aus 10 Mitgliedern, 5 aus jedem Land: Jeweils eine(m)r VertreterIn der nationalen Umweltbehörde (EPA bzw. SEMANARP), der Grenz- und Wasserbehörde IBWC/CILA, eines Bundestaates, einer Gemeinde und eine(m)r VertreterIn der Öffentlichkeit. Zwei Elemente an dieser Struktur sind neu und unterscheiden sich von jenender Weltbank und anderen Entwicklungsbanken und machten eine Beteiligung der Grenzregion-NGOs erst interessant: Zum einen ist der eigentlichen Bank eine Institution vorgeschaltet, welche vor Ort, unter der Beteiligung von Gemeinden und NGOs, Projekte entwickelt und verabschiedet undeine Reihe von sozialen und ökologischen Kriterien anwenden soll, welche über die reine Finanzierbarkeit hinausgehen. Zum anderen sind BECC und NADBank binationale Institutionen, die das Agreement mit einer gewissen Autorität ausstatten, welches potentiell die Chancen vergrößert, konkrete grenzüberschreitende Umweltprobleme und Konflikte anzugehen (z.B. grenzüberschreitende Abwasserrinnen). Dies wurde bislang durch die politische Grenze verhindert.

Der Hauptgrund für die starke NGO-Beteiligung ist aber, daß die von der BECC verabschiedeten Projekte über Jahrzehnte hinaus die Entwicklung, Umweltqualität und Ressourcenpolitik in der Grenzregion stark beeinflussen werden. Zur Zeit liegen der BECC über 50 Projekte zur Bearbeitung und Verabschiedung vor. Fast jedes dieser Projekte zieht weitere Umweltverschmutzungen nach sich (z.B. kommerzielle Müllverbrennungsanlagen oder Kläranlagen etc.), wobei nicht nachhaltiges Wachstum gefördert (Wasserversorgungsprojekte) und insbesondere die mexikanischen Gemeinden über Jahre verschuldet, falls die Kredite in den korrupten lokalen Regierungsstrukturen verschwinden.

Nach 17 Monaten des Bestehens der BECC wird nunmehr für die NGOs die tatsächliche Funktionsfähigkeit des partizipatorischen BECC-Modells immer fraglicher. Durch ihre Binationalität ist die BECC eine neue Form von Institution, daher gibt es noch viele ungeklärte Fragen der Jurisdiktion, der Anwendbarkeit von Standards und der nationalen Souveränität. Beispielsweise argumentieren Projektbewerber immer wieder, die BECC könne keine Standards anwenden, die über nationale oder einzelstaatliche Standards hinausgehen. NGOs argumentieren dagegen, daß das Agreement der BECC genau diese Autorität verliehen hat (im Abkommen wurde der BECC der Auftrag gegeben, Kriterien für die Projektentwicklung und -bewertung zu erstellen), und daß nationale oder einzelstaatliche Gesetze mit niedrigeren Standards nicht als Grund für die Nichterfüllung der BECC-Kritereien angegeben werden dürfen. Darüber hinaus führt die Tatsache, daß alle BECC-Direktoren bereits hohe politische oder administrative Ämter bekleiden, dazu, daß eine Vielzahl von politischen und ökonomischen Interessen, Intrigen und Geschäften hinter verschlossenen Türen abgehandelt werden, was häufig die ganzen Prozeduren der öffentlichen Beteiligung als vollständige Farce erscheinen lassen.

Die BECC-Projektkriterien schließlich, welche in einem langen Prozeß unter starker öffentlicher binationaler Beteiligung erarbeitet wurden, schließen Elemente von Nachhaltiger Entwicklung ein, wie zum Beispiel angepaßte Technologie, 'Capacity Building', Umwelt- und Ressourcenschutz und soziale Verträglichkeit. Sie beinhalten genaue Vorschriften für die Partizipation der betroffenen Gemeinden, für Finanzierbarkeit, und für den erforderlichen Umweltverträglichkeitsbericht. Eine strikte Anwendung dieser Kriterien, im Zusammenhang mit technischer Begleitung der Projektentwicklung, maximaler Beteiligung der Gemeinden und der NGOswürde diesen Prozeß sinnvoll machen, und der Grenzregion zu umweltfreundlichen, sozial verträglichen und von den Gemeinden nicht nur akzeptierten, sondern auch unterstützten Projekten verhelfen. Die Kriterien sind bisher aber von der BECC bei der Projektbewertung nicht immer angewendet worden. Die Mehrzahl der Projekte, die bisher von der BECC verabschiedet wurden, erfüllen schlicht eine Reihe der BECC-eigenen fundamentalen Kriterien nicht. Die Begründung von Seiten der BECC dafür, daß die Projekte trotzdem verabschiedet und an die NADBank weitergegeben wurden, ist der politische Druck aus Washington und die große Dringlichkeit der Projektvorhaben. Die BECC sah sich durch dieses Vorgehen starker Kritik von den US-NGOs ausgesetzt, die an der Erarbeitung der Kriterien beteiligt waren und sich nunmehr an der Nase herumgeführt fühlten. Sie argumentieren, daß bei Nichterfüllung der BECC-Kriterien man genausogut zur Vorgehensweise der Weltbank zurückgehen könne, mit dem Ergebnis einer Reihe von teuren, ineffizienten, umweltschädlichen, von den Bürgern abgelehnten Mega-Infrastrukturprojekten, welche die Gemeinden über Jahrzehnte verschulden. Diese Kritik scheint nunmehr zu Ergebnissen zu führen, da in den letzten Monaten die Zahl der verabschiedeten Projekte sank und die Qualität deutliche stieg.

3. 'Grenzregion'-NGOs und ihre Vernetzung

In der ersten Hälfte der 90er Jahre bildeten sich eine Reihe von NGOs und NGO-Netzwerken in der Grenzregion in mehr oder weniger engem Zusammenhang mit NAFTA. In dieser Region wurde mit extremen Auswirkungen durch das Freihandelsabkommen gerechnet, insbesondere in den Bereichen Wachstum der 'Maquiladora'-Industrie, unkontrollierter Transport von Giftstoffen, Bevölkerungswachstum und Umweltinfrastruktur. Die Regierungen waren noch damit beschäftigt, sich in der Frage der grenzüberschreitenden Umweltproblematik gegenseitig die Schuld zuzuschieben und im gleichen Atemzug durch pompöse Umweltprogramme ohne jegliche Finanzierungsgewährleistung zu glänzen, ohne daß diese Programme in die Tat umgesetzt wurden. In dieser Phase erkannten die NGOs, daß sie in der NAFTA-Debatte stärkeren Einfluß haben würden, wenn sie sich grenzüberschreitend organisierten. Lange bevor die NAFTA-Debatte begann und der Grenzregion eine gewisse Aufmerksamkeit verschaffte, waren traditionell fast alle Umwelt-Initiativen in der Grenzregion, (seien es 'Monitoring'-Programme, Studien über Zusammenhänge von Umweltverschmutzung und Krankheitsraten, In-

venturprogramme für giftige Substanzen oder die Schließung umweltverschmutzender Anlagen wie die Kupferhütte in Douglas) von NGOs oder Bürgerinitiativen initiiert und/oder durchgeführt worden. Bereits in den 80er Jahren hatten sich auf diese Weise erste Kontakte über die Grenze ergeben, und so war es nur ein kleiner Schritt, sich für die politischen Kämpfe um das Freihandelsabkommen und seine Implikationen für die Umwelt in grenzüberschreitenden Netzwerken zu organisieren. In den meisten Fällen sind die in dieser Zeit entstandenen Netzwerke aufgrund ihres binationalen Statuses nicht als eigene ständige Organisationen registriert, sondern operieren auf halbformeller Basis. Die Hauptmotive für die Gründung der Netzwerke liegen neben dem Arbeiten an speziellen Themen insbesondere im Bereich des 'Capacity Building', des 'Fundraising' und des 'Informationsaustausches'. Seit Ende 1995 läßt aber das durch die NAFTA-Debatte geweckte Interesse der Öffentlichkeit und der Stiftungen an der Grenzregion nach, was die Arbeit der NGOs erschwert und die Existenz einiger Netzwerke bedroht.
'La Red Fronteriza de Salud y Ambiente', ein Netzwerk von fünf mexikanischen NGOs und zwei US-NGOs aus dem westlichen Teil der Grenzregion, arbeitet mit einem Zweijahres-Budget von 150.000 US$, welches zu gleichen Teilen an die mexikanischen NGOs und zu einem Teil an das Büro des Netzwerkes in Mexico verteilt wird. Das binationale Netzwerk im östlichen Teil der Region ist lockerer organisiert, offener für neue Gruppen und verteilt sein Zweijahres-Budget von 140.000 US$ durch die leitende US-NGO an die mexikanischen Mitglieder für 'Capacity Building' und kleine gemeinsame Forschungsprojekte. Eine weitere Form von Netzwerken in der Grenzregion sind lokale, binationale 'Coalitions' oder 'Councils', die neben NGOs und interessierten Bürgern auch Vertreter von lokalen Regierungen, Gesundheits- und Umweltbehörden einschließen. Der 'Northeastern Sonora Cochise County Health Council' (NSCCHC) zum Beispiel ist ein solches Forum. Der 'Council' verfügt über eine Reihe von Arbeitsgruppen zu Themen wie 'Environmental Health', Drogenmißbrauch, 'Reproductive Health' etc.. Er verfügt allerdings nicht über Gelder, um an konkreten Projekten zu arbeiten. Der 'Council' wählt die Vorsitzende(n), eine(n) MexikanerIn und eine(n) US-AmerikanerIn, trifft sich regelmäßig und nimmt häufig öffentlich Stellung zu aktuellen Themen in der Region. 'Councils' in anderen Teilen der Grenzregion sind auch mit Geldern ausgestattet, führen gemeinsame Projekte durch und sind in einer grenzweiten Vereinigung aller 'Health Councils' organisiert, die sich jährlich trifft.

Ein weiteres Beispiel für die Netzwerkbildung in der Grenzregion ist das monatliche Treffen der NGOs aus der Gegend um San Diego, California und

Tijuana, Baja California, organisiert von der UN Association in San Diego. Fünf bis zehn VertreterInnen von jeder Seite der Grenze treffen sich seit acht Jahren einmal im Monat, meistens um eine(n) GastsprecherIn zu hören, sowie um Informationen und Meinungen über aktuelle Fragen auszutauschen. Die Gruppe wird allerdings nicht konkret aktiv und nimmt nicht gemeinsam öffentlich Stellung. Durch Kontakte, die in den Treffen hergestellt wurden, haben sich dennoch allmählich konkrete Arbeitsbeziehungen und Projekte ergeben. Für die themenspezifische Arbeit der NGOs wichtiger als diese halbformellen Netzwerke, sind die informellen Koalitionen, die sich je nach Problematik, Bedarf und politischer Situation bilden und wieder auflösen. Die NGO-Arbeit im Zusammenhang mit BECC und NADBank fand bislang hauptsächlich im Rahmen solcher Ad-hoc-Koalitionen statt. Erst seit kurzem bildet sich ein etwas festerer Kreis von NGOs, die sich, vorübergehend unterstützt durch Stiftungsgelder, regelmäßig vor und nach den öffentlichen BECC-Direktoriumssitzungen treffen. Doch dazu später mehr.

4. Fallstricke grenzüberschreitende Netzwerkbildung

Die Zusammenarbeit zwischen NGOs aus den USA und aus Mexiko ist wahrscheinlich mit ähnlichen Schwierigkeiten verbunden wie jede andere Form von Netzwerken zwischen NGOs aus einem Entwicklungs- und einem Industrieland. Der Unterschied in der Grenzregion ist, daß die Probleme, an denen gearbeitet wird, oftmals beide Seiten gleichermaßen betreffen und sehr viel akuter und greifbarer sind als globale Probleme wie Klimawandel und Ozonloch. Wir atmen die gleiche verpestete Luft, trinken von den gleichen schwindenen Grundwasserressourcen und haben die gleichen Umweltkrankheiten auf beiden Seiten der Grenze. Dennoch treten in der konkreten Arbeit erhebliche Unterschiede zwischen US-amerikanischen und mexikanischen NGOs zutage.

NGOs aus den USA und NGOs aus Mexiko sind personell und finanziell grundsätzlich anders strukturiert: Die meisten mexikanischen NGOs, mit denen die NGO ‘Arizona Toxics Information’ (ATI) zusammenarbeitet, bestehen aus Akademikern und aus der Mittelklasse stammenden Berufstätigen, die die NGO-Arbeit in ihrer Freizeit durchführen und nicht selten von ihrem eigenen Gehalt finanzieren. Eigens hierfür hergerichtete Büros existieren in den wenigsten Fällen. Der politische Einfluß, den sie nehmen, stammt ofttmals aus ihrer gesellschaftlichen und beruflichen Stellung als Regierungsbeamte, Universitätsangestellte oder leitende Angestellte von Industriebetrieben. Ein Großteil von mexikanischen NGOs sind direkt in den 'Colonias' tätige Selbsthilfe-, Service- und 'Grassroots'-Gruppen, oder Gruppen, die sich mit der Erhaltung, Schaffung oder Verbesserung von bestimmten Naturschutzgebieten befassen. Auf der US-Seite dagegen sind die NGO-MitarbeiterInnen fast immer hauptberuflich in ihren Organisationen engagiert, durch Stiftungsgelder finanziert, und arbeiten in professionellen Bürostrukturen mit moderner Kommunikationstechnologie. Die meisten US-NGOs der Grenzregion sind 'Advocacy'- und 'Policy'-Organisationen. Andere arbeiten hauptsächlich auf der Gerichtsebene und einige sind in erster Linie am Naturschutz orientiert.

Das Haupthindernis für die tägliche NGO-Zusammenarbeit sind die unterschiedlichen Kapazitäten in den Bereichen Informationstand, Kommunikationstechnologie und Finanzierung. Dieses Problem wird am ehesten aufgefangen durch die halbformellen Netzwerke, die als eine Art Mini-Stiftung arbeiten und Stiftungsgelder aus den USA an die mexikanischen NGOs weiterleiten. In themenspezifischer, lockerer Zusammenarbeit hingegen treten die Ressourcenunterschiede sehr viel deutlicher zutage. Dies fängt bei der Kommunikation an. Während US-NGOs inzwischen mehr oder weniger komfortabel mit elektronischen Medien arbeiten, ist dieses in Mexiko noch nicht üblich. In vielen Fällen steht nicht einmal ein Faxgerät zur Verfügung, und die mexikanische Post ist so langsam, daß die meisten mexikanischen NGOs Postfächer auf der US-Seite eingerichtet haben. Noch schwieriger wird es mit den obengenannten 'Colonia'-VertreterInnen, die oft telefonisch unerreichbar sind, und deren Wissensstand, der außerhalb ihres unmittelbaren Arbeitsbereiches liegt, sehr begrenzt ist.

Der unterschiedliche Informationsstand wird in der BECC-bezogenen Arbeit besonders deutlich: In den NGO-Sitzungen, die im Umfeld der BECC-Sitzungen stattfinden, versuchen die US-NGOs folgende Punkte zu bearbeiten: Zum einen diverse 'Policy'-Themen, so z.B. die Kriterien für die Projektbewertung und die Integration von 'Nachhaltiger Entwicklung', weiterhin die Regeln täglicher BECC-Arbeit, wie die 'Procedures for Public Notice and Comment', 'Procedures for Confidentiality and Disclosure of Information' und 'Regulations for Conflicts of Interest'. In diesen Themenbereichen werden die Weichen für die zukünftige Arbeit der BECC gestellt und den NGOs Möglichkeiten eröffnet, die Entscheidungsprozesse zu durchschauen und zu beeinflussen. Zum anderen sind US-NGOs an der Verbesserung der einzelnen Projekte interessiert, so daß diese die BECC-Kriterien erfüllen und den Interessen der Gemeinden gerecht werden. Das Bedürfnis der mexikanischen NGOs hingegen liegt momentan vor allem darin, generell das BECC/

NADBank-System kennenzulernen und Definitionen zu erarbeiten, um klarzustellen welche NGOs legitimiert sind, an diesem Prozeß teilzunehmen. Sie wollen auch Gelder sichern und verteilen, um sich somit die Teilnahme an Sitzungen zu ermöglichen. Unterdessen entscheidet die BECC über die oben genannten Themen, die den US-NGOs wichtig waren. Ihre Forderungen blieben aber mit der Begründung unberücksichtigt, daß diese immer nur von den US-AmerikanerInnen vorgebracht würden.

Die Prioritäten sind, je nachdem auf welches Projekt sie sich beziehen, häufig unterschiedlich. Wenn es zum Beispiel darum geht, ein Trinkwasser-Projekt für Nogales, Sonora (Mexiko) zu analysieren, das der BECC zur Verabschiedung vorliegt, sind die typischen Fragen, welche von US-NGOs vorgebracht werden, folgende: Was sind die Auswirkungen auf die Qualität und Quantität der gemeinsamen Trinkwasserressourcen? Wie wird der nach Implementierung des Projektes steigende Abwasserstrom aufgefangen und geklärt, damit er nicht in die USA abläuft? Was sind die Auswirkungen übermäßiger Grundwasserentnahme für den 'Santa Cruz River', der von Süden nach Norden verläuft? Von mexikanischen NGOs werden demgegenüber eher folgende Fragen favorisiert: Wie hoch werden unsere Wassertarife steigen? Woher sollen wir die Sicherheit nehmen, daß der Kredit nicht wie gewohnt unter den Parteibonzen in der Regierung verteilt und das Projekt niemals durchgeführt wird? Warum wird 'Colonia' XY nicht auch angeschlossen etc.?

Eine weitere Schwierigkeit bei der binationalen Zusammenarbeit ergibt sich aus dem historischen und politisch-kulturellen Verhältnis zwischen den USA und Mexiko im allgemeinen. MexikanerInnen sind grundsätzlich mit einem berechtigten Mißtrauen gegenüber den USA ausgestattet, von dem US-NGOs keinesfalls ausgenommen sind. Die mexikanischen NGOs haben daher häufig den Wunsch, zunächst in getrennten Sitzungen unter sich ihre Positionen und Prioritäten zu klären, um diese dann in relativ formeller Art und Weise bei den binationalen NGO-Sitzungen vorbringen zu können. Es ist dann häufig schwierig, über bereits gefällte Entscheidungen eine binationale Diskussion in Gang zu bringen. Oft wird den US-NGOs vorgeworfen, sie seien zu eigennützig (beispielsweise sie würden alle mexikanischen BECC-Projekte kritisieren und alle US-amerikanischen fraglos unterstützen), sie würden in Mexiko US-amerikanische Wertvorstellungen vertreten und US-amerikanische Arbeitsweisen anwenden sowie die Projektförderung durch BECC/NADBank mit prozeduralen Fragen aufhalten, während die BürgerInnen in den mexikanischen Gemeinden ohne Wasserversorgung weiterleben müßten.

Unterschiedlich ist auch das Verhältnis zu Staat und Autorität. In Mexico sind viele der 'Colonia'-Organisationen und 'Grassroots'-Gruppen Bestandteil des traditionellen politischen Systems. Sie sind durch die PRI gegründet und finanziert. Generell halten mexikanische NGOs (mit Ausnahme der radikaleren Gruppen) weniger Abstand zum Staat als US-NGOs und haben weniger Skrupel, Gelder von der Regierung anzunehmen oder sich direkt in Regierungsprogramme einspannen zu lassen. Oftmals sind sie von Regierungsgeldern so abhängig, daß sie zu keiner Kritik mehr bereit sind und nur noch Alibi- und Jasager-Funktion erfüllen. Dies zeigt sich auch in Zusammenhang mit der BECC. Während sich die US-NGOs weitgehend darüber einig sind, daß die Finanzierung der NGO-Arbeit im Bezug auf die BECC nicht von der BECC selbst kommen oder von ihr verwaltet werden sollte, haben viele mexikanische NGOs die Hoffnung, daß sie Gelder direkt von der BECC erhalten könnten oder daß ein verabschiedetes BECC-Projekt ihnen finanzielle Vorteile verschaffen würde. Sie halten daher mit der Kritik an der Organisation und an den Projekten zurück oder gehen sogar 'unheilige' Allianzen mit einigen der Parteibonzen ein, die im BECC-Direktorium sitzen.

5. Grenzen der politischen Einflußnahme

Wie bereits erwähnt, hat sich die NGO-Arbeit im Hinblick auf die BECC/ NADBank bis vor kurzem hauptsächlich auf informelle, punktuelle Themen und eine lokalspezifische Zusammenarbeit beschränkt. US-NGOs hatten dabei unterschiedliche Strategien und Schwerpunkte: So konzentrierte die NGO 'Arizona Toxics Information' (ATI) sich hauptsächlich auf die Entwicklung der Kriterien und auf die obengenannten Regeln. Sie analysierte drei der Infrastrukturprojekte hinsichtlich der Erfüllung der Kriterien und ihrer Beiträge zu einer 'Nachhaltigen Entwicklung'. Im Bezug auf die Entwicklung der Kriterien wurden ca. 50% der ATI-Forderungen durchgesetzt, bezüglich der Prozeduren ca. 20%. Hinsichtlich der Empfehlung, zwei der analysierten Projekte nicht zu verabschieden, bevor sie die Kriterien erfüllten, waren ATI erfolglos. Die US-NGO 'Texas Center for Policy Studies' (TCPS) begleitete die Entwicklung eines der Projekte am Golf von Mexiko mit dem Ziel, aus dem reinen Industrieprojekt einen Nutzen für die umliegenden 'Colonias' herauszuschlagen, was letzlich aber nicht gelang. Das 'Border Ecology Project' (BEP), dessen Direktor hauptsächlich hinter den Kulissen und unter Ausnutzung seiner guten persönlichen Kontakte arbeitet, konzentrierte seine Einflußnahme hauptsächlich auf die NADBank und auf die Frage, welches Verhältnis BECC und NADBank haben, und wie und durch wen die Qualität der Projekte nach der Verabschiedung durch die

BECC überwacht werden soll. Auch hier wurde außer einigen freundlichen Gesprächen nicht allzuviel erreicht.

Das 'Interhemispheric Education Ressource Center' (IERC) arbeitete ähnlich wie ATI an 'Policy'-Themen, ergriff das Wort bei den öffentlichen Direktoriumssitzungen und druckte kritische Beiträge in ihrem monatlichen weitverbreiteten 'Newsletter Borderlines'. Die anfangs erwähnten, bereits bestehenden binationalen Netzwerke erwiesen sich aber nicht als geeignet, das Thema BECC/NADBank aufzugreifen, konkret Stellung zu nehmen und Einfluß auf die Entscheidungsprozesse auszuüben. Das binationale Netzwerk im östlichen Teil der Region beispielsweise konnte sich zwar zu einer Resolution durchringen, deren Inhalt aber zum größten Teil so allgemein und vage blieben (z.B. Förderung von Bürger-Partizipation bei der Entwicklung von BECC-Projekten, mehr Anteile von Zuschüssen an der Finanzierung), daß sie nicht viel Einfluß haben konnten. Für 'La Red', das westliche Netzwerk, war die BECC/NADBank überhaupt kein Thema, da die Mitglieder zu sehr damit beschäftigt waren, interne Schwierigkeiten zu bewältigen.

Ende 1995 wurde es immer offensichtlicher, daß die US-NGOs als nationale Gruppe nur beschränkten Einfluß auf die binationalen Institutionen auszuüben vermögen. Solange keine mexikanischen NGOs die gemeinsamen Briefe an die BECC unterzeichneten, und solange diese nicht bei den öffentlichen Sitzungen erschienen und das Wort ergriffen, hatten die Argumente der US-NGOs beim BECC-Direktorium kein großes Gewicht. Die NGOs der Region begannen daher allmählich ihre grenzüberschreitende Zusammenarbeit zu verstärken und ein informelles binationales NGO-Netzwerk für die BECC/NADBank-Arbeit zu bilden. Aufgrund wiederholter Kritik aus der US-NGO-Gemeinde an Policy-Themen lud die BECC selber im November 1995 zu einem 'NGO-Workshop' ein, und bezahlte die Reisekosten für alle NGOs. Daraus entwickelten sich neue binationale Kontakte unter den NGOs und der Plan, regelmäßig vor und/oder nach den vierteljährlich stattfindenden öffentlichen BECC-Sitzungen gemeinsame NGO-Sitzungen zu veranstalten, mit dem Ziel, die Zusammenarbeit und den Informationsaustausch entlang und über die Grenze hinaus zu verbessern, sowie stärkeren Einfluß auf die Entscheidungen des BECC-Direktoriums zu nehmen.

Dann stellte die 'Mott Foundation' Gelder zur Verfügung, um die Reisekosten in erster Linie der mexikanischen KollegInnen für eine Serie von NGO-Sitzungen zu bestreiten. Der Zuschuß wurde von zwei US-NGOs, TCPS und BEP, verwaltet. Da der Zuschuß erst sehr kurzfristig vor der öffentlichen BECC-Direktoriumssitzung zur Verfügung stand, verlief die Organisation des ersten Treffens chaotisch. Viele TeilnehmerInnen konnten ihre Reisepläne ne nicht mehr rechtzeitig anpassen, es fehlte an einer Tagesordnung, die Orte für die Sitzungen waren schlecht ausgewählt und die Übersetzung wurde im letzten Moment organisiert, so daß der Übersetzer keine Zeit hatte, sich auf die Terminologie vorzubereiten. Diese organisatorischen Schwierigkeiten mögen banal erscheinen, führten aber sehr schnell dazu, daß die binationale NGO-Zusammenarbeit ohne Ergebnisse blieb. Das zweite Treffen war konstruktiver und es gelang – zumindest auf dem Papier – binationale NGO-Arbeitsgruppen zu einzelnen 'Policy'-Themen zu bilden, welche aber bislang noch nicht mit gemeinsamen Stellungnahmen aufwarten konnten.

Bei der Vorbereitung der Treffen traten enorme Schwierigkeiten der mexikanischen KollegInnen untereinander zutage. Heftige und emotionale Diskussionen über die Definition des Begriffs NGO, und daraus folgend die Frage, welche der Gruppen legitimiert sein sollten, an den BECC-Treffen teilzunehmen, standen im Vordergrund. Zum Beispiel wurde vorgeschlagen, daß NGOs, die entweder nur aus einer Person bestehen, keine Gemeinde repräsentieren bzw. keine Projekte in Gemeinden durchführen oder Regierungsangestellte als Mitglieder haben, nicht als legitime und glaubwürdige NGOs gelten und daher nicht zu den BECC-Sitzungen eingeladen werden sollten. Häufig dienen diese Diskussionen einzig und allein dem Zweck, NGOs mit denen man aufgrund unterschiedlicher politischer Meinungen, Parteizugehörigkeit und/oder Status nicht kooperieren will, aus dem Prozeß auszuschließen. Die US-NGOs sahen diesen Konflikten hilflos zu und fühlten sich überhaupt nicht in der Position, irgendwelche Selektions- oder Ausschließungsprozesse zu unterstützen; unter anderem aus dem naiven demokratischen Wunsch heraus, das gerade erst entstehende Netzwerk so offen wie möglich zu gestalten. Die beiden US-NGOs, welche die Gelder verwalteten und auch die Treffen organisierten, sahen sich auf einmal der unangenehmen und unangemessenen Situation ausgesetzt, darüber entscheiden zu müssen, welche mexikanischen NGOs für die das nächste Treffen eingeladen werden. Aufgrund der Konflikte, die sich durch diese Situation ergaben, entschlossen sich die US-NGOs die Geldverwaltung nicht fortzusetzen.

Bei einem rein mexikanischen NGO-Treffen wählten die Anwesenden dann schließlich eine 'NGO-Kommission' mit VertreterInnen aus jedem Bundesstaat der Grenzregion und eine Vertreterin 'aller' mexikanischen NGOs. 'Legitime' NGOs wurden vorher durch einen Fragebogen ermittelt, der teilweise sehr indiskrete und einschüchternde Fragen enthielt. Die Person, welche die Umfrage organisierte, und die dann auch als NGO-Vertreterin gewählt wurde, saß gleichzeitig in einem wichtigen BECC-eigenen Gremium, dem Advisory Council. Sie erhielt die Stimmenmehrheit hauptsächlich durch das

Versprechen, den mexikanischen NGOs Gelder aus dem BECC-Haushalt zur Finanzierung von Reisekosten für die Sitzungen zu verschaffen. US-BECC Vertreter haben inzwischen mehrfach öffentlich dementiert, daß Gelder für NGO-Arbeit zur Verfügung stehen, während einige der mexikanischen Mitglieder des Direktoriums und des 'Advisory Council' weiterhin die Hoffnung der mexikanischen NGOs schüren, und sie damit bei der Stange halten. Von den US-NGOs und einigen mexikanischen Kollegen wurde diese Entwicklung mit großer Sorge beobachtet, und als Verwischen der Grenzen zwischen Regierungs- und Nicht-Regierungs-Organisationen in Mexiko gewertet. Die Zusammenarbeit zwischen US-NGOs und den wenigen radikaleren mexikanischen NGOs, welche die Kooptierungsstrategie der mexikanischen RegierungsvertreterInnen ablehnen, hat sich durch diese Entwicklung allerdings verstärkt und effektiviert.

Das größte Hindernis für die Bildung eines langfristigen BECC-NGO-Netzwerkes ist die mangelnde Finanzierung von NGOs auf beiden Seiten der Grenze. Die Existenzberechtigung der BECC beruht ausschließlich auf der Partizipation von Gemeinden und NGOs. Ohne Partizipation ist die BECC sinnlos, und man kann genausogut zum traditionellen Entwicklungsbank-Modell zurückkehren und die Projekte ausschließlich über die NADBank finanzieren. Es existieren aber keine Gelder, um diese notwendige Partizipation zu sichern, was das gesamte Modell in Frage stellte. Dieses Dilemma wurde den Regierungsinstitutionen und den Stiftungen nur allmählich deutlich, und bisher hat sich noch kein Finanzierungsmodell ergeben, welches finanziell ausreichend und gleichzeitig politisch vertretbar und durchführbar wäre.

Im übrigen kommt die Formierung des NGO-Netzwerkes sehr spät, vielleicht zu spät zustande. Die BECC operiert bereits seit einem Jahr, hat sieben Projekte verabschiedet und an die NADBank weitergegeben, hat über die Kriterien und einen Großteil der Prozeduren und Regeln abgestimmt sowie die schlimmsten Stürme im US-Kongreß überlebt. Je mehr die Institution aus der Entwicklungsphase herauskommt und sich die jetzige Arbeitsweise etabliert, desto weniger werden die NGOs – in Netzwerken organisiert oder nicht – Einfluß nehmen können. Selbst wenn die notwendigen Gelder akquiriert werden können, wird das zur Zeit entstehende Netzwerk noch einige Monate brauchen, bevor es als *eine* politische Stimme Einfluß nehmen kann. Die mexikanischen NGOs sind nicht besonders daran interessiert, möglichst schnell mit konkreten binationalen Stellungnahmen aufzuwarten. Sie ziehen, wie bereits erwähnt, interne Treffen ohne US-NGOs vor. Treffen mit US-NGOs sollen auf Wunsch der Mexikaner hauptsächlich die Funktion von

Workshops erfüllen, in denen ihnen die rechtlichen und institutionellen Grundlagen über BECC und NADBank vermittelt werden. Dies alles zu einer Zeit, in der die meisten US-NGOs aufgrund des langen Prozesses bereits relativ frustriert sind, ihre interne Finanzierung für die BECC-bezogene Arbeit ausgelaufen ist, die Hauptentscheidungen innerhalb BECC und NADBank schon getroffen wurden und wichtige politische Kämpfe schon verloren sind.

6. Zusammenfassung

Die konkrete Einflußnahme von NGOs auf die Entscheidungsfindung von BECC und NADBank hat sich bisher als sehr begrenzt erwiesen. Dies hat verschiedene Gründe.

Erstens im Zusammenhang mit der Institution: ungelöste Fragen der Autorität und Jurisdiktion der binationalen Institutionen; politischer Druck aus Washington auf die BECC durch die Situation im amerikanischen Kongreß; politische Interessen und 'Hidden Agendas' innerhalb des BECC-Direktoriums; Limitierungen, welche durch den Text des Agreements selbst gegeben sind (Kredite statt Zuschüsse, Informationen über Projekte können geheim gehalten werden, Projekte, die hauptsächlich einen Nutzen für die Industrie haben, sind nicht ausgeschlossen, etc); nach außen hin extensiv wirkende, formelle NGO-Partizipation, deren Forderungen sich aber nicht in den substantiellen Entscheidungen niederschlagen; Entscheidungen des Vorstands werden hinter verschlossenen Türen getroffen und dann nur noch bei den öffentlichen Sitzungen dargelegt.

Zweitens im Zusammenhang mit den NGOs: fundamentale Unterschiede zwischen US- und mexikanischen NGOs (Typ, Personal, Ressourcen); Fragmentiertheit der NGO-Arbeit; Unfähigkeit und Desinteresse der NGOs sowohl national als auch binational mit einer Stimme zu sprechen; sehr späte Formierung eines Netzwerkes, welches sich mit formellen und organisatorischen Fragen aufhält; mangelnde Finanzierung; politische Konflikte innerhalb der mexikanischen NGO-Gemeinde; US-mexikanische Konflikte und Sensibilitäten; nationalistisches Denken.

Die positive Einschätzung einer erfolgreichen grenzüberschreitenden NGO-Zusammenarbeit im Zusammenhang mit NAFTA erweist sich daher als realitätsfern. Die unterschiedliche politische Kultur und wirtschaftliche Situation in den beiden Ländern erschwert die Nicht-Regierungs-Zusammenarbeit ebenso wie die Regierungs-Zusammenarbeit. Oftmals wird die politische

Notwendigkeit der grenzüberschreitenden Zusammenarbeit nicht ausreichend erkannt, da die Probleme im eigenen Land zu schwerwiegend sind. Häufig wird ebenfalls die Chance nicht erkannt, die sich durch den binationalen und relativ unabhängigen Charakter der BECC bietet, Standards für Umweltschutz und Bürgerbeteiligung einzuführen, welche über die üblichen Standards in beiden Ländern hinausgehen. Bei vielen Gemeinde- und 'Grassroots'-Gruppen auf der mexikanischen Seite wird die BECC je nach politischer Ausrichtung entweder negativ, als ein weiterer Teil des korrupten politischen Systems gesehen oder positiv und unkritisch, als Möglichkeit, die Geldtöpfe der Regierung anzuzapfen. Bisher ist es noch nicht gelungen, diese Haltungen zu durchbrechen und demokratische Bürgerbeteiligung an wichtigen Umweltentscheidungen in Mexiko zu erreichen. Ebenso muß die Wirksamkeit der mexikanischen NGOs als Förderer des Demokratisierungsprozesses mit großer Vorsicht eingeschätzt werden. Sie haben offenbar große Schwierigkeiten, im Umgang untereinander grundsätzlichen demokratischen Prinzipien zu folgen. Was das Verhältnis zum Staat betrifft, so scheint die Mehrzahl der mexikanischen Grenz-NGOs eher innerhalb des autoritären politischen Systems zu operieren und oftmals mehr systemfördernd als systemkritisch oder reformerisch zu wirken.
Dennoch sind seit Beginn der NAFTA-Debatte für die Grenzregion einige Fortschritte gemacht worden, welche ohne die starke Beteiligung der NGOs auf beiden Seiten der Grenze nicht denkbar gewesen wären. So wurde durch die Schaffung des BECC/NADBank Systems und der damit verbundenen Finanzmittel die Bearbeitung der schlimmsten Umwelt- Infrastrukturprobleme begonnen. Darüber hinaus wurde mit der BECC eine Umweltbehörde geschaffen, in deren Arbeitsweise die Prinzipien Transparenz, Verantwortlichkeit und Bürgerbeteiligung fester verwurzelt sind als jemals zuvor in irgendeiner Behörde der Grenzregion, wenn auch die praktische Umsetzung dieser Prinzipien weit hinter den Forderungen der NGOs zurückbleibt. Durch die Binationalität der BECC werden diese Prinzipien nach Mexiko getragen, und werden mehr und mehr zum Gegenstand der öffentlichen politischen Debatte. Die radikaleren unter den mexikanischen NGOs schließlich, welche sich nicht scheuen, ihre Regierung öffentlich zu kritisieren, erhalten durch ihre Zusammenarbeit mit den US-Kollegen den Rücken gestärkt.

Anmerkungen

1 Am 17. Dezember 1992 unterzeichneten die Präsidenten Mexikos, der USA und Kanadas das Nordamerikanische Freihandelsabkommen NAFTA. Es trat am 1. Januar 1994 in Kraft. NAFTA verbindet drei Volkswirtschaften mit 360 Mio.

Einwohnern und einem gemeinsamen BSP von über 6 Billionen US$. Im Gegensatz zur europäischen Union, deren Mitgliedstaaten langfristig gewisse souveräne Rechte zugunsten europäischer Institutionen aufgeben, und in der auch eine politische Integration angestrebt wird, beschränkt sich NAFTA auf den Abbau von Handels- und Investitionshemmnissen. Der 2000 Seiten umfassende Text von NAFTA sieht einen 15 Jahre dauernden graduellen Abbau der Zölle in den Bereichen Landwirtschaft, Industrie und Dienstleistungen vor. Darüber hinaus werden viele der nichttariffären Handelshemmnisse wie Einfuhrgenehmigungen und Mengenbeschränkungen abgeschafft. Die entscheidende Liberalisierung findet aber auf dem Gebiet der Investitionen statt. Mexiko öffnet seine bisher von Auslandsinvestionen ausgenommenen Wirtschaftssektoren bis auf wenige Ausnahmen. Zu diesen gehören die Förderung von Erdöl und die Basispetrochemie. NAFTA sieht vor, daß ausländische Investoren gleichwertig behandelt werden (national treatment). Interessant sind für die Investoren hier insbesondere der Sekundärpetrochemiebereich und das Bankenwesen. Für die mexikanische Regierung war NAFTA die Festschreibung der Mitte der 80er Jahre begonnenen neo-liberalen Wirtschaftspolitik. Diese Politik zeichnete sich durch den allmählichen Abbau von Zöllen, die Privatisierung von Staatsunternehmen, und die Öffnung weiter Bereiche der mexikanischen Wirtschaft für ausländische Investoren durch Gesetzesänderungen und Deregulierung aus. Für die USA, die zwei Jahre zuvor mit Kanada ein Freihandelsabkommen geschlossen hatte, lag eine Erweiterung nach Süden nahe, denn Mexiko war bereits der drittgrößte Handelspartner der USA. Überdies war die US-Regierung über den schleppenden Fortgang der Uruguay-Runde des GATT frustriert und versprach sich von einer Nordamerikanischen Freihandelszone eine Stärkung der US-Position gegenüber den Handelsblöcken in Europa und Asien. Nicht zuletzt spielte auch die Hoffnung auf eine Ausweitung der Freihandelszone über ganz Lateinamerika eine Rolle. Dies hat sich, aufgrund der kontroversen Diskussionen über die ökonomischen und ökologischen Auswirkungen NAFTAs bislang nicht durchsetzen können. Häufig wurde im Zusammenhang mit NAFTA auch die Hoffnung geäußert, daß eine wirtschaftliche Stabilisierung Mexikos die Demokratisierung des Landes beschleunigen würde. Nach der Peso-Devaluierung im Dezember 1994, der folgenden und noch andauernden Wirtschaftskrise und der nichtendenwollenden politischen Krise in Mexico, haben sich die Hoffnungen auf wirtschaftliche und politische Stabilisierung durch NAFTA zerschlagen. Im Gegenteil wird die mexikanische Krise von vielen Beobachtern als direkte Folge der Wirtschaftspolitik von Präsident Salinas und damit von NAFTA eingeschätzt. In der US-Mexikanischen Grenzregion wurde zur Zeit der Debatte um NAFTA davon ausgegangen, daß ein Inkrafttreten des Abkommens die katastrophalen Zustände hinsichtlich einer mangelnden Infrastruktur, der Ressourcenübernutzung, der Umweltverschmutzung und und der Gefährdung der menschlichen Gesundheit noch verstärken würde.

Kapitel III: Perspektiven und Grenzen einer sich internationalisierenden Zivilgesellschaft

Elmar Altvater

Markt und Demokratie in Zeiten von Globalisierung und ökologischer Krise[1]

Es ist in jeder Hinsicht paradox, daß zwei Prinzipien, Markt und Demokratie, die post-1989-Ordnung in der Welt definieren sollen, die gegensätzlicher kaum sein können. Auf dem Markt zählen Bürger nur, insoweit sie über Geld verfügen. Je mehr Dollars, DM oder Yen sie in der „Dollar-Stimmzettel-Demokratie" (P. A. Samuelson) im Portefeuille haben, desto bedeutender sind sie, desto mehr Gewicht hat ihre Entscheidung, desto lauter ihre Stimme. Auf dem „politischen Markt" hingegen gelten in demokratischen Systemen die Regeln des *„one man, one vote"*, also Bedingungen der strikten Gleichheit der Staatsbürger; alle Stimmen haben die gleiche Lautstärke. Die Ungleichheit zwischen *Bourgeois* und *Prolétarien* in der Ökonomie wird in der Politik durch die Gleicheit der *Citoyens* konterkariert und durch Mindeststandards sozialer Gleichheit im Wohlfahrtsstaat korrigiert – allerdings nur bis zu einem gewissen Grade, wie sich zeigen wird. Und trotz dieser Paradoxie ist die formal-demokratische Ordnung in der gegenwärtigen Welt ohne Alternative (Ian Shapiro). Das Diktum aus der unmittelbaren Nachkriegszeit, daß die demokratische Ordnung immer noch die am wenigsten schlechteste sei (Winston Churchill), muß auch ein halbes Jahrhundert, nachdem es geäußert wurde, nicht geändert werden.

Nationales Territorium und Grenzen des Umweltraums

Der Gegensatz von Politik und Ökonomie durchzieht die Geschichte des kapitalistischen Weltsystems. Es bilden sich zeitgleich (seit dem 16. Jahrhundert) die Nationalstaaten und der Weltmarkt. Die Nationalstaaten sind durch Grenzen definiert, die sie setzen und verteidigen – nach innen durch die Exklusion von Nicht-Dazugehörigen und nach außen gegenüber anderen Nationalstaaten. So wird jenes sozial homogene Territorium geschaffen, das die Entscheidung zwishen Assoziation und Dissoziation, zwischen Freund und

Feind zuläßt, die nach Carl Schmitt erst das Politische konstituiert. Der Weltmarkt hingegen mißachtet alle Scheidungen und überwindet alle Grenzen – im Prinzip sogar jene des Erdballs. „Ich könnte vom Mars kommen, und wir könnten problemlos Freihandel treiben“, so Jagdish Bhagwati in einem Interview (Wirtschaftswoche, 23.2.1995, S. 30). Der Weltmarkt ist Resultat der von Marx so bezeichneten „propagandistischen Tendenzen“ des Kapitals, und denen ist sogar die faktische Begrenztheit des Erdballs nicht mehr als eine *quantité négligeable*.

Diese Widersprüchlichkeit der Grenzen von (nationalstaatlicher) Politik und der Grenzenlosigkeit der (globalisierten) Ökonomie kennzeichnet die (europäische) Moderne seit der Renaissance, den großen Entdeckungen und dem Siegeszug der „europäischen Rationalität der Weltbeherrschung“ (Max Weber). Karl Polanyi hat die Grenzüberschreitung der Markt- und Geldwirtschaft als einen Prozeß des „disembedding“ beschrieben: Die Wirtschaft löst sich im historischen Prozeß der „great transformation“ seit dem 17. Jahrhundert (Braudel korrigiert: seit dem „langen 16. Jahrhundert“) aus der gesellschaftlichen Kontrolle und unterwirft die Gesellschaft ihren Gesetzen der Akkumulation. Der freie Markt, in Sonderheit der freie Arbeitsmarkt und der Markt für Grund und Boden, so Polanyi weiter, wirkt wie eine „Satansmühle“. Der deregulierte Markt ist für Polanyi eine keineswegs freundliche, sondern schreckliche, weil sozial und ökologisch zerstörerische Utopie. Dies ist ein Argument für politische Regulation. Der nationale Staat wird so eine unabdingbare Institution der modernen kapitalistischen Marktwirtschaft. Denn er ist der Ort der politischen Regulation, während der Markt der Ort der ökonomisch bewirkten Deregulierung ist. Der Nationalstaat ist dabei immer mehr als ein bloß funktionales Subsystem der Gesellschaft, das „market failures“ korrigiert. Er konstituiert einen Raum (und die Zeit) der Politik auch gegen die mächtigen Tendenzen der kapitalistischen Ökonomie, die darin bestehen, die räumlichen und zeitlichen Hindernisse von Akkumulation und Expansion hinwegzuräumen und dabei auch die Minimalbedingungen von Gleichheit der BürgerInnen eines Staates zu beseitigen.

Damit aber stellen sich eine Reihe von Fragen, die die Gestaltung der Regeln des politischen Raums betreffen: *Erstens* die nach den Prozeduren der Rekrutierung von Personen und der Besetzung von Positionen im politisch-administrativen System, *zweitens* die der Legitimation politischer Entscheidungen durch geeignete Verfahren, *drittens* die Frage nach dem Verhältnis von ökonomischer Freiheit und politischer Gleichheit und nicht zuletzt *viertens* die immer aktuelle Frage nach den legalen Grenzen des Handelns der Bürger (Rahmen und „Herrschaft des Gesetzes“) einerseits und nach den Grenzen des Staates gegenüber der Gesellschaft (nach der Gestaltung des „Rechtsstaats") andererseits. Mit anderen Worten: Auch wenn der Staat notwendig ist, um die Marktwirtschaft zu regulieren, so muß die Gesellschaft ihrerseits den Staat, die Institutionen ebenso wie das Personal, kontrollieren. Verfahren, die diese Kontrolle in Freiheit und Gleichheit der Bürger erlauben, können in einer ersten Annäherung als im formalen Sinne demokratische charakterisiert werden.

Demokratie braucht einen politischen Raum, sie benötigt also jene Grenzen, die als Folge der grenzenlosen Globalisierung niedergerissen werden. Der politische Raum, in dem demokratische Deliberationen und Verfahren zur Anwendung gelangen können, wird wegen der ökonomisch durchgesetzten Negation von Grenzen diffus. Doch es gibt Gegentendenzen. Denn die Grenzüberschreitung im Gefolge der kapitalistischen Akkumulation hat nicht nur dazu geführt, daß aus „Nationalökonomien" eine Weltwirtschaft entstanden ist. Wichtiger ist die Entstehung einer neuen Grenze, die in den Jahrhunderten und Jahrzehnten seit der industriellen Revolution für sensible Beobachter schon seit geraumer Zeit am fernen Horizont auftauchte, aber für das Verhalten der Menschen keine Rolle spielte und erst seit kurzer Zeit (seit knapp drei Jahrzehnten) Bedeutung erlangt hat: die Grenze des „globalen Umweltraums", die sich als globale Umweltkrise Geltung verschafft. Der Verbrauch und die Belastung von Ressourcen ist quasi-objektiv begrenzt, auch wenn sie durch diskursive Praxis von Subjekten konstituiert werden. Davon zeugen Ozon-Loch, Treibhauseffekt, Zerstörung der tropischen Regenwälder, Rückgang der landwirtschaftlichen Nutzfläche, Qualität und Menge von Süßwasser und vor allem: die Vernichtung von Arten, die sich zu einer Katastrophe der Evolution zuspitzen kann – sowie die Verwicklungen des Diskurses darüber.

Die Konsequenz: Einerseits erodieren die einst klaren Konturen von Staatsgebiet, Staatsmacht, Staatsvolk. Die eindeutigen Zuschreibungen von Rechten und Pflichten, die Regeln der Partizipation an Entscheidungen und die Mechanismen der Legitimation werden unklar. Selbst die Frage danach, wie Staatsbürgerrechte entstehen und vergehen, findet keine einfachen und eindeutigen Antworten. Die „Entgrenzung" der Politik (Ulrich Beck) ist keine neue Form von Politik, sondern das Ende von Politik, da Politik immer bedeutet, Grenzen zu setzen. Andererseits entstehen als Folge der ökologischen Krise und im Verlauf des globalisierten Diskurses über Nachhaltigkeit neue klare Grenzen, die politische Entscheidungen über den Umgang mit diesen Grenzen verlangen. Dieser Umgang kann autoritär oder partizipatorisch gestaltet werden. Das „gesellschaftliche Naturverhältnis" läßt also durchaus

verschiedene politische Formen des Umgangs mit den Grenzen der Natur (des Umweltraums) zu. Die ökologische Krise rechtfertigt also den Ruf nach autoritären Lösungen, wie sie nicht selten – nahezu verzweifelt – vorgeschlagen werden (von Gruhl, Jens Reich u.a.), überhaupt nicht.
So wird die „demokratische Frage“ von zwei gegensätzlichen Seiten her radikalisiert – einerseits durch die ökonomische Globalisierung, noch unterstützt durch neue Informationsmedien wie das Internet. Politische Grenzen werden perforiert. Andererseits erzeugt die ökologische Krise neue Grenzen. Trotz – oder vielmehr wegen – der Schrankenlosigkeit marktwirtschaftlicher Expansion entstehen also doch wieder Grenzen, die auf Dauer nicht mißachtet werden können. Es stellt sich die *traditionelle* Frage nach der Vereinbarkeit von grenzenlos (global) expandierendem Kapitalismus bzw. Markt und dem begrenzten Ort der Demokratie und die *neue* Frage nach den Einflüssen der Grenzen des Umweltraums auf die Möglichkeiten der Partizipation der Bürger, auf die Legitimation von Institutionen und die Repräsentanz von Interessen in den entscheidenden Instanzen. Die Antworten auf die „demokratische Frage“ müssen also sowohl die Folgen der ökonomischen Globalisierung (Entgrenzung von Politik) als auch jene der ökologischen Krise (neue Grenzen der Politik) einbeziehen. Und weiter: Die ökologischen Grenzen sind mit den nationalstaatlichen Grenzen nicht kongruent, und daher sind es auch nicht die politischen Subjekte, die in Auseinandersetzungen an der Grenze ihre politische Identität entwickeln. Die Staatsbürger haben immer eine „nationale Uniform“ an, die sie mit Rechten und Pflichten auf dem staatlichen Territorium ausstattet und die dafür sorgt, daß die Interessengegensätze nach gemeinsam akzeptierten Regeln ausgetragen werden. Als Akteure im Umweltraum (z.B. in Umweltbewegungen) haben sie es aber mit anderen Grenzen zu tun: mit denjenigen des „Umweltraums“ und der Begrenzung des Naturverbrauchs. Sie tragen daher auch eine andere Uniformen (im Plural). Greenpeace präferiert den Overall in orange, einer medienwirksamen Sympathiefarbe, die in allen Ländern und Kulturen verstanden wird (siehe Peter Wahl in diesem Band). Politik im Nationalstaat und Politik im Umweltraum sind folglich im Prinzip verschieden, gerade unter dem Aspekt der Globalisierung der Ökonomie. Denn die Grenzen, und daher Politik im Nationalstaat, verlieren an Bedeutung, während die Grenzen des Umweltraums immer wichtiger werden. Einerseits also eine starke und sogar übermächtige Tendenz der Deregulierung, andererseits die unbedingte Notwendigkeit der Regulierung des gesellschaftlichen Naturverhältnisses.

Autorität des Marktes, Politik der Strukturanpassung

Dies hat Konsequenzen für das Verständnis von politischer Souveränität. Diese hat ohne Zweifel einen territorialen Charakter, „der unsere politischen Begriffe durchzieht" (wie Polanyi Hawtrey zitiert). In der internationalen Politik (vor allem in der realistischen Theorie der internationalen Beziehungen) werden daher in erster Linie die Nationalstaaten als Subjekte wahrgenommen, auch wenn sie ihre Souveränität innerhalb des globalen Systems vielfältig teilen müssen. Mit dem bereits erwähnten Prozeß der Globalisierung von Ökonomie und Kommunikationssystemen und mit dem zumindest teilweisen Verlust der Souveränität des territorial umgrenzten Nationalstaats, in dem das „Staatsvolk" über die Verteilung der „Staatsmacht" befindet, kommt dem demokratischen Prozeß der Ort der sozial und ökonomisch relevanten politischen Willensbildung abhanden.

Denn die Grenzen des Staates sind die Voraussetzung für die territoriale Kongruenz von Entscheidung und Kontrolle, von räumlichen Reichweiten und Zeitdimensionen der ökonomischen und politischen Entscheidungen, dafür daß die Nation als eine „community of fate" (David Held) bezeichnet werden kann. Diese Kongruenz ist die Grundlage für das System der „checks and balances". Das diesem Prinzip verpflichtete prozedurale Regelwerk definiert ein demokratisches System und sein Regelsystem förmlich (Norberto Bobbio). So ist nicht nur die Repräsentation der verschiedenen und gegensätzlichen gesellschaftlichen Interessen innerhalb des nationalstaatlichen Institutionensystems im Prinzip gewährleistet, sondern auch der Austausch zwischen Regierenden und Regierten Bestandteil der Spielregeln. Seinen politisch-praktischen Ausdruck finden diese Regeln innerhalb des parlamentarischen Systems im stets (normalerweise im Rhythmus der Wahlen alle vier bis fünf Jahre) möglichen Wechsel zwischen Regierung und Opposition. Der nationalstaatliche Raum ist also die Voraussetzung der Kongruenz von Entscheidungsträgern und Betroffenen, von Wählern und Gewählten und daher für die Wirksamkeit der demokratischen Verfahren.

Dieser Zustand verändert sich unter dem Druck der ökonomischen und medialen Globalisierung. Ihr entspricht die Deregulierung von Märkten, eine Tendenz, die im letzten Viertel des 20. Jahrhunderts übermächtig geworden ist (dazu Altvater/ Mahnkopf 1996). Deregulierung ist ja nichts anderes als der Rückzug des Staates aus der Ökonomie und daher die Anerkennung der Prinzipien ökonomischer Akkumulation und Expansion. Mit der Auflösung der Einheit von Staatsgebiet und Staatsvolk geht aber die oben erwähnte Kongruenz mehr und mehr verloren. Globalisierung heißt ja politisch auch, daß *erstens* Entscheidungen „depolitisiert" werden, indem sie privaten Mächten überantwortet werden. Sie müssen nicht mehr vor der Gemeinschaft der Staatsbürger legitimiert werden. Es werden „unverfasste Mächte" (W.D. Narr) gestärkt, für deren Legitimation und Kontrolle formal-demokratische Prozesse irrelevant sind. Die „unverfassten Mächte" in der Ökonomie oder in der Welt der Medien haben allenfalls den Konsumenten ein attraktives Marktangebot zu machen, den Aktionären einen Gewinn einzubringen und hohe Einschaltquoten zu erzielen; sie haben also die Spielregeln des ökonomischen und medialen Raums zu befolgen. An politische Entscheidungen sind die „unverfassten Mächte" nicht gebunden; die Staatsbürger, die eine politische Gemeinschaft bilden, interessieren nur noch als ökonomische Subjekte, und deren Gewicht und Stimme hängt von der Dicke des Geldbeutels ab, oder als mediale Konsumenten. Die Globalisierung wirft also ganz neue „demokratische Fragen" auf, die nicht auf der Tagesordnung standen, solange der „Sachzwang Weltmarkt" kein ernsthaftes Thema und die Souveränität des Staates über ein bestimmtes Territorium eine selbstverständliche Annahme waren.

Zweitens stellt es sich heraus, daß politische Entscheidungen in einem Nationalstaat (vermittelt durch ökonomische Prozesse auf dem Markt) in anderen Nationalstaaten Wirkungen ausüben. Dieses Problem ist schon lange bekannt und am Beispiel der Einflußnahme transnationaler Konzerne auf Regierungsentscheidungen in Entwicklungsländern breit und engagiert diskutiert worden. Daß Entscheidungen der Deutschen Bundesbank über die Zinspolitik Auswirkungen auf Beschäftigung und Wechselkurse von Portugal bis Polen haben, ist als Zeichen für die Zunahme globaler Interdependenz, aber auch für die besondere Macht einzelner Zentralbanken (in diesem Fall der Deutschen Bundesbank) interpretiert worden. Sollte die Banca d'Italia etwa im Alleingang die Zinsen senken, um Investitionen zu stimulieren, dann wäre es wahrscheinlich, daß Kapitalbesitzer ihre Geldvermögen in Ländern mit höheren Zinsen anlegen. Was für die Banca d'Italia gilt, ist aber im Prinzip für die Deutsche Bundesbank nicht anders. Also bleibt Zentralbanken und Regierungen kaum politischer Spielraum, eine andere Linie als die extern vorgegebene zu verfolgen. Hier sind ökonomische Sachzwänge am Werk, die den Raum der Politik einengen. Die Vorstellung, daß Souveränität einen territorialen Charakter habe, ist in Zeiten der Globalisierung überholt.

Freilich darf bei dieser allgemeinen Feststellung nicht unterschlagen werden, daß der Souveränitätsverlust der Nationalstaaten unterschiedlich, asymmetrisch ist. Das Beispiel der Deutschen Bundesbank verweist bereits darauf, daß im „Konzert der Nationalstaaten" wenige die erste Geige spielen, deren

Melodie viele andere weniger mächtige Nationalstaaten zu folgen haben. Innerhalb des UNO-Systems gelten zwar die etwa 200 Nationalstaaten formal gleich. Aber in der „neuen Weltordnung" geben die G7-Länder den Ton an. Allerdings hat sich die „Logik" des Staatshandelns unter Bedingungen der Globalisierung gegenüber der seit dem westfälischen Frieden von 1648 geltenden sogenannten „westfälischen Ordnung" (Miller) des internationalen Systems gewandelt. Sie ist nicht mehr im traditionellen Sinne imperialistisch; es geht nicht mehr in erster Linie um den Zuwachs von politischer Macht des Nationalstaats (oder um territoriale, koloniale Ausdehnung) und um direkte ökonomische Ausbeutung von kolonialen Völkern, sondern um Vorteile des jeweiligen „Standorts" im Wettbewerb innerhalb der Geoökonomie (Edward Luttwak; Joachim Hirsch). Diese Vorteile machen es möglich, einen mehr oder weniger großen Anteil am global produzierten Surplus zu erhalten.

Es gibt Versuche, gegen die makroökonomischen Tendenzen der Globalisierung die verlorene Souveränität auf mikroökonomischer Ebene zurückzugewinnen: Alle an Unternehmensentscheidungen irgendwie interessierte und von den Entscheidungen betroffene „*stakeholders*" (Beschäftigte, Anwohner, Kommunen, Konsumenten etc.) sollen Mitspracherechte erhalten, um auf diese Weise einen „*guten Markt*" (John Kay) zu schaffen. Allerdings stellen diese Versuche überhaupt nicht den *Primat der Mikroökonomie*, sprich: der Unternehmerautonomie (der *steakholders*) gegenüber den so genannten „*stakeholders*" in Frage. Diese erhalten lediglich die Chance auf makroökonomische Relevanz durch das Wirken der „moralischen Ökonomie". „Gut" ist der Markt, weil die Verwertungsleidenschaften der ökonomischen Agenten gezügelt werden sollen. Dies ist nicht neu. Die Versuche, der deregulierten und amoralischen Ökonomie Grenzen zu setzen, sind so alt wie die moderne kapitalistische Dynamik seit der industriellen Revolution. Die sozialen und auch die ökologischen Belange sind nicht mehr Gegenstand von Politik, sondern Aussonderung einer Moral (und Moralphilosophie), die die Kehrseite der freien, deregulierten Marktwirtschaft darstellt. Adam Smith hat schließlich eine „Theory of moral sentiments" geschrieben, bevor er die Abhandlung über „the wealth of nations" in Angriff nahm. Die Marktwirtschaft bekommt zum Mißvergnügen marktliberaler Hardliner wie F.A. von Hayek ein Attribut: sie wird zur „sozialen" und „ökologischen" Marktwirtschaft geadelt. In der bisherigen Geschichte waren diese Versuche nur zeitweise und immer nur unter Bedingungen der nationalstaatlichen Protektion erfolgreich. Ökonomische Globalisierung hingegen bedeutet politische Deregulierung und daher auch die Abkehr von den moralischen Hemmungen gegenüber der alle in ihren Bann ziehenden „Gier des Marktes" (Claus Koch).

Daß *drittens* die Inkongruenz von politischem, gesellschaftlichem, ökonomischem Raum einerseits und Umweltraum andererseits im Ausmaß der ökologischen Krise wächst, hat Konsequenzen für Form und Substanz der Demokratie. CNN inszeniert von den Headquarters in den USA aus die Ereignisse und auch die Krisen in fernen Weltregionen als Sensationen (die die Sinne der nörlichen Fernsehzuschauer ansprechen sollen), über die dann weltweit berichtet werden kann. Vom radioaktiven Fall-out in Tchernobyl sind nicht nur *Staatsbürger* der Ukraine, sondern *Erdenbürger* von den skandinavischen Ländern, über Polen und Deutschland bis in die USA betroffen. Ihre Gesundheit wird mehr oder weniger stark beschädigt, ohne daß sie als *Staatsbürger* darauf hätten substanziell und prozedural *entscheidend* reagieren können. Die Idee des souveränen Nationalstaats als einer „national community of fate“ (David Held) ist angesichts der Medien*welt*, der finanziellen Globalisierung und der globalen ökologischen Krise zum Anachronismus geworden. Robert Jungk und Günther Anders haben bereits in den 50er und 60er Jahren darauf verwiesen: Im Atomzeitalter werden demokratische Prozeduren schon deshalb fragwürdig, weil die zeitliche Reichweite (Halbwertzeiten von mehreren 10000 Jahren) und die räumliche Ausdehnung (auf dem gesamten Planeten Erde) viel zu groß für das immer räumlich und zeitlich beschränkte „menschliche Maß“ oder auch nur für die politische Rhythmik geworden sind. Der demokratische Prozeß wird durch diese Entgrenzungen „entterritorialisiert“, zeitlich und räumlich nicht mehr eingrenzbar – und dadurch inhaltsleer. Es ist ausgeschlossen, über die Folgen des radioaktiven Fallouts von Tschernobyl oder über Konstruktion und Verwendung der Atombombe demokratisch zu entscheiden.

Der Nationalstaat verliert also in Zeiten der ökonomischen Globalisierung und politischen Deregulierung ohne Zweifel an Bedeutung. Entscheidungen werden daher mit der Entgrenzung tendenziell depolitisiert. Dieser Zusammenhang von *Globalisierung, Deregulierung, Depolitisierung* hat für die „demokratische Frage“ eine zunächst paradox erscheinende Konsequenz. Autoritäre politische Systeme verlieren gegenüber der *Autorität des Weltmarktes* ihren „Sinn“. Sie werden schlicht dysfunktional und können daher demokratischen Systemen Platz machen. Der Übergang vom „bürokratisch-autoritären Staat“ (O'Donnell u.a.) zu demokratischen politischen Systemen in Lateinamerika im Verlauf der 80er Jahre (die *„abertura“*) und in Osteuropa etwa eine Dekade später (Transformation) sind eine politisch angemessene Reaktion auf die Globalisierung und daher trotz aller Unterschiede durchaus vergleichbar. In allen Fällen erfolgte dieser Übergang, ganz anders als in der bisherigen Geschichte, in verblüffend „geordneter“ Weise, ohne

Gewalt und ohne daß sich die Repräsentanten der autoritären Regime an die Macht geklammert und sie gewaltsam verteidigt hätten. Sie haben sich außerordentlich leicht mit den demokratischen Regimen arrangiert – und diese mit ihnen. In nicht wenigen Fällen sind die einstigen Repräsentanten der Diktatur zu Garanten der Demokratie geworden, und sie mußten bei dieser Häutung noch nicht einmal mutieren. Davon zeugen die Amnestiegesetze in Argentinien oder Chile und Brasilien oder die Konstanz der politischen Eliten in vielen ehemals real-sozialistischen Ländern.

An die Stelle der direkten Repression autoritärer politischer Systeme, an die Stelle der lateinamerikanischen Entwicklungsdiktaturen ebenso wie an die Stelle der real-sozialistischen Planwirtschaften Mittel- und Osteuropas, ist der „Sachzwang" des Weltmarkts getreten, nicht weniger wirkungsvoll und hart als das autoritäre politische Regime zuvor. Politik demokratischer Regierungen ist heute vielfach mehr oder weniger intelligente „Strukturanpassung" an die Herausforderungen des Weltmarkts – oft genug von den Institutionen des Weltmarkts, also von IWF, Weltbank, G7 etc. verlangt und von interessierter politischer Beratung begleitet. Mit eingeschränkter Souveränität über (globale) ökonomische Abläufe kann der Nationalstaat politische Ziele auch autoritär nicht durchsetzen oder makroökonomische (nationale) Wirtschaftspläne (wie etwa in Brasilien in den 70er Jahren) gegen mikroökonomische Machtzentren umsetzen. Selbst mächtige Diktatoren haben bei der Formierung von Zinssätzen oder bei der Entwicklung von terms of trade nichts oder gegenüber IWF und Weltbank wenig zu sagen. So ist es keineswegs ein Zufall, daß in Lateinamerika der Übergang von den Militärregimen der 60er und 70er Jahre zu demokratischen Systemen im Verlauf der Schuldenkrise zu Beginn der 80er Jahre stattfand. Der Schuldendienst mußte in harten Devisen erwirtschaftet werden. Eine Alternative zur Weltmarktöffnung hat es nicht gegeben. Die „Autorität" des Weltmarkts und eine politisch-demokratische Ordnung, die die ökonomischen Freiheiten der mikroökonomischen Einheiten nicht in Frage stellt, sind voll kompatibel. Autoritäre Systeme wie im asiatischen Raum hingegen müssen jenseits aller Rhetorik des Freihandels die Kontrolle über ökonomische Prozesse an der Schnittstelle zwischen nationaler und globaler Ökonomie behalten. Kapitalismus und Demokratie sind folglich durchaus vereinbar. Ökonomische Öffnung und politische Öffnung bedingen sich.

Es herrscht ja inzwischen in allen internationalen Institutionen, an denen die mächtigen westlichen Gesellschaften beteiligt sind, Konsens darüber, daß Länder, die Mitgliedschaft in internationalen Organisationen erwerben oder Hilfeleistungen von der „internationalen Gemeinschaft" erhalten wollen, den

„demokratischen Test“ bestehen, die Menschenrechte ebenso wie ökologische Mindeststandards gewährleisten müssen. Es geht also im internationalen System nicht mehr nur um ökonomische und soziale Strukturanpassung, sondern auch um politische Demokratisierung, um die Einhaltung von Menschenrechten. Selbst Shell hat nach dem Debakel mit Brent Spar und nach der internationalen Empörung über die Umweltzerstörungen, die der Ölmulti im Ogoni-Land Nigerias zu verantworten hat, und insbesondere wegen der Komplizenschaft mit der Militärjunta beim Mord an Ken Saro Wiwa, verkündet, die Einhaltung von Menschenrechten zu einem Ziel des Unternehmens zu deklarieren. Ist dies eine Anerkennung des Prinzips des „good market“? Man könnte – emphatisch – diesen *Hang* zur Demokratisierung als die Realisierung der „regulativen Idee“ von Kant durch die westlichen Industrieländer (und die in ihnen ansässigen Konzerne) interpretieren: „Demokratisierung von Staat und Gesellschaft als ‘regulative Ideen’... für menschliches Zusammenleben sind weltweit auf dem Vormarsch; sie beanspruchen universelle Gültigkeit, wobei der Westen als Vorbild und Impulsgeber wirkt...“ (Rainer Tetzlaff).

Doch Vorsicht, man sollte seine Skepsis gegenüber diesen Tendenzen nicht ablegen. Denn Länder und Gesellschaften, die auf dem Globus marginalisiert, also Opfer der Globalisierung geworden sind, werden dem Schicksal einer, wie man sie bezeichnen könnte, *autoritären Chaotisierung* überantwortet (Altvater/Mahnkopf 1996). Weder die autoritäre Wirkungsweise des Weltmarktes, noch ein halbwegs funktionierender souveräner Staat, dessen sich eine politische Klasse autoritär bemächtigen könnte, sorgen für „Ordnung“, also für Arbeitsplätze und Einkommen in der formellen Wirtschaft und für eine geordnete Funktionsweise der politischen (und gesellschaftlichen) Institutionen. Länder und Völker, die vom Weltmarkt sozusagen „ausgespuckt“ werden, sind in noch trostloserer Lage als viele in den Weltmarkt subaltern integrierte Gesellschaften. Die Rhetorik von Demokratie und Menschenrechten ist die eine Seite, die andere ist die ständige Mißachtung der Rechte der Völker.

In der Folge all dieser Tendenzen wird eine neue Form von Kongruenz erzeugt, die sich nicht mehr auf den territorialen Raum verläßt, sondern darauf, daß politisches und ökonomisches Handeln gemäß vergleichbarer Logik funktionieren. Politik des Staates in der „Geoökonomie“ (Edward Luttwak) ist etwas anderes als Politik des souveränen Nationalstaats. Dieser verwandelt sich in den „nationalen Wettbewerbsstaat“ (Joachim Hirsch): er sorgt dafür, daß die Wettbewerbsfähigkeit der *nationalen* Wirtschaft im *globalen* Wettbewerb erhalten und möglichst verbessert wird. Politik und Ökonomie werden nun auf eine Weise homolog, in der Politik der ökonomischen Logik folgt. Zumindest in der globalen Währungskonkurrenz stehen die nationalen Staaten in Wettbewerb um die Attraktion des flexibel disponierenden Finanzkapitals. In dieser den Sachzwängen des Weltmarkts ausgesetzten Gesellschaft kostet die formale politische Demokratie nichts. Im Gegenteil, sie mindert soziale Reibungen und Transaktionskosten. Denn die materialen, substanziellen politischen Partizipationsansprüche des Volkes (eines Kollektivs) zielen in die durch Deregulierung entstandene Leere, in der sich die individuellen Marktteilnehmer tummeln. Die Substanz der politischen Demokratie erweist sich angesichts der Autorität des Marktes als sehr dünn, auch wenn die Form stark ist.

Dabei darf freilich nicht unterschätzt werden, was es bedeutet, wenn in einem demokratischen System trotz des Ausgeliefertseins gegenüber den Mächten des Weltmarktes (und manchmal auch gegenüber jenen eines lokalen Marktes) ein Bereich garantierter persönlicher Freiheit besteht, der in Diktaturen, die auch das Alltagsleben der Bürger beherrschen, nicht existiert. Die Deregulierung, die über den ökonomischen Raum auch den politischen erfaßt, ist also durchaus von Vorteil. Auch eine bloß formale Demokratie läßt Freiheitsräume zu, die in einer Diktatur nicht existieren. Trotz aller Mängel der Partizipation in einer neoliberal marktwirtschaftlich verfaßten Gesellschaft ist die Differenz zwischen dem freien Staatsbürger und dem politischen Untertan entscheidend. Nach den jüngsten Erfahrungen mit den Diktaturen in Lateinamerika und Afrika sowie mit den autoritären Regimen in Osteuropa, insbesondere aber nach der Geschichte von Faschismus und Nationalsozialismus in der Zwischenkriegszeit ist dies fast eine Selbstverständlichkeit.

Doch dieses Problem der Nicht-Kompatibilität von Demokratie und Markt kann durch die inzwischen stattgefundene Globalisierung des Marktes, die Deregulierung und die Depolitisierung als „gelöst“ betrachtet werden: Raum und Zeit politischer demokratischer Verfahren sind unter dem ökonomischen Druck so komprimiert worden, daß wenig Substanz erhalten worden ist, um die es sich lohnte, Konflikte auszulösen. Allenfalls eine weltgesellschaftliche Erweiterung des demokratischen Prinzips könnte Abhilfe schaffen, meinen manche. Doch dies ist eine trügerische Hoffnung auf einen Weltstaat, der, sollte er entstehen, nur autoritär sein kann. Denn die Entfernung zwischen Staatsbürger und Staat (dem politisch-administrativen System) ist geographisch, aber vor allem kulturell und hinsichtlich der politischen Mechanismen der Partizipation viel zu groß, als daß Kontrolle möglich wäre. Daran ändert auch die elektronische Vernetzung nichts; vom Internet allein, d.h.

ohne vernetzte soziale Bewegungen (dazu unten mehr), ist kein Impuls der Demokratisierung zu erwarten. Es könnte freilich von der Art und Weise der Beziehungen der Nationalstaaten untereinander die Hoffnung auf einen Impuls der Demokratisierung des internationalen Systems abgeleitet werden (Daniele Archibugi); sehr wahrscheinich ist sie trügerisch, schon weil die Staaten innerhalb eines hegemonialen Systems, das sich obendrein aus regionalen Bündnissen zusammensetzt, noch nicht einmal im formalen Sinne gleich sind. Ein Weltstaat hingegen dürfte in Zeiten der Deregulierung die Marktkräfte in Ruhe lassen und nichts unternehmen, um ihre negativen Wirkungen auf soziale Verhältnisse und die natürliche Umwelt zu korrigieren. Statt dessen wäre eher autoritär durchgesetzte Strukturanpassung gemäß dem von IWF und Weltbank seit zwei Jahrzehnten erprobten Muster zu erwarten. Auf der Strecke blieben mit großer Sicherheit Umwelt und Entwicklung, jene großen Projekte, die in den 90er Jahren auf internationaler Ebene (auf einer Reihc von UNO-Konferenzen) als soziale und ökologiche Nachhaltigkeit definiert worden sind. Also bleibt das politische Arrangement der Gleichzeitigkeit von globalen ökonomischen Sachzwängen, die den Entscheidungsspielraum des Souveräns auf nationalem Territorium beträchtlich einschränken, und von Spielräumen unterhalb dieser Sachzwänge, in denen die demokratischen Freiheiten, auch wenn ihnen Substanz fehlt, genutzt werden können.

Raum und Zeit der Demokratie

Die Tendenz der ökonomischen Globalisierung ist also gleichbedeutend mit einer weitreichenden Deregulierung, mit Privatisierung, (national)staatlichem Souveränitätsverlust und daher einer tendenziellen Depolitisierung der Bürger. Dies sind verschiedene Seiten einer Medaille, deren Kurs in der Öffentlichkeit ideologisch durch Monetarismus und Neoliberalismus beeinflußt wird. Wenn die gesellschaftliche Solidarität keine Grundlage mehr findet, lösen sich Kollektive in im Extremfall *monadische* Individuen auf. Der Raum der Politik verschwindet und folglich der Ort der Demokratie. Dies könnte ein Grund für die weitgehende „Politikverdrossenheit" sein, die in allen Ländern festgestellt wird. Warum sich an demokratischen Verfahren der Legitimation und Repräsentation beteiligen, wenn diese doch in die Leere der Deregulierung zielen, wenn durch ökonomische Prozesse bereits vorentschieden ist, was politisch nur noch *post factum* bestätigt und kaum noch geändert werden kann? Wenn Entscheidungen entsprechend den Kriterien der Marktgerechtigkeit gefallen sind, ist für die Anwendung von Kriterien einer politischen Gerechtigkeit, selbst wenn sie individualistisch konstruiert werden, kein Raum. Dies ist im übrigen auch eine der großen Gefahren im Zusammenhang mit dem Prozeß von Maastricht. Die monetären Indikatoren für die „Reife" zur Währungsunion haben den Spielraum der politischen Gestaltung außerordentlich eingeengt. Der Zwang, die Staatsquote durch Verringerung der öffentlichen Schulden und des Budgetdefizits zu senken, hat in allen EU-Mitgliedsländern den Druck auf die sozialen Standards gesteigert. Die Versuche, diesem Zwang durch Privatisierung von Staatsunternehmen Rechnung zu tragen, führen dazu, daß in Zukunft die Fähigkeit des öffentlichen Sektors zur politischen Gestaltung der sozialen und ökonomischen Entwicklung reduziert sein wird. Und ohne die Möglichkeit der politischen Gestaltung hat Demokratie den Gegenstand verloren. Mit der Währungsunion könnte man die (west)europäische Integration am Ende des Jahrhunderts ökonomisch abgeschlossen und politisch vielleicht verspielt haben.

Demokratie braucht also Raum und Zeit des Politischen. Durch die ökonomische Globalisierung werden *historische* Zeit-Räume auf unhistorische, und daher auch unnatürliche und unmenschliche „Echtzeiten" komprimiert. In Sekundenbruchteilen können große Kapitalsummen von Börse zu Börse über den Erdball transmittiert werden. Ökologische Zeiträume wiederum sind unter Umständen außerordentlich lang, viele Generationen übergreifend. Die Raum- und Zeitkoordinaten der Politik sind also keineswegs deckungsgleich mit jenen des Marktes oder der Stoff- und Energietransformationen in der Natur. Die erstgenannten sind viel kürzer als politische Rhythmen, die letztgenannten in der Regel sehr viel länger. Nicholas Georgescu-Roegen hat schon 1971 in seiner thermodynamischen Ökonomiekritik die dominante Neoklassik kritisiert, weil sie weder soziale noch natürliche Prozesse in ihren zeit- und raumlosen Modellen zu erfassen vermag. Darin besteht aber einerseits der Charme der „neoliberalen Konterrevolution" (Milton Friedman) und andererseits das Dilemma der Demokratie.

Wenn *erstens mikroökonomisch* rationale Entscheidungen durch die „unpolitischen", neutralen *makroökonomischen* Allokationsmechanismen der Preisbildung auf dem Weltmarkt abgestimmt werden, dann verliert das nationalstaatliche politische Institutionensystem an Bedeutung. Wenn *zweitens* in der globalen Ökonomie das Prinzip der Expansion im Raum und der Akzeleration in der Zeit dominiert, dann bleiben die beschränkten Reichweiten und Tempi der Bürger und der Methoden der Partizipation dahinter hoffnungslos zurück. Wenn *drittens* die Wirkungen von Entscheidungen und Handlungen heute räumlich entfernt und/oder zeitlich in ferner Zukunft anfallen, dann können demokratische Prozesse nur noch gemäß dem „Prinzip

Verantwortung“ (Hans Jonas) begründet werden. Wenn schließlich *viertens* der sichere Unterbau „westlicher“ demokratischer Systeme, nämlich Reichtum, Industrialisierung, Urbanisierung und Qualifikation (so bereits Seymour Lipset im Jahre 1959: “The more well-to-do a nation, the greater the chances that it will sustain democracy“) infolge der ökologischen Schranken nicht für alle Gesellschaften auf dem Globus errichtet werden kann, dann ist die Demokratie eine äußerst fragile Ordnung und sie muß auf eine neue Grundlage gestellt werden. Der demokratische Prozeß hängt folglich vom Niveau des bereits erreichten Naturverbrauchs ab. Oder thermodynamisch ausgedrückt: Fern vom entropischen Gleichgewicht sind alle Möglichkeiten der Entwicklung offen. Aber an den Grenzen des Umweltraums sind die Umweltgüter, die zur Produktion und Konsumtion benötigt werden, „oligarchische Güter“ (Roy Harrod), d.h. reserviert für eine Geldoligarchie, die mit monetären Mitteln ihren Zugriff auf die Ressourcen sichert und dabei alle anderen ausschließt. Es sei denn, das Prinzip globaler Gerechtigkeit regiert und die dann verlangte Niveausenkung des Umweltverbrauchs in den industrialisierten Ländern läßt sich durchsetzen. Denn ganz offensichtlich ist es ausgeschlossen, für alle Menschen auf Erden die von Lipset erwähnten und von Modernisierungstheoretikern bis heute zitierten Bedingungen für demokratische Verfahren erfüllen können. Ökonomische Globalisierung schließt also eine Globalisierung des westlichen, demokratischen Modells zur Gestaltung des Raums der Politik aus. Die ökonomische Globalisierung ist also eine mächtige Tendenz, aber es ist ausgeschlossen daß der *Zustand der Globalität*, also eine auf Solidarität basierende Weltgesellschaft, im *Prozeß der Globalisierung* erreicht werden kann (genauer: Altvater/ Mahnkopf 1996). Die entscheidende Frage lautet dann natürlich, ob Lipset Recht hat. Hat er es nämlich, sind schlechte Zeiten für die demokratische Ordnung angesagt, sie ist nämlich nicht in allen Gesellschaften auf dem Globus möglich.

Die Mechanismen der Aneignung, der Ausbeutung, der Akkumulation sind dafür verantwortlich. Denn durch sie wird immer wieder gegenüber dem politischen Gleichheitsprinzip ökonomische Ungleichheit hergestellt. Daran hat sich bis heute nichts geändert, nur ist das Ausmaß der ökonomischen Ungleichheit in der modernen Welt so groß, daß die politische Gleichheit kein Korrektiv mehr sein kann. Dies leuchtet unmittelbar ein, wenn man beispielsweise die Daten des jüngsten UNDP-Reports (von 1996) zur Kenntnis nimmt: Danach verfügen 358 Milliardäre über so viel Vermögen und Einkommen wie die Hälfte der Menschheit. Das sind drei Milliarden Menschen. Auf diesen Skandal reagieren viele äußerst resignativ. Das Projekt der Gleichheit im realen Sozialismus sei gescheitert, nun komme es vor allem auf politische Freiheit an. Ihr Preis sei eben „eine gewisse“ ökonomische, soziale und möglicherweise auch politische Ungleichheit. Aber wer wolle noch einmal nach den historischen Erfahrungen die individuelle Freiheit der sozialen Gleichheit opfern, die obendrein häufig als „Geichmacherei“ denunziert wird. Die individuelle Freiheit ihrerseits ist Freiheit auf dem Markt: nicht nur die Freiheit „souveräner“ Konsumenten, sondern vor allem Freiheit von Unternehmen. Diese ist positiv, denn sie erlaubt die Expansion in den grenzenlosen Raum des Weltmarkts; und sie ist negativ, weil sie die Deregulierung, den Abbau von Schranken des ökonomischen Handelns, impliziert. Die Befürchtung Karl Polanyis, daß im Zuge des „Disembedding“ der Markt wie eine Satansmühle wirken könnte, ist in Zeiten der globalen Deregulierung aktueller als je zuvor.

Aber gibt es nicht Möglichkeiten einer ökologischen Demokratie? Es müssen die zu Beginn erwähnten Grenzen des Umweltraums (Grenzen von Ressourcen und Senken) und die Identitäten, die sich in den Auseinandersetzungen um Grenzen des Umweltverbrauchs bilden, ins Spiel gebracht werden. Die Verfahren der Demokratie werden *erstens* transnationalisiert, wenn das Territorium des Nationalstaats mit den dort lebenden Staatsbürgern nicht mehr der Raum ist, für den das demokratische Verfahren entworfen wurde. In der Welt der Nationalstaaten war ja der Ort der Demokratie mit dem nationalstaatlichen Territorium identisch. Doch entsteht als Folge der Globalisierung nicht nur die bereits erwähnte Ortslosigkeit der Demokratie; es entstehen auch neue Netze der Kommunikation, die nicht nur virtueller Natur im „Internet“ sind. Denn *zweitens* kommen neue Subjekte ins Spiel, weil ja mit der territorialen Unbestimmtheit Begriff und Wirklichkeit der Volkssouveränität und daher auch des Staatsbürgers (der Staatsbürgerin) einen Wandel erleben. In der traditionellen Demokratie sind die Parteien Mittler zwischen Gesellschaft (gesellschaftlichen Interessen) und staatlichen Institutionen. Die „Parteiendemokratie“ bietet aber unzureichende Angebote der Partizipation, wenn es um Fragen geht, für die im politischen Institutionensystem des Nationalstaats keine zureichende Antwort gefunden werden kann. Dies ist zum einen bei der Artikulation von örtlich begrenzten und temporären Interessen der Fall, zu deren Wahrnehmung sich Bürgerinitiativen bilden. Gruppen, die sich gegen die Zerstörung „ihrer“ Umwelt zur Wehr gesetzt haben, hat es immer gegeben, doch mit der Durchkapitalisierung der modernen Gesellschaften und der damit verbundenen dramatischen Umweltzerstörung, also im Zusammenhang mit der „Kolonialisierung aller Lebenswelten“, hat sich das einst örtlich Begrenzte, Temporäre und Singuläre zur *ubiquitären Dauererscheinung* ausgeweitet mit der Folge, daß sich einst lokale und zeitweise „single issue"-Bürgerinitiativen und -Bewegungen zu dauerhaften sozialen Bewegungen und dann auch zu Parteien einerseits und – nicht auf den nationalen Staat bezogen – zu Nicht-Regierungs-Organisationen (NGOs) anderseits transformiert und vernetzt haben.

Hinzu kommt, daß anders als im Falle sozialer Probleme die Kompetenz zur Lösung ökologischer Probleme den Parteien nicht mehr zugetraut wird. Denn Parteien sind immer noch (selbst im sich vereinigenden Europa) ans Territorium gebunden; neue soziale Bewegungen, Nicht-Regierungs-Organisationen sind dies hingegen weniger oder gar nicht. Also können sie sehr viel direkter und flexibler als es Parteien vermögen, bestimmte gesellschaftliche Interessen (insbesondere jene am Erhalt der Natur) repräsentieren. Die Aktionen und Kampagnen von Greenpeace sind dafür ein besonders instruktives Beispiel. Dies ist auch deshalb der Fall, weil sich *drittens* die Formen demokratischer Prozesse ändern, wenn Organisationen der „Zivilgesellschaft" sich direkt zu Wort melden und dies nicht mehr den Parteien überlassen, die die Wortmeldung vielfach gefiltert in die zur Abklärung der gesellschaftlichen Interessen vorgesehenen staatlichen Institutionen tragen. Zwischen Markt und Staat meldet sich also die „Zivilgesellschaft" zu Wort. Der Begriff hat eine lange Tradition, in der er vor allem den nicht staatlich konstituierten Raum des gesellschaftlichen Zusammenlebens (also den Unterschied zur „società politica" bzw. zu den „ideologischen und repressiven Staatsapparaten") bezeichnet. Auch dieser Begriff der Zivilgesellschaft, gleichgültig ob in der hegelianischen oder gramscianischen Tradition, hat die territoriale Dimension, die mit dem Nationalstaat zusammenfällt. Mit der Unterminierung der Souveränität und dem damit verbundenen Bedeutungswandel der „società politica" weitet sich auch der Horizont der Zivilgesellschaft über die je nationalstaatlichen Grenzen hinaus. Die Verfahren sind vorwiegend diskursiv, d.h. das Akteursspektrum ist nich formal festgelegt und das Resultat ist im Prinzip offen. Weder gibt es ein klares Programm noch ein antizipativ definiertes Ziel, das nicht geändert werden könnte. Es ist nur eines unstrittig, nämlich die „Einsicht in die Notwendigkeit" einer Politik, die angesichts der Grenzen des (globalen) Umweltraums harten ökologischen Restriktionen unterworfen ist. Es geht nicht mehr vor allem darum, wie Politik den ökonomischen „Sachzwängen" gehorchen und dennoch einen gewissen Raum bewahren kann. Angesichts der globalen ökologischen Krise ist die Gestaltung des gesellschaftlichen Naturverhältnisses entscheidend, und zwar auch gegen die ökonomischen Restriktionen. Das Wissen um die Notwendigkeit ökologischer Nachhaltigkeit prägt also den Diskurs über die Sinnhaftigkeit des Marktes ebenso wie jenen über das Procedere der Demokratie.

Man könnte geneigt sein, die Krise des Sozialstaats als eine „List der Geschichte" zu verstehen: Die *ökologisch* unabweisbaren Beschränkungen des Naturverbrauchs werden *ökonomisch* durch die globale Konkurrenz erzwungen, und gegen den „Sachzwang Weltmarkt" ist bekanntlich kein Kraut gewachsen. Der Zwang, ganz zweifellos, besteht. Aber er hat seine Tücken. Denn er wirkt ungleich. Jene, die über Geld verfügen, sind ihm nicht oder nur minimal ausgesetzt, während ihn diejenigen, die Geld durch Arbeit verdienen müssen, voll verspüren. Die Möglichkeiten, mit Geld Natur zu kaufen, bleiben ja erhalten. Die verfügbaren Geldbeträge werden in der Krise des Sozialstaats ja nur bei jenen reduziert, die Geld durch Lohnarbeit erwerben müssen. Diese prinzipielle Ungleichheit (in jeder nationalen Gesellschaft wie in der Welt insgesamt) ist keine gute Voraussetzung für die Entwicklung demokratischer Institutionen. Eine Reduktion des Naturverbrauchs kann folglich kaum im Konsens erreicht werden, wenn Natur gegen Geld gekauft werden kann und jene davon viel beziehen können, die über viel Geld verfügen. Dies ist der Ansatzpunkt für die Kritik an der 80:20-Welt, in der 20% der Menschheit über 80% der Resourcen verfügen und 80% der Menschheit lediglich 20% für sich nutzen können. Bei dieser extremen ökonomischen und daher auch – wegen der Mechanismen der monetären Kaufkraft auf dem Weltmarkt – ökologischen Ungleichheit ist kein demokratisches Verfahren geeignet, das hier kompensatorisch wirken könnte. Die Freiheit, über die Zukunft zu entscheiden, ist nur denjenigen gegeben, die über Alternativen gebieten und nicht gezwungen sind, der Not zu folgen.

Die Verbesserung der „global governance" kann daran scheitern, wenn darunter ein Politikmuster von Akteuren verstanden wird, die prinzipiell gleiche Chance der Durchsetzung ihrer Interessen haben (siehe auch Achim Brunnengräber in diesem Band). Alle staatlichen, ökonomischen, zivilgesellschaftlichen Akteure müßten im governance-Prozeß involviert sein, obwohl gerade ein großer Teil der Menschheit ökonomisch exkludiert ist. Wie kann die Interdependenz zustandekommen, wenn Interdependenz zur Dependenz wird, wenn Interaktion nichts nutzt, weil ein Teil der Akteure über keine Ressourcen verfügt, wenn die Distanzen zu groß sind als daß Vertrauen entstehen könnte, und wenn schließlich die Autonomie vom Staat nur die Kehrseite der Abhängigkeit von den Mechanismen der Weltwirtschaft ist? Die Folge der Schwierigkeiten bei der Errichtung von globalen governance-Strukturen ist, daß ökologische Nachhaltigkeit entweder gar nicht oder unter Bedingungen extremer globaler Ungleichheit zustandekommt – und daher die Grundbedingung der Anwendbarkeit von demokratischen Verfahren nicht erfüllt wird. Eine demokratische Ordnung an der Grenze der ökologischen Tragfähigkeit kann also nicht mehr auf einem gemeinsamen „fordistischen“ *Produktionsinteresse* gründen. Das gemeinsame „Überlebensinteresse“ der Menschheit könnte eine neue Basis sein; der gesellschaftliche Diskurs darüber mit seinen neuen Akteuren und neuen Formen, die oben angedeutet worden sind, hat gerade erst begonnen.

Anmerkungen

1 Dieser Beitrag stellt die überarbeitete Fassung eines Vortrages dar, den ich anlässlich eines vom INES (International Network of Engeneers and Scientietsts) veranstalteten Workshops, „Democracy and Sustainability“, im August 1996 in Amsterdam gehalten habe. Er ist die inhaltliche Erweiterung des Beitrags zur Fachtagung über „Networking – Netzwerke von Nicht-Regierungs-Organisationen als gesellschaftliche Produktivkraft“.

Literatur

Altvater, Elmar; Mahnkopf, Birgit (1996): Grenzen der Globalisierung. Ökonomie, Ökologie und Politik in der Weltgesellschaft, Münster

Bobbio, Norberto (1987): The Future of Democracy, Cmabridge (Polity Press)

– (1995): Democracy and the International System, in: D. Archibugi/ D. Held (1995) (Eds): Cosmopolitan Democracy, Cmabridge (Polity Press)

Braudel, Fernand (1986a): Sozialgeschichte des 15.-18. Jahrhunderts. Der Handel, München

– (1986b): Sozialgeschichte des 15.-18. Jahrhunderts. Aufbruch zur Weltwirtschaft, München

Held, David (1991): Democracy,the Nation State and the Global System, in: Economy and Society, Vol. 20, No. 2 (1991): 138-172

Kay, John (1996): The Good Market, in: Prospect, May 1996, 39-43

Koch, Klaus (1995): Die Gier des Marktes, München

Kooiman, J. (1993): ‘Social political governance’: introduction, in: Kooiman, J. (ed.): Modern Governance, (Sage) London, p. 1-6

Miller, Lynn H. (1994): Global Order, Boulder/San Francisco/Oxford

Polanyi, Karl (1978):The Great Transformation, Frankfurt/M.

– (1979): Ökonomie und Gesellschaft, Frankfurt/M.

Rhodes, R.A.W. (1996): The New Governance: Governing without Government, in: Political Studies, Vol. XLIV, No 4, Sept. 1996: 652-667

Shapiro, Ian (1996): Democracy’s Place, (Cornell University Press) Ithaka and London

Achim Brunnengräber

'Global Governance' oder die Notwendigkeit eines neuen Globalkonzeptes – diskutiert am Beispiel der internationalen Klimapolitik[1]

Einleitung

Die ökologischen Probleme mit globaler Reichweite und lokaler Wirkungstiefe sind am Ende des 20. Jahrhunderts bekannt: Klimawandel, Bodendegradation, Verlust an Biodiversität, Verknappung und Verschmutzung von Süßwasserreservoiren und Übernutzung und Verschmutzung von Meeresgewässern.[2] Doch die politischen Antworten auf diese Probleme fallen dürftig aus. Die bisherigen Instrumente traditioneller Außenpolitik, die Problembearbeitung innerhalb nationalstaatlicher Grenzen, die Formen gesellschaftspolitischen Engagements sozialer Bewegungen und die Handlungsstrategien internationaler Institutionen werden diesen Globalproblemen nicht mehr ohne weiteres gerecht. Gleichermaßen trifft dies auf internationale Regime zu, deren Möglichkeiten zur Problembearbeitung in komplexen Politikfeldern auf vielfältige Weise eingeschränkt sind. Mit neuen Steuerungs-, Entscheidungs- und Ordnungsformen wird nun, wenn auch noch unzulänglich, auf diese Handlungsdefizite zu reagieren versucht.

In den Diskussionen über die Reformen der Vereinten Nationen oder über die Weltgesellschaft wird deutlich, daß seit Beginn der 90er Jahre Bewegung in das internationale 'System' gekommen ist. Die Veränderungen und die neuen Herausforderungen an die internationale Politik werden seitdem auch mit 'global governance' zu fassen versucht. Durch den 1995 veröffentlichten Abschlußbericht der 'Commisson on Global Governance' mit dem Titel „Our Global Neighbourhood", der im gleichen Jahr auch in deutscher Sprache erschien („Nachbarn in Einer Welt", SEF 1995), wurden die Auseinandersetzung mit diesem Begriff weiter angeregt.[3] Neben wirtschafts- und sicherheitspolitischen Fragen wird darin die Ausweitung des Akteurspektrums in der internationalen Arena thematisiert. Diesem letztgenannten Aspekt soll hier besondere Beachtung zukommen. Die 'Commission' schreibt dazu:

„Auf globaler Ebene hat man unter Ordnungspolitik bisher vorwiegend das System der zwischenstaatlichen Beziehungen verstanden, doch heute müssen auch Nichtregierungsorganisationen, Bürgerbewegungen, Multinationale Konzerne und der globale Finanzmarkt miteinbezogen werden. Mit diesen Gruppen und Institutionen interagieren globale Massenmedien, deren Einfluß dramatisch gewachsen ist“ (SEF 1995:4f.).

Durch die Berücksichtigung der Vielzahl der Akteure (von Individuen bis zu Institutionen) wird auch einem wesentlichen Charakteristikum der UN-Konferenzen der vergangenen Jahre von Rio bis Rom Rechnung getragen: der Partizipation von Nicht-Regierungs-Organisationen (engl. Non Governmental Organisations; NGOs) an den Konferenzen bzw. ihrem Engagement im Umfeld dieser Mammutveranstaltungen. Daraus leitete sich die Annahme ab, daß die Akteure – trotz oder gerade aufgrund ihrer schillernden Vielfalt – auf breiter Basis gesellschaftliche Potentiale zur Problemlösung mobilisieren könnten. Sie werden deshalb in dem theoretischen Konstrukt der 'global governance' als bedeutsamer 'ziviler' Stützpfeiler angesehen, der die Handlungsräume von der lokalen über die nationale bis zur internationalen Arena verknüpft und somit zur Integration der 'Gesellschaft' in das System der Vereinten Nationen (engl. United Nations; UN) beitragen könnte. Schließlich wird den NGOs auf der internationalen Bühne die Rolle als unabhängige Kontrollorgane, Frühwarnsysteme und Informationsquellen zugewiesen (SEF 1995:281f.).

Der Bericht der 'Commission on Global Governance' steht mit seiner visionären Sichtweise in der Tradition des Brandt- oder des Brundtland-Berichtes. Die Betonung der Vielfalt von Strategien und des prozessualen Charakters von 'global governance' lassen dann auch einen ähnlichen Interpretationsspielraum zu, wie er bereits aus den 'erfolgreichen' Vorgänger-Berichten bekannt ist. Daher sollen die *normativen* Annahmen, die in der 'global governance'-Konzeption formuliert werden, unter akteursspezifischen sowie steuerungs- und demokratietheoretischen Gesichtspunkten einem Vergleich mit den *realen* Trends im internationalen System unterzogen werden. Dies geschieht am Beispiel der internationalen Klimapolitik, die Lösungswege aus einem dramatischen Ökologiedilemma sucht: Die Klimaveränderungen werden weitreichende ökologische, ökonomische, soziale und politische Konsequenzen haben – und zwar unabhängig davon, ob diese durch Anpassungsszenarien an eine zerstörte Umwelt 'erzwungen' oder durch präventive Schutzmaßnahmen 'freiwillig' ergriffen werden. Daraus leitet sich die Brisanz der Klimapolitik ab.

Als Orientierungspfad dienen folgende Fragen: Über welche Funktionsmechanismen gewinnen internationale Verhandlungssysteme und die hier ausgearbeiteten Lösungsstrategien ihre Legitimation? Welche Partizipationsmöglichkeiten eröffnen sich den verschiedenen gesellschaftspolitischen Akteursgruppen? Welche Interessendivergenzen treten bei den Verhandlungen auf? Inwiefern tragen NGOs und deren Netzwerke zur 'Vitalisierung' der Politik in der globalen Arena bei? Welche veränderten Bedingungen und Praktiken lassen sich in den internationalen Beziehungen erkennen? Um Antworten auf diese Fragen geben zu können, wird zunächst ein kurzer Überblick über die komplexe Problemstellung gegeben, mit denen die Akteure in der internationalen Klimapolitik konfrontiert sind. Im Anschluß daran wird das Projekt von 'global governance' in Abgrenzung zu anderen Globalkonzepten diskutiert, ehe die Herausbildung des internationalen Institutionengefüges der Klimapolitik skizziert wird. In dem so entstandenen Kontext werden die unterschiedlichen Akteure, d.h. die UN, die Nationalstaaten, die global agierenden Unternehmen, die NGOs sowie verschiedene Akteurskonstellationen und Interessendivergenzen in der internationalen Klimapolitik untersucht, um schließlich konkrete Aussagen über 'global governance' zu formulieren. Bereits an dieser Stelle sei erwähnt, daß sich über die *normative* Variante des Konzeptes hinaus deutliche 'global governance'-Kriterien benennen lassen. Über die Zielrichtung und die Erfolgsaussicht von 'global governance' als neuem Entwicklungspfad im internationalen System ist damit freilich noch nichts ausgesagt.

Neue Anforderungen an das internationale System

Die drastische Zunahme lokal erzeugter Probleme mit globaler Reichweite und die hochgradige internationale Verflechtung lokaler Räume hat alle Staaten und Gesellschaften in ein komplexes System wechselseitiger Abhängigkeiten verstrickt. Die Nationalstaaten sind dadurch in bestimmten Problemlagen an die Grenzen ihrer Steuerungs- und Handlungsfähigkeit geraten. In der erzwungenen Weltrisikogesellschaft besteht deshalb weitgehend Einigkeit darüber, daß nicht nur auf nationaler, sondern auch auf internationaler Ebene Instrumente und Mechanismen für die Lösung globaler Probleme entwickelt werden müssen. Die Menschenrechtskonferenz 1993 in Wien, die Bevölkerungskonferenz 1994 in Kairo, der Weltsozialgipfel 1995 in Kopenhagen, die Weltfrauenkonferenz 1995 in Peking, die Weltsiedlungskonferenz 1996 in Istanbul, der Welternährungsgipfel 1996 in Rom oder auch die Vertragsstaatenkonferenzen zu den unterschiedlichen Konventionen (Klima, Biodiversität, etc.) sind klare Anzeichen dafür, daß die gemeinsamen Anstrengungen für die Lösung sozialer und ökologischer Probleme auf der globalen Ebene intensiviert werden sollen (zu den Weltkonferenzen vgl. Messner/Nuscheler 1996b). Habermas vermutet, daß wir uns „auf dem ungewissen Weg zu postnationalen Gesellschaften" (Habermas 1996:130) befinden. Die UN-Konferenzen haben aber auch die Schwierigkeiten deutlich werden lassen, die mit den neuen Herausforderungen an das internationale System verbunden sind. Sowohl die Stärkung internationaler Politikprozesse durch nationalstaatlich dominierte Verhandlungsregime als auch autonomieschonende Koordinationsmechanismen unter einer Vielzahl von staatlichen, nicht-staatlichen und marktwirtschaftlichen Akteuren, die zunehmend in der internationalen Politik aktiv werden, lassen sich aus steuerungstheoretischer Perspektive mit einer effektiven Bearbeitung und Lösung der neuen Globalprobleme nur schwer in Einklang bringen.[4] Noch existiert kein spezifischer organisatotischer oder institutioneller Ordnungsrahmen, der den neuen Weltproblemen, den erweiterten Verhandlungssystemen oder der demokratischen Abfederung der internationalen Prozesse gerecht werden würde. Wenn nicht mehr nur die 'Staatenwelt' und internationale Institutionen an der Politikgestaltung beteiligt sind, wird auch die Frage nach der angemessenen Partizipation der nicht-staatlichen und marktwirtschaftlichen Akteure bzw. nach dem entsprechenden institutionellen Design als Voraussetzung für diese Partizipation aufgeworfen. Die Reformulierung und Neubegründung fundamentaler Ordnungsprinzipien läßt sich daraus allerdings nicht zwingend ableiten, zumal die weltpolitischen Machtzentren diesen Handlungslogiken nicht unbedingt folgen müssen.

Über die strukturellen Schwierigkeiten hinaus zeigen sich akteursspezifische und inhaltliche Probleme, die sich am Politikfeld 'Klima' gut veranschaulichen lassen. Hier bestehen nicht nur wechselseitige Abhängigkeiten, die das gemeinsame Interesse an globalen Problemlösungsstrategien begründen. Auch partikulare Interessen der Akteure, unterschiedliche Zielperspektiven, nationalstaatliche Unterschiede der jeweiligen Rahmenbedingungen und asymmetrische Machtstrukturen stehen als hohe Hürden der Problembearbeitung im Weg. Die Klimapolitik berührt zudem die unterschiedlichsten Politikfelder, so daß aufeinander abgestimmte Strategien entwickelt werden müßten. Denn der Verkehr, die Industrie, die Bauwirtschaft oder die Land- und Forstwirtschaft sind ebenso wie das Konsum- und das Freizeitverhalten jedes Einzelnen in die Ursachen- und Wirkungskette der klimaschädigenden Treibhausgasemissionen eingebunden.

Während die Verursacher von umweltschädlichen Emissionen und die Adressaten für Lösungskonzepte oftmals identisch sind, muß gleichzeitig die sich verschärfende Teilung der Welt in 'haves' und 'haves not', in 'arme' und 'reiche', berücksichtigt werden. Daß bspw. Smog als demokratisch angesehen werden kann (Beck 1986:48), mag in den 'global cities' zwar bedingt zutreffen. Ansonsten können sich die wohlhabenden Schichten der Bevölkerung den Umweltschadstoffen und Klimaveränderungen *noch* eher entziehen als dies für die in Armut lebenden Menschen der Fall ist. Da zusätzlich die Ursachen- und Wirkungszusammenhänge zwischen den Entwicklungs- und Industrieländern insgesamt ungleich verteilt sind, muß in der internationalen Klimapolitik die Frage der Gerechtigkeit thematisiert werden. Schließlich ist zwischen einer kurzfristig ausgerichteten Symptombekämpfung oder der Mißachtung dieser Symptome (Intra-Generationen-Konflikt) und den langfristigen Dimensionen der Klimaveränderungen (Inter-Generationen-Konflikt) zu unterscheiden. Damit werden auch ethische Fragen aufgeworfen. Aus diesen komplexen Problemzusammenhängen, die vor dem Hintergrund der nationalen und globalen Ungleichverteilung von Macht, Ressourcen und Lebenschancen unterschiedlich interpretiert und bearbeitet werden, lassen sich die schwierigen Abstimmungsprozesse, mit denen das internationale System konfrontiert ist, bereits erkennen.

'Global governance' und andere Globalkonzepte

In Wechselwirkung mit dieser komplexen Problemstellung muß 'global governance' seine Qualitäten beweisen, um als ernstzunehmendes Konzept Relevanz zu erlangen. Gleichzeitig muß aber auf ältere Globalkonzepte rekurriert werden, um die Besonderheiten des Konzeptes herausfiltern zu können. 'Global governance' hebt sich zunächst von einer 'Neuen Weltwirtschaftsordnung' ab. Die Staaten der Dritten Welt forcierten hier vor allem in den 70er Jahren die Diskussionen um ihre kolonial geprägte und abhängige Weltmarktintegration. Die asymmetrischen Handelsbeziehungen zwischen den Ländern der Dritten Welt als den Rohstofflieferanten und den Industrieländern als den Fertigwarenproduzenten sollten durch staatliche Transferleistungen in den Süden, den Abbau protektionistischer Maßnahmen oder durch Rohstoffkartelle ausgeglichen werden. Überdies verlangte die G77, die Gruppe der Entwicklungsländer, schon damals eine Neustrukturierung der internationalen Institutionen.

Die nationalstaatlichen Aufgaben, die sich aus den ökonomischen Dimensionen des Nord-Süd-Konflikt ergaben (und die nach wie vor nicht gelöst sind), haben sich im Zuge der Globalisierung grundsätzlich gewandelt. Andere Prioritäten wurden gesetzt: Nun gerät die Forderung nach einem kohärenten System in den Vordergrund, durch das die Handlungsräume lokal, national und international verknüpft werden können. Damit ändert sich auch die Rolle des Staates: „... the policies and practices of states in distributing power upwards to the international level and downwards to sub-national agencies are the sutures that will hold the system of governance together" (Hirst/ Thompson 1995:423). So wird den Staaten im 'global governance'-Diskurs einerseits eine Scharnierfunktion zwischen den lokalen und internationalen Handlungsräumen zugewiesen, andererseits werden die asymmetrischen Weltmarktstrukturen zwischen Zentrum und Peripherie durch eine neue Problemsicht abgelöst, in der nur noch zwischen 'lokal' und 'global' unterschieden wird. In dem einprägsamen Bild des 'global village', das gleichzeitig so fern der Nord-Süd-Realität ist, wird diese Problemverschiebung besonders deutlich.[5]

Einen ganz anders motivierten Versuch zur Herstellung einer 'neuen Weltordnung' unternahm Anfang der 90er Jahre US-Präsidenten George Bush. Sie sollte am 'Ende der Geschichte' den Ost-West-Antagonismus ablösen, diente aber dazu, die hegemoniale Stellung der USA im internationalen System 'militärisch' abzusichern. Die Erzeugung und Aufrechterhaltung des Wohlstandsmodells in den Industrieländern Nordamerikas und Westeuropas durch gesicherte Energie- und Ressourceninputs war, wie sich während des Golfkrieges deutlich zeigte, handlungsweisend. Diese auf machtpolitischen und ökonomischen Interessen beruhende 'Ordnung' unter US-amerikanischer Vorherrschaft dürfte in Sicherheitsfragen und unter ökonomischen Aspekten weiterhin ihre Gültigkeit besitzen. Eine Anwort auf die neuen Globalprobleme ist von dieser Ordnung aber nicht zu erwarten.

Die 'Commission on Global Governance' schlägt für die 'neuen' Globalprobleme ein weitergefaßtes Konzept vor: „Ordnungspolitik bzw. Governance ist die Gesamtheit der zahlreichen Wege, auf denen Individuen sowie öffentliche und private Institutionen ihre gemeinsamen Angelegenheiten regeln. Es handelt sich um einen kontinuierlichen Prozeß, durch den kontroverse oder unterschiedliche Interessen ausgeglichen werden und kooperatives Handeln initiiert werden kann. Der Begriff umfaßt sowohl formelle Institutionen und mit Durchsetzungsmacht versehene Herrschaftssysteme als auch informelle Regelungen, die von Menschen und Institutionen vereinbart oder als im eigenen Interesse angesehen werden" (SEF 1995:4).

Diese vage Definition trägt zumindest der Tatsache Rechnung, daß neben wirtschaftlichen und sicherheitspolitischen Aufgaben, die von den Nationalstaaten und internationalen Institutionen bearbeitet werden, soziale und ökologische Probleme aufgetreten sind, die auf breiter institutioneller und gesellschaftlicher Basis gelöst werden müßten.[6] Die Verknüpfung verschiedener Handlungsräume, die Mitarbeit einer Vielzahl nicht-staatlicher Akteure sowie die Verbindung von 'bottom up'- und 'top down'-Strategien müßten entsprechend der 'Commission' wichtige Merkmale des kontinuierlichen Prozesses sein. Denn eine effektive Implementation von Maßnahmen zur Problemlösung würde nicht nur die Umsetzung der Vereinbarungen in nationale Gesetze bedeuten, sondern müßte sich auch in einem veränderten Verhalten der Adressaten 'vor Ort' niederschlagen. Zusätzlich zu den traditionellen Feldern der internationalen Politik werden gleichzeitig neue internationale Politikfelder abgesteckt, in denen die Notwendigkeit einer breitgefächerten Kooperation betont wird.

Die etablierten Institutionen hegemonialer Interventionspolitik wie Weltbank, WTO oder Internationaler Währungsfonds (IWF), in denen internationale Absprachen getroffen und Regelungsmechanismen entworfen werden, bestehen demnach parallel zu den neuen Formen internationaler Ordnungspolitik. Bei diesen machtvollen Regulationsinstanzen handelt es sich um Institutionen des Marktes, die nicht der demokratischen Legitimation und den konsensualen Absprachen bedürfen (vgl. auch Altvater/Mahnkopf 1996:142). Diese Institutionen sind auch ohne zivilgesellschaftliche Abfederung handlungsfähig und lassen partizipativen Tendenzen kaum einen Raum. Für die NGOs hat das weitreichende Konsequenzen: „Die NRO werden als 'nützliche Partner' in die Global Governance-Architektur inkorporiert, solange sie gebraucht werden, bleiben aber im Konflikt mit mächtigen politischen und wirtschaftlichen Interessen Juniorpartner. Sie bilden also nicht den Organisationskern von Global Governance" (Messner/Nuscheler 1996b:25).

Ganz anders verhält es sich dagegen bei den politischen UN-Konferenzen und den darauffolgenden Prozessen der Institutionalisierung hinsichtlich der Themen Menschenrechte, Sozialpolitik, Klima oder Biodiversität. Hier wird die Partizipation gesellschaftlicher Akteure zur Herstellung von Legitimation und Erzeugung von Glaubwürdigkeit durchaus gesucht. Der Übergang von der Staaten- und Wirtschaftswelt zur Gesellschaftswelt findet also nur in ausgewählten Politikfeldern statt. Ansonsten müßten auch die hegemonialen Verregelungsinstanzen, die sich als supranationales Netzwerk von Normen, Prinzipien und Regeln zur Reproduktion der globalen Ökonomie und Ordnung charakterisieren lassen (Regime-Kriterien), im Rahmen des 'governance'-Konzeptes um einen politischen Raum für den Prozeß der

Problemidentifizierung und -bearbeitung erweitert werden. Dieser Raum müßte lokale, nationale und internationale Einfluß-, Mitsprache- und Gestaltungsmöglichkeiten als 'bottom up'-Prozeß eröffnen und rückwirkend den Interessen lokaler Gemeinschaften, deren Wertvorstellungen, linguistischen Sprachräumen und kulturellen Verankerungen entsprechen ('governance'-Kriterien). D.h., den Bedürfnissen der neuen Teilnehmer, Adressaten und Betroffenen und damit einer gewachsenen und sehr heterogenen Mitgliedschaft in der Problembearbeitung müßte durch ein institutionelles und verfahrenstechnisch flexibles Design entsprochen werden.

Die 'Commission on Global Governance' verhält sich zu dieser Anforderung aber doppeldeutig, wie auch Richard Falk kritisiert: „The ethical stress on neighbourliness suggests a people oriented globalism, yet the report's strong endorsement of Bretton Woods institutions and approaches, as well as its acceptance of the dynamics of economic globalisation, implies a market-oriented globalism" (Falk 1995:574). Das heißt, daß internationale Regime hauptäschlich in den neuen Politikfeldern durch Prozesse von 'global governance' ergänzt werden und auf diesem Weg neue institutionelle sowie akteursspezifische Arrangements entstehen könnten. Umgekehrt bedeutet das aber auch, daß die Aktivitäten nicht-staatlicher Akteure in der internationalen Arena einerseits von den traditionellen 'global players' wie den Nationalstaaten, den transnationalen Unternehmen und der internationalen Finanzwelt sowie andererseits von den internatioalen Regimen überschattet werden. Beide Akteursgruppierungen werden ihre Definitions-, Entscheidungs- und Handlungsmacht zur Herausbildung von 'global governance' nicht ohne weiteres abtreten.

Aber deren unterschiedliche Ressourcen und Machtpositionen verbinden sich innerhalb des Projektes von 'global governance' mit netzwerkförmigen und nicht mehr ausschließlich hierarchischen Formen der Verhandlungs- und Entscheidungsfindung. Dies betont auch Rosenau: „ ...the possession of information and knowledge, the pressure of active or mobilizable publics, and/or the use of careful planning, good timing, clever manipulation, and hard bargaining can – either seperatly or in combination – foster control mechanism that sustain governance without government" (Rosenau 1995:15). Weiche Steuerungsmechanismen, zu denen auch Informationsbeschaffung und -streuung, diskursive und mediatorische Verfahren oder neue konfliktive und konsensuale Argumentationsstrategien gehören, würden also in der internationalen Politik an Bedeutung gewinnen.[7]

Der doppelförmige Prozeß zwischen bestehenden Regulationsinstanzen und 'governance' wird auch von Benz am Beispiel der Regionalpolitik herausgearbeitet. Er geht davon aus, daß netzwerkförmige Interaktionen „zu den existierenden Institutionen und den etablierten governance-structures hinzutreten und deren Funktionsweise unterstützen oder verändern, sie aber nicht ersetzen und ... auch nicht ersetzen können“ (Benz 1996:24). Übertragen auf die internationale Ebene bedeutet dies, daß neuartige Funktionsweisen und -bedingungen internationaler Politik im Kontext von ‘global governance’ angestrebt werden, ohne die kohärente Politikprozesse von der lokalen bis zur globalen Ebene nicht möglich sind, die aber auch die etablierten Institutionen nicht gänzlich in Frage stellen werden. Die Inkorporation von NGOs und der Gesellschaftswelt in die internationale Politik könnte demnach als eine Strategie der Regulation von sozialen und ökologischen Problemen und damit von kapitalistischen Krisenerscheinungen gedeutet werden.

Nach der Abgrenzung zur Neuen Weltwirtschaftsordnung, zur Neuen Weltordnung und zu internationalen Regimen ist nun zu fragen, welche Ordnung im Rahmen von ‘global governance’ überhaupt angestrebt wird. Aufgrund der weltweiten Ungleichheiten zwischen ‘arm’ und ‘reich’ problematisiert Eduardo Galeano den Ordnungsbegriff: „Mit dem Triumph des Ultraliberalismus trägt weltweit eine Gesellschaft den Sieg davon, in der die Ordnung ungleich mehr Gewicht hat als die Gerechtigkeit“ (Le Monde Diplomatique 8/96). Die deutsche Übersetzung von ‘global governance’ in „Weltordnungspolitik“ (SEF 1995) hat schließlich auch „den Beigeschmack von hegemonialer Interventionspolitik“ (Messner/Nuscheler 1996b:19) und ist deshalb um so kritischer zu hinterfragen.

Bedeutet Ordnung die Stabilität und Berechenbarkeit der (bestehenden) internationalen Institutionen, die Verwirklichung von Zielen unter normativen Vorgaben oder ein eindeutig benanntes Akteursumfeld? Und wie kann Ordnungspolitik mit dem prozeßhaften Anspruch von ‘global governance’ in Einklang gebracht werden (vgl. auch Kohler-Koch 1995:110)? Aufgrund der großen Interpretationsspielräume, die der Bericht zuläßt, können diese Fragen kaum beantwortet werden. Allerdings betont die ‘Commission’, wie oben unter Bezug auf Falk herausgestellt wurde, den ‘market-oriented globalism’ und einen ‘strong endorsement of Bretton Woods institutions’.

Governance kann aber auch als Regieren bzw. Funktionserfüllung aufgefaßt werden und unterscheidet sich damit von ‘government’ bzw. von Regierung als politisch-administrativer Einheit, die mit Durchsetzungsmitteln ausgestattet ist. Nach der klassischen Staatslehre ist Regieren immer an die Existenz von Regierung und Staat gebunden. Jedoch kann auch das internationale System regieren, wie Kohler/Koch (1993:117ff.) feststellt. Es gewinnt dadurch allerdings keine Regierungsgewalt, weil die Übereinkünfte wiederum im nationalstaatlichen Raum ratifiziert und implementiert werden müssen. Durch diesen Rückkopplungsmechanismus waren internationale Institutionen schon immer „eine Form des internationalen Regierens, die den Fortbestand des nationalen Regierens ermöglichte und im Ergebnis zunächst zur Ausweitung staatlicher Aktivitäten führte“ (Zürn 1996:31). Dieser Aspekt gewinnt im Zuge der Globalisierungstendenzen, durch die der Staat Souveränität an übergeordnete Instanzen abtreten muß, weiter an Bedeutung, wenn die Probleme effektiv bearbeitet werden sollen. Die ausgehandelten Maßnahmen und Programme erfahren durch den vorausgegangen Abstimmungsprozeß in der internationalen Arena ihre Legitimation und können von den Nationalstaaten zur Rechtfertigung der Politikgestaltung vor Ort genutzt werden.

Regieren kann aber nicht nur als Funktionserfüllung verstanden werden, sondern umfaßt in der nationalstaatlichen wie der internationalen Arena vielfältige Handlungsmuster der informellen Kommunikation. Dies erweitert den Handlungsspielraum vor allem der nicht-staatlichen Akteure, indem die formalen Restriktionen umgangen werden können. Der Politikstil des Lobbying macht sich diese informelle Kommunikation zunutze und wirkt indirekt auf die Verhandlungen ein, ohne daß dies in den institutionellen Strukturen und Verfahrensweisen internationaler Politik – abgesehen von den Akkreditierungsverfahren – explizit verankert wäre. Damit erhält diese Form der Politik vor allem auch im Konzept von 'global governance' eine besondere Bedeutung. Die nicht-staatlichen Organisationen können sich gleichzeitig den Einflüssen nationalstaatlicher Politik oder nationalen Mobilisierungsbedingungen entziehen und gewinnen an Autonomie, die sich durch den privilegierten Zugang zu exklusiven Informationen über internationale Entscheidungsprozesse oder zu internationalen Finanzquellen noch erweitert. Gleichzeitig findet ein Anpassungsprozeß dieser Organisationen an die institutionellen Strukturen und inhaltlichen Vorgaben der internationalen Politik statt, die den Handlungsradius und die politischen Aktionsformen wiederum in spezifische Bahnen verweist.

'Global governance' und NGOs

Einen wichtigen Impuls für die Diskussionen über 'global governance' gab die Konferenz für Umwelt und Entwicklung (UNCED) 1992 in Rio de Janeiro und die Beteiligung der nicht-staatlichen Akteure an dieser und den darauffolgenden UN-Konferenzen. Die *direkte* Beteiligung der NGOs war durch die 'Akkreditierung' möglich, während die *indirekte* Beteiligung in Form

von Parallelveranstaltungen sowie Vor- und Nachbereitungstreffen stattfand. Das gesellschaftspolitische Engagement, das mittels der NGOs zum Ausdruck kam, wurde als neue Qualität in den internationalen Beziehungen angesehen und trug erheblich zur Belebung der 'governance'-Diskussion bei: Die 'neuen' Akteure „have evolved as wellsprings of global governance" (Rosenau 1995:24) und spielen mittlerweile „crucial roles of governance" (Hirst/Thompson 1995:433). Aber auch die Diskussionen um die Weltgesellschaft und über globale Vergesellschaftungsprozesse[8] oder über die Chancen einer internationalen Zivilgesellschaft (SEF 1995:281; Kößler/Melber 1993) sind in erheblichem Maße von dieser Entwicklung beeinflußt.[9]
Die NGOs gelten bei den UN-Konferenzen als 'Repräsentanten' der Zivilgesellschaft, wobei von den UN unter diesem Kürzel auch die Lobbyverbände der Industrie oder Forschungseinrichtungen zusammengefaßt werden (dieser Typologisierung wird hier nicht gefolgt). Für diese vor allem medial vermittelte zivilgesellschaftliche Stellvertreterrolle haben die NGOs, um dem 'global governance'-Konzept zu entsprechen, eine schwierige Aufgabe zu erfüllen. Sie müßten Steuerungs-, Kreativitäts- und Problemlösungspotentiale bündeln und finanzielle Ressourcen besitzen, um an der internationalen Politik partizipieren zu können. Rückwirkend müßten die internationalen Politikkonzepte auf die lokale Ebene herunterbuchstabiert und gestreut werden, um ihre Wirkung zu entfalten. Das 'NGO-Networking' bildet ja gerade deshalb einen wichtigen legitimatorischen und demokratischen Eckpfeiler der 'global governance'-Architektur, weil durch vernetzte gesellschaftspolitische Prozesse Lokalität und Globalität als unterschiedliche Handlungsebenen verknüpft werden könnten.
Hier setzt die Frage nach der eigentlichen gesellschaftspolitischen Funktions- und Leistungsfähigkeit von NGOs und ihren Netzwerken an. Dabei müssen neben der Verknüpfung der lokalen, nationalen und internationalen Ebene zwei weitere NGO-Funktionen unterschieden werden. Zum einen müßten NGOs vor dem Hintergrund des Globalisierungsprozesses demokratische netzwerkförmige Politikformen entwickeln und institutionalisieren (Demokratisierung 'nach innen') und zum anderen eine Anpassungsleistung an das internationale Politikfeld und die Medienwelt vollbringen ('angemessene' Außenwirkung). Von den Wechselwirkungen dieser Binnenstruktur mit der Außenwirkung von NGO-Netzwerken hängen letztlich die Erfolgschancen der nicht-staalichen Akteure in der internationalen Klimapolitik ab, wobei entgegengesetzt zur Annahme der 'Commission' nicht ausgeschlossen werden kann, daß auch hierarchisch verfaßte Binnenstrukturen unter NGOs durchaus erfolgreich sein können.

In dem Bericht der 'Commisson on Global Governance' wird dessen ungeachtet auf die Notwendigkeit einer Mehrebenenkommunikation hingewiesen, duch die unterschiedliche Handlungsräume verknüpft werden sollen: „Eine wirksame globale Entscheidungsfindung muß daher auf lokal, national und regional getroffenen Entscheidungen aufbauen und diese ihrerseits beeinflussen und muß auf die Fähigkeiten und Ressourcen unterschiedlichster Menschen und Institutionen auf vielen Ebenen zurückgreifen" (SEF 1995:7). Unter demokratietheoretischen Aspekten könnte 'global governance' demnach als eine Antwort auf Partizipationsstreben der Zivilgesellschaft an den internationalen Entscheidungsprozessen angesehen werden, obgleich hier keine Verfahren zur demokratischen Mitbestimmung vorhanden sind. Schließlich soll dem gesellschaftspolitischem Engagement, das sich tendenziell über den nationalstaatlichen Raum hinaus auch auf die internationale Ebene bewegt, durch das 'global governance'-Konzept ein neues Handlungsumfeld geboten werden.

Die bisherigen hierarchischen Steuerungselemente des Staates – der als demokratisch legitimierter Rechtsstaat weiterhin die entscheidende Instanz bleibt – und die marktförmigen Entscheidungsprozesse werden entsprechend dieser Annahme um gesellschaftliche Politikprozesse ergänzt. Diese Akteurserweiterung stellt freilich noch keine Aufhebung der ungleichen Verteilung der Macht- und Problemlösungsressourcen dar. Vielmehr besitzen NGOs keine unmittelbare Macht. Ihr Einfluß auf das politische Geschehen erfolgt durch kommunikative Impulse, die NGOs über netzwerkförmige Kooperationsprozesse, durch die Medien und die Öffentlichkeit sowie auf die Macht- und Entscheidungsinstanzen auszulösen versuchen.

Ex- und Inklusionen der Globalisierungsdynamik

Während der 'Sachzwang' Weltmarkt in die letzten Nischen vordringt und Strukturanpassungen in den vielfältigsten Ausprägungen erzwingt, können die Konzeptionen von Weltgesellschaft, transnationaler Vergesellschaftung oder von 'global governance' immer nur Ausschnitte gesellschaftlicher Zusammenhänge erfassen, wenn Generalisierungen vermieden werden sollen. Der Prozeß der Globalisierung erweist sich in seinem Doppelcharakter nämlich auch als Fragmentierung. Je nachdem ob die Internet-, Medien- oder Finanzwelt betrachtet wird, die globalisierte Welt der PauschaltouristInnen, Handelsreisenden oder KonferenzdiplomatInnen, so zeigen sich ganz unterschiedliche Globalisierungdynamiken. Der Großteil der Weltbevölkerung ist

von diesen 'Welten' ausgeschlossen und wird im öffentlichen Diskurs hinsichtlich der globalen Themen Umwelt und Entwicklung, Migration oder Bevölkerungswachstum insbesondere dann weltgesellschaftlich einbezogen, wenn neue Grenzziehungen zur Sicherung des nationalstaatlichen Territoriums vorgenommen oder eigene Privilegien verteidigt werden sollen.
Diese In- und Exklusionen sowie die Machtungleichgewichte in der internationalen Politik werden in den Diskussionen um 'global governance' nicht ausreichend berücksichtigt, obgleich sich das Projekt, wie von der 'Commission on Global Governance' selbst betont wird, als Suchprozeß gestaltet. Messner faßt diese folgendermaßen zusammen: „Welche internationalen Regime, Institutionen, Instrumente und universell gültigen Handlungsorientierungen zukünftig zur Herausbildung eines 'global governance'-Systems zur Bearbeitung der Weltprobleme beitragen könnten, ist offen. Steuerungs- und Gestaltungsspielräume werden in wichtigen Politikfeldern zwischen Akteuren (internationalen Institutionen, den Nationalstaaten, den Unternehmern, gesellschaftlichen Gruppen und Organisationen) und politischen Handlungsebenen (von der lokalen, über die nationale, regionale und multilaterale Ebene) neu verteilt" (Messner 1996:d13). Durch eine empirische Annäherung an diesen Suchprozeß im Bereich der Klimapolitik soll nun der prozessuale Charakter und die akteursspezifischen Dimensionen von 'global governance' exemplarisch herausgearbeitet werden.

Die internationale Klimapolitik und ihr struktureller Ordnungsrahmen

Der Entstehungsprozeß der internationalen Klimapolitik setzte Ende der 70er Jahre ein. Seitdem hat sich in diesem relativ jungen Politikfeld ein kompliziertes und feinmaschiges Institutionengefüge von UN-Organen und Verhandlungsgremien herausgebildet, das den strukturellen Ordnungsrahmen darstellt, in denen sich die unterschiedlichen Akteure bewegen.[10] Die erste Weltklimakonferenz 1979 in Genf fand noch unter naturwissenschaftlichen Vorzeichen statt. Von VertreterInnen aus 29 Industrie- und Entwicklungsländern wurde erst sechs Jahre später, 1985, vor einem *anthropogenen* Treibhauseffekt gewarnt.[11] 1988 in Toronto wurde schließlich der institutionelle Grundstein für das neue internationale Politikfeld gelegt. Über 300 PolitikerInnen, WissenschaftlerInnen und VertreterInnen von Umweltorganisationen aus 48 Ländern einigten sich auf eine Deklaration, in der eine international gültige Klimakonvention, eine Verringerung des weltweiten Kohlendioxidausstoßes von 1988 um 20% bis zum Jahr 2005 bzw. um mehr als 50% bis zum Jahr 2050 und eine Steigerung der Energieeffizienz um 10% bis 2005 eingefordert wurde (Toronto-Ziel).

Ende 1988 wurde auch auf Veranlassung der UN-Vollversammlung das Intergovernmental Panel on Climate Change (IPCC) als zwischenstaatliches ExpertInnengremium von den UN-Organisationen für Umwelt (UNEP) und für Meteorologie (WMO) ins Leben gerufen, um über Fragen des Klimawandels zu beraten. Der erste IPCC-Bericht von 1990 (First Assessment Report) und eine Aktualisierung 1992 (Supplementary Report) trugen schließlich zur Erarbeitung der Klimarahmenkonvention bei (KRK; engl. Framework Convention on Climate Change, FCCC). Die KRK wurde 1992 bei der Konferenz für Umwelt und Entwicklung (UNCED) in Rio de Janeiro verabschiedet und trat im März 1994 in Kraft, nachdem sie von über 50 Ländern ratifiziert worden war (Art. 23, Abs. 1). Das völkerrechtlich bindende Übereinkommen, dem bereits 155 Staaten[12] beigetreten sind, besteht aus zahlreichen Absichtserklärungen und dem offen formulierten „Endziel", demzufolge versucht werden soll, „die Stabilisierung der Treibhausgaskonzentrationen in der Atmosphäre auf einem Niveau zu erreichen, auf dem eine gefährliche anthropogene Störung des Klimasystems verhindert wird" (Art. 2). Die OECD-Staaten und die ehemaligen RGW-Staaten verpflichten sich darüber hinaus, „die anthropogenen Emissionen von Kohlendioxid und anderen ... Treibhausgasen auf das Niveau von 1990 zurückzuführen" (Art. 4, Abs. 2, b). Die Ausarbeitung regelmäßiger 'Inventare' der Emissionen und Berichte über die nationalen Programme zur Minderung des Treibhauseffektes ist dagegen für alle Vertragsstaaten verpflichtend (Art. 12).

Mit dem Inkrafttreten der KRK war gleichzeitig das weitere Verfahren geregelt. Die Vertragsstaatenkonferenz zur Klimarahmenkonvention (VSK) als oberstem Gremium des Übereinkommens ist nach dem Auftakt 1995 in Berlin nun im jährlichen Turnus einzuberufen (1996 Genf/Schweiz, 1997 Kioto/Japan ...). Das 'Mandat von Berlin' trug den Ländern auf, bis 1997 ein Protokoll auszuarbeiten. Außerdem wurden die Jahre 2005, 2010 oder 2020 als Zeitziele für die Reduzierung der Emissionen benannt, ohne allerdings ein Basisjahr oder konkrete Reduktionsmengen festzulegen. Darüber hinaus wurden keine konkreten Vereinbarungen zum internationalen Klimaschutz getroffen. Auch bei der zweiten VSK 1996 in Genf wurde die Festlegung von konkreten Reduktionszielen für ein Protokollentwurf vertagt. Dadurch wird die Verhandlungsphase bis zur dritten VSK Ende 1997 schwierig. Es blieb in Genf sogar unklar, ob die Verhandlungen bis zu diesem Zeitpunkt überhaupt abgeschlossen sein müssen.[13]

Auch die wissenschaftlichen Inputs durch das IPCC dürften den Verhandlungsprozeß kaum beschleunigen, obgleich in der Ministererklärung bei der zweiten VSK die Dringlichkeit zum Handeln bestätigt wurde (vgl. FCCC/CP/1996/L.17). Das zwischenstaatliche IPCC-Gremium legte im Dezember 1995 in Rom (und nun weiterhin im Fünfjahresrhythmus) seinen zweiten Status-Bericht vor. Der 3000 Seiten umfassende Text wurde von 2500 WissenschaftlerInnen aus 100 Ländern aus klimatologischen, ökologischen sowie sozialen und ökonomischen Disziplinen verfaßt. Ein 'Summary of Policy Makers' (SPM) und ein Synthesepapier fassen diesen Endbericht noch einmal in Kurzform zusammen. In der „Erklärung von Rom" haben die Forscher erstmals die Verantwortung des Menschen für die Klimaveränderungen betont. Dort heißt es: „Es ist unwahrscheinlich, daß diese [Erderwärmung; A.B.] in ihrem Ursprung völlig natürliche Ursachen hat".

Damit wird die Notwendigkeit der Stabilisierung der Treibhausgaskonzentrationen und die Reduktionen der CO_2-Emissionen in den kommenden Jahrzehnten unterstrichen. Die Bedeutung der IPCC-Berichte gründet sich aber nicht nur auf dem wissenschaftlichen Erkenntnisstand, sondern auch auf dem Abstimmungsprozeß, an dem alle Unterzeichnerstaaten der Konvention beteiligt waren. Erst dadurch erhielten diese Berichte ihre hohe politische Relevanz (WWF 1996). Die unterschiedliche Wahrnehmung des Problems führt aber trotz der wissenschaftlichen Expertise allzuoft zu 'best-case'-Szenarien, durch die auch optimistische Schätzungen über den CO_2-Ausstoß in die Klimaverhandlungen eingehen. Die verbleibenden wissenschaftlichen Unsicherheiten, die auf den hohen natürlichen Klimaschwankungen beruhen, reichen zur Begründung von Blockadestrategien für die klimapolitischen Hardliner jedenfalls aus (siehe Missbach in diesem Band).

Als Finanzierungsinstrument wird schließlich die Globale Umweltfazilität (Global Environment Facility; GEF) genutzt, die auf eine deutsch-französische Initiative hin von der Weltbank (WB) in Zusammenarbeit mit dem UN-Umwelt- und dem UN-Entwicklungsprogramm (UNEP, UNDP) 1991 eingerichtet wurde. Der Fonds soll Entwicklungsländer und Länder Mittel- und Osteuropas sowie der GUS dabei unterstützen, die durch Umweltschutzmaßnahmen im globalen Interesse entstehenden zusätzlichen Kosten tragen zu können. Die GEF soll aber nicht nur hinsichtlich der beiden Konventionen zum Klimaschutz und zum Schutz der biologischen Vielfalt finanzielle Mittel bereitstellen, sondern auch noch Maßnahmen zum Schutz internationaler Gewässer und der Ozonschicht finanzieren. Dadurch sind die zur Verfügung stehenden Mittel den zu lösenden Globalproblemen in keiner Weise angemessen.

Für die Pilotphase der GEF (1991 bis 1993) waren Sonderziehungsrechte in Höhe von ca. 750 Mio. US$ abrufbar und nach der Umstrukturierung im März 1994 wurden von 26 Regierungen über zwei Mrd. US$ zur Wiederauffüllung zugesagt. Bis 1994 wurden erst 185 Mio. US$ an Projekte ausgezahlt, was vor allem auf die „kolossalen bürokratischen Formen" des Finanzierungsinstrumentes zurückzuführen war.[14] Bis Ende 1996 sind etwa eine Mrd. US$ in rund 200 Projekte geflossen, wenngleich ein effektives System der Kontrolle und Evaluierung der GEF-Aktivitäten sowie eindeutige Vergaberichtlinien und Transparenz noch immer fehlen. Das GEF-Instrumentarium wurde dann auch bei der zweiten VSK in Genf heftig kritisiert. Für die Weltbank bedeutet es jedoch eine strategisch wichtige Ausweitung ihrer Tätigkeit im Bereich der internationalen Umweltpolitik. Das dabei 'bedingt' auch die Kooperation mit den NGOs gesucht wird, zeigt das Internet-Diskussionsforum, das von der Weltbank in Zusammenhang mit GEF eingerichtet wurde. Allerdings haben sich die 'politischen' NGOs aus der Zusammenarbeit bereits wieder zurückgezogen. Statt dessen verfolgen im Rahmen von GEF verstärkt Projekt-NGOs ihre 'vested interests', indem sie Finanzmittel aus dem GEF-Topf zu akquirieren versuchen.

Die Vereinten Nationen als 'policy broker'

Welche Aufgabe übernehmen nun die UN in der internationalen Klimapolitik? Um eine Antwort auf diese Frage geben zu können, muß die Rolle der UN vor dem Hintergrund des beispiellosen Transformationsprozesses gesehen werden, wie er in den Jahren um 1990 nach dem Ende der Ära des Kalten Krieges ausgelöst wurde. Die fragmentarische Globalisierung von Politik, Wirtschaft und Gesellschaft, die durch das Ende der Systemkonfrontation ausgelöst wurde, sorgt für erhebliche weltpolitische Turbulenzen. Die Problembereiche, in denen Handlungsbedarf besteht, weiten sich aus und konfrontieren die UN mit neuen Anforderungen. Der militärisch-industrielle Komplex einer bipolaren Weltordnung wird von regionalen Wirtschaftsblöcken und Machtagglomerationen abgelöst. Ethnisch motivierte Konflikte und Kriege nehmen zu. Der Nord-Süd-Konflikt verschärft sich. Immer mehr Menschen leben in Armut. Die ökologischen Zerstörungen gehen ungebremst weiter. Auf die mit dieser Entwicklung verbundenen apokalyptischen Gefahren wird im internationalen System mit Organisationsstrukturen und Lösungsstrategien zu antworten versucht, die den Politikformen von gestern entsprechen. Auf die Unzulänglichkeiten, die dann in der Problembearbeitung auftreten, ist u.a. auch der Reformbedarf der UN zurückzuführen, der seit Beginn der 90er verstärkt eingefordert wurde.[15]

Die unsichere politische Position der UN ist, nachdem die großen Debatten über eine neue Weltordnung im Sande verlaufen sind, aber vor allem auf die unterschiedlichen Machtinteressen zurückzuführen, die den Sicherheitsrat oftmals entscheidungsunfähig macht. Aber auch auf die finanzielle Auszehrung durch mehrere Mitgliedsstaaten, insbesondere durch die USA, wirkt sich in deutlichen 'Lähmungserscheinungen' der Weltorganisation aus. Dadurch verringerten sich die UN-Potentiale zur humanitären Hilfe, zur nichtmilitärischen Konfliktlösung oder zur Friedenssicherung. Durch den 'transfer of authority' zwischen den UN-Blauhelmsoldaten der UNPROFOR und den Nato-Kampftruppen der Ifor im Bosnien-Konflikt Ende 1995 wurde zudem die Rolle der UN als Weltorganisation für den Frieden insgesamt in Frage gestellt. Dagegen wurden durch den Einsatz der westlich dominierten NATO militärische Konfliktlösungsstrategien aufgewertet.[16]

Die Interessenkonflikte und Machtungleichgewichte unter den Großmächten sowie zwischen den Großmächten und den schwachen Staaten verhindert ein durchgängiges, plausibles und logisches Verhaltensprinzip der UN. Ihre Funktion als Weltorganisation ist kaum definierbar, ganz im Gegenteil: „Die 'Staatengemeinschaft' verhält sich wie ein Chamäleon und besitzt offensichtlich ein widersprüchliches, aber theoretisch, politisch und moralisch strapazierfähiges Innenleben".[17] Sowohl der Sicherheitsrat als auch die Organisationsstrukturen entsprechen dann auch nicht den Erfordernissen, die mit der Welt nach 1989 entstanden sind. Auch das schwierige Verhältnis zwischen der UN und den USA trägt nicht gerade zur eindeutigen Funktionsdefinition bei. Einerseits steht die US-amerikanische Öffentlichkeit der Verlagerung von nationalstaatlichen Interessen an Entscheidungsgremien der UN skeptisch gegenüber, zumal die UN als Institution von 'unamerican activities' gesehen wird. Andererseits bewerten die Entwicklungsländer die UN gerade als Institution, die von den USA zur Verfolgung ihrer eigenen Interessen dominiert wird.

Gleichzeitig hat sich das Aufgabengebiet der UN durch globale Umweltprobleme (wie der Klimaveränderungen, der Biodiversität oder der Wüstenbildung) ausgeweitet. Doch gerade für das Management dieser Probleme hat die UN noch kein spezifisches Bearbeitungsinstrumentarium entwickelt. Auch in den offiziellen Studien zur Reform der UN taucht die Umwelt als neues Handlungsfeld nicht auf. Durch die Menschenrechts-, Weltfrauen-, Weltsiedlungs- und Weltsozialkonferenz wurden in den vergangenen Jahren von der UN verstärkt auch soziale Themenbereiche aufgegriffen, aber keine kohärenten Strategien entwickelt, wie mit den hier behandelten Problemen und der Verknüpfung der sozialen mit den ökologischen Dimensionen dieser Probleme umgegangen werden soll. Insgesamt hat sich sowohl unter sozialen als auch ökologischen Gesichtspunkten die Lebenssituation der Menschen auf dem Globus verschlechtert, die sozialen Ungleichheiten haben zugenommen. Die UN-Dokumente aus Agenden, Konventionen oder Absichtserklärungen stellen dementsprechend eine unbefriedigende Antwort auf diese Probleme dar: Die Weltkonferenzen der vergangenen Jahre sind nur Trippelschritte, um den drängenden Globalproblemen von Seiten der UN zu begegnen.

Aufgrund dieser Entwicklungen sind die UN einem Rechtfertigungsdruck ausgesetzt, der sich aus der Entstehung neuer und gewandelter Probleme ergibt. Diesem Druck ist die Öffnung der UN geschuldet, auf die der ehemalige Generalsekretär Butros-Ghali unter Verweis auf die UN-Charta hinwirkte. Sie „beginnt mit den Worten 'Wir die Völker der Vereinten Nationen' – sie richtet sich also seit jeher an die Bevölkerung ... Ich möchte damit nicht die Bedeutung der Staaten und Regierungen herabmindern, die immer die hauptsächlichen Akteure sein werden, aber ich brauche die Unterstützung der nichtstaatlichen Organisationen".[18] NGOs sollen demnach zur Vitalisierung der internationalen Verhandlungen und als Transmissionsriemen des Institutionengefüges in Richtung mehr Transparenz, Akzeptanz und Demokratie beitragen. Der Öffnungsprozeß des UN-Systems läßt sich aber nach wie vor als ungleichgewichtige Doppelbewegung aus staatszentrierter Hierarchie und gesellschaftspolitischer Integration begreifen.[19]

Die Verteilung von UN-Organen, durch die die Bedeutung lokaler Standorte und die Integrationsprozesse von Nationalstaaten in das UN-System durch 'identitätsstiftende Maßnahmen' angestrebt wird, ist ebenfalls diesem Öffnungsprozeß der UN geschuldet. Durch die Dezentralisierung einzelner UN-Organe wie dem UN-Klimasekretariat und dem Büro des UN-Freiwilligenprogramms, die beide im Juni 1996 in Bonn eingerichtet wurden, soll insgesamt eine größere Legitimation der UN erreicht werden. Eine solche „Aufteilung", so faßt es Butros-Ghali zusammen, „stärkt die Universalität der UN". Die unzureichende Problemlösung oberhalb der Ebene der Nationalstaaten durch internationale Verhandlungssysteme und die fehlenden demokratischen Partizipationsmöglichkeiten nicht-staatlichen Akteure sind durch den neuentdeckten Lokalismus der UN aber noch nicht behoben.

Die UN sind trotz dieser internationalen Turbulenzen „der Ort, an dem die Bemühungen der Nationen für ein gemeinsames Ziel harmonisiert werden" (Butros-Ghali) sollen. Das bedeutet, daß *alle* Interessengegensätze zwischen den Nationalstaaten berücksichtigt werden. Um dies zu gewährleisten, treten die UN als 'policy broker' auf, indem sie versuchen, alle politisch relevanten Akteure an einen Tisch zu bringen, an dem trotz divergierender Interessen und Zielvorstellungen gemeinsame Vereinbarungen getroffen und gemeinsame Strategien entworfen werden sollen. Dieser Prozeß soll nun, aufgefächert nach zentralen Akteursgruppen und -koalitionen, am Beispiel des Verhandlungspokers im internationalen Klimaschutz nachgezeichnet werden.

Die Nationalstaaten als Hauptakteure

Das politische System der UN beruht nach wie vor auf den Nationalstaaten als den Hauptakteuren der internationalen Politik. Aber auch der traditionelle Staat befindet sich mittlerweile in einem Prozeß, durch den sich seine Rolle und seine Wirkungsweise verändert. Die Bedeutungslosigkeit nationalstaatlicher Grenzen für globale Umweltprobleme, die weltweit tätigen Medienkonzerne oder der 'neue' Aktionsradius gesellschaftlicher Akteure verringert in erheblichem Maße einzelstaatliche Entscheidungs- und Steuerungskompetenzen. Der Handlungsspielraum des „nationalen Wettbewerbsstaat" (Hirsch 1995) wird aber insbesondere durch ökonomischen Globalisierungsprozesse entscheidend eingeschränkt. Eine wesentliche Funktion aber, die in der 'global governance'-Debatte oftmals vernachlässigt wird, bleibt bestehen: „In the absence of labour mobility states will retain powers over their peoples, they define who is and is not a citizen, who may and may not recieve welfare. In this respect, despite the rhetoric of globalization, the bulk of the world's population live in closed worlds ..." (Hirst/Thompson 1995:420).
Wenn als Folge der Globalisierung spezifische Entscheidungsprozesse an die internationale Arena übertragen werden, kann das sowohl zu Souveränitätsverlusten wie zu Autonomiegewinnen der Nationalstaaten führen. Durch die Aufweichung von Innen- und Außenpolitik entstehen zwar Defizite in der nationalstaatlichen Politikformulierung und der Durchsetzung von Politikprogrammen, gleichzeitig können die Nationalstaaten in einem internationalen System wieder an Definitions- und Handlungsfähigkeit zurückgewinnen, wenn sie beide Entscheidungs- und Handlungebenen geschickt miteinander verbinden und hier Definitionsmacht über Probleme und Lösungswege erlangen. Die klimapolitische Strategie der US-Regierung, die dem Drehbuch des bevorstehenden Wahlkampfes folgte, oder die Doppelstrategie der Bundesregierung zwischen internationaler Vorreiterrolle und erheblichen nationalstaatlichen Vollzugsdefiziten können als Beispiele hierfür angeführt werden.

Wie sehen die nationalstaatlichen Interessenkonstellationen in der internationalen Klimapolitik nun aus? Nach Krägenow (1996:45ff.) lassen sich die Teilnehmerstaaten anhand von Interessenprofilen in sechs Gruppen untergliedern: die Europäische Union, die außereuropäischen OECD-Staaten, die Entwicklungsländer, die OPEC-Staaten, die Staaten Mittel- und Osteuropas und die Allianz kleiner Inselstaaten. Diese Ländergruppen, die sich im Detail noch weiter auffächern lassen, verfolgen vor allem aufgrund ihrer ökonomischen und politischen Interessen unterschiedliche Verhandlungsziele und versuchen mit ihrer jeweils spezifischen Verhandlungsmacht den internationalen Prozeß zum Klimaschutz entsprechend dieser Interessen zu beeinflussen.

In der Ministererklärung der zweiten VSK in Genf wurde einhellig ein Protokoll über „quantifizierte rechtlich bindende Ziele“ für die Senkung des Ausstoßes von Treibhausgasen gefordert (FCCC/CP/1996/L.17). Diese unverbindlichen Erklärung führte aber nicht dazu, daß in Genf das Berlin-Mandat zur Erarbeitung eines Protokolls an substantiellen Inhalten übertroffen werden konnte. Als Erfolg wurde aber die gewandelte Rolle der USA gefeiert. Das verwundert nicht, da die USA als weltweit größter Emittent von Treibhausgasen gelten und sich daraus ihr großes Gewicht für einen erfolgreichen internationalen Klimaschutz ableiten läßt. Die USA gehörten lange Zeit gemeinsam mit den OPEC-Staaten und Teilen der Industrie ('dirty triangle') sowie mit Australien und Rußland zu den Akteuren, die festgeschriebene Emissionsreduzierungen strikt ablehnten.

Erst im Vorfeld der zweiten VSK haben sich die USA gegen den Widerstand verschiedener Länder und der Energie-Lobby für schärfere internationale Klimaschutzmaßnahmen ausgesprochen. Allerdings handelte es sich dabei – wie oben erwähnt – eher um ein wahltaktisches Manöver, zumal von den USA konkrete und weitreichende Reduktionsziele auch bis Ende 1997 zur dritten VSK kaum zu erwarten sind. Die USA haben ebenso wie Australien und Kanada zwischen 1990 und 1994 ihren CO_2-Ausstoß um fast fünf Prozent erhöht. Ganz abgesehen von diesem plötzlichen Meinungsumschwung zeigt sich die internationale Stellung der USA. Als sie sich 'fortschrittlich' präsentierten, erfuhren die Verhandlungen eine neue 'Qualität'. Auch Japan, in dem Ende 1997 immerhin die dritten VSK stattfinden wird, legte im Zuge dieser Entwicklung seine Blockadehaltung ab. Um die japanische Klimabilanz ist es dennoch schlecht bestellt: Zwischen 1987 und 1992 haben sich die CO_2-Emissionen um 23 Prozent erhöht.

Von der Europäischen Union, die mit einem erweiterten Beobachterstatus ausgestattet wurde und lange als klimapolitische Vorreiterin galt, kann kaum noch ein einheitliches Bild gezeichnet werden. Zwar wird als Ziel proklamiert, die CO_2-Emissionen bis zum Jahr 2000 wieder auf das Niveau von 1990 herunterzufahren. Doch bei der Festlegung klarer nationaler Zuständigkeiten konnte keine Einigung erzielt werden. Die südeuropäischen Länder Portugal, Griechenland und Spanien beharren auf ihrem Entwicklungsstatus, der ihnen Emissionszunahmen in gewissem Maße zugesteht. Aus Dänemark und den Niederlanden kann zwar eine aktive Energieeffizienzpolitik vermeldet werden. Aber auch diese Länder dürften ihre Reduktionsziel nicht erreichen. Deutschland konnte aufgrund seiner 'wallfall-profits' aus dem Zusammenbruch der DDR-Industrie fortschrittliche Töne in der Klimapolitik anschlagen. Seine beim Klimagipfel 1995 in Berlin noch konstatierte Vorreiterrolle wird durch die reale Entwicklung der CO_2-Emissionen allerdings widerlegt. Die Bundesregierung strebt bis zum Jahr 2005 eine 25-30prozentige Reduzierung der CO_2-Emissionen bezogen auf 1987 an. Die politische Praxis zeigt jedoch eine völlig unzureichende Realisierung dieser Zielvorgabe. Das Bundeswirtschaftsministerium hat bereits ein Jahr nach der ersten VSK verkündet, daß lediglich eine zehnprozentige CO_2-Reduktion realistisch sei. Das gleiche Miniserium hat schließlich eine Studie in Auftrag gegeben, in der die Klimapolitik der Bundesregierung schlechte Noten erhält. Die Reduktionsziele seien nur dann als realistisch einzuschätzen, wenn bis zum Jahr 2005 rund 700 Mrd. Mark zur Sanierung der Altbauten bereitgestellt würden; aufgrund der allgemeinen Sparmaßnahmen ein visionäres Unterfangen.

Die Transformationsländer Ost- und Mitteleuropas haben eine Sonderstellung in den Verhandlungen, weil ihre CO_2-Werte wegen des Rückgangs der Industrieproduktion nach dem Ende des realexistierenden Sozialismus heute weit unter dem Niveau von 1990 liegen. Allerdings verlangen diese Länder den Spielraum für zukünftige Steigerungen ihrer Emissionen im Zuge erwarteter Industrialisierungsprozesse. Ähnlich argumentieren die Entwicklungsländer, deren ökonomische Situation mit dem Prinzip der „gemeinsamen aber unterschiedlichen Verantwortlichkeiten" in der KRK (Art.3,1) Rechnung getragen wurde. Unter der G77 haben bei der zweiten VSK die Ölexporteure die Oberhand gewonnen. Sie befürchten, daß Klimaverpflichtungen ihre Deviseneinnahmen erheblich schmälern würden.

Demgegenüber wird eine effektive Klimaschutzpolitik für die kleinen Inselstaaten (Alliance of Small Island States; AOSIS) zu einer Überlebensfrage. Dem von ihnen 1995 bei der ersten VSK in Berlin vorgelegten Entwurf für ein CO_2-Reduktionsprotokoll, in welchem eine Verminderung des Ausstoßes in den Industrieländern um 20 Prozent im Zeitraum von 1990 bis 2005 gefordert wurde, stimmten auch einhellig die in Berlin vertretenen NGOs zu.

Dennoch hatte die NGO/AOSIS-Koalition gegenüber den erdölexportierenden Ländern wie Saudi Arabien, Kuweit und Venezuela als den Blockiererstaaten eine nur schwache Verhandlungsposition. Die ökonomischen Interessen dieser Staaten, die an Öl und Kohle ihr Geld verdienen, stellen – unmittelbar nach den Interessen der USA – eine erhebliche Barriere für die weitere Entwicklung einer wirksamen internationalen Klimapolitik dar.[20] Bisher konnte aufgrund dieser Interessendivergenzen noch nicht einmal eine Geschäftsordnung verabschiedet werden, d.h. es ist noch nicht geklärt, welche Abstimmungsmehrheiten für ein verbindliches Protokoll notwendig sind.
Unter Berücksichtigung der hier skizzierten nationalstaatlichen Interessenlagen, die durch die nachfolgenden Akteursgruppierungen zu beeinflussen versucht werden, müssen die für das Weltklima zentralen Entscheidungen getroffen werden. Dabei hat der Nationalstaat die Doppelfunktion, zum einen im internationalen System zu einer Einigung beizutragen als auch den nationalen Interessen gerecht zu werden. Mit Wolf-Dieter Narr läßt sich über den Nationalstaat sagen: „seine vielbesprochene 'Krise' ist keine seiner Existenz –, so sehr es auch an seiner globalen Reichweite und seiner globalen Präsenz hapert. Er vertritt nun einmal die Interessen jedenfalls der einflußreichen Schichten seiner Bevölkerung, egal, in welchem Rahmen internationaler Institutionen 'er' ansonsten mitgipfelt"[21]. Welche Handlungsspielräume und Einflußmöglichkeiten haben vor diesem Hintergrund nun die Akteure des Marktes und des nicht-staatlichen Sektors in der internationalen Politik?

Die 'grauen' NGOs des Marktes

Ob „volunteer or profit-making organizations ... NGOs may serve as the basis for, or actually become, nascent forms of transnational governance" (Rosenau 1995:23). Ohne dieser Begriffstypologie – wie schon erwähnt – folgen zu wollen, wird hier die Bedeutung von Marktakteuren und nichtstaatlichen Akteuren gleichermaßen für die Herausbildung von 'global governance' unterstrichen. Damit wird der zunehmenden Zahl nationaler und multinationaler Konzerne Rechnung getragen, die sich nicht nur an Verwertungsstrategien orientieren, sondern auch als 'pressure group' die politischen Bedingungen mitbestimmen wollen, die ihre Konzernstrategien möglicherweise behindern könnten. Außen vor bleiben allerdings in einem solchermaßen breit definierten NGO-Topf die Machtungleichgewichte zwischen diesen beiden Akteursgruppen und die unterschiedlichen Handlungslogiken, denen sie jeweils folgen.

Das zentrale Motiv, an dem sich die Argumentationslinien der Akteure des Marktes in den internationalen Politikprozessen treffen, stellt zunächst die Realisierung von Profiten dar. Sowohl die mehr oder weniger erfolgreichen 'greenwash'-Aktivitäten verschiedener Unternehmen, durch die das eigene Image aufgebessert werden soll, als auch die offensichtlichen Blockaden von klimapolitischen Hardlinern lassen sich unter diesem Ziel zusammenfassen. Mittels hochbezahlter ExpertInnen versuchen die 'grauen' Marktakteure das Konferenzgeschehen durch Lobbyarbeit in ihrem Sinne zu beeinflussen. Darüber hinaus existieren durchaus Interessendivergenzen zwischen der Versicherungswirtschaft als „immer aktiverem Bündnispartner der Umweltbewegung" (Müller-Kraenner 1996:46), der erdölverarbeitenden Industrie oder anderen innovativen Wirtschaftskreisen.

Die 'Global Climate Coalition' aus Autoherstellern, Ölfirmen, Kraftwerksbetreibern und Chemiekonzernen setzte die US-Regierung erheblich unter Druck, weil sie bereits im Vorfeld der zweiten VSK von ihrer reinen Blockadepolitik abrückte. Der Verband der deutschen Automobilindustrie (VDA) zieht eine Selbstverpflichtungserklärung den internationalen Absprachen vor: „Competition is the best way to achieve greater efficiency and to reduce fuel consumption; national or international legislative measures are not an alternative". Auch der Bundesverband der Deutschen Industrie (BDI) setzte auf den Markt als Steuerungsinstrument: „zusätzliche Belastungen durch fiskalische und ordnungsrechtliche Maßnahmen"[22] wurden abgelehnt. Diesen mächtigen Vetogruppen, die im Hintergrund und ohne großes Aufsehen ihre Lobbyarbeit betreiben, stehen Interessengruppen gegenüber, die für internationale Übereinkünfte eintreten.

Für die Rückversicherungen sind die volkswirtschaftlichen Gesamtschäden, die durch den Klimawandel hervorgerufen werden, ein zentrales Kriterium für eine erfolgreiche Klimapolitik. In verbandsinternen Statistiken wurden die weltweiten Schäden 1995 immerhin mit der neuen Höchstmarge von 180 Milliarden US$ bilanziert.[23] Angesichts dieser Entwicklung, die in verbandsinternen Studien mit dem mangelnden Klimaschutz in Verbindung gebracht wurde, schlagen die Risikoschützer jetzt 'grüne Töne' zur Begrenzung der Schäden an und treten mit deutlichen Forderungen nach Klimaschutzmaßnahmen an die Öffentlichkeit und in den internationalen Verhandlungsprozeß ein. Allerdings leben diese Versicherungen von Risiko und Schaden; werden sich also auf ein Zuschußgeschäft kaum einlassen. Bei hoher Wahrscheinlichkeit eines eintretenden Schadenfalls werden sie mit Abstinenz reagieren. Ihr Engagement bei den Klimaverhandlungen muß daher auch als PR-Aktion und als Gunst der Stunde zur Imageverbesserung gesehen werden. Während des Berliner Klimagipfels wurde – von einer 'grünen' NGO initiiert – auch das Lobbyorgan der innovativen Unternehmerschaft, der „European Business Council for a Sustainable Energy Future", und bei der zweiten VSK in Genf der „Unternehmerrat für eine nachhaltige Energiewirtschaft" ins Leben gerufen. Beide Zusammenschlüsse versprechen sich durch Energieeffizienz-Maßnahmen in der Klimapolitik Arbeitsplatzeffekte. Aber auch hinter diesen Initiativen steht letztlich das Primat der 'grünen' Profite im Öko-Kapitalismus.

Die 'Newcomer' in der internationalen Politik

Die NGOs und ihre Netzwerke können nach den Nationalstaaten, den internationalen Regulationsinstanzen und den transnationalen Konzernen als die 'Newcomer' in der internationalen Politikarena bezeichnet werden.[24] Der Appell an die NGOs, sich an der internationalen Politik zu beteiligen, und die Aufforderung an die Staaten, Mechanismen und Instrumente zur Beteiligung von NGOs im nationalstaatlichen Raum zu erarbeiten, findet bereits routinemäßig Eingang in die offiziellen UN-Dokumente (bspw. KRK: Art. 4, Abs. 1(i); Agenda 21, Kap. 27, Abs. 5). Diese Integrationsmechanismen werden kombiniert mit Formen der funktionellen und räumlichen Dezentralisierung, indem bspw. die Erarbeitung lokaler Agenden empfohlen wird. Darüber hinaus sind jedoch die Formen der angemessenen Repräsentanz ('nach innen') und Partizipation ('nach außen') der NGOs keinesfalls geklärt.
Den NGOs wird aufgrund dieser gesellschaftlichen Öffnung der internationalen Konferenzdiplomatie ein 'policy window' geöffnet, das ihnen zunächst Handlungsspielräume bietet, das aber auch zur Stärkung und zur Behebung der Glaubwürdigkeitskrise und des Legitimationsdefizits des UN-Systems beitragen soll. Mit der Akkreditierung sind die Partizipationsmöglichkeiten und -bedingungen an den Verhandlungsrunden und Entscheidungsgremien aber nicht eindeutig festgelegt.[25] Die Benennung von 'offenen' und 'geschlossenen' Foren in den UN-Verhandlungsrunden unterliegt statt dessen den nationalstaatlichen Delegierten. Sie können so – je nach Interessenlage – den Ausschluß der NGOs und aller anderen 'unwichtigen' Delegationen von den wichtigen Verhandlungen bewirken. Während des Berliner Klimagipfels 1995 geschah dies völlig unerwartet. Durch die relativ offenen Beteiligungsmöglichkeiten bei den Vorbereitungstreffen zur ersten VSK hatte sich eine Art Gewohnheit entwickelt, die nun gebrochen wurde. Dies sorgte für erhebliche Unruhe unter den NGOs, zumal ein Recht auf Partizipation von NGO-Seite aus nicht einklagbar ist. So blieb ihnen 'nur' der Weg über in-

tensives Lobbying und über die Medienöffentlichkeit, um ihrem Anspruch auf Teilnahme an den Verhandlungen – der später auch bedingt gewährt wurde – Nachdruck zu verleihen. Es bestand auch keine Einigkeit unter den NGOs darüber, wie die 'ausgewogene' Teilnahme nicht-staatlicher Akteure an den Verhandlungsrunden gewährleistet werden kann bzw. in welcher Form benachteiligte Gruppen Unterstützung erfahren könnten. Die Partizipation gelang vorwiegend gut organisierten, einflußreichen und finanziell potenten Akteuren aus den Industrieländern.

Die Dominanz westlicher und finanzstarker NGOs läßt sich leicht nachweisen. Die fünf NGO- bzw. Netzwerk-Multis der internationalen Klimapolitik heißen Climate Action Network (CAN), Greenpeace, Robin Wood, Germanwatch und World Wide Fund for Nature (WWF). Ein genauer Blick auf die Teilnehmerliste (entsprechend ihrer offiziellen Akkreditierung) ergibt darüber hinaus folgendes Bild: Auf der ersten VSK im Frühjahr 1995 in Berlin nahmen vom internationalen Climate Action Network bspw. 124 (und bei der VSK 1996 in Genf 27) Einzelpersonen aus Europa, 36 (7) aus den USA, 17 (11) aus Afrika, 10 (1) aus Südostasien und 5 (2) aus Lateinamerika teil.[26] Diese Zahlen deuten an, daß durch die geographische Ungleichverteilung nicht nur die Interessen lokaler Gemeinschaften, sondern ganzer Weltregionen aus zivilgesellschaftlicher Perspektive marginalisiert werden. Politische Globalisierung bedeutet also gleichermaßen die In- und Exklusion gesellschaftlicher Akteure bzw. lokaler Interessen. Der Öffnungsprozeß der UN befindet sich daher aus nicht-staatlicher Perspektive in einer Schieflage, ganz abgesehen davon, daß demokratische Legitimität oberhalb der Ebene des Nationalstaates vor dem Hintergrund dieser Zahlen auf lange Sicht hin noch nicht zu erwarten ist. Gleichzeitig dokumentieren die Listen der akkreditierten TeilnehmerInnen bei der ersten und zweiten VSK das nachlassende NGO-Interesse an der internationalen Klimapolitik.

Intern sind die Interessen der vermeintliche 'NGO-Community' alles andere als homogen. Auch die sog. online-vernetzte NGO-Community streitet in wechselnden Konstellationen um mehr oder weniger kurzfristige Vorteile oder Medienresonanz. Während Robin Wood die zweite VSK als Fehlschlag bewertete, wurde die Schlußerklärung von Genf vom World Wide Fund for Nature (WWF), vom Climate Action Network (CAN) South Asia oder von Greenpeace grundsätzlich begrüßt.[27] In diesen Bewertungen der offiziellen Klimapolitik spiegelt sich allerdings selten ein breitgefächerter Meinungsbildungsprozeß unter den Mitgliedern der Organisationen wieder, sondern eine Ad-hoc-Äußerung eines 'professionals', der den Klimaprozeß intensiv verfolgt. Somit basiert die internationale Politik von NGOs, ebenso wie die nationalstaatliche Politik, nicht etwa auf demokratischen Entscheidungen zu grundsätzlichen Positionen, sondern auf repräsentativen Funktionen, die von den NGOs bzw. 'professionals' übernommen werden. Für Netzwerke gilt dies in erweitertem Sinne, da hier Organisationen – wiederum mittels 'professionals' – miteinander kooperieren.

Die spezifischen gesellschaftspolitischen Funktionen werden demnach von wenigen NGOs in der internationalen Klimapolitik erfüllt. Diese organisieren den Transport von Ideen und Interessen lokaler Akteure auf die internationale Ebene und umgekehrter, damit die ausgehandelten Übereinkünfte die Zielöffentlichkeit vor Ort erreichen sollen. Wie sich im Zusammenhang mit dem Berliner Klimagipfel gezeigt hat, waren die Interessengegensätze, Meinungsverschiedenheiten, Aktionsformen und Zielsetzungen der eher lokal, national oder international agierenden NGOs aber so erheblich, daß die Verbindungen der drei Handlungsräume nicht zustande kam (siehe Walk in diesem Band). Vielmehr wurde von den Medien die auf dem Papier vorhandenen Netzwerkstrukturen zwischen der lokalen und der internationalen Handlungsebene sowie die imposante Zahl von Einzelorganisationen, die in diese Strukturen eingebunden waren, sehr positiv aufgenommen. Über diesen 'medialen Umweg' wurde die Quasi-NGO-Community im 'global village' erst konstituiert.[28]

Netzwerkförmige Interaktionsformen im Verhandlungspoker

Die skizzierten Strukturen und Interessendivergenzen unter den beteiligten Akteuren haben gezeigt, daß die Klimapolitik ein komplexes Politikfeld darstellt, in dem sich eine einheitliche Problemanalyse, Programmformulierung und Problemlösung schwierig gestaltet. Den internationalen Konferenzen unter Beteiligung von NGOs, der Wissenschafts-Community, den Delegierten der Nationalstaaten, der Industrielobby und den Finanzinstitutionen werden deshalb zuallererst die Herstellung von Öffentlichkeit, die Verkündung moralischer Appelle und bewußtseinsbildende Effekte zugesprochen. Ein weiteres, allerdings paradoxes Erfolgskriterium wird nur unter Berücksichtigung der Interessendivergenzen plausibel: die Klimaverhandlungen werden bereits als erfolgreich bewertet, wenn kein Rückschritt erfolgt und die Blockadepolitiken der Hardliner verhindert werden können.

Abgesehen von diesen Schwierigkeiten im „Verhandlungspoker um Klimaschutz“ (Krägenow 1996) hat sich das Akteursspektrum erweitert, was durch 'global governance' begrifflich erfaßt werden kann. Das Konzept „refers to more than the formal instituions and organizations through which the management of international affairs is or is not sustained. The United Nations system and national governments are surely central to the conduct of global governance, but they are only part of the full picture" (Rosenau 1995:13). Die 'Harmonisierung' der Interessen der internationalen Staatengemeinschaft durch die Gipfel der vergangenen Jahre können aber nicht über die Konfliktpotentiale hinwegtäuschen, durch die die internationalen Politikprozesse überlagert und stetig konterkariert werden. Insofern kann der Aussage des ehemaligen UN-Generalsekretärs, daß die Konferenzen insgesamt „den weltweiten Konsens über ineinandergreifende globale Probleme"[29] fördern würden, zwar zugestimmt werden. Der Weg für die konkrete Problemlösung ist damit aber noch nicht gebahnt, wie auch die CO_2-Emissionsbilanzen der für den Klimaschutz zentralen Nationalstaaten verdeutlichen.

Andererseits fehlt es an institutionalisierten demokratischen Verfahrensweisen für die Partizipation der erweiterten Mitgliedschaften sowohl im UN-System als auch in der Binnenstruktur der 'global NGO-community'. Die Verhandlungsprozesse verlieren aus akteursspezifischer Perspektive an Transparenz, weil die entsprechenden Einflußmöglichkeiten und -chancen kaum nachvollziehbar sind. Und das Bild der 'global NGO-Community' erweist sich bei genauerer Betrachtung als Trugschluß, weil die Konfliktpotentiale und Spannungsmomente zwischen den eher lokal agierenden und den eher an der internationalen Politik orientierten nicht-staatlichen Akteure beträchtlich sind (Walk/Brunnengräber 1995). Im Zuge der Globalisierung politischer Prozesse scheinen sich dann auch eher heterogene und partikulare anstatt homogene und universale Strukturen und Interessenlagen herauszubilden.

Damit geht tendenziell die Herauslösung politischer Akteure aus der Gesellschaft in die internationale Sphäre einher, in der sich dann *nur* noch 'professionals' bewegen und die 'Neu-Eliten' sich schließlich mit den traditionellen Eliten aus Wirtschaft und Staat verbinden. Eine Kongruenz zwischen dem Kreis, der an den Entscheidungen beteiligt ist, und dem Kreis, der von Entscheidungen betroffen ist, liegt kaum vor. Ebenso fehlt es durch die mangelnde Vernetzung der Akteure auf den verschiedenen Handlungsebenenen an einer kollektiven Identität, die für demokratische Prozesse notwendig ist. Dieses Auseinanderlaufen von Kongruenz- und Identitätsbedingung führt, wie es auch Zürn am europäischen Mehrebenensystem zeigt, zu einem Demokratiedilemma (Zürn 1996:40). Habermas stellt darüber hinaus die „beunruhigende Frage, ob überhaupt eine deomokratische Meinungs und Willensbildung über die nationalstaatliche Integrationsstufe hinaus bindende Kraft erlangen kann" (Habermas 1996:153).

Die erweiterten Akteurskonstellationen unterstützen trotzt dieser weltpolitischen Unsicherheiten die Transformation internationaler Regime zu 'offeneren' Systemen. Da sich die konsensualen Vereinbarungen aber meist nur auf niedrigem Niveau einpendeln, beginnt die nächste Schwierigkeit dann, wenn die Absprachen in nationalen und lokalen Politikprogrammen konkretisiert werden müssen. Die Lobbyarbeit der Marktakteure stellt in diesem Zusammenhang auch eine Standortpolitik im internationalen System dar, wenn eine stärkere Hinwendung zu 'freiwilligen Maßnahmen' oder 'Selbstverpflichtungserklärungen' erreicht werden kann. Damit sind die eigentlichen ökonomischen Restriktionen, die einer effektiven Klimapolitik entgegenwirken, angedeutet. Auch mit der Vorlage eines Protokolls ist der Erfolg in der internationalen Klimapolitik noch nicht gewährleistet; ganz abgesehen davon, daß keine Sanktionsmechanismen für diejenigen Vertragsstaaten existieren, die sich nicht an die Vereinbarungen halten. Demgegenüber finden zwar auf kommunaler Ebene bereits einige Aktivitäten zum Klimaschutz statt, die aber aufgrund ihrer geringen Breitenwirkung nur wenig Aussicht auf Erfolg haben werden, wenn sie nicht von einer kohärenten nationalstaatlichen und internationalen Politik flankiert werden.

Die ersten Konturen von 'global governance'

Der Prozeß der Herausbildung eines neuen Steuerungs- und Ordnungsmodells, das den Nationalstaaten, den NGOs und allen anderen politikrelevanten Akteuren wie der Industrielobby, den Versicherungsgesellschaften oder den internationalen Banken *neue* Mitgestaltungs- und Handlungsmöglichkeiten in der internationalen Politikarena eröffnet, läßt sich aus einer akteursspezifischen Perspektive unter dem Begriff der 'global governance' zusammenfassen. Das Projekt gewinnt erste Konturen, die hier noch einmal im Überblick genannt werden sollen:

- 'Global governance' bedeutet die Herausbildung einer Regierungsform, die die Beteiligung von Akteuren des Staates, des Marktes und von NGOs sowie der Medien in der internationalen Arena einschließt. Das Zusammenwirken der Akteure erfolgt zum Teil in 'self-organized networks' und in einem Ordnungsrahmen, der noch immer von den UN und den Nationalstaaten vorgegeben wird.
- Internationale Regime werden in dem Prozeß der Herausbildung von 'global governance' von erweiterten Interaktionsbeziehungen durchdrungen. Eine Vielzahl von unterschiedlichen nicht-staatlichen und marktwirtschaftlichen Akteuren versuchen auf diesem Weg die Kerngruppe aus Nationalstaaten und internationalen Institutionen entsprechend der eigenen Interessen zu beeinflussen.

- Durch die Erweiterung des Akteursspektrum um die NGOs werden marktförmige und hierarchischen Steuerungsprozesse durch 'weiche' Steuerungsformen ergänzt – nicht substituiert. Weiche Steuerungsformen sind: diskursive Verfahren, Öffentlichkeitsarbeit, Lobbying, Monitoring, Wissensvermittlung, Informationsverbreitung oder Mediationsverfahren.
- Netzwerkförmige Steuerungsprozesse, wie sie im Prozeß von 'global governance' charakterisiert werden, entsprechen dem Versuch, in komplexen Problemlagen gemeinsame Regelungen zu finden. Diese gemeinsamen Regelungen pendeln sich zwangsläufig auf einem niedrigen Niveau ein und müssen erst noch in nationalstaatlichen oder lokalen Handlungskonzepten konkretisiert werden.
- Bei der Umsetzung international ausgehandelter Programme treten nach den Schwierigkeiten in den internationalen Verhandlungsprozessen die Schwierigkeiten der Programmrealisierung auf. Insofern muß 'global governance' auf der lokalen und nationalen Ebene seine Fähigkeit zur Problemlösung beweisen.
- 'Erweiterte' Netzwerkgebilde entstehen hauptsächlich in sozialen und ökologischen Problembereichen. Die sicherheitspolitischen und ökonomischen nationalstaatlichen Interessen werden weiterhin in anderen supranationalen Institutionen (NATO, WTO, G-7, IWF oder Weltbank) verhandelt. Diese Institutionen zeigen aber nur eine bedingte Offenheit für erweiterte Partizipationsmöglichkeiten anderer Akteure.
- Das Projekt von 'global governance' ist ein mehrdimensionales, d.h. ein demokratisches, ordnungspolitisches und steuerungstheoretisches Experiment, mit dem auf die vielfältigen Globalisierungsprozesse reagiert wird. Es entfaltet sich als ergebnisoffener Suchprozeß.

'Local globalization' als Perspektive

Mit diesen 'governance'-Kriterien ist noch nichts über den Erfolg einer neugestalteten Globalpolitik ausgesagt. Diese hat allerdings gegenüber den staatszentrierten Ansätzen Vorteile: „Die Interpretation der 'governance' als globales Netzwerk von Akteuren, die Politikformen entwickeln, die zur Bewältigung der jeweils zu bearbeitenden Problemen am besten geeignet sind, trägt der größeren Interdependenz einerseits und der deshalb größeren Heterogenität der betroffenen Menschen und Gesellschaften andererseits Rechnung" (Altvater/Mahnkopf 1996:555). Doch die Akteure, die an der internationalen Klimapolitik beteiligt sind, richten ihr Handeln nicht nur an den ökologischen Problemen aus. Kohärentes Verhalten wird im UN-System nur im kontextabhängigen Spannungsverhältnis von marktförmigem Wettbewerb entstehen. Die Suche nach neuen 'checks and balances', d.h. der demokratischen Kontrolle der sich globalisierenden Politik, und nach Verbesserungsmöglichkeiten des institutionellen Designs für diese Bestreben findet also in der freien Wildbahn neoliberaler Marktideologien statt.

Dicht geknüpfte Netzwerke werden die Aufgaben zur Herstellung von 'global governance' nicht erfüllen können. Netzwerke müssen dagegen sparsam verbunden sein, um die Nutzung erschlossener Gestaltungsräume zu überwinden und zur Erkundung neuer Möglichkeiten überzugehen. Flexible institutionelle und autonomieverträgliche Formen der Problembearbeitung müßten demnach entwickelt werden, die 'loosly coupled interaction' zulassen. Bei gleichzeitiger Ausweitung des Akteursspektrums könnte so genügend Raum für Kreativität und für Veränderungen entstehen, der den globalen Problemen gerecht wird. Politische Handlungszenten in der internationalen Politikarena konnten diese Anforderungen noch nie erfüllen, ebenso wie sie auch der Komplexitätszunahme durch starre Verfahren, Regeln und Normen nicht entsprechen konnten.

Die widersprüchlichen Handlungsbedingungen von (informellen) Akteursnetzwerken und formale Institutionen der internationalen Politik und deren Wechselwirkungen mit ökonomischen Verwertungs- und ökologischen Entwertungsprozessen sind deshalb noch nicht aufgelöst, wie auch Elmar Altvater konstatiert: „Wo im ökonomischen Raum Konkurrenz zwischen Marktakteuren (Globalisierung) herrscht, da wäre im politischen Raum Kooperation, Konsens, Anerkennung zwischen Staatsbürgern in ziviler (Welt)gesellschaft (Universalisierung) verlangt. Diesen Widerspruch zu überbrücken ist schwierig, vielleicht ausgeschlossen."[30] Gesellschaftspolitische Aktivitäten und die organisierte Partizipation, verstanden als reine Gefälligkeiten der Macht im internationalen Raum, können ganz im Gegenteil auch zur Staatsentlastung beitragen und Freiraum für marktwirtschaftliche Prozesse schaffen. Es handelt sich dann eher „ ... um die tendenzielle Stabilisierung typischer Problemstrukturen von Industriegesellschaften auf dem Wege der Symptombehandlung" (Jänicke 1993:67).

Die gesellschaftspolitischen Potentiale von NGOs werden dieser Logik entsprechend, wie auch Rainer Falk ausführt, im internationalen Verhandlungsreigen von den supranationalen Institutionen nicht generell genutzt. „Während sich das schillernde Spektrum aus Grassroots und Non-Governmental Organisations (NGOs) auf den Weltgipfeln von Rio bis Peking noch an den 'weichen' Themen abarbeitet, wurden mit der institutionellen Umsetzung der Freihandelsphilosophie in einer Serie von Abkommen die 'harten' ökonomischen Rahmendaten für den Rest des Jahrhunderts gesetzt".[31] Der Prozeßverlauf in Richtung 'global governance' ist unter diesem Blickwinkel höchst ungewiß. Er könnte nach dem Ende der großen UN-Konferenzen der letzten

Jahre eine ganz andere Dynamik gewinnen, so daß die zunehmende Triadisierung der Weltwirtschaft krisenhaft verläuft: „Kein feingesponnenes und hochkomplexes Netzwerk also, sondern einige dicke G 7- oder auch nur G 3-Taue, die mit Macht kräftig und autoritär gezogen werden, um die Welt gemäß den eigenen Interessen in Bewegung zu setzen oder still zu halten, je nach Interessenlage" (Altvater/Mahnkopf 1996:556).

Dem gilt es ein visionäres Konzept entgegenzusetzen. So wie Akio Morito, der Gründer von 'Sony', unter 'global localization' die Suche des transnationalen Finanzkapitals nach den profitabelsten Verwertungsräumen versteht, müßte unter 'local globalization' ein gesellschaftliches Projekt zusammengefaßt werden, durch das lokale Interessen im globalen Raum politisch aufgegriffen und verarbeitet werden. Dabei muß Spielraum für politische Prozesse unter Berücksichtigung der Präferenzen und Partikularinteressen der Bevölkerung vorhanden sein. Bleibt die Frage, über welche Prozesse und Verfahren welche NGOs in die Entscheidungsprozesse zukünftig eingebunden werden. Die Partizipationsrethorik, die oftmals für die politische Legitimationsbeschaffung betrieben wird, muß in konkrete Verfahrensweisen umgewandelt werden. Die 'nach außen' gerichtete Demokratisierung kann aber nur gelingen, wenn gleichzeitig ein 'nach innen' orientierter Prozeß der Konsensfindung, der Transparenz und der Handlungslegitimation einhergeht. Dann besteht die Möglichkeit, der Entkopplung der Gesellschaft von politischen Prozessen, die durch die Globalisierung droht, ein emanzipatorisches Projekt entgegenzusetzen, durch das die globalisierte Politik in die Gesellschaft zurückgeholt werden kann. 'Global governance' wäre in diesem Sinne als globaler Marktplatz zu verstehen, auf dem sich die Gesellschaft wieder versammelt.

Anmerkungen

1 Der hier präsentierte Text entstand im Rahmen der 'Berlin-Forschung', einem Förderungsprogramm für junge Wissenschaftlerinnen und Wissenschaftler an der Freien Universität Berlin. Der Titel des Projektes, welches in Zusammenarbeit mit Heike Walk durchgeführt wird, lautet: „Die internationalen Nord-Süd-Beziehungen als lokale Politikarena. Nicht-Regierungs-Organisationen, ihre Vernetzungen und die Formen ihrer Interaktion mit dem politisch-administrativen System – untersucht am Beispiel der Vertragsstaatenkonferenz zur Klimarahmenkonvention 1995 in Berlin".

2 Auf die hohe Komplexität der dynamischen Zusammenhänge zwischen diesen 'Kernproblemen des Globalen Wandels' hat Ende 1996 der 'Wissenschaftliche Beirat Globale Umweltveränderungen' (WBGU) der Bundesregierung hingewiesen. Er plädiert für einen 'systemaren Ansatz' bei der Betrachtung der genannten

Kernprobleme, dem hier gefolgt werden soll. Erst dadurch wird die 'globale' Dimension der Probleme deutlich.

3 Für einen Überblick und eine erste kritische Auseinandersetzung mit dem Bericht der 'Commission on Global Governance' vgl. Messner/Nuscheler 1996a und Messner 1996. Mit Kontroll- und Steuerungsmechanismen im Rahmen der 'global governance'-Diskussion beschäftigt sich Rosenau (1995). Die Bedeutung des Nationalstaates untersuchen Hirst/Thompson (1995) und eine regulationstheoretisch angelegte Perspektive auf 'global governance' eröffnet Jessop (1995). Rhodes (1996) diskutiert die Veränderungen des britischen Regierungssystems anhand von 'governance'. Zu den Standardwerken zu diesem Thema zählt sicherlich der von Rosenau/Czempiel (1995) herausgegebene Sammelband.

4 Dieses Problem diskutiert Zürn (1995) am Beispiel des europäischen 'Mehrebensystems'. Er plädiert am Ende seines Beitrages zum einen für eine Demokratisierung der nationalen Vertretungen und zum anderen für die Einführung von direkt-demokratischen Elementen auf der europäischen Ebene.

5 Zu dieser veränderten Problemsicht vgl. auch die 'Entwicklungspolitische Konzeption' des BMZ, BMZ-aktuell 072/Oktober 1996. Darin werden zwei zentrale Eigeninteressen deutscher Entwicklungspolitik formuliert: *erstens* die „Abwehr globaler Risiken" und *zweitens* „den Wirtschaftsstandort Deutschland wieder attraktiv zu machen und zu stärken".

6 Vgl. hierzu Brauch (1996), der allerdings davon ausgeht, daß das Überlebens- und Klimadilemma das Sicherheitsdilemma ablösen wird. Derzeit scheint eher eine Gleichzeitigkeit beider Dilemmata realistisch.

7 Veröffentlichungen nationaler oder multinationaler Institutionen über die Zusammenarbeit mit NGOs erfreuen sich steigender Beliebtheit. Hier nur eine Auswahl: „Die entwicklungspolitische Zusammenarbeit zwischen nichtstaatlichen Organisationen und dem Bundesministerium für wirtschaftliche Zusammenarbeit 1989" (BMZ 1990), „Trends and Issues in the Evolving Relationship between Donor Agencies and Development NGOs" (OECD 1993, Issues Paper), „Cooperation between the World Bank and NGOs" (WB 1995), „The World Bank's Partnership with Nongovernmental Organizations" (WB 1996).

8 Zur Konzeptualisierung von Weltgesellschaft, die hier als weit fortgeschrittener Vergesellschaftgungsprozeß begriffen wird, siehe Albert u.a.: „Wir knüpfen an die Unterscheidung von Vergesellschaftung und Vergemeinschaftung bei Max Weber an ... und betrachten die internationale Gemeinschaft als Begleiterscheinung eines Vergesellschaftungsprozesses, in dessen Verlauf sich das internationale System von einem (bestenfalls) machtpolitisch ausbalancierten Selbsthilfesystem über die Herausbildung einer zwischenstaatlich verregelten 'international society' (Bull) und den Bedeutungszuwachs gesellschaftlicher Akteure zu einer Weltgesellschaft verändert" (Albert u.a. 1996:6).

9 Gleichzeitig muß konstatiert werden, daß die NGOs in den letzten Jahren zwar immer häufiger in den Mittelpunkt des öffentlichen Interesses rückten, gesellschaftstheoretische Einordnungen oder aussagekräftigen Erkenntnisse über NGOs, die sich netzwerkförmig organisieren und die internationale Arena als neuen Handlungsraum für sich entdeckt haben, aber weitgehend fehlen. Die neuen internationalen Handlungszusammenhänge, die zunehmend transnational ko-

operierenden NGOs und deren Netzwerke sowie das Aufweichen der drei Funktionsräume Markt, Staat und Gesellschaft durch netzwerkförmige Interaktionsprozesse wurden bisher nicht hinreichend untersucht. Gordenker und Weiss betonen den wissenschaftlichen Forschungsbedarf, der hinsichtlich der globalen NGO-Vernetzung im Kontext internationaler Politikprozesse besteht: „NGOs exist at the community, local, national, regional and international levels. These levels are obvious ones for analysis, but too little is known about links among them and about the direct and indirect feedback among the various levels“ (Gordenker/Weiss 1995:552).

10 Allerdings können an dieser Stelle nicht alle ständigen Einrichtungen und Nebenorgane der internationalen Klimapolitik erwähnt werden. Die Vertragsstaatenkonferenz zur Klimarahmenkonvention (VSK) als höchstem beschlußfassendem Organ hat neben der Ad-Hoc Working Group on the Berlin Mandate (AGBM) noch zwei Unterorgane, die hier zumindest erwähnt werden sollen: Besonders strittige Fragen werden auch im Subsidiary Body for Scientific and Technological Advice (SBSTA) und dem Subsidiary Body for Implementation (SBI) behandelt. Die organisatorischen und verwaltungstechnischen Aufgaben werden vom Klimasekretariat (mit Sitz in Bonn) geleistet.

11 Der anthropogene Treibhauseffekt wurde von Svante Arrhenius (1859-1927) bereits 1896 ‘entdeckt’.

12 Vgl. Climate Change Bulletin, Issue 10, 1st Quarter 1996, S.7 (Stand 2/96).

13 Einen guten Überblick über die „internationalen Verständigungsprozesse und zur Dynamik der Verhandlungen über die Weiterentwicklung der Klimarahmenkonvention der Vereinten Nationen“ geben die Broschüren des World Wide Fund For Nature (WWF), Frankfurt a.M.. Eine Einführung in die Klimapolitik bieten Sprinz/Luterbacher (1996). Müller-Kraenner/Knospe (1996) und Krägenow (1996) schildern aus der politisch-praktischen Perspektive von ‘Beteiligten’ den bisherigen Verhandlungsprozeß und diskutieren mögliche Zukunftsszenarien. Ein umfangreicher Sammelband aus Kurzberichten, in dem naturwissenschaftliche Aspekte ebenso wie die Regimebildung oder Implementationsmöglichkeiten angesprochen werden, wurde von Brauch (1996) zusammengestellt.

14 Vgl. WEED, Informationsbrief Weltwirtschaft & Entwicklung, 5/96 und zur Restrukturierung und Wiederauffüllung von GEF die BMZ-Broschüre „Die Globale Umweltfazilität“ vom Juni 1994.

15 Zur Reform der Vereinten Nationen liegen neben dem „Bericht der Commission on Global Governance“ drei weitere Studien vor: Der „Bericht über eine neue Weltordnung“ (Carlsson-Report), der „Bericht der Unabhängigen Arbeitsgruppe zur Zukunft der Vereinten Nationen“ (Quershi/von Weizäcker-Report) und der Bericht des South Centre „For a Strong and Democratic United Nations: A South Perspective on UN Reform“.

16 Vgl. Erler, Gernot: Wie die Nato das Versagen der Vereinten Nationen ausnutzte. Vom „Mythos der humanitären Intervention“ in Bosnien zum „neuen westlichen Verteidigungsbündnis“, in: Frankfurter Rundschau vom 28. August 1996, S.16.

17 So Rudolf Walther, in: Frankfurter Rundschau vom 25.6.96.

18 Die nachfolgenden Zitate sind dem Interview entnommen, das die Frankfurter Rundschau mit dem UN-Generalsekretärs Butros Butros-Ghali führte und das am 19. Juni 1996 veröffentlicht wurde.

19 Wissenschaftliche Analysen dieses UN/NGO-Verhältnisses sind Mangelware: „First and most evident, far too little useful statistical information or even basic descriptive information exists about the phenomenon of NGOs that are active in the milieu surrounding the United Nations system. This makes theory-building and policy recommendations a hazardous, if not totally nonfeasible, undertaking. We have not convincing or well-tested modells. This reflects the difficulties of grouping in a rapidly evolving, uncertain global society" (Weis/Gordenker 1995:555).

20 Über die Zusammenhänge von Öl, Macht, Reichtum und Umweltpolitik und das Spannungsverhältnis zwischen den Zielen der Ölgesellschaften und den Interessen der Nationalstaaten als einer der Wesenszüge der internationalen Politik vgl. Yergin 1993, insbes. S.295ff.

21 In: Politische Ökologie 46, Mai/Juni '96, S.20.

22 Beide Stellungnahmen wurden im März 1995 bei der ersten Klimakonferenz in Berlin veröffentlicht.

23 Es handelt sich hier um Angaben der Münchner Rückversicherungs-Gesellschaft. Dabei schlug allerdings das große Erdbeben im japanischen Kobe besonders zu Buche. Mit den Klimaveränderungen werden dagegen die Überschwemmungen und Stürme in Verbindung gebracht. Zu den Schadensdimensionen von Sturmkatastrophen vgl. auch SEF (1996): Globale Trends 1996, S.261.

24 Zwar hatten NGOs bereits zu einem viel früheren Zeitpunkt offiziellen Beobachterstatus in verschiedenen Organen der UN, jedoch wird hier von einem zunächst quantitativ auszumachenden Boom der NGOs ausgegangen, der spätestens mit der UNCED 1992 in Rio de Janeiro einsetzte. In der Folge lassen sich auch veränderte Politikprozesse feststellen.

25 Ein kleiner Schritt zu mehr Mitsprache wurde Ende 1996 vom Wirtschafts- und Sozialrat der Vereinten Nationen (ECOSOC) mit der Resolution 1996/31: Consultative relations between the United Nations and non-governmental organizations', vollzogen. Die Resolution bezieht sich allerdings nur auf den Kompetenzbereich des ECOSOC. Gegenüber den bislang gültigen Regeln von 1968 wird die Beteiligung nicht mehr nur internationalen Dachverbänden, sondern regionalen, nationalen und internationalen Organisationen ermöglicht. Menschenrechts-NGOs müssen nicht mehr ein allgemeines internationale Interesse verfolgen. Jetzt können auch Gruppen und Bewgungen, die sich mit der Situation im eigenen Land befassen, Konsultativstatus erhalten. Die drei Kategorien, 'allgemeiner' und 'spezieller' sowie Roster-Status werden beibehalten. Für die künftigen Weltkonferenzen wurden einheitliche Regeln festgeschrieben, die sich an den Regelungen der Weltbevölkerungskonferenz 1994 in Kairo orientieren. Der 51. Generalversammlung der UN wurde darüber hinaus mit der Resolution 1996/297 empfohlen, sich mit der Frage nach der NGO-Beteiligung in allen Arbeitsbereichen der UN zu befassen (Vgl. auch Go Between 59, Aug.-Sept. 1996, S.13 und epd-Entwicklungspolitik 19/20/96, S.8-10).

26 Die Zahlen wurden den UN-Dokumenten FCCC/1955/Inf.5/Rev.2 und FCCC/CP/1996/MISC.2 entnommen. Darin sind die akkreditierten Einzelpersonen aufgelistet, womit noch nicht nachgewiesen ist, ob diese Personen bei der Konferenz auch anwesend waren. Unter dem Begriff NGOs werden von der UN auch Universitäten, Forschungsinstitute und die 'grauen' NGOs der Wirtschaft zusammengefaßt. Diese Einrichtungen wurden hier ausgeklammert.

27 Vgl. die Frankfurter Rundschau vom 20. Juli 1996.

28 Die globalen Massenmedien können in der internationalen Politik als eine weitere Akteursgruppe aufgefaßt werden. Vor allem für die NGOs und ihre Politikfähigkeit sind diese Akteure von zentraler Bedeutung. Die Öffentlichkeitsarbeit der NGOs als wichtige Einflußmöglichkeit auf die internationale Politik basiert geradezu auf den Medien und hat verbandsinterne Publikationen in den Hintergrund gedrängt. Gleichzeitig werden im Zuge dieser Entwicklung Partikularinteressen durch 'public interest' relativiert.

29 In: Frankfurter Rundschau vom 12. Juli 1996.

30 In: Politische Ökologie 46, Mai/Juni '96, S.33.

31 In: WEED, Informationsbrief 1/96.

Literatur

Albert, Mathias/Brock, Lothar/Schmidt, Helmar/Weller, Christoph/Wolf, Klaus-Dieter (1996): Weltgesellschaft: Identifizierung eines „Phantoms", in: Politische Vierteljahresschrift, 37. Jg. (1996), Heft 1, S.5-26

Altvater, Elmar/Mahnkopf, Birgit (1996): Grenzen der Globalisierung. Ökonomie, Ökologie und Politik in der Weltgesellschaft, Münster

Beck, Ulrich (1986): Risikogesellschaft, Frankfurt a. M.

Benz, Arthur (1996) Regionalpolitik zwischen Netzwerkbildung und Institutionalisierung – Zur Funktionalität paradoxer Strukturen, in: Staatswissenschaften und Staatspraxis, 7. Jg., Heft 1, 1996, S.23-42

Brauch, Günter (Hrsg.) (1996): Klimapolitik. Naturwissenschaftliche Grundlagen, internationale Regimebildung und Konflikte, ökonomische Analysen sowie nationale Problemerkennung und Politikumsetzung, Berlin ... Tokio

Böhret, Carl/Wewer, Göttrik (Hrsg.) (1993): Regieren im 21. Jahrhundert – zwischen Globalisierung und Regionalisierung, Opladen

Falk, Richard (1995): Liberalism at the Global Level: The Last of the Independent Commissions?, in: Millennium: Journal of International Studies, Vol. 24, No. 3, 1995:563-576

Gordenker, Leon/Weiss, Thomas G. (1995): NGO participation in international policy process, in: Third World Quaterly, Vol. 16. No 3, 1995:543-555

Habermas, Jürgen (1996): Die Einbeziehung des Anderen, Frankfurt a.M.

Hirsch, Joachim (1995): Der nationale Wettbewerbsstaat, Berlin

Hirst, Paul/Thompson, Grahame (1995): Globalization and the future of the nation state, in: Economy and Society, Volume 24, Number 3, August 1995:408-442

Jänicke, Martin (1993): Vom Staatsversagen zur politischen Modernisierung? Ein System aus Verlegenheitslösungen sucht seine Form, in: Böhret, Carl/Wewer, Göttrik (Hrsg.) (1993), S.63-77

Jessop, Bob (1995): The regulation approach, governance and post-Fordism: alternative perspectives on economic and political change?, in: Economy and Society, Volume 24, Number 3, August 1995:307-333

Kohler-Koch, Beate (1993): Die Welt regieren ohne Weltregierung, in: Böhret, Carl/ Wewer, Göttrik (Hrsg.) (1993), S.109-141

Kößler, Reinhart/Melber, Henning (1993): Chancen internationaler Zivilgesellschaft, Frankfurt a.M.

Krägenow, Timm (1996): Verhandlungspoker im Klimaschutz. Beobachtungen und Ergebnisse der Vertragsstaaten-Konferenz zur Klimarahmenkonvention in Berlin, Freiburg/Breisgau

Messner, Dirk (1996): Neue Herausforderungen in der Weltgesellschaft: Konturen eines Konzepts von „Global Governance", in: epd-Entwicklungspolitik, H. 10/ 11, S. d10-d15

–/Nuscheler, Franz (1996a): Global Governance. Herausforderungen an die deutsche Politik an der Schwelle zum 21. Jahrhundert, Policy Paper 2, Stiftung Entwicklung und Frieden (SEF), Bonn

–/Nuscheler, Franz (Hrsg.) (1996b): Weltkonferenzen und Weltberichte. Ein Wegweiser durch die internationale Diskussion, Institut für Entwicklung und Frieden (INEF), Bonn

Müller-Kraenner, Sascha (1995): Wie geht's weiter nach der Berliner Klimakonferenz?, in: Jahrbuch Ökologie 1995, Hamburg ... München

–/Knospe, Christiane (1996): Klimapolitik, Basel, Boston, Berlin

Rhodes, R.A.W. (1996): The New Governance: Governing without Government, in: Political Studies, Vol. XLIV, Number 4, September 1996, S.651-667

Rosenau, N. James (1995): Governance in the Twenty-first Century, in: Global Governance, No. 1, 1995:13-47

–/Czempiel, Ernst Otto (Hrsg.) (1995): Governance Without Government: Order and Change in World Politics, Cambridge (1992; Reprinted 1993, 1995)

SEF (Hrsg.) (1995): Nachbarn in Einer Welt. Der Bericht der Kommission für Weltordnungspolitik. The Commission on Global Governance (Stiftung Entwicklung und Frieden), Bonn

– (1996): Globale Trends 1996 (Stiftung Entwicklung und Frieden), Bonn

South Centre (1996): For a Strong and Democratic United Nations. A South Perspective on UN Reform, Geneva

Sprintz, Detlef/Luterbacher, Urs (1996): International Relations and Global Climate Change, Potsdam Institute for Climate Impact Research (PIK), Potsdam

Walk, Heike/Brunnengräber, Achim (1995): Die „NGO-Community" im Spannungsfeld von Globalisierungs- und Fragmentierungsprozessen, in: PERIPHERIE, Zeitschrift für Politik und Ökonomie in der Dritten Welt, Schwerpunkt: Globalisierung, Nr. 59/60, 15. Jg., Dezember 1995, S.118-139

Zürn, Michael (1996): Über den Staat und die Demokratie im europäischen Mehrebenensystem, in: Politische Vierteljahresschrift, Zeitschrift der deutschen Vereinigung für Politische Wissenschaft, 37. Jahrg., Heft 1, Opladen, S.27-55

Yergin, Daniel (1993): Der Preis. Die Jagd nach Öl, Geld und Macht, Frankfurt am Main

Peter Wahl

Mythos und Realität internationaler Zivilgesellschaft. Zu den Perspektiven globaler Vernetzung von Nicht-Regierungs-Organisationen

1. Einleitung

„Die neue Internationale“ – mit dieser beziehungsreichen Anspielung überschrieb die Wochenzeitung DIE ZEIT (25. 8. 1994) ein Dossier, in dem sie sich mit den Nicht-Regierungs-Organisationen (NRO)[1] befaßte. Auf internationalen Konferenzen, wie bei den UN-Konferenzen in Wien, Kairo und Peking, scheinen die Aktivitäten der NRO inzwischen mehr Medienöffentlichkeit zu finden als der regierungsoffizielle Teil. Einen spektakulären Höhepunkt im atemberaubenden Aufstieg der neuen Akteure im internationalen System markiert der Erfolg von Greenpeace gegen Shell. Von einer „internationalen Zivilgesellschaft“ ist die Rede, die als Korrektiv oder gar als Gegengewicht zu Markt und Staat Umwelt und Mensch vor den partikularen Interessen von Multis und nationalen Regierungen schützt. Ein neuer Hoffnungsträger ist uns geboren. Die medial vermittelte Spektakularität der Aktionen von NRO sollte aber nicht den Blick für eine realistische Einschätzung verstellen. Die NRO sind – wie im folgenden zu zeigen sein wird – der am meisten überschätzte politische Akteur der neunziger Jahre.

2. Internationale NRO – Spin-off von Globalisierung

Die Präsenz von NRO im internationalen System und die Kooperation untereinander sind an sich keine neuen Phänomene. Sie wurde bereits Anfang der fünfziger Jahre im UN-System institutionalisiert, indem der Wirtschafts- und Sozialrat (ECOSOC) NRO einen offiziellen Status im Council of Non-Governmental Organizations (CONGO) gewährte. Freilich spielt der

CONGO – in traditionellen Verbandsstrukturen verhaftet und völlig verbürokratisiert – bis heute nur eine marginale Rolle. Erst in den achtziger Jahren führten die Impulse, die von neuen sozialen Bewegungen wie der Umwelt-, Friedens- und Frauenbewegung ausgingen, dazu, daß vor allem neugegründete NRO begannen, sich im internationalen System zu engagieren. Ein Durchbruch zu einer neuen Qualität von NRO-Partizipation wurde mit der Rio-Konferenz erreicht. Die Einbeziehung von NRO war ein neues Element in der Konzeption einer ganzen Serie von Konferenzen, die von der Konferenz für Umwelt und Entwicklung in Rio de Janeiro über die Menschenrechtskonferenz in Wien, den Weltsozialgipfel in Kopenhagen, die Weltbevölkerungskonferenz von Kairo, die Weltfrauenkonferenz in Peking und schließlich zur Habitat II in Istanbul führte. Warum NRO gerade in den neunziger Jahren und nicht 20 Jahre vorher auf so spektakuläre Weise die internationale Bühne betraten, kann nicht ohne das Stichwort Globalisierung diskutiert werden. Der internationale Aufstieg der NRO ist ein Resultat – quasi spin-off – des allgemeineren Globalisierungsprozesses.

2.1. NRO – Marginalie der Globalisierung

Zur realistischen Einordnung der NRO in die Globalisierung ist es sinnvoll, einen kurzen Blick auf die wichtigsten Charakteristika des Prozesses zu werfen:

- Im Zentrum der Globalisierung steht eine rasante Beschleunigung der Internationalisierung der Wirtschaftsbeziehungen, sowohl innerhalb der Zentren Westeuropas, Nordamerikas und Japans/Südostasiens (Triade), als auch zwischen den Zentren, das Entstehen neuer, ökonomischer Strukturelemente der Weltwirtschaft, wie die internationalen Finanzmärkte, die Integration des ehemaligen sowjetischen Blocks und – über den Hebel der Strukturanpassung – der Entwicklungsländer in den Weltmarkt.
- Dabei ist dieser Prozeß nicht einfach nur eine „neutrale“ Internationalisierung ökonomischer Prozesse, sondern es setzt sich ein spezifisches ökonomisches Leitbild, das des Neoliberalismus, weltweit durch.
- Als Katalysator wirken neue Technologien vor allem im Kommunikationsbereich und eine starke Expansion des Transportwesens, speziell der Luftfahrt.
- Komplementär dazu findet auf der Basis kommerzieller Medien eine kulturelle Expansion sowie eine Globalisierung von Wertorientierungen, Lebensstilen, ästhetischen Normen etc. nordamerikanischer und westeuropäischer Provenienz statt.

Im Zuge der Globalisierung bilden sich neue, internationale Institutionen bzw. die bestehenden erfahren eine Aufwertung oder Umdefinition. Aufsteigende Institutionen sind die G-7 Gipfel, die Bretton Woods Institutionen, die WTO und die NATO während die UNO und ihre Unterorganisationen eine Schwächung erfahren.

Bei alldem darf nicht übersehen werden, daß der Globalisierungsprozeß Regionen sowie soziale Klassen und Schichten in unterschiedlicher Intensität und Qualität erfaßt. Es ist zu differenzieren zwischen der Triade, auf die sich die Intensivierung internationaler Kommunikation konzentriert und den Nord-Süd- oder Süd-Süd-Beziehungen. Und es gilt zu differenzieren zwischen Verlierern und Gewinnern. Denn die Globalisierung trägt asymmetrischen und hegemonialen Charakter. Sie verfestigt und vertieft bestehende Dominanzstrukturen und soziale Ungleichheit international und – vermittelt über die Standortlogik – auch innerhalb der nationalen Gesellschaften in Nord und Süd. Insofern geht mit Internationalisierung zugleich Exklusion und Marginalisierung von Regionen und sozialen Gruppen einher. Die internationale Kooperation von NRO sowie ihre Netzwerke können davon nicht unberührt bleiben. In ihnen reflektiert sich zum einen der Globalisierungsprozeß, einschließlich seiner problematischen Seiten, zum anderen stellt die Globalisierung eine Herausforderung für das politische Handeln der NRO-Netzwerke dar. Die Globalisierung findet auf dem Hintergrund globaler Problem- und Krisenlagen (Umwelt und Entwicklung) statt und trägt zu deren Zuspitzung bei. Gleichzeitig führt die Suche nach Lösungen dazu, daß sich – etwa im Trend der internationalen Regimebildung – Globalisierung beschleunigt und vertieft.

Bei der Einordnung internationaler NRO-Netzwerke in den Kontext der Globalisierung wird evident, daß im Konzert der 'global players', wo große Nationalstaaten aus der G-7, transnationale Unternehmen und internationale Organisationen die erste Geige spielen, NRO nur eine untergeordnete Bedeutung haben – selbst wenn sie sich als internationale Netzwerke organisieren. Zum Mitspielen fehlen ihnen wichtige Ressourcen: Anders als Regierungen verfügen NRO nicht über staatliche Machtmittel. Anders als große Marktakteure verfügen sie auch nicht über nennenswerte wirtschaftliche und finanzielle Ressourcen, mit denen sie Macht und Einfluß ausüben könnten. Selbst im Vergleich zu anderen nichtstaatlichen Akteuren wie Gewerkschaften und soziale Bewegungen verfügen sie nicht über ein nennenswertes Druckpotential in Form von Streiks oder großer Mengen Wählerstimmen. Die Ressourcen, über die sie verfügen sind machtpolitisch gesehen weiche Instrumente: Sachkompetenz, hohe Motivation und Engagement, das Image von Dynamik und Unverbrauchtheit, der Charme der Neuartigkeit sowie der Ruf von moralischer Integrität, Unbestechlichkeit und selbstlosen Idealismus (sehr typisch dafür z.B. amnesty international).

2.2. Wechselwirkung zwischen NRO und Globalisierung

So sind es auch nur einige aus der Vielzahl der Faktoren des Globalisierungsprozesses, die die Internationalisierung von NRO direkt gefördert haben. Umgekehrt wirkt das internationale Agieren von NRO in einer positiven Rückkopplung wieder auf die Aspekte von Globalisierung zurück. Die Dialektik zwischen Globalisierung und NRO bezieht sich vor allem auf folgendes:

a. Die neuen Möglichkeiten bei Transport- und Kommunikationsmitteln werden von NRO intensiv und geschickt genutzt. NRO gehören zu den Pionieren kostengünstiger, computergestützter, elektronischer Nachrichtenübermittlung. Über die Association for Progressive Communication (APC) – ein globales e-mail Netzwerk, das bereits vor dem Durchbruch des Internet ein wichtiges Instrument für NRO war – wurden frühzeitig auch NRO in Entwicklungsländern elektronisch vernetzt, häufig dank finanzieller und technischer Hilfe ihrer Partner im Norden. Heute nehmen praktisch alle international aktiven NRO an elektronischen Netzwerken (Internet u.a.) teil.
b. Auch die kulturelle Globalisierung hat in mancherlei Hinsicht die Integration von NRO in das internationale System gefördert, so durch die Tatsache, daß amerikanisches Englisch weltweit zur lingua franca wurde. Auch die Tatsache, daß die kulturelle Dimension der neuen Kommunikationstechniken im wesentlichen US-amerikanische sind gehört in diesen Kontext. Auch westliche Standards für Professionalität expandieren international und werden meist unbesehen und unkritisch übernommen. Vielfach wurden und werden Themen, programmatische Positionen, Arbeitsmethoden, Elemente politischer Kultur, Habitus u.ä. der Vorreiter-NRO aus dem Norden übernommen.
c. Auch die Globalisierung des neoliberalen Paradigmas kam den NRO entgegen. Vor allem der Antietatismus des Neoliberalismus trifft sich mit einer eher „links“ zu verortenden Distanz, Skepsis und mitunter oppositionellen Haltung von NRO zu Staat und Regierung. Unter dem Etikett Subsidiaritätsprinzip fügt sich so ungewollt eine überraschende Allianz von Konservativen und Progressiven zusammen. Es ist kein Zufall, daß gerade in konservativen Kreisen der USA NRO – in der Regel als ‘private organization’(!) bezeichnet – als Alternative zum Staat erstaunliches

Ansehen genießen. Allerdings scheint vielen NRO diese Interessenkonvergenz mit den Neoliberalen kaum bewußt zu sein.

d. Am stärksten ausgeprägt ist der Zusammenhang von Globalisierung und Internationalisierung von NRO-Aktivitäten freilich bei den Versuchen, internationale Institutionen oder zumindest Verfahren internationaler Regulierung für globale Probleme zu entwickeln. Die o.g. Serie der UN-Konferenzen ist ein solcher Ansatz. Die Konferenzen waren zugleich die Plattform für das massive Auftreten von NRO im internationalen System. Auch andere intergouvernmentale Institutionen wie die G-7, IWF und Weltbank, WTO etc. sind – wenn auch weniger als die UN-Konferenzen – zum Bezugspunkt für internationale Aktivitäten und Vernetzungen von NRO geworden.

3. Das Verhältnis zu Regierungen

Das Verhältnis von NRO zu Staat und offiziellem politischen System ist sowohl auf nationaler Ebene wie international ein zentrales politisches Problem für beide Seiten. Dies hängt mit der Genese und dem Aufstieg der NRO zusammen, die im wesentlichen eine Reaktion auf tiefgreifende Veränderungen in der Rolle des Staates und des traditionellen politischen Systems sind: Verlust an Steuerungs- und Problemlösungskompetenz des Staates gegenüber der Komplexität globaler Probleme und der Vertrauensverlust anderer traditioneller Akteure wie Parteien – auch Oppositionsparteien – Gewerkschaften, Verbände bei den Bevölkerungen der Nationalstaaten. Davon haben die NRO in hohem Maße profitiert. Es entstand der Eindruck, daß das Vakuum, das durch das Versagen traditioneller politischer Akteure entstanden ist, von NRO gefüllt werden könnte. Dies gilt für den internationalen Raum in noch viel höherem Maße. Denn anders als auf nationaler Ebene existieren im internationalen System keine dem Nationalstaat vergleichbaren, festgefügten Institutionen und Regulierungsmechanismen. Das „Vakuum" ist hier quasi ein doppeltes. Vor diesem Hintergrund treten NRO besonders plastisch hervor. Von staatlicher Seite wurden in Reaktion auf die Aufwertung des Nichtregierungssektors unterschiedliche Strategien entwickelt:

a. die Kooperations- und Kooptionsstrategie,
b. die Instrumentalisierungsstrategie,
c. die Konfrontationstrategie.

In der Realität kommen Mischformen zwischen jeweils zwei oder sogar allen drei Varianten vor.

3.1. Die Kooperations – und Kooptionsstrategie

Die Kooperations- und Kooptionsstrategie hat einen wesentlichen Anteil am Aufstieg der NRO im internationalen System. Sie wurde und wird vor allem von reformorientierten Ländern, entweder sozialdemokratisch regierten oder solchen mit ausgeprägt korporatistischen Traditionen, verfolgt. Zu dieser Gruppe zählen u.a. Norwegen, Schweden, die Niederlande und Kanada. Auch bei internationalen Organisationen findet sich diese Reaktionsweise, insbesondere bei der UNO und einigen ihrer Unterorganisationen wie UNDP und UNESCO.

Die Grundlagen dieser Strategie hatte der Brundtland-Bericht[2] gelegt. Der Bericht war die theoretische Blaupause für den Rio Prozeß, für die Agenda 21 und den gesamten 'sustainability' Diskurs, der seit Rio in den internationalen Diskussionen hegemonial wurde. In der Brundtlandtschen Konzeption von ökologischer und sozialer Zukunftsfähigkeit spielt die Zivilgesellschaft[3] eine ganz zentrale Rolle als soziale Ressource für die Lösung der globalen Probleme. Die Einsicht in die gesunkene Problemlösungskompetenz des Staates und die Grenzen des Marktes läßt Brundtland nach Verbündeten suchen, die dazu beitragen können, die Defizite von Staat und Markt zu kompensieren. So heißt es im Bericht: „Immer mehr Probleme der Umwelt und Entwicklung könnten ohne sie [die NRO; P.W.] nicht in Angriff genommen werden."[4] Dementsprechend widmet die Agenda 21 fast ein Drittel ihrer Kapitel der Partizipation von Akteuren des Nichtregierungssektors.

Mit dem Verweis auf die komparativen Vorteile, die NRO zugeschrieben werden, (unbürokratisch, flexibel, kosteneffizient, unbestechlich, hohe Akzeptanz bei Bevölkerung und spezifischen Zielgruppen) wurden NRO zum Partner einiger Regierungen und einer Reihe von UN-Gremien und Untergliederungen. Deshalb erhielten NRO von Regierungen auch großzügige finanzielle Unterstützung. Vor allem die EU, nordische Regierungen und die Niederlande gaben beträchtliche Mittel, um NRO – incl. aus Osteuropa und den Entwicklungsländern – die Teilnahme am Rio-Prozeß zu ermöglichen. Auch Frankreich war sehr engagiert und spendierte 12 Mio. US-Dollar, um im Dezember 1991 in Paris eine große NRO-Vorbereitungskonferenz ('Roots of the Future') zu ermöglichen.

Da diese Akteure im Vergleich zu den Großmächten und den 'hard core' internationalen Organisationen vom Typus IWF machtpolitisch weniger gewichtig sind, weisen sie NRO gern die Rolle von Bündnispartnern in internationalen Auseinandersetzungen zu. Solange Allianzen zwischen Regierungen und NRO auf der freien Wahl der Partner beruhen, ist dies unproblematisch. Wenn allerdings finanzielle und andere Abhängigkeiten dazu genutzt werden, NRO zielgerichtet gegen andere Regierungen in Stellung zu bringen, werden die Grenzen zur Instrumentalisierung überschritten. Dies ist keine theoretische Möglichkeit, sondern war praktische Realität in kritischen Phasen z.B. bei der PrepCom IV von UNCED im März/April 1992 in New York.[5]

Wenn die Agenda 21 vom Nichtregierungssektor spricht, dann sind damit allerdings nicht nur NRO im engeren Sinne gemeint. Vielmehr wird mit der allgemeineren Kategorie 'major groups' operiert. Darunter werden u.a. Bauern, Gewerkschaften, Jugend, Unternehmerverbände, Frauen, Akademiker und eben auch NRO verstanden. Nun kann eine Allianz dieser Akteure dort, wo gemeinsame Interessen vorliegen, durchaus sinnvoll sein. Es kann damit u.U. eine größere politische Wirksamkeit erzielt werden. Allerdings tendiert das korporatistische Konzept, das hinter dem Begriff von 'major groups' steht, dazu, die ebenfalls vorhandenen Interessenunterschiede oder gar Gegensätze einzuebnen, vor allem wenn von Regierungen mehr oder minder sanfter Druck auf NRO ausgeht, sich in einen Verbund mit den Akteuren der 'major groups' zu integrieren. Die durch die Vielzahl der Einzelakteure entstehende Komplexität von Abstimmungs- und Entscheidungsprozessen und der damit verbundene Aufwand kann tendenziell zur Neutralisierung von NRO-Positionen führen.

Die Unterstützung von NRO aus diesem Kreis von Regierungen ist daher immer mit dem Risiko der unfreiwilligen Instrumentalisierung oder der mehr oder weniger freiwilligen Anpassung verbunden. Daraus folgt keine generelle Ablehnung der Zusammenarbeit mit der Regierungsseite oder mit anderen Akteuren der 'major groups'. Aber ohne das Bewußtsein über die Risiken und die Bereitschaft, wenn nötig auch konfliktfähig zu sein, wird die Autonomie von NRO aufs Spiel gesetzt. Sie gehen dann nicht nur ihrer Autonomie verlustig, sondern langfristig auch der komparativen Vorteile, um derentwillen sie einmal begehrte Partner von Regierungen waren.

3.2. Die Instrumentalisierungsstrategie

Die Instrumentalisierungsstrategie wird vorwiegend von konservativ-neoliberalen Regierungen sowie internationalen Organisationen wie WTO, IWF und – bedingt – der Weltbank verfolgt. Ein konstitutives Element neoliberaler Ideologie ist ihr Antietatismus. Im Zentrum der Kritik stehen dabei vor allem sozialstaatliche Funktionen (incl. Entwicklungshilfe). In dieses Konzept passen sehr gut die NRO, die – sprachlich von den Neoliberalen nicht zufällig als 'private organizations' apostrophiert – als Alternative zum „Moloch Sozialstaat“ gefördert werden. Einige der den NRO zugeschriebenen komparativen Vorteile, wie Kosteneffizienz und Flexibilität[6], werden als Argument benutzt, bestimmte staatliche Aufgaben an NRO zu delegieren und damit zu privatisieren.

Im Bereich der Entwicklungshilfe, wo dieser Trend besonders deutlich ist, wird die Privatisierung zusätzlich mit der Tatsache legitimiert, daß die Staatsapparate in vielen Entwicklungsländern besonders ineffizient und überdies korrupt sind. Stellvertretend für den konservativ-neoliberalen Typus des Umgangs mit NRO sei die Weltbank zitiert: „Eine partizipatorische Herangehensweise erlaubt es Regierungen:

– genauere und repräsentativere Informationen über die Bedürfnisse, Prioritäten und Fähigkeiten lokaler Bevölkerungen und über die Auswirkungen von Regierungsinitiativen und Programmen zu sammeln,
– Programme an lokale Bedingungen anzupassen, damit die knappen Ressourcen effektiver genutzt werden können,
– qualitativ bessere und bedarfsorientierte Dienstleistungen anzubieten,
– lokale Ressourcen zu mobilisieren, um knappe Regierungsmittel zu erhöhen oder sogar zu ersetzen,
– die Nutzung und Erhaltung von Regierungseinrichtungen und Dienstleistungen zu verbessern,
– die öffentliche Anerkennung und Legitimität von Leistungen der Regierung zu erhöhen.“[7]

In dieser Perspektive dienen NRO also zur Überwindung der Krise der konventionellen Entwicklungshilfe und zur Steigerung der Projekteffizienz. Der Charakter der instrumentalisierten NRO-Partizipation wird um so deutlicher, wenn man die Selektivität betrachtet, mit der den NRO Aufgaben zugewiesen werden. Zum einen handelt es sich in der Regel um Bereiche, die für eine kommerzielle Privatisierung nicht lukrativ genug sind. Zum anderen geht es politisch ausschließlich um ‘soft issues’ wie Sozial-, Umwelt- und Entwicklungspolitik, für deren Bearbeitung NRO eingesetzt werden. Von der Mitwirkung im Bereich „harter“ Interessen bleiben sie nach wie vor ausgeschlossen. Bei makropolitischen Entscheidungen haben NRO keinen Zutritt.

Andere Institutionen lehnen von vornherein jede – selbst eine symbolische – Beteiligung von NRO ab, so die WTO, der IWF und die G-7. Selbstverständlich ist NRO-Partizipation auch im UN-Sicherheitsrat, in der NATO, WEU etc. kein Thema.[8] Den NRO wird in diesem Konzept eine heteronom definierte Rolle in einem ordnungspolitischen Umbaukonzept zugewiesen, das es erlaubt, das neoliberale Leitbild von ‘lean management’ und ‘lean production’ parallel zum Abbau des Sozialstaates durchzuführen. NRO dienen

zur kostengünstigen Abpufferung der sozialen Folgen von neoliberaler Deregulierung und Entstaatlichung.
Die Hinnahme der Instrumentalisierung führt letztlich in die Irrelevanzfalle. Versuche von NRO, aus dieser Falle auszubrechen, werden ggf. sanktioniert. So wurde z.B. in den USA von den Republikanern 1995 ein Gesetzesentwurf eingebracht (sog. Istook Amendment), der eine finanzielle Obergrenze staatlicher Zuschüsse für sog. 'advocacy'-Arbeit von NRO einführt. Der Hintergrund: Wohlfahrtsorganisationen hatten sich in letzter Zeit nicht nur darauf beschränkt, die Effekte der sozialen Ausgrenzung von immer mehr Menschen abzufedern, sondern sie haben auch auf die ökonomischen Ursachen von wachsender Armut hingewiesen.
Vielen NRO ist ihre Fremdbestimmtheit nicht bewußt, da sie ihre Rolle unter der Perspektive von Dezentralisierung und Stärkung des Subsidiaritätsprinzips deuten – beides Werte, die für sich genommen auch tatsächlich eine emanzipatorische Dimension haben. Die Blindheit von NRO gegenüber der heteronomen Funktionszuweisung wird in vielen Fällen durch die Abhängigkeit von staatlichen Zuschüssen begünstigt. Die Konjunktur der NRO ist, soweit sie sich aus dieser Quelle nährt, eine Scheinblüte und die so zustandegekommene Stärke eine geliehene – wenn nicht gar eine Schwäche.

3.3. Die Konfrontationsstrategie

Die konfliktive bis konfrontative Konstellation im Verhältnis Regierung-NRO ist vor allem für einige Entwicklungsländer typisch.[9] Extremfälle sind hier autoritäre und diktatorische Regime, die unabhängige NRO als eine Form von Opposition betrachten, der sie zu Hause mit Repression begegnen, und die sie in internationalen Zusammenhängen politisch an den Rand zu drängen suchen. Da politische Repression in diesen Ländern die legale Arbeit von politischen Parteien, Gewerkschaften etc. unmöglich macht, sind NRO in einem solchen Fall in der Tat oft die einzige Möglichkeit der politischen Artikulation.
Für eine ganze Reihe von Regierungen im Süden sind NRO inzwischen auch zu Konkurrenten um die Mittel der Geber von Entwicklungshilfe geworden. Die Weltbank z.B. ist angesichts von Ineffizienz, Inkompetenz und Korruption in staatlichen Apparaten vieler Entwicklungsländer dazu übergegangen, für bestimmte Aufgaben NRO in wachsendem Maße zu finanzieren. Selbst Staatsbeamte, Wissenschaftler und Intellektuelle wandern zunehmend zu NRO ab, da dort dank der Unterstützung aus dem Norden, häufig sichere und bessere Gehälter als im Staatsdienst gezahlt werden.

3.4. Fixiertheit auf Regierungsagenda

Eine weitere Kernfrage des Verhältnisses NRO-Regierungen betrifft die thematische Fixiertheit der NRO auf Regierungen sowie auf die von Regierungsseite organisierten Ereignisse und Konferenzen. Internationale Vernetzung war bisher immer an staatliche Konferenzen und Verhandlungsprozesse gebunden. Daß NRO sich dieser Plattformen bedienen, macht durchaus Sinn, wenn sie politisch-praktische Eingriffsfähigkeit auf internationaler Ebene entwickeln und nicht nur die Welt interpretieren wollen. Eingriffsfähigkeit ist aber nur möglich, wenn man sich auf die realen, politischen Auseinandersetzungen im internationalen System bezieht und sich in sie hineinbegibt. Allerdings wäre hier an konkreten Fällen einmal präzise zu untersuchen, in welchem Verhältnis der Aufwand an Geld, Personal, Zeit etc. zu den Ergebnissen steht. Auch ohne über eine entsprechende empirische Grundlage zu verfügen, dürfte es eine ganze Reihe von Fällen geben, wo die Ergebnisse von NRO-Teilnahme an internationalen Regierungskonferenzen nur Kräfte gebunden hat, ohne adäquate Ergebnisse zu bringen. Hier droht eine weiter Falle, die „Absorptionsfalle".

Ungeachtet der Pluralität des jeweiligen politischen, kulturellen etc. Hintergrunds der an internationaler Vernetzung teilnehmenden NRO und der beträchtlichen Heterogenität der Interessen, erzwingt die Dynamik internationaler Regierungskonferenzen einen starken Einigungsdruck unter den NRO, wenn sie Artikulations- und Handlungsfähigkeit gewinnen wollen. Politisch interessante und innovative Positionen verdampfen dann meist auf dem kleinsten gemeinsamen Nenner. Gefördert wird dieser Anpassungsprozeß darüber hinaus durch die Spezifik internationaler Verhandlungs- und Entscheidungsprozesse. Um überhaupt kommunikationsfähig zu sein, sind die diplomatischen Regeln und Gepflogenheiten, die im internationalen Verkehr zwischen Regierungen entstanden sind, jetzt auch für NRO zu beachten. Insbesondere vom Konsensprinzip und den daraus resultierenden Kompromißzwängen geht ein weiterer starker Anpassungsdruck auf NRO-Positionen aus. Im internationalen Rahmen sind NRO häufig mit exzentrischen Interessen konfrontiert, die in ihrem nationalen Kontext nicht präsent sind, z.B. mit jenen des Vatikans in der Bevölkerungs- oder denen Saudi Arabiens in der Klimapolitik.

Zu fragen ist schließlich grundsätzlich, ob die Beschränkung auf die Regierungsagenda und die internationalen Regierungskonferenzen ausreicht. Wenn NRO mehr wollen als die Begleitung von Regierungsaktivitäten, selbst wenn dies mit kritischen Impetus geschieht – so geben sie mit der Regierungsfixiertheit ein wertvolles Potential zivilgesellschaftlichen Engagements auf: Die Fähigkeit, Alternativen zum Mainstream und über das Tagesgeschäft hinausgehende Visionen zu entwickeln. Dieses Potential, meist in sozialen Bewegungen entstanden, macht einen entscheidenden komparativen Vorteil für NRO aus. Von daher ist die Entwicklung einer eigenständigen Agenda sowie autonomer, regierungsunabhängiger Vernetzung und Kooperation eine conditio sine qua non für eine langfristige Perspektive von NRO im internationalen System.

4. Die Rolle der Medien

Kaum geringer als der Beitrag von Regierungen beim Aufstieg der NRO ist der der Medien. In der Mediengesellschaft ist der Einfluß der NRO in hohem Maße medial vermittelt. Ihre Stärke ist insofern eine vermittelte, gleichsam geliehene Stärke. Einige NRO haben ihre Aktionen folgerichtig auf Medienwirksamkeit hin zugeschnitten. Die Nummer 1 auf diesem Gebiet ist unbestritten Greenpeace. Deshalb soll hier einmal ein etwas genauerer Blick auf Greenpeace und die Medien geworfen werden.

4.1. Greenpeace und die Medien

Greenpeace-Aktionen bedienen nicht nur den Sensationshunger der Medien (vor allem des Fernsehens), sondern benutzen bis in psychologische Details hinein deren dramaturgische Logik. Der Kampf der kleinen Schlauchboote gegen die großen Tanker, Bohrinseln etc. entspricht den dramaturgischen Erfordernissen des Mediums nach „Action“ – zudem mit klaren Fronten zwischen Gut und Böse – und evoziert im Zuschauer atavistische Bilder, wie das vom Duell zwischen David und Goliath. Obwohl die „begrenzte Regelverletzung“ – Gesetzesbruch also – zum Konzept von Greenpeace-Aktionen gehört, erweckt sie auch beim Durchschnittsbürger keineswegs emotionale Abwehr, wie dies traditionelle Formen illegalen Protests normalerweise tun. Greenpeace-Aktionen werden von kleinen, überschaubaren Gruppen, in der Regel nicht mehr als ein Dutzend Personen, durchgeführt. Daher haftet ihnen nicht die angsteinflößende Aura von Unordnung, Chaos und Gewalt an, wie sie von „klassischen“ Protestaktionen großer Menschenmassen erzeugt werden.

Die Aktivisten sind meist uniformiert, wenn auch nicht in olivgrün, sondern in einem Overall in orange, der intensivsten Sympathiefarbe, die die Farbpsychologie kennt. Zumindest bei den spektakulären Großaktionen sind die

Protagonisten fast ausschließlich Männer, wodurch der Eindruck einer zwar alternativen, aber doch nach militärischen Regeln operierenden Truppe entsteht. Ein Eindruck, der last not least noch verstärkt wird vom Einsatz und der kompetenten Handhabung modernster Technik. Greenpeace-Aktionen strahlen damit auch im Protest noch Modernität, Ordnung und Sauberkeit aus. Sie offerieren damit die gleichen Identifikationsmöglichkeiten, die wir aus der Ästhetik des Hollywood-Films in Kino und TV bereits von Kindesbeinen an gewöhnt sind. Auf die Protagonisten, die sich stellvertretend für alle kühn einsetzen, ohne daß sie es persönlich eigentlich nötig hätten, werden deshalb die gleichen Emotionen übertragen, die wir sonst für das Image des „edlen Ritters" aus unseren Trivialmythen (Winnetou, Robin Hood, Lohengrin etc.) reservieren. Die Stellvertreterrolle der Greenpeace-Kämpfer hat zugleich die psychologisch wichtige Funktion, von eigener Verantwortung und der Verpflichtung zu eigenem Handeln zu entlasten. Greenpeace-Aktionen sind eine symbiotische Beziehung zur Struktur der Medienbilder eingegangen. Die gesamte Arbeitsweise, die Organisationsstrukturen[10], das ganze hoch-professionelle Know-how des Verbandes sind auf die mediale Vermittlung zugeschnitten. Dies macht den Erfolg von Greenpeace, aber auch seine Schwäche aus, denn die Partner in der Symbiose sind höchst ungleich. Außerdem: Zur Logik der Medien gehört auch der Hunger nach neuen Themen, neuartigen Bildern, neuen Sensationen. Ein Trend, der sich zudem in dem Maße beschleunigt, wie die privaten Anstalten mit ihren kommerziellen Quoten- und Konkurrenzmechanismen das öffentlich-rechtliche Fernsehen zurückdrängen. Der mediale Glanz von Greenpeace riskiert daher, früher oder später durch Gewöhnung und Abnutzung zu verblassen und der News-Wert von Aktionen könnte irgendwann zur Bedeutungslosigkeit absinken. Insofern könnte die virtuose Handhabung der Medien umschlagen und in eine Medienfalle führen. Zu fragen ist auch, welche Wirkung die Darstellung von Politik, die sich mit ihren schnellen Bildern den Gesetzen des Entertainments anverwandelt, noch erzielt. Es scheint Anhaltspunkte dafür zu geben, daß sie für die gesellschaftliche Praxis der meisten Menschen genauso folgenlos bleibt, wie der Konsum offen deklarierter Unterhaltung.

4.2. Im Windschatten von Greenpeace

Auch wenn Greenpeace eine unerreichte Sonderstellung in puncto Medien einnimmt, versuchen auch die meisten anderen NRO sich auf diesem Gebiet mit mehr oder minder großem Erfolg. Das funktioniert zur Zeit selbst für die an sich trockene Materie von internationalen UN-Konferenzen. Diese erhal-

ten durch die Präsenz von NRO noch einmal ein Moment der Neuheit, Spannung und Dynamik. Es entsteht ein belebender Kontrapunkt zu den immergleichen Politikergesichtern mit ihren sattsam bekannten Statements und mausgrauem Outfit sowie zu diplomatischen Vorgängen. Die David-Goliath-Konstellation kommt hier ebenso zum tragen, wenn auch in weitaus weniger eindringlichen Bildern wie bei Aktionen von Greenpeace.
Für die UNO ihrerseits, die seit einiger Zeit mit erheblichen Legitimitätsproblemen zu kämpfen hat, schafft die Präsenz der NRO und deren prominente Rolle in den Medien eine neue Legitimationsbasis. So sagte Boutros Boutros-Ghali in einer Rede 1994 über die NRO: „Ihre Mitwirkung in internationalen Organisationen ist in gewisser Hinsicht eine Garantie der politischen Legitimität dieser internationalen Organisationen."[11] Als Fazit läßt sich aus dem Verhältnis Medien-NRO – und das gilt auch für internationale NRO(-Netzwerke) – feststellen, daß das politische Gewicht der NRO höchst einseitig medienabhängig ist. Sollte das Interesse der Medien nachlassen, wirkt sich dies auch auf die Einflußmöglichkeiten auf politische Entscheidungen aus, denn für viele Regierungen ist die Wahrnehmung von NRO an die Wahrnehmung über die Medien gebunden. Wenn die Fähigkeit von NRO, Öffentlichkeit herzustellen, sinkt, wird auch das Interesse der Regierungen an den NRO abnehmen.

5. Besondere Probleme internationaler Arbeit von NRO

Will eine NRO sich im internationalen System bewegen, so wirft dies einige spezielle Probleme auf, die sich für das Agieren im nationalen Rahmen nicht stellen. Auch wenn es sich dabei auf den ersten Blick um triviale Alltagsprobleme zu handeln scheint, führt die Art und Weise ihrer Lösung bzw. die Unfähigkeit, sie zu lösen, zu politisch ernstzunehmenden Konsequenzen.

5.1. Praktische Probleme

An erster Stelle sind hier die finanziellen Mehrbelastungen zu nennen. Die Teilnahmen an internationalen Konferenzen, Seminaren, Meetings etc. führen zu erhöhten Reise- und Aufenthaltskosten. Auch die Kommunikationskosten mit dem Ausland sind höher. Die Produktion von Papieren, Materialien etc. in Fremdsprachen sind ebenfalls ein zusätzlicher Kostenfaktor. Darüber hinaus erfordert die Teilnahme im internationalen System spezielle Kompetenzen, vorneweg ausreichende Sprachkenntnisse. Das international aktive Personal braucht Verhandlungskompetenz, die Beherrschung von Lobbytechniken, Spezialkenntnisse über Institutionen und ihre Arbeitsweise, Fähigkeiten zur interkulturellen Kommunikation etc., wenn die Teilnahme im internationalen System mchr als die eines stillen Beobachters sein soll. Die Spezialisten für internationale Arbeit verursachen in der Regel wiederum höhere Gehaltskosten. International agierende NRO müssen zudem über die Fähigkeit verfügen, ihre Intervention in internationale Verhandlungsprozesse genau in den vorgegebenen Zeitfenstern des Konferenzkalenders zu plazieren, ihre Ressourcen zielgenau einzusetzen. Dies erfordert eine entwikkelte Planungskompetenz und strategisches Vorgehen. Die Bewältigung dieser Probleme setzt ein hohes Maß an Professionalisierung und die Etablierung von entsprechenden Experten- und Verwaltungsapparaten voraus.

5.2. Nivellierung politischer Positionen

Gravierend an alldem ist, daß die finanziellen und anderen Anforderungen an eine internationale Präsenz von vornherein zu einer Selektion der Organisationen führt. Nur finanzstarke Organisationen oder solche, die über das notwendige Geschick bei der Mittelbeschaffung sowie über die anderen 'skills' verfügen, sind überhaupt in der Lage, international mitzuspielen. Andere werden daher von vornherein ausgegrenzt und mit ihnen potentiell ganze politische Strömungen, die im nationalen Rahmen durchaus von Relevanz sein können. Die politischen Positionen, die im internationalen System von NRO und ihren Netzwerken vertreten werden, liegen deshalb im Durchschnitt näher am staatlichen Mainstream, als im nationalen Durchschnitt. Die Breite des politischen Spektrums ist international geringer, radikalere Positionen, die im nationalen Kontext eine Rolle spielen, sind international selten anzutreffen. Wenn politischen Strömungen die Artikulation im internationalen Raum erschwert oder gar verwehrt ist, verzerrt sich dort das Bild über die tatsächliche Situation an der nationalen Basis, und es findet eine politische Nivellierung statt. Zusammen mit dem in Kapitel 3.4. aufgeführten Anpassungszwängen infolge der Struktur und Dynamik von Regierungskonferenzen passieren Positionen, die national durchaus von einiger Relevanz sein können, einen dreifachen Filter. Auch hier stellt sich die Frage, welche politische Wirkung das Endresultat dann noch hat.

5.3. Zwischen Grassroots und 'Jet Set'

Ein politisch brisantes und bisher kaum gelöstes Problem ist die An- und Einbindung internationaler Aktivitäten in den nationalen Kontext und die Rückkopplung an die (Mitglieder)basis. Internationale Aktivitäten nicht nur von NRO tendieren ohnehin dazu, eine Eigendynamik zu entwickeln und sich von ihrer nationalen und erst recht lokalen Basis zu entkoppeln. Kommunikation, Transparenz und demokratische Kontrolle internationaler Arbeit einer NRO zu gewährleisten, ist dabei nicht primär eine Frage des guten Willens. Um eine Entkopplung von lokaler/nationaler und internationaler Arbeit, die letztlich zu einer Schwächung der internationalen Position einer NRO führt, zu verhindern, ist ein leistungsfähiges Informations- und Kommunikationssystem notwendig. Auch dies erfordert selbstverständlich finanzielle, personelle etc. Ressourcen. Wenn diese fehlen oder nicht ausreichend eingesetzt werden, tritt in der Regel bald das „Abgehobensein" internationaler NRO-Arbeit ein. Da international aktive NRO-Vertreter, je mehr sie spezialisiert sind, auch eigene Interessen und einen eigenen Habitus etc. entwickeln, wird der Entfremdungsprozeß zwischen Basis und internationaler Vertretung beschleunigt. Im ungünstigen Fall kann dies zur Herausbildung einer Art NRO-'Jet Set' degenerieren.

6. Binnenverhältnisse in der internationalen „NRO-Gemeinschaft"

Das Selbstbild der NRO ist in hohem Maße moralisch und ethisch aufgeladen. Das Bewußtsein der 'good doer', sich für eine unangreifbar gute Sache einzusetzen, verführt sie aber leicht dazu, die eigene Arbeit und Rolle nicht mehr reflexiv und selbstkritisch zu analysieren. Die heile Welt der NRO aber gibt es nicht. Die internationale Zivilgesellschaft ist wie die übrige Gesellschaft, aus der sie hervorgeht, durch Brüche, Widersprüche, Asymmetrien, und – meist subtilen, informellen – Dominanzverhältnissen durchzogen. Die Ursachen dafür liegen zum Teil in der quasi natürlichen Diversität, die aus der Heterogenität der politischen, kulturellen, organisatorischen, finanziellen etc. Rahmenbedingungen herrührt, aus denen die einzelnen NRO kommen. Selbst unter günstigsten Bedingungen muß diese Heterogenität zu langwierigen und komplizierten Selbstorganisationsprozessen führen. In der Tat bilden sich nur sehr langsam eingespielte Verfahrensweisen, Regeln und Routinen heraus. Dabei konkurrieren basisdemokratische und horizontale Selbstorganisationsprozesse derzeit noch immer mit zentralistischen und hierarchischen Konzepten, auch wenn letztere immer weiter in den Vordergrund rücken. Ein fest fixiertes Regelsystem wie auf staatlicher Seite, wo das Völkerrecht und eingespielte diplomatische Gepflogenheiten vergleichsweise klare Rahmenbedingungen schaffen, existiert in den Beziehungen unter den NRO nicht.

Das bereits auf dem Global Forum der NRO in Rio diskutierte Projekt, einen Verhaltenskodex[12] zu entwickeln, ist nicht von der Stelle gekommen. Statt dessen setzt sich unter dem tagespolitischen Druck, gemeinsame Artikulations- und Handlungsfähigkeit gegenüber der Regierungsseite herzustellen, ein effizienzorientierter Pragmatismus immer stärker durch, der die Strukturen der NRO-Kooperation nicht nur nicht mehr reflektiert, sondern die Herausbildung informeller Hierarchien und Asymmetrien geradezu fördert. Auf die Schwierigkeiten einer an „basisdemokratischen" Leitbildern orientierten internationalen Vernetzung haben einige große NRO aus dem Norden mit eigenen Konsequenzen reagiert: Neben und an die Stelle der horizontalen Vernetzung treten zunehmend traditionelle Formen internationaler Kooperation, die, von einem Zentrum ausgehend, sich zu einer vertikalen Organisation entwickeln. Das heißt, es gibt einen Trend weg vom Netzwerk hin zur traditionellen Verbandsstruktur. Z.B. versucht Oxfam International sich von Großbritannien aus in andere Industrieländer auszudehnen und nationale Sektionen zu gründen, bzw. bestehende NRO in Oxfam-Sektionen umzuwandeln. So entsteht ein regelrechter NRO-Multi.

Greenpeace International und der World Wide Fund for Nature (WWF) waren von Anfang an so konzipiert. Durch solche Organisationsformen entstehen – ungeachtet des Ausmaßes an Eigenständigkeit nationaler Sektionen innerhalb der internationalen Verbände im Vergleich zu anderen NRO oder NRO-Netzwerken – starke Akteure, die dazu tendieren, Dominanzzentren in der internationalen NRO-Szene zu werden. Bereits jetzt zeichnen sich Konsequenzen daraus ab, wie z.B. Rivalitäten, politische Hegemoniekämpfe oder die Konkurrenz um Anteile am Spenden- und Zuschußmarkt.

Einer der augenfälligsten und zugleich politisch brisantesten Widersprüche innerhalb der internationalen NRO-Gemeinschaft ist der zwischen NRO aus dem Süden und denen aus dem Norden. Jenseits aller offiziellen Partnerschaftsrhetorik sind es vorwiegend Nord-NRO, die die Themen setzen, die Tagesordnung bestimmen und die strategischen Vorgaben machen. Besonders problematisch ist, daß die meisten Süd-NRO finanziell auf Partner im Norden angewiesen sind. Dies verhindert eine offene Diskussion und Klärung der Probleme, so daß viele Netzwerke mit der Lebenslüge von der gleichberechtigten Partnerschaft existieren.

Eine weitere Bruchlinie verläuft zwischen anglophonen und anderen Sprachgruppen. Aufgrund der Dominanz des Englischen und den damit verbundenen Vorteilen der englischen Muttersprachler sind Positionen z.B. aus dem romanischen Sprachraum unterrepräsentiert. Damit werden über das rein Sprachliche hinaus auch die politische Kultur aus dem angelsächsischen Kontext, ihre Diskurse, Ideologien etc. stark befördert. Politisch spiegelt sich dies z.B. darin wider, daß gesellschaftskritische Strömungen der politischen Linken, die in romanisch sprechenden Ländern (in Europa und Lateinamerika) traditionsgemäß stärker sind als im angelsächsischen Raum, in den Diskussionen der internationalen NRO-Gemeinschaft weniger präsent sind als es ihre jeweils nationale Bedeutung ihrer Position erwarten lassen.
Einem Großteil all der Probleme im Binnenverhältnis liegt das Problem der Verfügung und des Zugangs zu finanziellen Ressourcen zugrunde. NRO aus Ländern mit ausgeprägt korporatistischen Traditionen (Niederlande, Skandinavien) können auf großzügige staatliche Förderung zurückgreifen. Wenn dann noch ein entwickeltes Spendenwesen Mittel aus der Bevölkerung mobilisiert, muß nicht einmal einseitige Abhängigkeit von staatlichen Geldquellen entstehen. Auch die Besonderheiten des politischen Systems der USA (de facto Nicht-Existenz von Parteien, große Rolle von privaten Stiftungen etc.) begünstigt die Entstehung finanzstarker NRO. Auch hinsichtlich ihrer innerorganisatorischen Strukturen findet sich bei NRO keineswegs eine heile Welt. Sie unterliegen vielmehr, wie andere Organisationen auch, all jenen Dynamiken, die aus der Organisationssoziologie bekannt sind. Von Bürokratisierung, Demokratiedefizite, mangelnde Transparenz, Apparatcherrschaft, über Männerdominanz, Rivalitäten, Intrigen, Mobbing, Verselbständigung finanzieller und Arbeitsplatzinteressen bis hin zu – wenn auch seltener – Korruption ist auch den NRO nichts Menschliches fremd.

7. Erfolge?

Die Bildung von internationalen NRO-Netzwerken ist ein historisch gesehen relativ junges Phänomen. Die Selbstorganisationsprozesse im internationalen System stehen praktisch noch am Anfang und sind – wie oben dargelegt – von beträchtlichen Schwierigkeiten begleitet (siehe auch Brunnengräber in diesem Band). Angesichts dessen ist es bereits ein gewisser Erfolg, wenn kontinuierliche und stabile Kommunikations- und Kooperationsbeziehungen entstehen. In einigen Fällen ist auch politische Handlungsfähigkeit entstanden, die zu sichtbarer Einflußnahme auf Entscheidungen geführt hat. Wenn man nach den Voraussetzungen für solche Erfolge forscht, stößt man auf bestimmte Grundmuster, die die Umrisse einer Typologie von Netzwerken sichtbar machen.

7.1. Zur Typologie von Netzwerken

Stabilität und Handlungsfähigkeit von Netzwerken hängen offenbar in hohem Maße von Spezialisierung ab. Ist der 'single issue' Ansatz von jeher ein konstitutives Merkmal für NRO, so bietet eine größtmögliche weitere thematische Einengung offenbar viele Vorteile:

- Je enger die Spezialisierung, um so geringer sind die Verständigungsbarrieren, da außer dem eng definierten Interesse keine anderen Themen, politische und ideologischen Differenzen etc. die Kommunikation und die Zusammenarbeit belasten, d.h. enge Spezialisierung konstituicrt ein hohes Maß an Homogenität;
- je enger die Spezialisierung, um so leichter lassen sich knappe Ressourcen konzentriert einsetzen;
- je enger die Spezialisierung, um so schneller und flexibler sind Aktionen durchzuführen.

Ist die enge Spezialisierung mit einem bestimmten Minimum an Professionalität und Ressourcen verbunden, können selbst kleine und Kleinstorganisationen erstaunliche Leistungen hervorbringen. Typische Beispiele sind NRO, die Großprojekte der Weltbank kritisch beobachten und durch die Verknüpfung mit NRO vor Ort des Geschehens und entsprechenden Partnern in Schlüsselländern des Nordens, die Zugang zu Medien und Entscheidungsträgern haben, Projekte verhindern oder wenigstens deren soziale und umweltverträgliche Veränderung bewirken konnten (z.B. Staudammprojekt in Nepal, Narmada Staudamm etc.). Auch Menschenrechtsgruppen, die auf Einzelfallbearbeitung spezialisiert sind, können auf diese Weise immer mal wieder erfolgreich intervenieren.

Typische dafür sind in der Bundesrepublik – neben amnesty international – z.B. URGEWALD, eine Kleinstgruppe von 10 Leuten, die aber international bestens vernetzt ist. Kehrseite der sehr engen Spezialisierung ist allerdings, daß die hinter den sehr spezialisierten Einzelfällen stehenden Strukturen nicht thematisert werden, geschweige denn an ihrer Veränderung gearbeitet werden kann. Auch Netzwerke, die sich in Verbindung mit einem bestimmten Thema auf eine eng eingegrenzte Arbeitsform, z.B. Information, Dokumentation oder sog. Monitoring beschränken, arbeiten stabil und effektiv. Typische Beispiele sind das europäische Netzwerk zur Entschuldung der Entwicklungsländer

EURODAD[13], FIAN International[14], PAN[15], Clean Clothes Campaign, das Frauennetzwerk DAWN u.v.a.m.. Erwähnenswert ist in diesem Zusammenhang das international sehr erfolgreiche Third World Network[16], das sich auf den Transfer von alternativer Expertise aus den Bereichen Umwelt und Entwicklung in die internationale Politik spezialisiert hat.
Weitaus schwerer tun sich dagegen Netzwerke, die breitere Themenstellungen bearbeiten. Einige sind über kurz oder lang zusammengebrochen, so z.B. INGOF[17], oder sie führen ein politisches Schattendasein. Andere wiederum existieren seit geraumer Zeit und sind in unterschiedlichen internationalen Zusammenhängen präsent, wie z.B. das internationale Netz von großen Umweltverbänden Friends of the Earth (FOE)[18]. Das sehr allgemeine Thema „Umwelt" sowie die Größe der nationalen Netzwerkmitglieder machen FOE aber sehr schwerfällig. Eine Handlungsfähigkeit ist nur über langwierige Abstimmung und Vorbereitung erreichbar.

7.2. Resultate und Erfolge

Die Präsenz von NRO und ihrer Netzwerke in der internationalen Arena hat zweifellos dazu beigetragen, daß eine Öffentlichkeit für internationale Prozesse, Verhandlungen und Entscheidungen geschaffen wurde und ein höheres Maß an Transparenz entstand. Damit wirken NRO als Katalysator für eine gewisse Demokratisierung im internationalen System und schaffen Voraussetzungen für demokratische Kontrolle. Gerade internationale Verhandlungs- und Entscheidungsprozesse kranken durch ihre Basisferne in besonderem Maße an demokratischen Defiziten. Dies gilt unabhängig davon, ob die individuellen NRO selbst intern demokratisch verfaßt und/oder nach außen hin legitimiert sind. Der Demokratisierungsimpuls entsteht quasi systemisch aus der Wechselwirkung zwischen NRO und staatlicher Seite. Damit sind NRO und ihre Netzwerke in der Tat ein Korrektiv in einem sich hegemonial formierenden Typs globaler Regulierung durch G-7, Bretton Woods Institutionen, WTO, NATO etc.
Hier liegt wohl einer der entscheidenden Vorzüge internationaler Vernetzung von NRO. Sieht man von den in 7.1. erwähnten spektakulären Einzelfällen ab, ist darüber hinaus der Einfluß auf relevante Entscheidungen bisher nicht nachweisbar, geschweige denn, daß ihre internationale Präsenz einen meßbaren Beitrag bei der Lösung globaler Probleme erzielt hätte. Auch das an dieser Stelle gewöhnlich angeführte Argument, NRO trügen in besonderem Maße dazu bei, Problembewußtsein in der Öffentlichkeit und bei Entscheidungsträgern zu schaffen, galt allenfalls für die 70er und Anfang der 80er

Jahre. Die Kenntnis über Problemlagen war noch nie so groß wie heute, Konzepte für Lösungen sind seit langem bekannt. Wir wissen, um wieviel die Emissionen reduziert werden müssen, welcher Energiepfad eingeschlagen werde muß, welche Veränderungen in Produktion, Konsum und Lebensweise notwendig sind. Dennoch besteht das Phänomen, daß die Schere von Problembewußtsein und tatsächlicher Problemlösung sich immer weiter öffnet. Hier haben auch NRO bisher kein Rezept. Die für sie typischen Ressourcen wie inhaltliche Kompetenz, moralisches Ansehen etc. greifen nicht. Sie können auch nicht greifen, denn die notwendigen Weichenstellungen für eine zukunfstfähige Entwicklung hängen nicht primär von Wissen und Bewußtsein ab, sondern von materiellen Interessen und Machtkonstellationen. Machtblindheit und die Unterschätzung von vermachteten Interessen ist aber ein weitverbreitetes Phänomen in der internationalen NRO-Gemeinschaft. Auch scheint es, daß die Basis für Macht und Gegenmacht nach wie vor hauptsächlich in nationalstaatlichem Rahmen entsteht und allenfalls in das internationale System übersetzt werden kann, das internationale System selbst aber keine genuine Quelle von Macht ist. Von daher sind auch die Erfolge der NRO, wie der Einfluß auf die diplomatischen Texte[19] internationaler Konferenzen, in all ihrer Relativität zu sehen.

8. Perspektiven und Alternativen

Im Juni 1997 wird eine Sondergeneralversammlung (SGV) der UNO die Konferenzserie von Rio bis Istanbul evaluieren. Es ist nach aller Erfahrung damit zu rechnen, daß die Politiker – seien sie von der UNO oder nationale Repräsentanten – dazu neigen werden, die realen Ergebnisse des Prozesses zu einer Erfolgsgeschichte umzudeuten. Kritisches wird von ihnen, wenn überhaupt, nur diplomatisch verklausuliert zu hören sein. Um so wichtiger ist es, daß die NRO zu einer nüchternen Einschätzung und Selbsteinschätzung fähig sind und sich der Möglichkeiten und Grenzen, der Widersprüche und Ambivalenzen ihrer Position im Globalisierungsprozeß bewußt werden. Das ist die Voraussetzung für eine erfolgversprechende Strategie in einer sich formierenden internationalen Zivilgesellschaft.

Die machtpolitisch prekäre Situation der NRO, die sich zu einem beträchtlichen Ausmaß auf die bei Medien und Regierungen geliehene Stärke stützt, verweist darauf, daß NRO nur ein Akteur unter anderen sein können – neben politischen Parteien, Gewerkschaften, sozialen Bewegungen, Bürgerinitiativen, Kommunen, Kirchen u.a.. Aber bei aller Skepsis, die in diesem Beitrag gegenüber dem, was NRO und ihre Netzwerke international zu leisten vermögen, deutlich wurde, soll ihnen ein Potential, zu demokratischen Lösungen der globalen Probleme beitragen zu können, nicht abgesprochen werden. Produktiv könnte ihr Potential werden, wenn NRO ihre Arbeit konsequent auf soziale Bewegungen (neue und alte) und deren Organisationen bezögen, Allianzen mit ihnen eingingen, Diskussionen und Strategiebildungsprozesse förderten und durch ihr Know-how beim Aufbau internationaler Netzwerke dazu beitrügen, Synergieeffekte zwischen den in nationalem Rahmen operierenden Bewegungen zu organisieren – mit anderen Worten, wenn internationale NRO-Netzwerke auch zu Trägern eines neuen Internationalismus würden. Freilich wäre dazu eine größere Bereitschaft zu kritischer Selbstreflexion notwendig sowie die Fähigkeit, in strategischen Kategorien zu denken. Neben der Spezialisierung auf 'single issue', die nicht aufgegeben werden soll, müßten NRO auch ihren Blick für übergreifende Zusammenhänge und für das Allgemeine im besonderen schärfen. Kurzum, ein Schub an Politisierung ist gefragt. Ihr Beitrag zu größerer Transparenz und Demokratisierung in den internationalen Beziehungen, ihre alternative und Gegenexpertise, ihr Know-how bei der Durchsetzung von konkreten, politischen Schritten machen sie dann zu Partnern in einer Allianz all jener Kräfte, die in einer emanzipatorischen Reformperspektive eine demokratische, sozial gerechte und ökologisch zukunftsfähige Umgestaltung der nationalen und der Weltgesellschaft anstreben. Nicht zuletzt angesichts des von Kapital- und Machtinteressen dominierten Prozesses der Globalisierung ist eine solche Allianz von unten für einen humanen, zukunftsfähigen Weg in das 21. Jahrhundert unabdingbar. Wenn die NRO es verstehen, sich in diesen größeren strategischen Zusammenhang einzuordnen, haben sie auch eine langfristige Perspektive.

Anmerkungen

1 Im Rahmen dieses Beitrags kann nicht auf die Definitionsprobleme beim Begriff Nicht-Regierungs-Organisationen eingegangen werden. Deshalb sei pragmatisch auf die sechs Kriterien verwiesen, auf denen der hier zugrunde gelegte Begriff von NRO beruht: 1. freiwilliger Zusammenschluß, 2. parteipolitisch unabhängig, 3. nicht an wirtschaftlichem Gewinn orientiert (non profit), 4. nicht an Eigeninteressen der Mitglieder oder Zielgruppe im Sinne von berufsständischen oder special interests (Sport, Hobbys etc.) orientiert, 5. nicht exklusiv (ethnisch, national, religiös, geschlechtsspezifisch, etc.), 6. inhaltlicher Bezug auf Probleme, die von alten und neuen sozialen Bewegungen thematisert werden oder wurden.

2 Unsere gemeinsame Zukunft; Der Brundtland-Bericht der Weltkommission für Umwelt und Entwicklung; Hrsg. d. deutschen Fassung: Volker Hauff; Greven 1987.

3 Zivilgesellschaft wird hier verstanden als sozialer Raum jenseits von Staat und Markt, in dem gesellschaftliche Interessen in organisierter Form agieren.

4 Brundtland Bericht; a.a.O. S. 322.

5 Der Autor, damals Koordinator eines internationalen NRO-Netzwerkes, war persönlich Gegenstand solcher Versuche.

6 In der Tat verfügen viele NRO über eine Ressource, die in staatlichen Apparaten selten zu finden ist: Motivation und Engagement. Von daher ist das Maß der Selbstausbeutung und die Bereitschaft, in prekären Arbeitsverhältnissen zu arbeiten, überdurchschnittlich hoch. Deshalb arbeiten NRO in der Regel sehr kosteneffizient.

7 The World Bank; Report of the Workshop on Participation of NRO; Washington, 1992.

8 Gleiches gilt für das in Handelsfragen federführende Bundeswirtschaftsministerium, während BMZ und BMU sich ziemlich offen gegenüber NRO zeigen.

9 Anfang der 90er Jahre stand auch die Bundesregierung einer Partizipation von NRO an Konferenzen etc. distanziert bis kritisch gegenüber. Inzwischen hat sich dies geändert. Zuerst das Umweltministerium unter Töpfer und inzwischen auch das Sprangersche BMZ haben entdeckt, daß die Kooperation mit NRO durchaus mit ihren Interessen kompatibel sein kann. Vor allem das BMZ verfolgt dabei einen Kurs, wie ihn die Konservativen in den USA bereits verfolgen: Übertragung von Aufgaben der bisher staatlichen Entwicklungshilfe an private Träger zwecks lean management, lean production sowie besserer Zugang zu und höherer Akzeptanz bei Zielgruppen der Hilfe.

10 Greenpeace ist straff und hierarchisch nach dem Linien-Stab-System organisiert. Eine demokratische Kontrolle ist weder von außen noch intern vorhanden. Zentrales Erfolgskriterium sind die „Einschaltquoten".

11 Zitiert nach: Mucke, Peter; Nichtregierungsorganisationen und die UNO; Paper der Projektstelle „Umwelt & Entwicklung"; Bonn, 1996; S.2.

12 Der Entwurf eines code of conduct, der vor allem die Nord-Süd-Beziehungen zwischen NRO auf eine weitgehende Gleichberechtigung gründen wollte, wurde in den entscheidenden Passagen zu den Finanzen (z.B. Bildung eines Fonds) durch den Druck von Nord-NRO stark verwässert und ist seither kein Thema mehr gewesen.

13 European Network on Debt and Development; Brüssel.

14 Food International Action Network; Heidelberg; neben dem Menschenrecht auf Nahrung arbeitet FIAN zu sozialen und ökonomischen Menschenrechten.

15 Pestizid Aktions Netzwerk.

16 Das Third World Network hat seine Basis in Afrika, Asien und Lateinamerika.

17 International NGO Forum; INGOF hatte die Koordination aller an UNCED beteiligten NRO übernommen und nach UNCED versucht, als globales Netzwerk weiterzuarbeiten. Inzwischen hat es sich aufgelöst.

18 Die deutsche Sektion ist der BUND (Bund für Umwelt und Naturschutz Deutschland).

19 Besonders bei der Weltbevölkerungskonferenz in Kairo konnten die gut organisierten Frauen-NRO beträchtlichen Einfluß auf die Konferenzdokumente nehmen.

Ansgar Klein

Die NGOs als Bestandteil der Zivilgesellschaft und Träger einer partizipativen und demokratischen gesellschaftlichen Entwicklung[1]

Internationale NGOs waren in den letzten Jahren auf den großen Konferenzen der UNO in starkem Maße präsent. Ob es sich um die soziale und politische Lage der Frauen, die Weltbevölkerungsentwicklung, die weltweit zunehmenden sozialen Ungleichheiten oder die ökologischen Grenzen des wirtschaftlichen Wachstums handelte: Die NGOs haben sich als Akteure in der internationalen Politikarena, v.a. im Umfeld der UNO, durch Lobbyarbeit, Kampagnen (Lahusen 1996a; Klein/Koopmans 1995) und Öffentlichkeitsarbeit einen Namen gemacht. Sie versuchen Einfluß zu nehmen auf Abschlußdokumente von UNO-Konferenzen und den Wortlaut internationaler Vereinbarungen und Konventionen. Aber sie beleuchten auch die Umsetzung internationaler Vereinbarungen in den jeweiligen nationalen und regionalen Kontexten und wenden sich im Bedarfsfall an die Öffentlichkeit, um ihre Kritik vorzutragen. Ein anderes Feld der internationalen Politik, auf dem die NGOs an Bedeutung und Prominenz[2] gewonnen haben, läßt sich mit den Stichworten der Beendigung von Kriegen und Bürgerkriegen, der Mediation von Konflikten und der Friedenskonsolidierung beschreiben (Matthies 1995; Pfaffenholz 1995).

Umwelt, Entwicklung, Frieden, Menschenrechte und das Geschlechterverhältnis: Diese Themen der neuen sozialen Bewegungen bestimmen auch die Agenda international operierender, multinationaler Bewegungsorganisationen (Rucht 1996). Diese reagieren auf das im Gefolge des Globalisierungsprozesses zunehmende Gewicht trans-, supra- und internationaler Politik und deren Auswirkungen auf die lokalen/regionalen und nationalen Politikarenen. Der Bedeutungsgewinn multinationaler Bewegungsorganisationen korrespondiert mit einem Formwandel der Bewegungspolitik, der die Bewegungsakteure vor neue Probleme der Netzwerkbildung, Handlungskoordination und Arbeitsteilung innerhalb zunehmend kommunizierender und interdependenter nationaler Bewegungssektoren stellt (Smith/Pagnucco 1995).

In diesem Beitrag zur Perspektivendiskussion von NGOs möchte ich drei Thesen vertreten:

1. Der Begriff der NGOs versammelt mittels einer bloßen Negativdefinition (nicht-staatlich) äußerst heterogene Akteure. Dies ist für Analyse und Kritik wie auch eine darauf aufbauende Perspektivendiskussion mißlich. Eine Eingrenzung des heterogenen Feldes der international agierenden NGOs auf das Spektrum der multinationalen Bewegungsorganisationen ist erforderlich, um den Zusammenhang von Zielsetzungen, Organisationserfordernissen, Öffentlichkeitsorientierung und den Möglichkeiten von Protestmobilisierung in den Blick nehmen zu können. Eine solche Eingrenzung ist auch ein Beitrag dazu, das heterogene Feld der NGO typologisch zu differenzieren.
2. Die internationale Zivilgesellschaft stellt in der Diskussion um Globalisierung und Demokratie eine wichtige Dimension der „Weltgesellschaft" dar. Die Bedeutung einer „Bürgergesellschaft im Weltsystem" (Richter 1997) ist Gegenstand einer demokratietheoretischen Diskussion der Globalisierungsprozesse und einer Analyse der Möglichkeiten und Grenzen einer Demokratisierung der internationalen Politik. Multinationale Bewegungsorganisationen spielen als Akteure der internationalen Zivilgesellschaft eine wichtige Rolle.
3. Multinationale Bewegungsorganisationen sind eine Antwort der Bewegungspolitik auf Globalisierung und die Demokratisierungserfordernisse internationaler Politik. Sie erzeugen jedoch zugleich neue Probleme der Handlungskoordination von internationaler, nationaler und regionaler Politikarena, der Arbeitsteilung der verschiedenen Bewegungsakteure sowie der darauf bezogenen Vernetzung. Die produktive Bewältigung dieser Herausforderungen im Rahmen nationalstaatlich separierter Zivilgesellschaften ist eine wichtige Voraussetzung für die Stärkung der internationalen Zivilgesellschaft (Forschungsjournal NSB 1997).

1. NGOs als multinationale Bewegungsorganisationen Plädoyer für eine Eingrenzung des Untersuchungsgegenstandes

Eine besondere Bedeutung für die Entwicklung internationaler Netzwerke von Bewegungsorganisationen haben die von den Vereinten Nationen ausgerichteten internationalen Konferenzen, zuletzt die Weltkonferenz über Umwelt und Entwicklung in Rio de Janeiro (1992), die Menschenrechtskonferenz in Wien (1993), die Weltbevölkerungskonferenz in Kairo (1994), der Weltsozialgipfel in Kopenhagen (1995), die Weltfrauenkonferenz in Peking (1995), der Klimagipfel in Berlin (1995), Habitat II in Istanbul (1996) und der Welternährungsgipfel in Rom (1996). Im Vorfeld all dieser Konferenzen, im „Begleitprogramm“ sowie bei der Formulierung der Abschlußdokumente haben sich – spätestens seit der UNCED-Konferenz 1992 in Rio de Janeiro auch öffentlich prominent zur Kenntnis genommen – internationale NGOs entweder in „Gegengipfeln“ oder in begleitenden „NGO-Foren“ zu Wort gemeldet. Der Artikel 71 der UN-Charta sichert diesen NGOs eine konsultative Rolle im Wirtschafts- und Sozialrat zu; die in Rio erarbeitete Agenda 21 (Aktionsprogramm für das 21. Jahrhundert) fordert darüber hinaus eine partnerschaftliche Rolle der NGOs bei der Gestaltung umweltverträglicher, nachhaltiger Entwicklungsprogramme.

Zunehmend werden weite Teile der offiziellen Abschlußdokumente (Aktionspläne/-plattformen), die freilich schon Monate vor den eigentlichen Konferenzen weitgehend fertiggestellt sind, von NGOs (mit-)formuliert. Den vielfach überlasteten nationalstaatlichen Regierungen kommt diese Entwicklung indes gar nicht so ungelegen: Die Delegation von Verantwortlichkeiten für globale Problemlösungsstrategien an die NGOs kann mit Claus Offe als „staatliche Politik der Staatenentlastung“ (zitiert nach Messner 1996: 8) bewertet werden. Die NGOs sehen sich in diesem Zusammenhang vor allem der Gefahr gegenüber, von staatlichen Stellen in vielfacher Weise instrumentalisiert zu werden. Dies kann nicht nur bedeuten, daß die NGOs aufgrund ihrer Basisnähe, der im allgemeinen hohen Motivation ihrer vorwiegend ehrenamtlichen Mitglieder und – damit verbunden – ihrer vermeintlich schwächeren Korrumpierbarkeit als Implementationsagenturen staatlicher Politiken beispielsweise im Bereich Umwelt und Entwicklung genutzt werden (vgl. Bruckmeier 1994: 233). In Anlehnung an Michael Walzer kann hier von einem Spagat zwischen der „Kunst der Trennung“ der NGOs von Staatspolitik und Wirtschaftshandeln und der „Kunst des Verbindens“, d. h. der Formulierung anschlußfähiger Themenstellungen als Voraussetzung für unterstützende Förderung gesprochen werden (vgl. Messner 1996: 10).

Die Einbindung der NGOs in die UN-Politik entspricht zwar keinem einklagbaren Mandat und bedeutet somit lediglich eine „Partizipation ohne Stimmrecht“ (Anheier 1992: 1424, zitiert nach Walk/Brunnengräber 1994: 624); dennoch spricht die Zahl von über 1500 bei der UN ständig akkreditierten NGOs eine deutliche Sprache (vgl. Wernicke 1994). Das Yearbook of International Organizations listet 25.000 internationale Nicht-Regierungsorganisationen auf (vgl. Walk/Brunnengräber 1994: 228); nach Schätzungen der UNO sind weltweit über 50.000 NGOs in den Bereichen Umwelt, Entwicklung, Gesundheit, Familienplanung, Menschen-, Frauen- und Bürgerrechte, Bildung, Selbsthilfe, Solidaritäts- und Friedensarbeit aktiv (Wernicke 1995: 5).

Laut der UN-Definition gilt als internationale NGO „jede Organisation, die nicht durch zwischenstaatliche Übereinkunft errichtet wurde" (Die Zeit, 10. 03. 1995). Dies umfaßt eine Vielzahl von Organisationen, die sich hinsichtlich ihres Professionalisierungs- und Institutionalisierungsgrades, von Mitgliederzahlen, Arbeitsfeldern, Binnenstruktur sowie „Staatsferne" unterscheiden. Unter die Negativdefinition der Nicht-Regierungs-Organisationen fallen auch etablierte Organisationen wie politische Stiftungen, kirchlich-karitative oder gewerkschaftliche Organisationen, Lobbyorganisationen der Wirtschaft, wissenschaftliche Institute und Wohlfahrtsverbände, aber auch die aus den basisnahen sozialen Bewegungen entstandenen NGOs. Diese vielfältigen Organisationen weisen mehr Unterschiede als Gemeinsamkeiten auf.

Erste Versuche, das unübersichtliche Feld der NGOs zu strukturieren, weisen auf die besondere Lage der meisten NGOs „zwischen Markt und Staat" hin. Es handelt sich bei ihnen um intermediäre Organisationen in einem „Dritten Sektor" (Forschungsjournal NSB 1992), einem „Bereich solidarischen Handelns" (Bruckmeier 1994: 230) oder einem „value driven sector" (Fowler 1992: 22) am Rande der Politik, „dort wo sich eine neue Vorstellung von Bürgersinn herausbildet" (Gsteiger 1996: 6). Sie stellen also Organisationen dar, die weder (national-) staatlichen Politiken verpflichtet sind – jenseits klassenspezifischer oder partikularer Gruppeninteressen übernehmen (spezifizieren) NGOs „eher anwaltliche Aufgaben" im Sinne globaler „Menschheitsinteressen" (Altvater 1994: 220f) – noch Profitmaximierungsinteressen verfolgen. Die genannten Gemeinsamkeiten bleiben jedoch sehr allgemein.

Für eine Präzisierung hilfreich sind Begriffsbemühungen aus der Bewegungsforschung und der Dritte Sektor-Forschung, wenngleich deren terminologische Vorschläge zugleich auch zur weiteren Verdichtung des Begriffsdschungels beitragen. Die Dritte Sektor-Forschung (Zimmer 1996) untersucht die NGOs als Non Profit Organizations (NPOs). Auf den enger werdenden Spenden- und Medienaufmerksamkeits-Märkten konkurrieren mittlerweile Quasi-NGOs (QUANGOs; Ausgliederungen aus staatlichen Organisationen) (Bruckmeier 1994: 229), GRINGOs (Government Run/ Inspired NGOs), FFUNGOs (Foreign Funded NGOs) (Brand 95: 26) und GONGOs (Governmental Organized NGOs) (ders.: 236; Walk/Brunnengräber 1994: 632) mit den NGOs um Ressourcen und Einfluß. Walk/Brunnengräber (1994: 629ff) unterscheiden zwischen eher erfolgs- und eher wertorientierten

Organisationen sowie zwischen NGOs, die sich primär aus Spenden finanzieren und jenen, welche auf öffentliche (staatliche wie suprastaatliche) Mittel angewiesen sind (Walk/ Brunnengräber 1994: 630).

Die Bezugnahme auf die Bewegungsforschung unter Anleihen an die Dritte Sektor-Forschung hat als eingrenzender Blickwinkel den Vorteil, für eine Perspektivendiskussion den Blick zu schärfen. Ich vertrete hier die These, daß ein bestimmtes Segment von NGOs als Bewegungsorganisationen verstanden werden muß. Diese Organisationen können auch als Organisationen des Dritten Sektors analysiert werden. Doch an Stelle von Fragestellungen des 'non profit'-Bereiches werde ich im folgenden aus dem Blickwinkel der Bewegungsforschung argumentieren. Dieser Blickwinkel erfaßt weiterhin die politisch relevantesten Politikfelder der NGOs; die Bewegungsforschung leistet einen Beitrag zu einer Differenzierung verschiedener Typen von NGOs und ermöglicht den Anschluß an Fragen der Protestmobilisierung, der Ressourcenmobilisierung, der Organisationsbildung, Professionalisierung, Institutionalisierung und der Vernetzungsprobleme sozialer Bewegungen (für einen Überblick siehe Rucht 1991 und 1994); der Bezug zu den politischen Normen, den Zielen und dem Selbstverständnis sozialer Bewegungen als zivilgesellschaftlichen Akteuren wird berücksichtigt; schließlich ermöglicht die Konzentration auf multinationale Bewegungsorganisationen die Analyse der Rolle, die sie in nationalen Bewegungssektoren und innerhalb einer sich wandelnden Bewegungspolitik spielen.

Die Diskussionen der Bewegungsforschung führen den als „dramatisch" charakterisierten Anstieg an transnational agierenden, voluntaristisch-politischen Organisationen zurück auf einen Übergang von 'Social Movement Organizations' (SMOs), welche direkt aus den sozialen Bewegungen hervorgegangen sind, zu „neuen" 'Transnational Social Movement Organizations' (TSMOs) (Diani/Dalton 1995, 2)[3]. Diese neue Qualität organisierten transnationalen Handelns kann ihrerseits als Reaktion auf transnationale Institutionalisierungsprozesse – sowohl staatlicher als auch marktwirtschaftlicher Institutionen – verstanden werden.

Multinationale Bewegungsorganisationen lassen sich definieren als „bewegungszugehörige Organisationen bzw. Verbindungen – vor allem Netzwerke – von Organisationen, die strukturell, also nicht nur in ihrem Themenhorizont, über ein bestimmtes Land hinausreichen und somit einen transnationalen, internationalen oder supranationalen Charakter haben (...) und die deshalb in aller Regel auch Probleme mehrerer Länder aufgreifen" (Rucht 1996: 32) . Die aus den neuen sozialen Bewegungen entstandenen Bewegungsorganisationen reagieren auf Prozesse der Globalisierung mit dem Aufbau transnationaler (Entscheidungskompetenz verbleibt in nationaler Hand), internationaler (Kompetenzteilung) oder supranationaler politischer Netzwerke (Kompetenz oberhalb nationaler Gremien). Sie suchen ihren vor allem auf Öffentlichkeit und Medienresonanz gestützten Einfluß in den mehrstufigen, verflochtenen Entscheidungsprozessen internationaler Politiknetzwerke geltend zu machen und ihre lokalen, nationalen und internationalen Handlungspotentiale zu diesem Zwecke zu koordinieren. Multinationale Bewegungsorganisationen haben einen wesentlichen Anteil an dem Aufmerksamkeitserfolg der NGOs.

Dieter Rucht faßt die zentralen Faktoren für diesen Aufmerksamkeitserfolg zusammen: (1) die Zunahme grenzüberschreitender Problemstellungen und internationaler Wirtschaftsverflechtungen, (2) die immer offenkundiger zutage tretenden Strukturschwächen etablierter nationaler Organe in bezug auf die Lösung der globalen Probleme, (3) die multifunktionale Rolle der NGOs als Problemindikatoren, Bündnispartner, Legitimationshilfe und Berater bei der Politikimplementation, (4) die zunehmende Verfügbarkeit weltweiter Informations- und Kommunikationsnetze sowie (5) schließlich die Professionalisierung der NGOs im Hinblick auf Ressourcenmobilisierung und Medienarbeit (6) (Rucht 1996:36-38).

Die Verhandlungsstärke und der Rückhalt der Lobbyarbeit von NGOs liegt nicht nur in ihrer Expertise, sondern auch in ihrem öffentlichen Ansehen, ihrer Reputation und Glaubwürdigkeit begründet, die sie aufgrund ihrer „Feldarbeit“ vor Ort oftmals genießen (Bunzenthal 1995: 13). Gerade die multinationalen Bewegungsorganisationen verfügen zudem über Möglichkeiten der Rückkoppelung an Mobilisierungssegmente nationaler und lokaler sozialer Bewegungen und können im Bedarfsfalle ihre Lobbytätigkeiten mit Protestmobilisierungen und internationalen Kampagnen verbinden.

Am Beispiel der internationalen Kampagnen von Greenpeace und Amnesty International lassen sich Grundmuster und Kontextfaktoren globalen kollektiven Handelns identifizieren (Lahusen 1996a). Der Zwang zur Internationalisierung politischen Handelns geht einher mit organisatorischen und strukturellen Veränderungsnotwendigkeiten der Bewegungsnetzwerke. Lahusens Untersuchung internationaler Kampagnen überprüft vor diesem Hintergrund die Entwicklungsdynamiken kollektiven Handelns und die Mobilisierungsanstrengungen internationaler NGOs – im Hinblick auf die zunehmende Verknüpfung lokaler und globaler Themenstellungen, die sich steigernde Komplexität der organisationalen Umwelten von Bewegungshandeln und die Koordinierungs- und Strukturierungsprobleme internationaler Kampagnenarbeit. Der Erfolg internationalen Protesthandelns hängt von der Fähigkeit der Bewegungsorganisationen ab, verschiedene nationale und internationale Handlungsebenen zu integrieren und angemessene Koordinierungsstrategien an der Schnittstelle zwischen dem Lokalen und dem Globalen zu entwickeln. Auf die damit verbundenen Probleme gehe ich später ein.

2. Die internationale Zivilgesellschaft

Die Konzeptdiskussion zur civil society ist ausgedehnt und kontrovers[4]. Auch die neuen sozialen Bewegungen verstehen sich als zivilgesellschaftliche Akteure. In ihren Theoriedebatten spielt das Konzept der 'civil society' eine prominente Rolle bei der theoretischen Selbstverortung des Bewegungshandelns und seiner Einflußmöglichkeiten auf Politik und Gesellschaft (Roth/Rucht 1991: 25f.; Rödel/Frankenberg/Dubiel 1989; Cohen/Arato 1992; Forschungsjournal NSB 1994; Rucht 1994: 148ff.). Reflektiert werden mit Hilfe des Konzeptes das normative Selbstverständnis, die Formen der Einflußnahme der neuen sozialen Bewegungen auf die Politik mit den gewaltfreien Mitteln öffentlicher Artikulation und Intervention (bis hin zum zivilen Ungehorsam) und die Konturen einer auch die politischen Institutionen einbeziehenden reformpolitischen Orientierung, welche die Fehler von Etatismus und Bürokratismus zu vermeiden sucht (Klein 1994). In der demokratietheoretischen Diskussion wird die Zivilgesellschaft zum Resonanzboden autonomer Öffentlichkeiten (Habermas 1992) und zum Bezugspunkt von Überlegungen einer Demokratisierung repräsentativer Demokratien (Schmalz-Bruns 1995; einige der Beiträge in Klein/Schmalz-Bruns 1997).
Aus dem Blickwinkel der civil society geraten der intermediäre Raum des Politischen und seine Akteure sowie die politische Öffentlichkeit in den Blick, in einem weiteren Sinne auch die politische Kultur. Ich möchte eine diskussionswürdige Arbeitsdefinition in Anlehnung an Larry Diamond vorstellen (Lauth/Merkel 1996; Diamond 1994: 5 f.), die deutlich macht, daß soziale Bewegungen wie auch NGOs ihre zivilgesellschaftliche Rolle im Zusammenspiel mit zahlreichen anderen Akteuren ausüben: „Zivilgesellschaft ist jene vorstaatliche oder nicht-staatliche Handlungssphäre, in der eine Vielzahl pluraler (auch konkurrierender) Organisationen und Assoziationen ihre spezifischen Angelegenheiten autonom organisieren und Interessen artikulieren. Sie ist im Zwischenbereich von Privatsphäre und Staat angesiedelt. Entsprechend sind Gruppen, die nur private Ziele verfolgen, nicht Teil der Zivilgesellschaft (Familie[5], Unternehmen etc.). Die Zielsetzung betrifft öffentliche Angelegenheiten. Akteure der Zivilgesellschaft sind damit

in die Politik involviert, ohne jedoch nach politischen Ämtern zu streben. Zivilgesellschaft als solche ist kein homogener „Akteur", vielmehr ist sie insofern heterogen strukturiert, als sie ein pluralistisches Sammelbecken höchst unterschiedlicher Gruppen darstellt, die allerdings einen bestimmten normativen Basiskonsens teilen. Dieser beruht auf dem Prinzip der Fairness; ausgeschlossen ist die Anwendung physischer Gewalt. Zivilgesellschaft kann komplementär zu politischer Kultur begriffen werden: Werden mit letzterer die Einstellungen aller Bürger zum politischen System (Normen, Leistungen etc.) bezeichnet, so sind im Falle der Zivilgesellschaft die Handlungen aller organisierten Gruppen gemeint, die auf die Öffentlichkeit (und damit auf das politische System) gerichtet sind."

Wie hängen die hier skizzierten Überlegungen mit der „internationalen Zivilgesellschaft" zusammen? Die Komplexität der globalen Problemzusammenhänge läßt nationalstaatliche Gestaltungsdefizite immer deutlicher zutage treten und fördert zugleich die Aufmerksamkeit für die an Bedeutung gewinnende Arena der internationalen Politik. Zu beobachten ist nicht nur eine anwachsende Regelungsdichte und institutionelle Ausdifferenzierung internationaler Politik, sondern auch ein zunehmendes Gewicht nicht-staatlicher Akteure in der internationalen Politikarena. Die souveränen Nationalstaaten, welche die traditionelle internationale Ordnung repräsentieren, büßen an Autonomie ein; territoriale Dimensionen und demokratische Legitimation durch das nationale Wahlvolk verlieren ihre bisherige Bedeutung. „Die 'neue Weltordnung' ist keine reine (National)Staatenordnung mehr. Infolge der globalen Kommunikation und Vernetzung hat der Staat, haben die Diplomaten von Regierungen nicht mehr das selbstverständliche und unangreifbare Monopol der Gestaltung aller Aspekte internationaler Beziehungen. Die 'Zivilgesellschaft' ist dabei, sich zu trans- und internationalisieren." (Altvater 1994: 217).

Die Akteure der internationalen Zivilgesellschaft reagieren mit der Ausbildung multinationaler Organisationen und einer verstärkten transnationalen Koordination ihrer Arbeit auf Herausforderungen der Globalisierung und suchen nach Möglichkeiten einer Demokratisierung des Weltsystems. Bei der Herstellung und Mobilisierung übernationaler Öffentlichkeiten spielen sie eine wesentliche Rolle und tragen in der internationalen Politik zu einem „Abschied von der Staatenwelt" bei (Czempiel 1993).

Das Konzept der „internationalen Zivilgesellschaft" betont die Bedeutung von sozialen Bewegungen und NGOs als einem „Netzwerk von Organisationen und informellen Zusammenhängen, das geeignet ist, als Widerlager und Widerpart gegenüber dem jeweiligen Staatsapparat aufzutreten" und – so müßte man hinzufügen – sich trans-, inter- oder supranational zu vernetzen (Kößler/Melber 1993: 93). Es fragt nach den ökonomischen, politischen und kulturellen Voraussetzungen, unter denen soziale Bewegungen und nichtstaatliche Organsisationen unter Bezug auf die Normen der Menschen- und Bürgerrechte sowie der sozialen Teilhabe die nationalstaatlichen Beschränkungen der Politik wirkungsvoll kritisieren und ihren Einfluß auf die Politik internationaler Institutionen zur Schaffung eines notwendigen globalen Ausgleichs ausbauen können. Die Wechselbeziehungen nationaler Zivilgesellschaften mit der internationalen Politikarena nehmen – auch bezüglich der involvierten, multinational operierenden Akteure – eine Eigendynamik an, die im Zentrum der Diskussion über die internationale Zivilgesellschaft steht. Für die Fortentwicklung des Konzepts der internationalen Zivilgesellschaft kommt es darauf an, die Diskurse über Globalisierung und Weltgesellschaft aufzugreifen und mittels empirischer Analyse das Wechselspiel nationaler und internationaler Zivilgesellschaft(en) und ihrer Akteure, die Reichweite des Einflusses von multinationalen Bewegungsorganisationen und NGOs in einzelnen Politikfeldern wie auch die Prozesse ihres Zusammenspiels mit staatlichen und internationalen Akteuren zu prüfen. Anderenfalls bliebe die internationale Zivilgesellschaft ein emphatisches normatives Label ohne großen analytischen Stellenwert.

Die Diskussion um die Ausbildung einer „Weltgesellschaft" stellt wichtige Bezüge bereit, um den Stellenwert der internationalen Zivilgesellschaft näher bestimmen zu können. Sie stellt die analytische Trennung von Außen- und Innenpolitik angesichts „gesellschaftlicher Einflüsse auf die grenzüberschreitenden Beziehungen" in Frage, verweist auf die „Wechselbeziehungen zwischen politischen Systemen oder Teilen davon, gesellschaftlichen Gruppen, Nichtregierungsorganisationen und internationalen Institutionen" und fragt nach den „internationalen und innergesellschaftlichen Bedingungen, unter denen transnationale Koalitionen staatliche Politik beeinflussen können" (Albert u.a. 1996: 15). Die Unterscheidung von Gemeinschaft und Gesellschaft verweist auf die Bedeutung einer internationalen Gemeinschaft für die Globalisierung von Wertbezügen, aber auch auf entsprechende Gegenbewegungen zu derartigen Universalisierungstendenzen: Das Spannungsfeld von Universalismus und Partikularismus kennzeichnet die Diskussionen einer weltweiten Öffentlichkeit als dem eigentlichen Handlungsterrain der internationalen Zivilgesellschaft (Kößler/Melber 1993: 97-132; Anhelm 1996: 20), „etwa in Form von Nationalismus, Fundamentalismus oder der Werte-Abgrenzung im Zuge der globalen Vergesellschaftung gegenüber dem Versuch der Festschreibung global geltender Werte und gemeinschaftlicher Verpflichtungen, z.B. durch die Weltkonferenzen für Umwelt und Entwicklung, für Menschenrechte, Bevölkerungsfragen, Frauenfragen und sozialpolitische Belange“ (Albert u.a. 1996: 20).

Demokratietheoretische Überlegungen zum Stellenwert einer internationalen Zivilgesellschaft[6] müssen die politischen, ökonomischen und kulturellen Ambivalenzen der Globalisierung berücksichtigen. An erster Stelle ist der dominierende neoliberale Globalisierungsdiskurs zu nennen, in dessen Folge sich die Probleme sozialer Ungleichheit dramatisch zugespitzt haben. „Wie kann man der Gewalttätigkeit des unbarmherzigen, allgegenwärtigen Gottes Markt Einhalt gebieten in einem System, das keine kontrollierbaren demokratischen Bremsen besitzt, in dem nur der egoistische Nutzen zu Lasten solidarischer Überlegungen eine wichtige Rolle spielt?“ (Goytisolo 1996). In der internationalen Politik und in den internationalen Organisationen sind einige westliche Großmächte besonders einflußreich. Auf Seiten der nicht-staatlichen Akteure dominiert der Einfluß international tätiger Banken und Unternehmen. Angesichts eines „transnationalen Korporatismus“, von Hegemonieansprüchen und Hierarchiebildung müssen sich die NGOs „des ‘public privat interest’-Bereichs – vor allem ökologische und humanitäre Organisationen – erst mühsam Wege der Einflußnahme erschließen“. Dabei kommt ihnen allerdings eine „Globalisierung des Wertebewußtseins über Grundrechte, Verfassungsprinzipien, soziale Grundlagen und politische Beeinträchtigung autonomer Lebensweisen“ entgegen (Richter 1997).

Die Übertragbarkeit von an den Nationalstaat gebundenen Konzeptionen von Zivilgesellschaft und liberaler Demokratie auf Fragen der Demokratisierung der Weltgesellschaft ist nur bedingt möglich. In Richtung einer bloßen Transferierung konventioneller politischer Strategien politischer Teilhabe von Nationalstaaten auf die globale Ebene „können auch nicht lediglich einige institutionelle Arrangements, wie völkerrechtliche Grundnormen, internationale Organisationen oder Koordinationsgremien demokratisch gewählter politischer Eliten, genügen. Um Demokratie in ihrem normativen Facettenreichtum global entfalten zu können, bedarf es einer differenzierten, prozeduralen Vermittlung mikropolitischer, aus den zivilen Bedürfnislagen gespeister Legitimations- und Partizipationsansprüche an den makropolitischen Herrschaftscharakter des Weltsystems“ – worauf Emanuel Richter 1997 aufmerksam macht. Hier liegt unter Gesichtspunkten der Demokratisierung der zentrale Beitrag der Zivilgesellschaft. Deren Akteuren fällt die Funktion zu, Normen, Standards und Regeln der internationalen Politik zu thematisieren und deren institutionelle Verfahrensweisen dauerhaft kritisch zu beobachten. Die wichtigsten Kriterien liefert das von Dieter und Eva Senghaas im Hinblick auf die Voraussetzungen einer stabilen weltweiten Friedensordnung entwickelte „zivilisatorische Hexagon" von legitimem und effektivem Gewaltmonopol, Rechtsstaatlichkeit, demokratischer Beteiligung, sozialer Gerechtigkeit, Affektkontrolle und konstruktiver Konfliktkultur (Senghaas 1994).

Die internationale Zivilgesellschaft bleibt freilich im Sinne der Verbesserungen ihrer politischen Chancenstrukturen angewiesen auf Fortschritte der internationalen Institutionenbildung – etwa die Reform der UNO (Czempiel 1995; Coate/Alger/Lipschutz 1996) –, eines Weltbürgerrechts und einer weltweiten Öffentlichkeit (zum Zusammenhang beider Habermas 1995) oder auch die Entwicklung des Völkerstrafrechts, wie sie im Zusammenhang mit den Möglichkeiten einer internationalen Strafgerichtsbarkeit diskutiert wird (Hankel/Stuby 1995). Jenseits unrealistischer Erwartungen an das Leistungsvermögen zentralisierter Staatlichkeit einer „Weltregierung" müßten sich Demokratisierungsbemühungen einer „Weltinnenpolitik" insgesamt wohl eher auf föderative Formen eines zudem mehrstufig verlaufenden Koordinations- und Kooperationsprozesses einstellen (Lauth 1995).

Die Vielfalt der unter dem Begriff der NGOs gefaßten Organisationen entspricht der Vielfalt zivilgesellschaftlicher Akteure. Mein eingangs vorgetragenes Argument für die Notwendigkeit der Eingrenzung des weiten Feldes der NGOs auf (multinationale) Bewegungsorganisationen gilt auch in bezug auf die Rolle sozialer Bewegungen und ihrer Organisationen in der internationalen Zivilgesellschaft: Multinationale Bewegungsorganisationen stellen in der heterogenen Gruppe der NGOs den Typus dar, dessen Spezifikum die Verkoppelung von Lobbyarbeit und Protest darstellt. Dies macht sie als NGOs so erfolgreich und ist auch der Grund für die den NGOs gewidmete mediale Aufmerksamkeit. Als zivilgesellschaftliche Akteure bewahren multinationale Bewegungsorganisationen in ihrem politischen Handeln einen vorrangigen Bezug auf die politische Öffentlichkeit. Ihre Mobilisierungs- und Vernetzungspotentiale im Anschluß an nationale Bewegungssektoren verleihen ihnen einen Vorteil bei der Gewinnung von Aufmerksamkeit in der weltweiten Öffentlichkeit und machen sie zu zentralen Akteuren der internationalen Zivilgesellschaft. Doch die multinationalen Bewegungsorganisationen werden mit neuen Problemen der Arbeitsteilung, Koordination und Netzwerkbildung konfrontiert. Diesen Problemen gelten die folgenden Überlegungen.

3. Multinationale Bewegungsorganisationen und Probleme der Netzwerkbildung

Die entstandenen Netzwerke der NGOs innerhalb der internationalen Zivilgesellschaft sind sehr unterschiedlicher Struktur: von national unabhängig arbeitenden, international nur lose gekoppelten bis zu weltweit agierenden, transnationalen NGOs, die sich selbst als 'global player' verstehen und weitgehend Konzernstrukturen aufweisen (Greenpeace). Vermittelt über strategisch geplante Kampagnen haben es diese internationalen Akteure in den letzten Jahren verstanden, brisante Themen nicht nur auf die politische Agenda zu setzen, sondern in der weltweiten Berichterstattung ganz oben zu plazieren (Lahusen 1996). Unterstützt werden diese Bemühungen nicht zuletzt durch den Einsatz moderner Kommunikationsnetze und Informationstechnologien. Durch die Möglichkeiten elektronischer Datenfernübertragung über das Internet, den weltweiten Verbund von Computernetzen, durch elektronische Postsysteme, in themenspezifischen Newsgroups und Mailinglists etc. können Informationen schneller verfügbar gemacht, internationale Absprachen getroffen und gemeinsame Programme vereinbart werden.

Die entwicklungspolitische Diskussion über die internationale Zivilgesellschaft verweist jedoch auch auf schieflagige Arbeits- und Funktionsteilungen innerhalb der sich herausbildenden internationalen Netzwerke freier Assoziationen als Ausdruck des auch dort wirksamen Nord-Süd-Gefälles[7]: „'Anwalts-' und 'Dienstleistungsfunktionen' im Norden werden vor allem mit 'Selbsthilfe', möglicherweise noch mit 'Interessenvertretung' im Süden in Beziehung gesetzt. Dieses Ungleichgewicht reproduziert so den Mangel an Reziprozität, der sich aus den ungleichen Strukturen der bestehenden Weltgesellschaft ergibt. Auf diese Weise entsteht eine internationalisierte, nicht aber eine internationale Zivilgesellschaft. Letztere müßte gerade auf Reziprozität beruhen“ (Kößler/Melber 1993: 59; vgl. auch Neubert 1992).

Auf die Gefahr der Instrumentalisierung von Süd-NGOs weisen auch Walk/Brunnengräber hin (1994: 631): Zur Umsetzung ihrer Problemlösestrategien und Handlungskonzepte sind viele umwelt- und entwicklungspolitische NGOs der nördlichen Industrieländer auf südliche KooperationspartnerInnen angewiesen. Auch sie stehen z.T. unter dem Druck, für die Einwerbung von öffentlichen Geldern auf eine funktionierende Vernetzung mit Süd-NGOs verweisen zu können. Hier ergibt sich das Risiko einseitiger Abhängigkeiten der Süd- von den Nord-NGOs, die als „Geberorganisationen“ Entscheidungsprozesse steuern und „paternalistische Kontrollfunktionen“ übernehmen (dies.: 632). Walk/Brunnengräber fordern in diesem Zusammenhang „eine Demokratisierung der internationalen NRO-Beziehungen“ (dies.: 633).

Doch es gibt auch vermehrte Hinweise auf einen Wandel der Beziehungen von Nord- und Süd-NGOs. Anläßlich der Menschenrechtskonferenz 1993 in Wien bilanziert Skriver (1993: 525), daß viele Nord-NGOs im Hinblick auf Effektivität und Professionalität mittlerweile hinter den Süd-NGOs zurückblieben, da diese viel weitgehender mit Fördergeldern unterstützt würden: „Über viele Jahre wurde vernachlässigt, die NRO im Norden mitwachsen zu lassen, damit sie ebenbürtige Partner der Süd-NRO werden“ (Skriver 1993: 526). Bruckmeier stellt für die Umweltorganisationen die Tendenz fest, „daß die NRO des Nordens mit der raschen Zunahme der Organisations- und Handlungskompetenz von Basisbewegungen im Süden (...) überflüssig werden“ (Bruckmeier 1994: 230). Auch innerhalb der internationalen Frauenbewegung finden sich Hinweise auf eine Bedeutungszunahme der Süd-NGOs (Holthaus 1997) und sich abzeichnende Strukturschwächen der Nord-NGOs. Diese Hinweise bedürfen sicherlich der weiteren Diskussion.

Die verschiedenen Differenzierungsversuche verdeutlichen, daß es die globale 'NGO-community' nicht gibt, sondern daß vielmehr von einer sehr heterogenen Gemengelage unterschiedlicher regionaler Gruppenbildungsprozesse und historischer Entwicklungen auszugehen ist. Diese Differenzen zeigen sich auch in dem unterschiedlichen Status, den einzelne NGO im Rahmen der eingangs erwähnten internationalen Konferenzdiplomatie einnehmen: Hier agieren grassroots-NGOs als eher unerwünschte GipfelgegnerInnen, welche „nur am Katzentisch hocken“ (Wernicke 1995: 5) oder bestenfalls Beobachterstatus mit weitgehender Einflußlosigkeit erhalten, neben etablierten Organisationen, die als kostenlose ExpertInnen zu Rate gezogen werden, effektives Lobbying betreiben oder gar als Teil offizieller Regierungsdelegationen auftreten. Bunzenthal spricht vor diesem Hintergrund (im Zusammenhang mit dem Weltsozialgipfel) gar von einer „Spaltung“ der privaten Organisationen (Bunzenthal 1995: 13).

Der Bedeutungszuwachs multinationaler Bewegungsorganisationen erzeugt jedoch nicht nur Probleme internationaler Netzwerkbildung, Arbeitsteilung und Kommunikation. Er ist eng verbunden mit einem Formwandel der Bewegungspolitik. Diesen gilt es an dieser Stelle knapp zu skizzieren. Eine soziale Bewegung, so die in der sozialwissenschaftlichen Bewegungsforschung einschlägige Definition von Joachim Raschke, „ist ein mobilisierender kollektiver Akteur, der mit einer gewissen Kontinuität auf der Grundlage hoher symbolischer Integration und geringer Rollenspezifikation mittels variabler Organisations- und Aktionsformen das Ziel verfolgt, grundlegenden sozialen Wandel herbeizuführen, zu verhindern oder rückgängig zu machen" (Raschke 1985: 77).

In den letzten Jahren lassen sich einige Trends feststellen, die insgesamt einen Formwandel der Bewegungspolitik bewirken: Die anwachsende Bedeutung multinationaler Bewegungsorganisationen, aber auch die Institutionalisierung und Professionalisierung[8] nationaler Bewegungsorganisationen haben die Rollenspezifikation und Arbeitsteilung innerhalb der neuen sozialen Bewegungen vorangetrieben. Insgesamt ist ein Bedeutungszuwachs von Bewegungsorganisationen zu beobachten. Die Protestmobilisierung erreicht in den neunziger Jahren nicht mehr die Teilnehmerzahlen der großen Demonstrationen der achtziger Jahre – bspw. der Friedensbewegung –, aber die Zahl der Protestereignisse ist in den neunziger Jahren sogar angestiegen (Rucht 1997). Von der politischen Soziologie wissen wir, daß die Bereitschaft zu unkonventionellem politischen Handeln – das Protest einschließt – stabile hohe Werte aufweist. Die Normalisierung bewegungsförmiger Protestmobilisation reflektiert Roland Roths These einer Institutionalisierung der Bewegungspolitik, die freilich hinsichtlich dadurch bewirkter weiterreichender politisch-institutioneller Reformschübe zugleich eine skeptische Zwischenbilanz zieht (Roth 1994) und mittlerweile vom Autor in Richtung einer „marginalen Institutionalisierung" abgeschwächt wird (Roth 1996). Beobachter stellen bei der Analyse einzelner Bewegungen einen zunehmenden Trend vom Konflikt zum Dialog fest[9].

Vor dem Hintergrund der Krise gesellschaftlicher Großorganisationen und ihres Problems der Integration von Mitgliedschaftslogik und Einflußlogik (zu dieser Unterscheidung siehe Streek 1987) schienen die neuen sozialen Bewegungen mit ihrer Verabschiedung von festen Mitgliederrollen eine attraktive Alternative zu Parteien und Verbänden. Mit der dominanten Rolle von Bewegungsorganisationen hat den Bewegungssektor diese Entwicklung jedoch eingeholt. Die Probleme politischer Stellvertretung, Parteien und Verbänden bestens bekannt, stellen sich nunmehr auch für den Bewegungssektor und die Bewegungsorganisationen. Diesen kommt zunehmend die Rolle der Kanalisierung und Initiierung sozialen und politischen Protestes zu. Die Orientierung von Bewegungsorganisationen und als solchen zu verstehenden NGOs an „Einflußlogik" und Außenkommunikation – mit dem verstärkten Einsatz von Mitteln symbolischer Politik – birgt Risiken der Abkoppelung von der „Mitgliedschaftslogik", dem Mobilisierungssegment der sozialen Bewegungen und der hier besonders wichtigen Binnenkommunikation. Verschärft wird dieses Problem vor dem Hintergrund der Bedeutungszunahme multinationaler Bewegungsorganisationen, die zusätzlich die Koordination der lokalen, nationalen und internationalen Politikarena leisten müssen.

Aus der Sicht eines basisdemokratischen Prinzipialismus erscheint diese Entwicklung als Ausdruck einer Krise. Ich möchte demgegenüber auf die Notwendigkeit hinweisen, anspruchsvolle Formen politischer Stellvertretung auch im Bewegungssektor zu entwickeln. Dies läßt sich auch demokratietheoretisch begründen: Neben direkter Bürgerbeteiligung und Protestmobilisierung, die sich auf die input-Seite des politischen Prozesses beschränken – und eine zentrale Rolle für Lernprozesse, politische Sozialisation und die Ausbildung von Gruppenidentitäten bilden –, kommt es auf effektive Problembearbeitung (throughput) und Problemlösung (output) an. Die Innovativität politischen Entscheidens, „d.h. die Fähigkeit, neue Problemlagen zu antizipieren und aufzugreifen" (Kitschelt 1996), ist für Bewegungsorganisationen und NGOs eine besonders wichtige Herausforderung. Die systematische Einbindung von Expertise, eine professionelle Medienarbeit und ein für Mobilisierungsfragen und Binnendiskurse sozialer Bewegungen sensibles Stellvertreterhandeln können nicht mit einer Entradikalisierung oder Krise von Bewegungspolitik gleichgesetzt werden. Die Risiken der Abkoppelung von Außen- und Binnenkommunikation könnten allerdings auch zu einer Krise von Bewegungspolitik führen, sofern die Brücken zu Lernprozessen, Sozialisationsräumen und Identitätsfindung im zivilgesellschaftlichen Raum keine unhintergehbaren Bezugspunkte professionalisierter Bewegungsorganisationen mehr bilden (Lahusen 1996b).

Eine Abkoppelung des Mobilisierungsegments vom Lobbysegment der Bewegungsnetzwerke wäre riskant. Die in den Bewegungsnetzwerken ablaufende Binnenkommunikation ermöglicht erst die Selbstlegitimierung und die Formulierung gemeinsamer Interessen und ist die Voraussetzung von Problemartikulation und Mobilisierung. Ohne funktionierende Bindung der NGOs an diesen Binnendiskurs im Bewegungssektor sind nicht nur die Glaubwürdigkeit und Legitimität der Organisationen gefährdet. Auch eine an Effizienz und Rationalität orientierte Kampagnenpolitik ist in hohem Maße auf die Thematisierungserfolge basisnaher Kommunikationsnetzwerke angewiesen. Vor diesem Hintergrund stellt sich die Legitimitätsfrage als Überlebensfrage der Bewegungsorganisationen, die ohne die Offenheit für die Bewegungsdiskurse und entsprechende Rückbindungs- und Partizipationsmechanismen massenmedialen Verschleißerscheinungen zu erliegen drohen. Am Beispiel des Berliner Klimagipfels 1995 wurden die Spannungen der Netzwerke nationaler und multinationaler Bewegungsorganisationen entlang der unterschiedlichen Erfordernisse von internationalem Lobbying und lokaler wie nationaler Mobilisierung eingehend beleuchtet.

Walk/Brunnengräber (1996) argumentieren, daß in der zu beobachtenden Tendenz der Bildung von ad-hoc-Allianzen zwischen NGOs und Regierungen oder Unternehmen die Gefahr liegt, den Blick auf das kurzfristig Machbare zu konzentrieren und dadurch grundlegende Reformnotwendigkeiten in der Umwelt- und Entwicklungspolitik zu vernachlässigen. Auf Seiten der NGOs fördern demnach eine politisch-ideologische Krise sowie die (oftmals) überlebenswichtige Frage der Ressourcenakquise die allseitige strategische Öffnung und damit einen konsensualen Politikstil. Aus Sicht der Regierungen und Unternehmen sind es die Interpretationskompetenz der NGOs, wahltaktische Überlegungen, Legitimationsnotwendigkeiten eigener Politik-Konzepte sowie Imagegründe, die eine Zusammenarbeit nahelegen. Walk/Brunnengräber warnen vor einer Konzentration der NGO-Aktivitäten auf eine „Politik der kleinen Schritte" im Dialog mit dem politisch-administrativen System und den Marktkräften. In dieser Allianzpolitik sehen sie die Gefahr begründet, daß sich die Forderungen der NGOs dem Schneckentempo der klimapolitischen Prozesse des internationalen Konferenzgeschehens anpassen und an radikaler Substanz verlieren.

Demgegenüber macht Janett (1996) in seiner Analyse der Allianzsysteme von NGOs im Zuge des Klimagipfels deutlich, worin die Vorteile solcher Bündnispolitik liegen können. Janett kennzeichnet staatliche und marktwirtschaftliche Akteure als Konstituenten der politischen Gelegenheitsstruktur von Bewegungsorganisationen und argumentiert, daß diese – ebenso wie die Adressaten sozialen Protesthandelns – entscheidenden Einfluß auf den Erfolg einer Bewegung haben. Er verweist darauf, daß insbesondere die neuen sozialen Bewegungen entgegen ihrem augenscheinlich stark antiinstitutionalistischen Binnendiskurs schon sehr früh intensive Kontakte zu den traditionellen politischen Kräften unterhielten. Ohne diese Allianzsysteme seien weder die Erfolge der europäischen Friedens- und Ökologiebewegung noch jene der amerikanischen Frauen- oder Bürgerrechtsbewegungen erklärbar.

In seiner Untersuchung des NGO-Netzwerks zum Klimagipfel unterscheidet Janett (1) das hochprofessionalisierte, realpolitische „Lobby-Segment" (repräsentiert durch das Climate Action Network) mit seiner Konzentration auf das 20% CO_2-Reduktionsprotokoll sowie die Einflußnahme auf das UN-Verhandlungssystem und (2) das vielgestaltige, fundamental-oppositionelle „Mobilisierungs-Segment", dessen Anstrengungen sich auf die Mobilisierung der öffentlichen Meinung sowohl im lokalen als auch im nationalen und internationalen Kontext richten. Obwohl auch Janett die Ergebnisse des Gipfels als Mißerfolg bewertet, wird das Scheitern nicht auf Probleme der Allianzenbildung zurückgeführt. Janett plädiert vielmehr dafür, auch zukünftig die auf die Binnenstruktur und die kollektive Identität gerichtete „Mitgliedschaftslogik“ und die auf Außenwirkung und Interaktion mit Gegnern konzentrierte „Einflußlogik“ simultan zu verfolgen. Erst dieser Strategiemix kann den Erfolg kollektiven Handelns sicherstellen.

Die Anforderungen an eine zu entwickelnde Arbeitsteilung in multinational agierenden Bewegungsnetzwerken sind angesichts der bestehenden Segmentierung der NGO-Szene sehr hoch gesteckt. Neuere Entwicklungen auf der vernetzten Ebene von Dachverbänden der bundesdeutschen NGO-Szene lassen in diesem Zusammenhang aufhorchen: Stellt sich bei einzelnen NGOs die Frage nach der Basisnähe bzw. -ferne, so werden im Hinblick auf Dachorganisationen (inter-) nationaler Bewegungsorganisationen Befürchtungen dahingehend laut, daß hier die Grenzen zu den traditionellen, verbändeartig strukturierten Akteuren vollends verschwimmen. In der Bundesrepublik sind mit dem „Verband Entwicklungspolitik deutscher Nichtregierungsorganisationen“ (VENRO) und dem „Forum Umwelt und Entwicklung“ zwei Dachorganisationen entstanden, die Einfluß auf die staatliche Mittelzuweisung wie auch die politische Beteiligung von NGOs in nationalen Delegationen nehmen. Sie scheinen – was weiterer Beobachtung und Analyse bedarf – auf nationaler Ebene eine Filterfunktion für das Lobbysegment von internationalen NGO-Netzwerken und bei der Zuteilung internationaler Sprecherrollen zu gewinnen[10]. Peter Wahl warnt vor der Gefahr einer korporatistischen Sackgasse, die nur bei hinreichender programmatischer und struktureller Autonomie der NGOs vermieden werden könne (Wahl 1996:4).

Die Befürchtung einer staatlich instrumentalisierten Partnerschaft wird durch die Beobachtung verstärkt, daß Kooperationsangebote von Regierungen keineswegs der Anerkennung der durch die NGOs propagierten Prinzipien (Partizipation, Basisbezug, soziale und kulturelle Einbettung) geschuldet, sondern schlicht deren bisherigen umwelt- und entwicklungspolitischen Mobilisierungs- und Öffentlichkeitserfolgen zu verdanken sind (auch rasches und unbürokratisches Handeln in Krisen- und Konfliktsituationen, Bruckmeier 1994: 233). Die Notwendigkeit zur Ressourcenallokation und die entsprechenden Vergabekriterien nötigen die Bewegungsorganisationen zunehmend, ihre (Lobby-)Arbeit zu professionalisieren und sich den Handlungslogiken staatlicher Organisationen und Vergabegremien weitgehend anzupassen. Neben der Instrumentalisierungs- und Kooptionsgefahr besteht somit auch das Risiko für die genannten Dachorganisationen, sich in der Beschaffung und Verwaltung von Ressourcen zu erschöpfen. Zu den Problemen der

NGOs zählen die Konkurrenz um Ressourcen, interne Differenzen und Konfliktlinien, zunehmende Bürokratisierung und Kommerzialisierung, Tendenzen der Kooptation und Entradikalisierung sowie die bereits heute zu beobachtenden Inflationseffekte.

Sehr prägnant hat Peter Wahl die Fallstricke der NGO-Arbeit zusammengefaßt (Walk/Brunnengräber 1996b): Die NGOs müssen sich als Projekte begrenzter Reichweite verstehen (Gefahr der Omnipotenzfalle); sie müssen eine zu enge Kooperation und schließlich Abhängigkeit von Staat und mächtigen politischen Akteuren vermeiden (Gefahr der Kooptationsfalle und Absorptionsfalle); eine Irrelevanzfalle entsteht bei einer zu starken Fixierung auf das Lobbysegment und bei einem Verlust eigener Mobilisierungspotentiale; schließlich besteht eine Strukturfalle durch die Eigenlogik des Institutionalisierungsprozesses, der die eigenen Arbeitsplatzinteressen in den Vordergrund rückt, aber auch durch mißlingende Vernetzung vor dem Hintergrund informeller Dominanz einiger NGOs und nicht bündelbarer Heterogenität der vertretenen Anliegen.

Mit der sich abzeichnenden Arbeitsteilung von Bonn (Nord-Süd-Zentrum) und Berlin (Bundeshauptstadt) werden v.a. die auf nationaler Ebene operierenden NGOs ihre Arbeit nach Berlin verlagern. Die Stadt wird – nicht zuletzt angesichts einer vitalen lokalen NGO-Szene – gewissermaßen zum Paradebeispiel für gelingende oder mißlingende Vernetzungen und Anforderungsintegration seitens der NGOs. Im 'worst case'-Szenario könnte dies dazu führen, daß ein vergleichsweise starkes Mobilisierungssegment lokaler NGOs in Berlin sich zunehmend von dem auf die nationale und internationale Arena ausgerichtetem Lobbysegment distanziert. Hier gilt es, auf die notwendige Eigendynamik der Lobbyarbeit hinzuweisen und auch auf seiten der lokalen NGOs geeignete Transferinstrumente zur Abstimmung und Übersetzung der arenenspezifischen Erfordernisse zu entwickeln. Ein intelligentes 'networking' von Lobby- und Mobilisierungsarbeit dürfte gerade in Berlin die Mühe lohnen und die Berliner NGO-Szene einem produktiven Veränderungsdruck aussetzen. Ein zentrales Defizit scheint mir in diesem Zusammenhang die NGO-Strategiedebatte zu sein. Sie könnte und müßte die sich abzeichnende Etablierung von NGO-Dachverbänden begleiten und dem Risiko zunehmender Organisationskonkurrenzen begegnen.

Anmerkungen

1 Der Beitrag greift auf Beiträge des Ende Juni 1996 erschienenen Themenhefts „Soziale Bewegungen und Nicht-Regierungsorganisationen" des Forschungs-

journals Neue Soziale Bewegungen zurück. Einige textidentische Passagen sind dem von Markus Rohde und mir gemeinsam verfaßten Editorial entnommen.

2 Auch wenn ich hier dieser Frage nicht weiter nachgehen kann, sei doch auf die Notwendigkeit einer deutlichen Unterscheidung von politischem Einfluß und medialer Prominenz hingewiesen. Die NGOs sind zweifellos die medialen Shooting-Stars der letzten Jahre. Doch auch wenn eine derartige Prominenz selber als wichtiger Faktor einer politischen Einflußnahme der NGOs zu werten ist, für die Öffentlichkeit und 'agenda-setting' die zentralen Handlungsressourcen darstellen, so muß man doch vor dem Risiko einer Überschätzung des politischen Einflusses der NGOs warnen, der sich allzusehr auf ein überschwengliches Medienecho verläßt. Eine nüchterne Wirkungsanalyse der NGOs in einzelnen Politikfeldern steht noch aus.

3 Kettner führt die Entwicklung internationaler NGOs auf drei vorhergehende Phasen zurück: Waren es im ausgehenden 19. Jahrhundert die Gewerkschaften, die Unzufriedenheiten bezüglich des Mangels an demokratischer Partizipation artikulierten, übernahmen diese Funktion im 20. Jahrhundert zunächst Bürgerbewegungen „alten Stils", seit den siebziger Jahren die Neuen Sozialen Bewegungen und heute in internationalem Maßstab Nicht-Regierungs-Organisationen (Kettner 1995).

4 Das Konzept der 'civil society' ist eng mit den demokratischen Transformationsprozessen autoritärer Regime verbunden. Besondere Prominenz erlangte es in den Kreisen der osteuropäischen Bürgerbewegungen und Dissidenten seit Ende der 70er Jahre (dazu Cohen/Arato 1992: 29-82). In der Transformationsforschung, die weltweite Demokratisierungsprozesse untersucht, wie auch in der demokratietheoretischen Diskussion steht die civil society für nicht-staatliche, an öffentlichen Belangen orientierte Akteure und Assoziationen, die mit den Mitteln öffentlicher Einflußnahme auf den Staat und die Akteure des politischen Systems einwirken. In einem weiteren Sinne bezeichnet die civil society zudem Infrastruktur und Orientierungsrahmen einer demokratischen politischen Kultur, die auf der Grundlage liberaler Menschenrechte bürgerschaftliches Engagement ermöglichen und fördern (Forschungsjournal NSB 1/1997). Auf die Probleme des civil society-Konzepts kann ich in diesem Rahmen nur kurz hinweisen:

– Das Konzept steht demokratietheoretisch im Spannungsfeld von liberaler und republikanischer Tradition des politischen Denkens (Taylor 1993). Liberale Vertreter des Konzepts verstehen die civil society als ein „aus Rechtsbeziehungen gewebtes Netz von Privatpersonen", während der republikanische Strang in der Tradition von Toqueville und Arendt den „gemeinsamen Wert öffentlicher Freiheit" betont und vor diesem Hintergrund die Rolle bürgerschaftlicher Assoziationen in einer politischen Gesellschaft in den Mittelpunkt stellt (Honneth 1994).

– Gesellschaftstheoretisch ist der Ort der civil society in einer ausdifferenzierten Gesellschaft näher zu bestimmen – und damit auch vor emphatischen Lesarten der civil society zu warnen, die den Eigensinn gesellschaftlicher Teilsysteme unterschätzen. Angesichts tiefreichender gesellschaftlicher Differenzierung hält Niklas Luhmann die civil society für ein alteuropäisches Konzept, das sich nicht auf der Höhe soziologischer Reflexion bewegt. Für Jürgen Habermas ist die Zivilgesellschaft die aus lebensweltlichen Erfahrungszusammenhängen entstandene gesellschaftliche Infrastruktur für autonome Öffentlichkeiten, die auf Prozesse der Meinungs- und Willensbildung in repräsentativen Demokratien einwirken (Habermas 1992).

– Axel Honneth hat vor einem herrschaftssoziologischen Defizit des Konzeptes angesichts von Phänomenen struktureller Gewalt gewarnt und auf das Zivilgesellschaftskonzept von Gramsci hingewiesen. Es integriert unter Anschluß an die republikanische Lesart der Zivilgesellschaft die „societa civile“ in einen weiten Staatsbegriff und diskutiert Prozesse der zivilgesellschaftlichen Hegemoniebildung vor dem Hintergrund von constraints, die aus der Ökonomie erwachsen (Honneth 1994). In der neueren civil society-Diskussion wird freilich der noch bei Gramsci dominierende Dualismus von Staat und Gesellschaft sowie die Reduktion von Gesellschaft auf Ökonomie kritisiert. An dessen Stelle tritt der gesellschaftstheoretische Tripartismus von Staat, Markt und Zivilgesellschaft, der es ermöglicht, Interdependenzen, Einflußnahme und constraints zwischen diesen Bereichen differenzierter zu analysieren (Cohen/Arato 1992).

– Vor dem Hintergrund der staatstheoretischen Diskussionen könnte man von einem Konzept gesellschaftlicher Politik reden, das angesichts des Formwandels von Staatlichkeit und des Bedeutungszuwachses politischer Verhandlungssysteme fortzuentwickeln ist.

5 Die Ausklammerung der Familie aus der Zivilgesellschaft, wie sie auch die hier zitierte Definition vornimmt, ist freilich der zentrale Ansatzpunkt der feministischen Kritik. In einflußreicher Weise ist diese Kritik formuliert worden von Carole Pateman: The Sexual Contract, Cambridge/UK 1988.

6 Das Konzept einer internationalen Zivilgesellschaft schließt normativ an die schon von Kant formulierte Zielsetzung eines republikanischen Weltbürgertums an, die „alle Erdenbürger zu solidarischen moralischen Subjekten erhebt und mit einer politischen Welteinheit einhergeht“ (Richter 1997; Habermas 1995). Die dagegen erhobenen Einwände müssen allerdings ernst genommen werden: Lassen sich die grenzüberschreitenden Kooperationen und das transnationale Geflecht dichter Bezüge in den Teilsystemen der Gesellschaft – in Wirtschaft, Wissenschaft, Medien etc. – überhaupt noch politisch vereinheitlichen? Aus systemtheoretischer Sicht hält Niklas Luhmann diese Auffassung, von der weitergehende Demokratisierungsforderungen der internationalen Politik ihren Ausgang nehmen, für überholt (Luhmann 1991). Die von Luhmann vertretene Sicht „spielt jedoch die politischen Integrationsleistungen von Grenzziehungen und insbesondere deren Bedeutung für das Verhalten der Akteure herunter. Vor allem aber scheint Luhmanns Konzept nicht geeignet, die weltgesellschaftlichen Organisationsformen unter dem Herrschaftsaspekt zu erfassen“ (Albert u.a. 1996: 10).

7 Wie komplex sich die Zusammenarbeit von Nord- und Süd-NGOs gestaltet, zeigt auch ein kurzer Blick auf folgende Themenkonstellationen: Die Konditionalität von Entwicklungspolitik bindet die Vergabe von Entwicklungshilfegeldern an die Einhaltung der Menschenrechte, deren universelle Gültigkeit von westlichen Regierungen ebenso eingeklagt wird wie seitens der NGOs (zum Verhältnis von Menschenrechts- und Solidaritätsarbeit siehe Windfuhr 1994). Die durch den Brundtland-Report (Hauff 1987) und in dessen Folge auch durch den Aktionsplan der UNCED-Konferenz in Rio propagierte Forderung nach „sustainable development“ verknüpft Entwicklungspolitik darüber hinaus mit umweltpolitischen Forderungen – eine Forderung, die auf die Zusammenhänge umwelt- und

entwicklungspolitischer Problemstellungen reagiert und von Ökologie- wie Solidaritätsbewegungen in den Industrieländern ebenfalls gestellt wurde. Während die westlichen Industrienationen die universelle Geltung von Menschenrechten und bürgerlichen Rechten einfordern (Zivilpakt), betonen die Entwicklungsländer die im Sozialpakt verhandelten wirtschaftlichen und sozialen Rechte und klagen insbesondere ein „Recht auf Entwicklung" ein. Vor allem asiatische Staaten wehrten sich – dabei allerdings von zahlreichen asiatischen NGOs heftig kritisiert – gegen die vom Westen geforderten Rechte des Individuums und geißelten diesbezügliche Argumente als „Menschenrechtsimperialismus". Auch hinsichtlich der Verknüpfung von Entwicklungspolitik und der Schonung natürlicher Ressourcen wurde von seiten der Entwicklungsländer eingewandt, daß – angesichts des dominierenden Ressourcenverbrauchs durch die Industrieländer – sie zunächst ihr Recht auf Entwicklung verwirklicht wissen möchten, ehe sie sich auf die Umweltschonung konzentrieren. Solange natürliche Ressourcen die einzigen Export- und Wirtschaftsgüter der armen Länder des Südens bleiben, stellt sich Umweltvernichtung als Armutsproblem dar. Diese Konfliktlinien verlaufen nicht nur zwischen offiziellen Regierungspositionen, sondern z. T. auch zwischen nördlichen und südlichen NGOs.

8 Die Bedeutung professioneller medialer Medieninszenierung und symbolischer Politik für Bewegungsorganisationen läßt sich am Beispiel von Greenpeace analysieren (Klein 1996).

9 So etwa Karl-Werner Brands Bilanz hinsichtlich der Ökologiebewegung, die er auf der Jahrestagung des DVPW-Arbeitskreises Soziale Bewegungen am 21. September 1996 in Berlin in seinem Vortrag „Von der Konfrontation zum inszenierten Dialog: Zur Neustrukturierung des ökologischen Diskurses und Handlungsfeldes" vorstellte.

10 Es bleibt zu hoffen, daß im Zusammenhang mit vermehrt aufgelegten Forschungsprogrammen zum NGO-Bereich sich auch empirisch gehaltvolle Auskünfte über den Einfluß wie das Procedere von NGOs im Kontext etwa der UN-Konferenzen, aber auch insgesamt auf der internationalen Arena gewinnen lassen.

Literatur

Anhelm, Fritz Erich (1996): Civil Society. Mehr als eine Mode?, in: epd-entwicklungspolitik 10/11 (Mai), S. 15-21

Albert, Mathias u.a. (Forschungsgruppe Weltgesellschaft) (1996): Weltgesellschaft: Identifizierung eines „Phantoms", in: Politische Vierteljahresschrift, 37 (1996) März, S. 5-26

Altvater, Elmar (1994): Die Ordnung nationaler Weltherrschaft oder: Ein Wettbewerb von Zauberlehrlingen, in: Prokla 95, 24 (1994) 2, S. 186-226

Bruckmeier, Karl (1994): Nichtstaaliche Umweltorganisationen und die Diskussion über eine neue Weltordnung, in: PROKLA 95, 24 (1994) 2, S. 227-241

Bunzenthal, Roland (1995): Regierungen müssen sich am Sozialgipfel messen lassen. – Private Organisationen sind zwischen Ablehnung und Nutzung des Mammut-Treffens gespalten/ Abkommen können helfen, in: Frankfurter Rundschau, 11.03.1995, S. 13

Coate, Roger A./Alger, Chadwick F./Lipschutz, Ronnie D. (1996): The United Nations and Civil Society: Creative Partnership for Sustainable Development, in: Alternatives. Social Transformation an Humane Governance, 21 Jg., Heft 1, S. 93-122

Cohen, Jean/Arato, Andrew (1992): Civil Society and Political Theory, Masachusetts

Czempiel, Ernst-Otto (1993): Weltpolitik im Umbruch, München

– (1995): Aktivieren, reformieren, negieren? Zum 50jährigen Bestehen der Vereinten Nationen, in: Aus Politik und Zeitgeschichte, B 42, S. 36-45

Diani, Mario/Dalton Russel J. (1995): Transnational and domestic environmental organizations in Western Europe. Draft Paper zur Konferenz „Crossnational influences and social movement research", Mont-Pélerin, 15.-19. Juni 1995

Diamond, Larry (1992): Civil Society and the Struggle for Democracy, in: Ders. (Hrsg.): The Democratic Revolution. Struggles for Freedom and Pluralism in the Developing World, Lanham u. London 1992, S. 1-27

– (1994): Towards Democratic Consolidation, in: Journal of Democracy, vol. 5, no 3, S. 4-17

Forschungsjournal NSB (1992): Jg. 5, Heft 4, Themenheft: Zwischen Markt und Staat

– (1994): Jg. 7, Heft 1, Themenheft „Zivilgesellschaft und Demokratie"

– (1996): Jg. 9 , Heft 2, Themenheft „Soziale Bewegungen und Nicht-Regierungsorganisationen"

– (1997): Jg. 10, Heft 1, Themenheft „Zivilgesellschaften im Transformationsprozeß"

Fowler, Allan (1992): Building Partnerships between Northern and Southern Development NGOs – Issues for the Nineties, in: Development, (1992)1, S.16-23

Goytisolo, Juan (1996): Lob des Andersdenkenden. Mario Vargas Llosa als politischer Zeitgenosse. Frankfurter Rundschau Nr. 109, 10. Mai 1996, 9

Gsteiger, Fredy (1996): Ärzte ohne Grenzen?, in: Die Zeit vom 26. Januar 1996, S. 6

Habermas, Jürgen (1992): Zur Rolle von Zivilgesellschaft und politischer Öffentlichkeit, in: ders.: Faktizität und Geltung. Beiträge zur Diskurstheorie des Rechts und des demokratischen Rechtsstaates, Frankfurt/M. 1992, S. 399-467

– (1995): Kants Idee des ewigen Friedens – aus dem historischen Abstand von 200 Jahren, in: Kritische Justiz, Jg.28, Heft 3, S. 293-319

Hankel,Gerd/Stuby, Gerhard (Hrsg.) (1995): Strafgerichte gegen Menschheitsverbrechen. Zum Völkerstrafrecht 50 Jahre nach den Nürnberger Prozessen, Hamburg

Hauff, Volker (Hg.) (1987): Unsere gemeinsame Zukunft. Der Brundtlandbericht der Weltkommission für Umwelt und Entwicklung, Greven

Herzka, Michael (1995): Die Menschenrechtsbewegung in der Weltgesellschaft, Frankfurt a.M.

Holthaus, Ines (1996): Neuere Entwicklungen der internationalen Frauenbewegung. Reaktionen auf globale Prozesse, in: Forschungsjournal NSB, Jg. 9, Heft 2, S. 61-69

Honneth, Axel (1994): Fragen der Zivilgesellschaft, in: ders.: Desintegration. Bruchstücke einer soziologischen Zeitdiagnose, Frankfurt/M. 1994

Janett, Daniel (1996): Allianzsysteme von Nicht-Regierungsorganisationen in der Klimapolitik. Zwischenbericht zu einer Fallstudie zum Berliner Klimagipfel, in: Forschungsjournal NSB, Jg. 9, Heft 2, S. 83-90

Kettner, Matthias (1995): Die Angst des Staates vorm Einspruch der Bürger. Die Legitimität von „Nichtregierungsorganisationen“ und die Medien der öffentlichen Gesellschaft. Frankfurter Rundschau, 17. Oktober 1995.

Kitschelt, Herbert (1996): Demokratietheorie und Veränderungen politischer Beteiligungsformen. Zum institutionellen Design postindustrieller Gesellschaften, in: Forschungsjournal NSB, Jg. 9, Heft 2, S. 17-29

Klein, Ansgar (1994): Editorial „Zivilgesellschaft und Demokratie“, in: Forschungsjournal NSB, Jg. 7, Heft 1, S. 4-13

– (1996): Die Legitimität von Greenpeace und die Risiken symbolischer Politik. Konturen und Probleme einer medialen Stellvertreterpolitik im Bewegungssektor, in: Forschungsjournal NSB, Jg. 9, Heft 1, S. 11-14

–/Koopmans, Ruud (1995): Boykott & symbolische Politik. Anmerkungen zu der Brent-Spar-Kampagne von Greenpeace, in: links, Heft 9/10, S. 43-45.

–/Schmalz-Bruns, Rainer (Hrsg.) (1997): Politische Beteiligung und Bürgerengagement in Deutschland – Möglichkeiten und Grenzen, Bonn/Baden-Baden (i.E.)

Kößler, Reinhart/Melber, Henning (1993): Chancen internationaler Zivilgesellschaft, Frankfurt/M.

Lahusen, Christian (1996a): Internationale Kampagnen. Grundmuster und Kontextfaktoren globalen kollektiven Handelns, in: Forschungsjournal NSB, Jg. 9, Heft 2, S. 42-51

– (1996b): 'Interest Group Politics'?Eine ländervergleichende Studie zur verbandlichen Arbeit sozialer Bewegungsorganissationen, in: Forschungsjournal NSB, Jg. 9, Heft 4, S. 28-38

Lauth, Hans-Joachim (1995): Zwischen nationaler Souveränität und Zentralismus: Föderalismus als Ordnungsprinzip einer „Weltinnenpolitik“, in: Jahrbuch für Politik, S. 319 ff., Baden-Baden

–/Merkel, Wolfgang (1996): Zivilgesellschaft im Transformationsprozeß, ein Tagungsreader mit Begleitmaterial, Institut für Politikwissenschaft, Universität Mainz (siehe auch Forschungsjournal NSB 1997)

Luhmann, Niklas (1991): Die Weltgesellschaft, in: ders.: Soziologische Aufklärung 2. Aufsätze zur Theorie der Gesellschaft, Opladen (vierte Auflage), S. 51ff.

Matthies, Volker (1995): Der Transformationsprozeß vom Krieg zum Frieden – ein vernachlässigtes Forschungsfeld, in: ders. (Hrsg.) (1995): Vom Krieg zum Frieden. Kriegsbeendigung und Friedenskonsolidierung, Bremen, S. 8-38

Messner, Dirk (1996): Netzwerksteuerung. Unveröffentlichtes Thesenpapier zu der Internationalen Fachkonferenz networking am 16. und 17. Februar in Berlin, S. 6-10.

Neubert, Dieter (1992): Zur Rolle von freien Vereinigungen beim Aufbau einer afrikanischen Zivilgesellschaft, in: Gormsen, Erdmann/Thimm, Andreas (Hrsg.): Zivilgesellschaft und Staat in der Dritten Welt, Mainz, S. 27-60.

Pfaffenholz, Thania (1995): Vermittlung – Kriegsbeendigung und Konfliktregelung durch friedliche Einmischung, in: Volker Matthies (Hrsg.): Vom Krieg zum Frieden: Kriegsbeendigung und Friedenskonsolidierung, Bremen, S.39-56

Raschke, Joachim (1985): Soziale Bewegungen. Ein historisch-systematischer Grundriß, Frankfurt/M.-New York

Richter, Emanuel (1997): Demokratie und Globalisierung – das Modell einer Bürgergesellschaft im Weltsystem, in: Ansgar Klein/Rainer Schmalz-Bruns (Hrsg.): Politische Beteiligung und Bürgerengagement in Deutschland – Möglichkeiten und Grenzen, Bonn/Baden-Baden (i.E.)

Rohde, Markus/Klein, Ansgar (1996): Editorial: Soziale Bewegungen und Nicht-Regierungsorganisationen, In: Forschungsjournal NSB, Jg.9 ; Heft 2, S.3-14

Roth, Roland/Rucht, Dieter (Hrsg.) (1992): Neue Soziale Bewegungen in der Bundesrepublik Deutschland, Bonn (überarbeitete und erweiterte Auflage)

– (1994): Demokratie von unten. Neue soziale Bewegungen auf dem Wege zur politischen Institution, Köln

– (1996): The institutionalization of new social movements in Germany – empirical findings at the local level and theoretical perspectives, Paper for the Conference „Europe and the United States: Movement Societies or the Institutionalization of Protest", Cornell University, March 1.-3.

Rucht, Dieter (Hrsg.) (1991): Research on Social Movements. The State of the Art in Western Europe and the USA, Frankfurt/M.-Boulder/Colorado

– (1994): Modernisierung und neue soziale Bewegung, Frankfurt/M.

– (1996): Multinationale Bewegungsorganisationen: Bedeutung, Bedingungen, Perspektiven, in: Forschungsjournal NSB, Jg. 9, Heft 2, S. 30-41

– (1997): Soziale Bewegungen als demokratische Produktivkraft, in: Ansgar, Klein/ Schmalz-Bruns, Rainer (Hrsg.): Politische Beteiligung und Bürgerengagement in Deutschland – Möglichkeiten und Grenzen, Bonn/Baden-Baden (i.E.)

Schmalz-Bruns, Rainer (1995): Reflexive Demokratie. Die demokratische Transformation moderner Politik, Baden-Baden

Senghaas, Dieter (1994): Wohin driftet die Welt? Über die Zukunft friedlicher Koexistenz, Frankfurt/M.

Skriver, Ansgar (1993): Die westlichen Menschenrechtsorganisationen können vom Süden lernen – Zu den Perspektiven nach der Wiener Menschenrechtskonferenz, In: Gewerkschaftliche Monatshefte, Heft 9, S. 521-531

Smith, Jackie/Pagnucco, Ron (1995): Global Strategies of Social Protest: Transnational Social Movement Organizations in World Politics. Draft Paper zur Konferenz Cross-national influences and social movement research, Mont-Pélerin, 15-19 Juni 1995

Streek, Wolfgang (1987): Vielfalt und Interdependenz. Überlegungen zur Rolle von intermediären Organisationen in einer sich ändernden Umwelt, in: Kölner Zeitschrift für Soziologie und Sozialpsychologie, Jg. 39, Heft 3, S.471-495

Taylor, Charles (1993): Der Begriff der 'bürgerlichen Gesellschaft' im politischen Denken des Westens, in: Brumlik, Michael/Brunkhorst, Hauke (Hrsg.): Gemeinschaft und Gerechtigkeit, Frankfurt/M., S.117-147

Walk, Heike/Brunnengräber, Achim (1994): Motivationen, Schwierigkeiten und Chancen der Nicht-Regierungsorganisationen bei der Bildung von Netzwerken, in: PROKLA 97, Jg. 24, Heft 4, S. 632-642

Dies. (1996a): „Ad- hoc-Allianzen" – eine neue gesellschaftliche Perspektive?, in: Forschungsjournal NSB, Jg.9, Heft 2, S. 70-82

Dies. (1996b): Networking – Netzwerke von NGOs als gesellschaftspolitische Produktivkraft (Tagungsbericht), in: Forschungsjournal NSB, Jg. 9, Heft 2, S. 101-103

Wahl, Peter (1996): Instrumentalisierte Partnerschaft oder: Ritt auf dem Tiger. WEED Informationsbrief Weltwirtschaft & Entwicklung, Februar 1996, S. 4

Wernicke, Christian (1995): Barfuß auf dem roten Teppich, in: Die Zeit Nr. 11, 10. März 1995, S. 5-6.

Windfuhr, Michael (1994): Die Menschenrechtsfrage als 'Blinder Fleck' der Dritte-Welt-Bewegung, in: Forschungsjournal NSB, Jg. 7, Heft 3, S. 76-89

Zimmer, Annette (1996): Was bringt die Dritte Sektor Forschung den internationalen NGOs und Bewegungsnetzwerken?, in: Forschungsjournal NSB, Jg. 9, Heft 2, S. 52-60

Anhang

Abkürzungen

AGBM	Ad hoc Group on the Berlin Mandate (Ad hoc-Gruppe zum Berliner Mandat)
AOSIS	Alliance of Small Island States (Gruppe der tieferliegenden Küstenstaaten)
Art.	Artikel
BECC	Border Environment Cooperation Commission
BMU	Bundesministerium für Umwelt, Naturschutz und Reaktorsicherheit
BMZ	Bundesministerium für wirtschaftliche Zusammenarbeit und Entwicklung
BUND	Bund für Umwelt und Naturschutz Deutschland
CAN	Climate Action Network
CO_2	Kohlendioxid
COICA	Coordinadora de las organizaciones indígenas de la cuenca amazónica (Koordination der Indianerorganisationen des Amazonasbeckens)
CONGO	Council of Non-Governmental Organizations
COP	Conference of the Parties (Konferenz der Vertragsstaaten)
CSD	Commission on Sustainable Development (UN-Kommission fur Nachhaltige Entwicklung)
DED	Deutscher Entwicklungsdienst
DNR	Deutscher Naturschutzring
Doc.	Dokument
ECOSOC	Economic and Social Council (Wirtschafts- und Sozialrat der Vereinten Nationen)
EKK	Enquête-Kommission des Bundestages zum Schutz der Erdatmosphäre („Klima-Enquête")
EU	Europäische Union
FCCC	Framework Convention on Climate Change (Rahmenkonvention zum Klimawandel)
FFUNGOs	Foreign Funded NGOs
FIAN Internat.	Food International Action Network
FOE	Friends of the Earth
FOEI	Friends of the Earth International

FR	Frankfurter Rundschau
G7	Gruppe der sieben führenden Industrieländer (Zusammenschluß von Industrieländern)
G77	Gruppe der Entwicklungsländer (Zusammenschluß von Entwicklungsländern)
GATT	General Agreement on Tariff and Trade (Allgemeines Zoll- und Handelsabkommen, jetzt WTO)
GEF	Global Environment Facility (Globale Umweltfazilität)
GONGOs	Governmental Organized/Owned NGOs
GRINGOS	Government Run/Inspired NGOs
GTZ	Gesellschaft für technische Zusammenarbeit mbH
IBRD	International Bank for Reconstruction and Development
ILO	International Labour Organisation (UN-Arbeitsorganisation)
INC	Intergovernmental Negotiating Commitee (Zwischenstaatliches Verhandlungskomitee)
IMF	International Monetary Fund (Internationaler Währungsfonds)
INGOF	Internationales NGO Forum
IPCC	International Panel on Climate Change (Zwischenstaatliches ExpertInnengremium der UN)
IWF	Internationaler Währungsfonds
JI	Joint Implementation (gemeinsame Umsetzung)
JUSCANZ	Japan, USA, Kanada, Australien, Neuseeland
KATE	Kontaktstelle und Arbeitsgemeinschaft für Angepaßte Technologie und Entwicklungszusammenarbeit
KB	Klima-Bündnis
KRK	Klimarahmenkonvention
LN	Lateinamerika Nachrichten
NADBank	North American Development Bank
NAFTA	North American Free Trade Agreement
NATO	North Altantic Treaty Organization
NGOs	Non-Governmental Organizations
NRO	Nicht-Regierungs-Organisation (wird hier synonym mit NGOs, NROs und NROen verwandt)
OECD	Organization for Economic Cooperation and Development (Organisation für wirtschaftliche Zusammenarbeit und Entwicklung
OPEC	Organization of Petroleum Exporting Countries (Organisation erdölexportierender Länder)
PAN	Pestizid Aktions Netzwerk
PAS	Politisch-administratives System
PIK	Potsdam Institute for Climate Impact Research (Potsdam-Institut für Klimafolgenforschung
PrepCom	Preperation Commitee (Vorbereitungskomitee)

QUANGOs	Quasi NGOs
SBI	Subsidiary Body for Implementation
SBSTA	Subsidiary Body for Scientific and Technological Advice
SD	Sustainable Development (Nachhaltige Entwicklung)
SEF	Stiftung Entwicklung und Frieden
SGV	Sondergeneralversammlung der UN
SMOs	Sozial Movement Organizations
taz	die tageszeitung (Berlin)
TNC	Transnational Cooperation
TSMOs	Transnational Social Movement Organizations
UN	United Nations (Vereinte Nationen)
UNCED	United Nations Conference on Environment and Development (Konferenz für Umwelt und Entwicklung der UN)
UNCTAD	United Nations Conference on Tarif an Development
UNCTAD	United Nations Conference on Trade and Development
UNDP	United Nations Development Programme (Entwicklungsprogramm der UN)
UNEP	United Nations Environment Programme (Umweltprogramm der UN)
UNESCO	United Nations Educational, Scientific and Cultural Organization
VENRO	Verband Entwicklungspolitik deutscher Nichtregierungsorganisationen
VSK	Vertragsstaatenkonferenz zur Klimarahmenkonvention (VSK)
WBGU	Wissenschaftlicher Beirat der Bundesregierung Globale Umweltveränderungen
WCED	Weltkommission für Umwelt und Entwicklung
WEED	Verein für Weltwirtschaft, Ökologie & Entwicklung
WEU	Westeuropäische Union
WMO	World Meterologic Organisation (Weltorganisation der UN für Meteorologie)
WTO	World Trade Organization (Welthandelsorganisation)
WWF	World Wide Fund for Nature

Zu den Autorinnen und Autoren

Elmar Altvater, Jahrgang 1938, ist Hochschullehrer am Fachbereich Politische Wissenschaft der Freien Universität Berlin. Veröffentlichungen u.a.: Sachzwang Weltmarkt. Verschuldungskrise, blockierte Industrialisierung, ökologische Gefährdung – der Fall Brasilien, 1987; Die Zukunft des Marktes. Ein Essay über die Regulation von Geld und Natur nach dem Scheitern des „real existierenden Sozialismus", 1991; Der Preis des Wohlstands oder: Umweltplünderung und neue Welt(un)ordnung, 1992; (zus. mit Birgit Mahnkopf) Grenzen der Globalisierung. Ökonomie, Ökologie und Politik in der Weltgesellschaft, 1996. Adresse: Fachbereich Politische Wissenschaft der Freien Universität Berlin, Ihnestraße 21, 14195 Berlin, e-mail: prokla@ipn-b.comlink.apc.org.

Achim Brunnengräber, Jahrgang 1963, Diplom-Politologe, studierte an der Pädagogischen Hochschule Heidelberg 'Lehramt', an der Freien Universität Berlin 'Politische Wissenschaft' und an der Universität Bremen im Aufbaustudium 'Entwicklungspolitik mit dem Schwerpunkt Nicht-Regierungs-Organisationen' (ENRO). Seit 1994 ist er zusammen mit Heike Walk in einem Forschungsprojekt über die Vernetzung von NGOs im Rahmen der 'Berlin-Forschung', einem Programm zur Förderung des wissenschaftlichen Nachwuchses, tätig. Verschiedene Lehrtätigkeiten und Veröffentlichungen, u.a. (zusammen mit Heike Walk): Die „NGO-Community" im Spannungsfeld von Globalisierungs- und Fragmentierungsprozessen, in: Peripherie, Nr. 59/60, 15. Jg., 1995; „Ad-hoc-Allianzen" – eine neue gesellschaftspolitische Perspektive?, in: Forschungsjournal Neue Soziale Bewegungen, Jg. 9, Heft 2, 1996. Adresse: Freie Universität Berlin, Projekt NGO-Vernetzung, Malteserstraße 74-100, 12249 Berlin, e-mail: priklima@zedat.fu-berlin.de.

Markus Haake, Jahrgang 1967, M.A., Studium der Philosophie und Germanistik an der FU Berlin, Magisterarbeit über die politische Philosophie Th. W. Adornos bei Prof. Michäl Theunissen, Mitarbeit in verschiedenen hochschulpolitischen Gremien im Rahmen eines studentischen Evaluationsprojektes der FU Berlin, organisatorische Unterstützung der internationalen Fachtagung „Networking – Nicht-Regierungsorganisationen als gesellschaftliche Produktivkraft?" und Mitarbeit im Berliner Arbeitskreis entwicklungs- und umweltpolitischer Gruppen, arbeitet bei Greenpeace e.V.. Adresse: Dunckerstraße 20, 10437 Berlin.

Daniel Janett, Jahrgang 1967, studierte an der FU Berlin Soziologie und arbeitete am Wissenschaftszentrum Berlin für Sozialforschung (WZB). Anschließend Forschungsstipendiat im Erasmusprogramm „Social Conflicts, Movements, and Political Action" an der Vrije Universiteit Amsterdam. Arbeitsschwerpunkte: Organisationssoziologie, Bewegungsforschung, Umwelt-, Technik- und Risikosoziologie. Veröffentlichung: Allianzsysteme von Nicht-Regierungsorganisationen in der Klimapolitik. Zwischenbericht aus einer Fallstudie zum Berliner Klimagipfel. In: Forschungsjournal Neue Soziale Bewegungen, Jg. 9, Heft 2. Adresse: Pannierstraße 54, 12 047 Berlin.

Ansgar Klein, Jahrgang 1959, ist Sozialwissenschaftler sowie Mitherausgeber und Redakteur des Forschungsjournal Neue Soziale Bewegungen, Publizist und Dozent für politische Bildung. Veröffentlichungen u.a.: Politische Theorien des 19. Jahrhunderts (zus. mit Gerhard Göhler), in: Hans-Joachim Lieber (Hrsg.), Politische Theorien von der Antike bis zu Gegenwart, Bonn 1993²; Hrsg. (zus. Mit Thomas Leif und Hans-Josef Legrand): Die politische Klasse in Deutschland. Eliten auf dem Prüfstand, Bonn-Berlin 1993²: Hrsg.: Wertediskussion im vereinten Deutschland, Köln-Bonn 1995. Adresse: Mahlower Straße 25/26, 12049 Berlin.

Christian Lahusen, Jahrgang 1962, Dr. phil, studierte Soziologie, Psychologie und Geschichte in Düsseldorf, Madrid und Florenz. Er ist wissenschaftlicher Assistent am Lehrstuhl Soziologie II der Otto-Friedrich-Universität Bamberg. Sein Interesse gilt der politischen Soziologie, insbesondere der sozialen Bewegungsforschung, des weiteren kultur- und wissenssoziologische Themen. Veröffentlichungen: The Rhetoric of Moral Protest. Public Campaigns, Celebrity Endorsement and Political Mobilization, Berlin 1996; 'Interest group politics'? Eine ländervergleichende Studie zur verbandlichen Arbeit sozialer Bewegungsorganisationen, in: Forschungsjournal Neue Soziale Bewegungen, Heft 3, 1996; Unsere Stimme erwacht... Populäre Musikkultur und nationale Frage im heutigen Spanien. Saarbrücken 1991. Adresse: Lehrstuhl Soziologie II, Otto-Friedrich Universität Bamberg, Feldkirchenstrasse 21, 96045 Bamberg.

Jörg Mayer, Jahrgang 1960, Diplom-Ökonom, studierte an den Universitäten Augsburg und Oldenburg Wirtschafts- und Sozialwissenschaften mit den Schwerpunkten empirische Wirtschaftsforschung, Umwelt- und Entwicklungsländerökonomik und politische Soziologie. Nach mehrjähriger Lehrtätigkeit als wissenschaftlicher Mitarbeiter am Institut für Volkswirtschaftslehre der Universität Oldenburg arbeitete er seit 1990 als Studienleiter für Wirtschafts-, Umwelt- und Nord-Süd-Fragen an der Evangelischen Akademie Loccum und konzipierte, organisierte und leitete in diesem Rahmen nationale und internationale Tagungen. Er promoviert am Lateinamerika-Institut der Freien Universität Berlin zum Klima-Bündnis. Weitere Schwerpunktthemen sind nachhaltige Entwicklung, Agenda 21 und Regionalpolitik. Adresse: Nymphenburger Str. 4, 10 825 Berlin, e-mail: jmayer@zedat.fu-berlin.de.

Dirk Messner, Jahrgang 1962, Dr. rer pol., 1988-1995 wissenschaftlicher Mitarbeiter am Deutschen Institut für Entwicklungspolitik/Berlin (DIE), seit März 1995 wissenschaftlicher Geschäftsführer im Institut für Entwicklung und Frieden/Universität Duisburg. Arbeitsschwerpunkte: Entwicklungstheorie und -politik, Lateinamerika und Ostasien, Globalisierung, Steuerungstheorie. Veröffentlichungen u.a.: Die Netzwerkgesellschaft, Köln 1995, Systemic; Competitiveness – New Governance Patterns for Industrial Development, London1996 (mit Klaus Eßer et al.); Weltkonferenzen und Weltberichte – Ein Wegweiser durch die internationale Diskussion, Bonn 1996 (herausgegeben mit Franz Nuscheler). Adresse: Institut für Entwicklung und Frieden, Geibelstraße 41, 47057 Duisburg, e-mail: inef@uni-duisburg.de.

Andreas Missbach, Jahrgang 1966, ist Historiker und Soziologe. Seine Forschungsschwerpunkte sind internationale Regulation und 'Global Governance'. Er promoviert am Soziologischen Institut der Universität Zürich über die Konflikte zwischen Nord und Süd in den Klimaverhandlungen der Vereinten Nationen („Das Klima zwischen Nord und Süd – Konflikt und Kooperation in der Weltgesellschaft"). Das Forschungsprojekt wird vom Schweizerischen Nationalfonds zur Förderung der wissenschaftlichen Forschung unterstützt. Adresse: Soziologisches Institut der Universität Zürich, Raemistr. 69, 8001 Zürich, Schweiz, e-mail: missbach@soziologie.unizh.ch.

Heike Walk, Jahrgang 1966, Diplom-Politologin, studierte Politische Wissenschaft an der Freien Universität Berlin und der Edinburgh University, Schottland. Seit 1994 arbeitete sie zusammen mit Achim Brunnengräber in einem Forschungsprojekt über die Vernetzung von NGOs im Rahmen der 'Berlin-Forschung', einem Programm zur Förderung des wissenschaftlichen Nachwuchses. Veröffentlichungen, u.a. (zusammen mit Achim Brunnengräber): Die „NGO-Community" im Spannungsfeld von Globalisierungs- und Fragmentierungsprozessen, in: Peripherie, Nr. 59/60, 15. Jg., 1995; „Ad-hoc-Allianzen" – eine neue gesellschaftspolitische Perspektive?, in: Forschungsjournal Neue Soziale Bewegungen, Jg. 9, Heft 2, 1996. Adresse: Freie Universität Berlin, Projekt NGO-Vernetzung, Malteserstraße 74-100, 12249 Berlin, e-mail: priklima@zedat.fu-berlin.de.

Peter Wahl, Jahrgang 1948, Politologe, Studium in Mainz, Aix-en-Provence und Frankfurt/M.; Geschäftsführer der Nicht-Regierungs-Organisation Weltwirtschaft, Ökologie & Entwicklung – WEED, Bonn; von 1990 bis 1993 Koordinator des internationalen NRO-Netzwerkes ANPED (Alliance of Northern People for Environment and Development). Veröffentlichungen: Nationale Befreiungsbewegungen in Afrika; Köln 1980; Warum Montezuma nicht Europa entdeckt hat; Köln 1991; Zahlreiche Zeitschriftenartikel. Adresse: WEED, Berliner Platz 1, 53111 Bonn.

Nicola Zeuner, Jahrgang 1965, Diplom-Politologin, ist Border Issues Coordinator für 'Arizona Toxics Information', einer NGO an der US-mexikanischen Grenze. Sie arbeitet hauptsächlich an nachhaltiger Entwicklung, Umweltinfrastruktur, 'capacity building', 'right to know' und NGO-Networking. Diverse Publikationen zu Policies der Border Environment Cooperation Commision. Eine Auswahl: Comments on the Draft Certification Criteria and Guidelines. Presented to the Border Environment Cooperation Commission (Juarez, Chihuahua, 26. September 1996); Statement on Crossborder Cooperation. Presented to the Border Environment Cooopertion Commisison (30. April); publ BECCNews (July 1996); Comments to the BECC on the Nogales, Sonora Water Supply and Distribution, Treatment and Recharge Project before the BECC for Certification (9. Januar 1996). Adresse: Arizona Toxics Information, 810 W. Gibson, Austin, TX 78704, USA, e-mail: nikkiz@flash.net.

Abstracts

Elmar Altvater: Markt und Demokratie in Zeiten von Globalisierung und ökologischer Krise

In dem Aufsatz werden verschiedene Paradoxien aufgezeigt, mit denen sich die 'Weltgesellschaft' im Zuge der Globalisierung konfrontiert sieht. Die Ungleichheit zwischen *Bourgeois* und *Prolitarien* in der Ökonomie wird in der Politik durch die Gleichheit der *Citoyens* konterkariert. Die Grenzen des Nationalstaates und der Demokratie werden durch die Grenzenlosigkeit des Weltmarktes und der ökologischen Krise in Frage gestellt. Aufgrund dieser Inkongruenzen werden die Möglichkeiten einer ökologischen Demokratie diskutiert. Die NGOs werden als Ausdruck der Globalisierung gefaßt, in dem sie – anders wie Parteien –, nicht ans Territorium und nationalstaatliche Interessen gebunden sind. Abschließend werden Aspekte genannt, an denen die Verbesserung von 'global governance' scheitern kann.

Achim Brunnengräber: Global Governance oder die Notwendigkeit eines neuen Globalkonzeptes – diskutiert am Beispiel der internationalen Klimapolitik

Der stark normative Gehalt der Diskussion um den Begriff 'global governance' wird am Beispiel der internationalen Klimapolitik mit den tatsächlichen Tendenzen internationaler Verhandlungsprozesse abgewogen. Dies geschieht aus einer akteursspezifischen Perspektive heraus. Demnach müssen neben den Nationalstaaten und den Vereinten Nationen, die als die traditionellen 'global players' gelten, zunehmend auch die Unternehmens-Lobbyisten, die Medien und die NGOs in den Verhandlungs- und Entscheidungsprozessen berücksichtigt werden. Schließlich werden die ersten, noch schwachen Konturen der 'global governance'-Architektur herausgearbeitet und die Notwendigkeit eines neuen Globalkonzeptes betont.

Achim Brunnengräber, Heike Walk: Die Erweiterung der Netzwerktheorien: Nicht-Regierungs-Organisationen verstrickt mit Markt und Staat

In den Netzwerkanalysen blieben die NGOs als Akteursgruppe, die neben staatlichen und marktwirtschaftlichen Akteuren an der Gestaltung von Politik beteiligt sind, außen vor. Der Artikel skizziert einen Analyserahmen, mit Hilfe dessen die NGOs theoretisch erfaßt werden können. Vor dem Hintergrund der sich verändernden internationalen Politikarena, an deren Verhandlungsprozessen die NGOs zunehmend partizipieren, wird nach den Mitgestaltungs- und Einflußmöglichkeiten dieser Organisationen gefragt. Auch Machtasymmetrien zwischen den unterschiedlichen Akteuren im internationalen Verhandlungspoker werden beleuchtet. Aus den theoretischen Überlegungen wird schließlich ein operationales Konzept der Netzwerkanalyse entwickelt, das als Orientierungspfad für empirische Erhebungen und analytische Systematisierungen dienlich sein kann.

Daniel Janett: Vielfalt als Strategievorteil. Zur Handlungskompetenz von Nicht-Regierungs-Organisationen in komplexen sozialen Umwelten

Dieser Beitrag untersucht die Bedingungen der Handlungsfähigkeit von NGO-Netzwerken in der internationalen Politik. NGO-Netzwerke verfolgen anspruchsvolle Ziele, verfügen aber in der Regel über eine nur geringe Ressourcenausstattung und handeln in schwierigen, weil heterogenen sozialen Umwelten. Vor dem theoretischen Hintergrund jüngerer Organisationstheorien wird argumentiert, daß die Erfolgschancen von NGO-Netzwerken steigen, wenn sie diese äußere Heterogenität in ihrer internen Organisationsform widerspiegeln und das Ideal eines geeinten Kollektivakteurs mit widerspruchsfreien Zielen und Aktionsformen aufgeben. Strategiefähige NGO-Netzwerke nehmen mit unterschiedlichen Problemdeutungen, Zielen und Strategien gleichzeitig auf sehr verschiedene Ausschnitte ihrer Umwelt Bezug. Als „Multiple-Self-Akteure“, deren Einzelorganisationen nur sehr lose miteinander gekoppelt sind, sind sie immer vieles zugleich – so wie ihre Umwelt für sie.

Ansgar Klein: Nicht-Regierungs-Organisationen als zentraler Bestandteil der Zivilgesellschaft und Träger einer partizipativen und demokratischen gesellschaftlichen Entwicklung

Globale Problemstellungen machen die Grenzen nationalstaatlicher Politik deutlich und führen zu einem Bedeutungszuwachs der internationalen Politik in einer sich ausbildenden Weltgesellschaft. Mit der Entwicklung weltgesellschaftlicher Zusammenhänge entstehen auch die Konturen einer internationalen Zivilgesellschaft. Vor diesem Hintergrund vertritt der Autor drei Thesen: NGOs tragen als öffentlichkeitsorientierte Akteure einer internationalen Zivilgesellschaft zu einer Demokratisierung des Globalisierungsprozesses bei, deren Chancen es jenseits übertriebener Erwartungen zu nutzen gilt. Der nur negativ definierte Sammelbegriff der NGOs wird zu Gunsten des präziseren Begriffs der multinationalen Bewegungsorganisation fallengelassen. Multinationale Bewegungsorganisationen sind eine Antwort nationaler Bewegungssektoren auf globale Problemlagen, erzeugen aber neue Probleme der Handlungskoordination von internationaler, nationaler und lokaler Bewegungspolitik. Die Bewältigung dieser Herausforderung innerhalb nationaler Bewegungssektoren ist eine wichtige Voraussetzung für die Stärkung einer internationalen Zivilgesellschaft.

Christian Lahusen: Die Organisation kollektiven Handelns. Formen und Möglichkeiten internationaler Kampagnen

Internationale Kampagnen sind besonderen Koordinationsproblemen ausgesetzt. Zum einen müssen sich Kampagnen auf die verschiedensten Adressaten einstellen (Politik, Medien, Wirtschaft, Wissenschaft), wodurch jeweils eigene Kontakte, Aktionsformen und Teilkampagnen erforderlich werden. Zum anderen müssen sich internationale Kampagnen auf den verschiedenen Politikebenen zugleich bewegen, denn trotz offenkundiger Globalisierungsprozesse bleibt die nationale und lokale Ebene wichtige Bezugspunkte weltweiter Proteste. Der vorliegende Beitrag untersucht diese Anforderungen am Beispiel konkreter Kampagnen und fragt nach den

Auswirkungen der Formen und Strategien kollektiven Handelns. Die vorgefundenen Organisationsformen werden herausgearbeitet um darzulegen, wie sie kollektives Handeln zwischen den verschiedenen Teilbereichen und Handlungsebenen 'horizontal' und 'vertikal' koordinieren.

Jörg Mayer: Globale Klimapolitik 'von unten'? – Das Klima-Bündnis indigener Völker und europäischer Kommunen als transnationales Regime
Der Beitrag widmet sich der neuartigen klimapolitischen Institution des „Klima-Bündnis der europäischen Städte mit den indigenen Völkern der Regenwälder zum Schutz der Erdatmosphäre", in dem ca. 500 Kommunen und die indigenen Organisationen des Amazonasbeckens zusammenarbeiten mit dem Ziel, Klima und Regenwälder zu schützen. Im Kontext einer allgemeineren Problemanalyse von Klimawandel und Klimapolitik werden einige Charakteristika des spezifischen Problem- und Politikansatzes des Klima-Bündnisses herausgearbeitet. Anschließend wird die These erläutert, das Klima-Bündnis als transnationales Regime zur klimapolitischen Kooperation aufzufassen und damit für eine theoretisch fundierte empirische Untersuchung zugänglich zu machen, die auch angemessene Kriterien für eine Beurteilung dieses neuartigen Phänomens liefert. Der transnationale Ansatz wird schließlich auch dazu genutzt, kritische Rückfragen an die Regimeanalyse selbst zu formulieren

Dirk Messner: Netzwerktheorien: Die Suche nach Ursachen und Auswegen aus der Krise staatlicher Steuerungsfähigkeit?
Der Staat verliert angesichts von Globalisierungstendenzen, der zunehmenden Komplexität von Problemlagen und Ausdifferenzierungstendenzen in modernen Gesellschaften an Gestaltungsspielräumen. Neben hierarchischer Steuerung durch den Staat und dezentraler Marktsteuerung gewinnen zunehmend horizontale Formen der Selbstkoordination und Netzwerksteuerung an Bedeutung. Steuerungspotentiale sikkern in die Gesellschaft hinein; ein System „geteilter Souveränitäten" entsteht. Einseitig markt- oder staatszentrierte Theorien können diese Veränderungen in den Grundstrukturen der Gesellschaft nicht konzeptualisieren. Analytische Netzwerktheorien tragen dazu bei, die neuen Rahmenbedingungen für Politik und gesellschaftliche Problemlösung zu verstehen.

Andreas Missbach: Nachhaltige Entwicklung und Nord-Süd-Konflikt – Das Umfeld von NGO-Aktivitäten am Beispiel der internationalen Klimapolitik
Der Beitrag befaßt sich mit der Bedeutung der Klimapolitik für das Umsteuern in Richtung nachhaltige Entwicklung. Nach einer Klärung der verschiedenen Positionen in der Nachhaltigkeitsdebatte wird die Kontinuität der Konflikte zwischen Nord und Süd dargestellt. Daran schließt sich die Frage an, welche Bedeutung diesen Konflikten für die Chancen einer wirksamen Klimapolitik zukommen und was dies für NGO-Strategien bedeuten kann.

Peter Wahl: Mythos und Realität internationaler Zivilgesellschaft. Zu den Perspektiven globaler Vernetzung von Nicht-Regierungs-Organisationen

Nicht-Regierungs-Organisationen sind die am meisten überschätzten politischen Akteure der neunziger Jahre und sozusagen Nebeneffekte (spin-off) der Globalisierung. Sie profitieren vom Verlust der Steuerungs- und Problemlösungskompetenz des Staates. Auch wenn die NGOs kein staatliches Machtmittel, keine wirtschaftlichen und finanzielle Ressourcen und kein nennenswertes Druckpotential haben, wirken sie als Katalysator für eine gewisse Demokratisierung im internationalen System und schaffen Voraussetzungen für demokratische Kontrolle. Damit stellen die NGOs ein Korrektiv in einem sich hegemonial formierenden Typs globaler Regulierung dar. Die Entwicklung einer eigenständigen Agenda und autonomer, regierungsunabhängiger Vernetzung ist für Wahl allerdings eine conditio sine qua non für eine langfristige Perspektive.

Heike Walk: „Ein bißchen bi schadet nie". Die Doppelstrategie von NGO-Netzwerken

In jüngster Vergangenheit zeigte sich, daß die Vernetzung von NGOs oftmals einhergeht mit einer veränderten Haltung gegenüber staatlichen und marktorientierten Interessen und einer Veränderung der politischen Aktionsformen. Die Hoffnung auf steigende Partizipations- und Einflußmöglichkeiten läßt viele NGOs von der ursprünglichen Zielrichtung der politischen Arbeit, nämlich Protest und Mobilisierung von Gegenmacht, Abschied nehmen. Die Aktionsform der 90er Jahre heißt für viele NGOs statt dessen Lobbying. Welche Rückwirkungen und Folgen eine Verschiebung der Aktionsformen für die Handlungsmöglichkeiten von NGO-Netzwerken hat, ist für den nachfolgenden Artikel von besonderem Interesse. Auf der Grundlage erster Ergebnisse einer empirischen Untersuchung der Vernetzung von NGOs zum Klimagipfel '95 werden die Interaktions- und Kommunikationsbeziehungen der beteiligten Akteure einer Analyse unterzogen und Handlungsempfehlungen für NGO-Netzwerke entwickelt.

Nicola Zeuner: Binationale NGO-Netzwerke in der US-Mexikanischen Grenzregion im Kontext von NAFTA

Der Artikel untersucht die Chancen und Grenzen der NGO-Zusammenarbeit zwischen mexikanischen und US-amerikanischen NGOs sowie deren Kooperation mit zwei bilateralen Umweltinstitutionen. Beide Institutionen wurden im Zuge des Freihandelsabkommens NAFTA gegründet. Obgleich sich die Umweltprobleme in der Grenzregion sehr ähnlich sind, so wird herausgearbeitet, gestaltet sich die Kooperation der NGOs aus Mexiko und den USA aufgrund kultureller und politischer Unterschiede als sehr problematisch. Auch die Einflußnahme auf die Entscheidungsfindungsprozesse der Regierungsinstitutionen bleibt, obwohl hier Partizipationsmöglichkeiten für NGOs geschaffen wurden, gering. Gleichermaßen darf das Potential der mexikanischen NGOs als Förderer des Demokratisierungsprozesses nicht überschätzt werden.